Greulich/Onetti/Schade/Zaugg
Balanced Scorecard im Krankenhaus

Balanced Scorecard im Krankenhaus

Von der Planung bis zur Umsetzung

herausgegeben von

Andreas Greulich
Prof. Dr. Alberto Onetti
Dr. Volker Schade
Barbara Zaugg

unter Mitarbeit von

Gabriela Greiner
Alessia Pisoni

Economica Verlag
MedizinRecht.de

Bibliografische Informationen Der Deutschen Bibliothek
Die Deutsche Bibliothek verzeichnet diese Publikation in der Deutschen
Nationalbibliografie; detaillierte bibliografische Daten sind im Internet
über <http://dnb.ddb.de> abrufbar

© 2005 Economica, Verlagsgruppe Hüthig Jehle Rehm GmbH,
MedizinRecht.de Verlag, Heidelberg
Internet: www.MedizinRecht.de; www.economica-verlag.de
Satz: preXtension, Grafrath
Druck und Bindung: J.P. Himmer GmbH & Co. KG, Augsburg

ISBN 3-87081-399-7

Vorwort

Als das Buch Balanced Scorecard im Krankenhaus vor ca. 4 Jahren entstand, gab es wenig praktische Erfahrung mit der Einführung dieses Strategieinstrumentes in den Gesundheitseinrichtungen, und dem entsprechend kaum Literatur zu diesen Erfahrungen. Die vielfältigen Rückmeldungen seit Erscheinen dieses Buches deuteten an, dass hier ein grosses Bedürfnis besteht, vor dem Einlassen auf das „Abenteuer Balanced Scorecard", zuerst zu sehen, wie es anderen damit ergangen ist und wie so eine BSC für ein Krankenhaus aussehen könnte. Es war von Anfang an den Herausgebern ein Bedürfnis, diese Erfahrungen frei von Schönrederei, so objektiv wie möglich zu schildern und damit mitzuhelfen, die Entscheidung für oder gegen die Balanced Scorecard gut abwägen zu können.

Es scheint so, als wäre dieses Konzept aufgegangen, denn heute halten Sie bereits die zweite Auflage dieses Buches in der Hand und das Interesse ist nach wie vor ungebremst. Dies freut uns als Herausgeber sehr, denn letztlich sagen die Absatzzahlen natürlich auch etwas über die Popularität des Buches aus.

Als die Anfrage des Verlages wegen einer Neuauflage kam, stellte sich die Frage, welche Veränderungen das Buch erhalten sollte. Wir haben uns nach einigen Überlegungen für eine „sanfte" Anpassung entschieden, da ja sowohl die theoretischen Grundlagen, als auch der umfangreiche Praxisbericht ihre Gültigkeit nicht verloren haben. Vielmehr erschien es uns sinnvoll, ein zusätzliches Kapitel mit einer kritischen Betrachtung der erreichten Ziele und der Erkenntnisse aus den Jahren der Umsetzung der Balanced Scorecard im Schweizer Herz- u. Gefässzentrum Bern anzufügen. Dies im Geiste der ursprünglichen Entstehung, nämlich ein ungeschöntes Praxishandbuch zu liefern, das den negativen und kritischen Aspekten genug Raum lässt.

Als zweite nennenswerte Anpassung wurden die Kapitel über die Unternehmenskultur etwas gekürzt. Damit kommen wir den entsprechenden Rückmeldungen nach, die die Proportionen der Kapitel in Frage stellten. Da das Thema Unternehmenskultur zwar sehr wichtig, aber nicht direkt zu der Balanced Scorecard-Thematik gehört, fiel uns

Vorwort

diese Korrektur nicht schwer. Wir hoffen, dass trotzdem ausreichend die Bedeutung des Faktors Unternehmenskultur vermittelt werden kann. Letztlich wurden auch im theoretischen Teil einige kleinere Aktualisierungen vorgenommen, da mittlerweile neuere Literatur zu diesem Thema existiert.

Wir wünschen nun unserem Buch einen ähnlich grossen Erfolg wie der ersten Auflage und danken Ihnen, liebe Leser, für das Interesse an diesem Praxishandbuch. Gleichzeitig möchten wir Sie ermuntern, bei Rückfragen oder kritischen Rückmeldungen sowie einem Feedback allgemein, mit den Herausgebern in Kontakt zu treten, damit wir wiederum auf die Bedürfnisse der Leserschaft eingehen können.

Andreas Greulich
Geschäftsführer des Schweizer
Herz- und Gefäßzentrums Bern

Vorwort

In allen Industrieländern wächst immer mehr die Erfordernis, das Gesundheitssystem zu reformieren. Das Problem ist nicht nur auf den Gesundheitssektor eingeschränkt, sondern wirkt sich zunehmend auf die Reform des Welfare Staates aus. Mit anderen Worten liegt das Grundproblem, mit dem die einzelnen Systeme konfrontiert sind, in der Befriedigung der wachsenden Nachfrage der Bevölkerung in allen Versorgungsbranchen (Gesundheit, Sozialhilfe, Vorsorge, Rentenversicherung) mit mangelnden finanziellen Ressourcen.

In diesem Kontext möchten wir das Thema der Einführung von modernen betriebswirtschaftlichen Methoden im Krankenhausbereich betrachten. Diese tiefgreifende Transformation soll nicht nur auf das Ziel ausgerichtet sein, die Effizienz und Produktivität der Krankenhausprozesse zu verbessern; sondern dies unter Berücksichtigung solidarischer Ziele geschehen zu lassen. Im Vordergrund sollte auch in Zukunft für ein Krankenhaus, ähnlich wie für alle in Versorgungsbereichen tätigen Organisationen, die Person und der Behandlungserfolg des Patienten stehen.

Unter dieser Perspektive kann der Einsatz der Balanced Scorecard im Krankenhaus helfen, Produktivität und Solidarität anzugleichen. Die Berücksichtigung verschiedener Bewertungsperspektiven erlaubt zudem, dass sich die strategische Überlegung nicht nur auf die finanziellen und ökonomischen Ergebnisse fokussiert, sondern auch andere Aspekten wie die Bedürfnisbefriedigung der Patienten und die soziale Genehmigung der erbrachten Aktivität betrachtet. In dieser Weise kann das Management eine strategische Kurzsichtigkeit vermeiden und sich auf eine langfristige Wertschöpfung ausrichten.

Die Einführung der Balanced Scorecard kann außerdem dazu beitragen, die Barrieren unter den verschiedenen Betriebsfunktionen (u. a. Produktion und Administration) abzubauen. Diese funktionellen Trennungen beschränken und verlangsamen den Entscheidungsprozess des Unternehmens, weil die einzelnen Funktionsverantwortlichen eigene verschiedene Kompetenzen haben, nicht die selbe Sprache sprechen und unterschiedliche Prioritäten identifizieren. Da mit der Balanced

Vorwort

Scorecard Strategie und Ziele als gemeinsamer Prozess zwischen allen Verantwortlichen diskutiert und ausformuliert wird, können der Konsensus im Inneren des Betriebes und die Strategieimplementierung verbessert werden.

Dieser Aspekt ist besonders bedeutend im Krankenhausbereich. Die Krankenhäuser weisen häufig eine starke Trennung zwischen dem medizinischen Personal (Ärzte und Pflege) und der Administration auf. Diese Trennung, die von kulturellen und traditionellen Faktoren abhängt, macht die Ausgestaltung der Strategieimplementierung schwieriger. Es darf nicht vergessen werden, dass die Ärzte für die Benutzung des grössten Teiles der Ressourcen eines Krankenhauses verantwortlich sind. Die Einführung von Management-Instrumenten kann deshalb ohne Einbindung des medizinischen Personals in den Entscheidungsprozess nicht effektiv sein. Die Verantwortlichkeit in der Ressourcenverwendung braucht als Voraussetzung den Konsensus für die Ziele der Ressourcenverteilung. Der Einsatz der Balanced Scorecard im Krankenhaus kann dazu beitragen, die beschriebene Trennung zwischen den vielschichtigen Berufsgruppen zu vermindern und die Herausforderungen in den nächsten Jahren zu bewältigen.

Ziel dieses Bandes ist es, einen Kulturaustausch voranzutreiben. Das vorliegende Buch ist das Ergebnis eines Kulturaustausches zwischen der akademischen Welt und der betrieblichen Erfahrung. Diese Zusammenarbeit hat ausserdem eine internationale Perspektive, indem sie Wissenschaftler und Praktiker aus verschiedenen europäischen Ländern vereint. Dieser Aspekt erscheint deswegen so wichtig, weil in dem heutigen Szenario das Management zunehmend eine internationalen Perspektive übernehmen soll: generell und besonders im Inneren der Europäischen Union verringern sich die institutionellen und normativen Barrieren, die die Mobilität der Patienten traditionell nicht nur im Inneren einzelner Länder, sondern auch unter verschiedenen Ländern behindert haben, und als Folge davon, erweitern sich die wettbewerblichen Möglichkeiten.

In diesem Buch werden also Theorie und Praxis miteinander ergänzt. Im ersten Teil des Bandes werden aus einem theoretischen Gesichtpunkt die Besonderheiten der strategischen Ausrichtung eines Krankenhauses und die Möglichkeiten und Probleme des BSC-Ansatzes im Krankenhausbereich analysiert. Im zweiten Teil wird die konkrete Umsetzung der vorgenannten Aspekte durch die Fallstudie des Schweizer Herz- und Gefässzentrums im Inselspital Bern dargestellt. Das Inselspital Bern ist eines der ersten europäischen Krankenhäuser, das die Implementierung der Balanced Scorecard erlebt hat. Als Folge

Vorwort

kann es aus seinen Erfahrung heraus wichtige Hinweise darauf geben, wie amerikanische betriebswirtschaftliche Methoden mit der europäischen solidarischen Kultur und Ausrichtung verbunden werden können.

Die zweite Auflage des Buches ist insofern mehr als eine Aktualisierung, als nun die zusätzlichen Erfahrungen, die die Autoren in diesem Zeitraum gemacht haben, einerseits in die bestehenden Beiträge und andererseits in einem zusätzlichen Kapitel einfliessen.

Als im November 1999 Andreas Greulich und ich mit dem Gedanken spielten, ein Praxishandbuch über die Möglichkeiten der BSC-Einführung im Krankenhaus zu schreiben, stand das Projekt des Schweizer Herz- und Gefässzentrums im Inselspital Bern am Beginn. In der ersten Phase leben Veränderungsprozesse häufig von einem „zauberhaften" Moment: der Optimismus lässt die auftretenden Schwierigkeiten einfacher erscheinen, die Menschen arbeiten mit Lust, vieles fällt leichter, usw. Die erste Auflage dieses Buches konnte dieses verzaubernde Klima widerspiegeln.

Mit der neuen Auflage wird der Leser in den „Entzauberungsprozess" einbezogen. Wir haben versucht die Schwierigkeiten, die komplexe und lange Reorganisierungsprozesse mit sich bringen, in dem zusätzlichen Kapitel darzustellen. Allerdings haben wir auch erfahren können, dass, nachdem der sogenannte zauberhafte Moment verflogen und der anfängliche Enthusiasmus gesunken war, der Prozess mit Erfolg fortgesetzt werden konnte. Wir vermuten, dass dies auf die sorgfältige Planung und die umfassende Sichtweise der BSC-Einführung zurückzuführen ist. Natürlich ist uns bewusst geworden, dass vieles hätte besser oder in einer anderen Art und Weise gemacht werden können und diese fast fünfjährige Erfahrung haben wir in der neuen Auflage berücksichtigt. Gleichzeitig konnten wir aber auch unsere anfängliche Überzeugung über den Nutzen einer BSC-Einführung im Krankenhaus beibehalten.

Prof. Dr. Alberto Onetti
Universitas Studiorum Insubriae

Vorwort

Das Krankenhausmanagement zählt zu den komplexesten Führungsaufgaben, die sich in heutigen Dienstleistungsunternehmen stellen. Dies aus verschiedenen Gründen:

- Der Patient, jede Kundin, jeder Kunde, erwartet, dass die an ihm und für ihn erbrachte Leistung ein individuelles „Produkt" darstellt. Betreuung, Behandlung, Pflege, Begleitung ins Leben und oft auch in den Tod, Trost und Rat, was immer es ist, die Leistung bedarf einer einzigartigen Ausformung. Dies macht die Prozessgestaltung höchst anspruchsvoll.
- Die „Shareholder", d. h. die Öffentlichkeit, die Regierungen, private Kapitaleigner auf der einen, Kassen und Versicherer auf der anderen Seite, verfolgen in ihren Beziehungen zum Krankenhaus nicht immer gleichlaufende, sondern oft sogar widersprüchliche Zielsetzungen. Maximale Versorgungssicherheit und Versorgungsqualität sollten mit möglichst geringen, in der Regel administrativ festgelegten und in aller Regel nicht kostendeckenden Tarifen erreicht werden – eine Quadratur des Kreises.
- Auch die „Stakeholder" in den Krankenhäusern selber, nämlich der ärztliche und pflegerische Kader, bekunden nicht selten Mühe, sich in eine unternehmerische Betriebskultur einzufügen. Die berufsständische Betrachtungsweise prägt noch vielerorts die Krankenhauskulturen. Zwar steht in allen Leitbildern von Krankenhäusern der Patient im Mittelpunkt; die strikte Ausrichtung der Prozesse auf diesen Grundsatz lässt jedoch oft zu wünschen übrig.
- Schliesslich stellt die gleichzeitige Erbringung von Lehre, Forschung und Dienstleistung für die akademischen Krankenhäuser eine große Herausforderung dar. Die Auseinandersetzungen um die Höhe der Abgeltung von Lehre und Forschung und der dafür notwendigen methodischen Grundlagen sind ein Ausdruck dieser Komplexität.

Umso größeres Gewicht kommt der Formulierung einer verständlichen, in sich konsistenten und auf betriebswirtschaftlicher Grundlage abgestützten Unternehmensstrategie zu. Über die methodische und

Vorwort

inhaltliche Gestaltung der Strategieerarbeitung, -umsetzung und des Strategiecontrollings in einem so komplexen Umfeld bestehen meines Wissens im deutschsprachigen Raum wenig systematische und auf praktische Erfahrungen abgestützte Monographien. Es ist deshalb sehr zu begrüßen, dass die Autoren anhand eines konkreten Beispiels der Strategieentwicklung in einem großen Departement der Universitätsklinik Inselspital in Bern diesen Prozess eingehend beschreiben und kommentieren. Die beschriebene Methode der Balanced Scorecard ist *ein mögliches Mittel*, einen Strategieprozess systemisch, ohne große Umschweife und resultatorientiert anzugehen. Ein rollendes Controlling wird die Stärken und Schwächen dieser Methode aufzeigen. Die sich rasch verändernde und kompetitive Umwelt im Bereiche der Krankenhausdienstleistungen macht solche Überlegungen für jedes Krankenhaus zu einer Notwendigkeit.

Dr. Peter Saladin
ehem. Direktionspräsident Inselspital, Bern

Inhaltsverzeichnis

Vorwort Andreas Greulich		V
Vorwort Prof. Dr. Alberto Onetti		VII
Vorwort Dr. Peter Saladin		XI

Theoretischer Teil

Einführung 3

I.	**Betriebswirtschaftliche Aspekte der Strategieentwicklung**	**7**
1	**Strategische Analyse und Wettbewerbspositionierung im Krankenhaus**	**7**
1.1	Einleitung	7
1.2	Die Wertkette eines Krankenhauses	7
1.2.1	Die primären Aktivitäten	9
1.2.2	Die unterstützenden Aktivitäten	13
1.3	Die Wettbewerbspositionierung	15
1.4	Die externe Analyse: Merkmale des Gesundheitsmarktes	18
1.5	Die Externe Analyse: Wettbewerbsniveau	22
1.5.1	Verhandlungsmacht der Patienten	23
1.5.2	Verhandlungsmacht der ambulanten Ärzte	32
1.5.3	Verhandlungsmacht der Finanziers	35
1.5.4	Verhandlungsmacht der Lieferanten	37
1.5.5	Regulierung und weitere Entwicklung	38
1.5.6	Inneres Wettbewerbsniveau	40
1.6	Die interne Analyse	44
1.7	Strategische Planung	46
1.7.1	Die strategischen Möglichkeiten	47
1.7.2	Die Ebene der strategischen Planung	53
2	**Die Definition und Implementierung der Strategie: Die Möglichkeiten der Balanced Scorecard im Krankenhausbereich**	**55**
2.1	Einleitung	55

2.2	Die Innovationsmöglichkeit der Balanced Scorecard	55
2.3	Die Ziele der Balanced Scorecard	58
2.4	Die strategischen Perspektiven	60
2.4.1	Die Finanzperspektive	63
2.4.2	Die Kundenperspektive	65
2.4.3	Die Prozessperspektive	67
2.4.4	Die Innovationsperspektive	70
2.4.5	Die Bildung der BSC	72
2.5	Einsatz der BSC im Krankenhaus	73
2.5.1	Die Sozialperspektive	80
2.5.2	Die Kundenperspektive	82
2.5.3	Die Prozessperspektive	83
2.5.4	Die Innovationsperspektive	84
2.5.5	Die Finanzperspektive	86
II.	**Unternehmenskulturelle Aspekte der Strategieentwicklung**	**91**
3	**Unternehmenskultur**	**91**
3.1	Einleitung	91
3.1.1	Die Bedeutung der Unternehmenskultur	91
3.2	Begriffliche Grundlagen	92
3.2.1	Kulturbegriff	92
3.2.2	Unternehmensklima	93
3.2.3	Unternehmensphilosophie	94
3.2.4	Unternehmensethik	94
3.2.5	Corporate Identity	95
3.3	Subkulturen	96
3.3.1	Funktionsorientierte Differenzierung	97
3.3.2	Die Bildung von Geschäftsbereichen	98
3.4	Funktionen der Unternehmenskultur	99
3.4.1	Originäre Funktionen	99
3.4.1.1	Unternehmenskulturelle Koordinationsfunktion	99
3.4.1.2	Unternehmenskulturelle Motivationsfunktion	101
3.4.2	Derivative Funktionen	101
3.5	Probleme der Unternehmenskulturforschung	102
4	**Unternehmenskulturelle Einflüsse auf die Unternehmensentwicklung**	**102**
4.1	Einleitung	102
4.2	Externe strukturelle Unternehmensentwicklung	105
4.2.1	Die Fusion	108

4.2.2	Die Kooperation	109
4.3	Interne strukturelle Unternehmensentwicklung	110
4.4	Die Integrationsfunktion der Unternehmenskultur	110
4.4.1	Ursachen für den Misserfolg von strukturellen Unternehmensentwicklungen	111
4.4.1.1	Struktureller Erklärungsansatz	111
4.4.1.2	Mitarbeiterorientierter Erklärungsansatz	111
4.4.1.3	Kulturorientierter Erklärungsansatz	112
4.4.2	Beitrag der Unternehmenskultur zum Erfolg von strukturellen Unternehmensentwicklungen	112
4.5	Strategien der kulturellen Integration	113
4.5.1	Kombination von zwei Unternehmenskulturen	114
4.5.2	Förderung der einen oder anderen Unternehmenskultur	114
4.5.3	Kompromisskultur	115
4.5.4	Neue Unternehmenskultur	116
5	**Unternehmenskultur im Krankenhaus**	116
5.1	Einleitung	116
5.2	Strukturen im Krankenhaus	117
5.2.1	Organisationsstrukturen im Krankenhaus	117
5.2.1.1	Funktionale Organisationsstruktur	117
5.2.1.2	Divisionale Organisationsstruktur	118
5.2.2	Personalstruktur im Krankenhaus	119
5.2.2.1	Die Ärzteschaft	119
5.2.2.2	Die Pflege	119
5.2.2.3	Die Verwaltung	120
5.3	Zur Kultur im Krankenhaus	120
5.4	Die Unternehmenskultur als kritischer Erfolgsfaktor bei Integrationsprozessen im Krankenhaus	123

Praxisbezogener Teil

Einleitung 127

III.	**Fallbeispiel Schweizer Herz- und Gefäßzentrum Bern**	133
6	**Strukturelle Veränderungen in Krankenhäusern**	133
6.1	Bildung teilautonomer Einheiten	133
6.1.1	Grundidee der Bildung von Departementen („Departementalisierung")	133

Inhaltsverzeichnis

6.1.2	Departementalisierung: Projektbeschreibung auf Gesamtspitalebene	135
6.1.3	Fazit	142
6.2	Change Management	144
7	**Entwicklung einer gemeinsamen Leitidee**	**148**
7.1	Kulturelle Faktoren	148
7.2	Grundlagen der Strategieentwicklung	150
7.3	Kommunikation der Strategie	151
7.4	Leitbilderstellung	153
8	**Aufbau der Balanced Scorecard**	**155**
8.1	Voraussetzungen für eine erfolgreiche Implementierung	155
8.2	Bewertung bestehender Zielformulierungen	158
8.3	Zuordnung der BSC-Perspektiven zu strategischen Aussagen	160
8.4	Formulierung der Ziele	164
8.5	Zielabhängigkeiten durch Ursache-/Wirkungsbeziehungen prüfen	170
8.6	Definition der Messgrößen	176
8.7	Kommunikation der Ziele und Messgrößen	185
9	**Perspektive der Potenziale**	**187**
9.1	Einleitung	187
9.2	Implementierung des Qualitätsgedankens	189
9.3	Die Mitarbeiterzufriedenheit ist verbessert (Schwerpunktthema)	194
9.3.1	Vorbemerkungen	194
9.3.2	Ergebnisse der Befragung der Pflege	197
9.3.3	Kommunikation der Ergebnisse und weiteres Vorgehen	206
9.4	Der Wissensaustausch ist sichergestellt	208
9.5	Attraktive Arbeitsbedingungen sind geschaffen	211
9.5.1	Vorbemerkungen	211
9.5.2	Schaffung attraktiver Arbeitsbedingungen: Ein „Nebenprodukt" der Unternehmensentwicklung	212
9.6	Forschung auf hohem Niveau	215
10	**Perspektive der Prozesse**	**217**
10.1	Einleitung	217
10.2	Patientenprozesse sind definiert und umgesetzt (Schwerpunktthema)	218
10.3	Unterstützende Prozesse sind optimal abgestimmt	228

10.4	Führungsprozesse sind effizient gestaltet	230
10.5	Zeitgemäße Behandlung und Betreuung sind gewährleistet	232
10.6	Lehre, Ausbildung und Forschungsprozesse sind definiert sowie untereinander und mit den Patientenprozessen abgestimmt	234
11	**Perspektive von Kunden und Markt**	235
11.1	Einleitung	235
11.2	Marketing ist ausgebaut (Schwerpunktthema)	237
11.3	Die Kundenzufriedenheit ist gesteigert	244
11.4	Management der Dienstleistungsprodukte ist eingeführt	248
11.5	Spezifische Marktanteile sind gesteigert	250
11.6	Institutionsübergreifende Kooperationen sind gefördert	252
12	**Perspektive der Finanzen**	254
12.1	Einleitung	254
12.2	Neue Finanzierungsquellen sind erschlossen	257
12.3	Kosten- und Leistungstransparenz sind umgesetzt (Schwerpunktthema)	260
12.4	Anteil bestimmter Patientengruppen ist erhöht	272
12.5	Finanzielles Anreizsystem zur Ergebniserreichung	275
13	**Implementierung der Balanced Scorecard in den Arbeitsalltag**	277
13.1	Einleitung	277
13.2	Computergestützte Anwendung für Informationen und Analysen	278
13.3	Bereitstellung der Messgrößen	284
13.4	Auswirkung auf das Führungsverhalten	285
14	**Weiterentwicklung und Ausblick**	286
14.1	Entwicklung der BSC im Schweizer Herz- und Gefäßzentrum	287
14.1.1	Finanzperspektive	288
14.1.2	Kundenperspektive	289
14.1.3	Prozessperspektive	290
14.1.4	Lernen- und Wachstums-Perspektive	291
14.1.5	Fazit	292
14.2	Die Entwicklung der BSC im Gesamtspital	293
14.3	Fazit	296

Inhaltsverzeichnis

Glossar 299
Literaturverzeichnis 307
Stichwortverzeichnis 315
Autoren 319

Theoretischer Teil

Einführung

Balanced Scorecard – nun hat also ein weiterer Managementbegriff Einzug in die Krankenhauswelt[1] gehalten! Ziemlich genau zehn Jahre nachdem Kaplan und Norton[2] die ersten Gehversuche mit einem strategiebezogenen Managementsystem unternahmen, hat das deutschsprachige Krankenhausumfeld die Notwendigkeit für eine visions- und zielorientierte Ausrichtung erkannt und setzt sich mit einer möglichen Implementierung in Einrichtungen des Gesundheitswesens auseinander. Möchte man dann an einem praktischen Beispiel die Umsetzungsmöglichkeiten kennen lernen, gehen die Blicke rasch in die Vereinigten Staaten von Amerika, da scheinbar nur dort eine Realisierung bereits erfolgte.

Abgesehen davon, dass man auch im deutschsprachigen Raum ab und zu auf Manager[3] treffen kann, die sich über eine geplante Einführung der Balanced Scorecard (BSC) äußern, oder die auf einer eher einseitig fokussierten Interessenslage Teile der BSC nutzen, scheint eine umfassende Realisierung unter Einbezug aller strategierelevanten Aspekte noch Mangelware zu sein.

Doch ist es alleine die Balanced Scorecard, die ein Krankenhaus in diesen ökonomisch anspruchsvollen Zeiten auf Kurs hält oder bringt? Reicht es aus, alleine oder in Arbeitsgruppen den oftmals beschriebenen Prozess der Implementierung zu durchlaufen, um dann die Einrichtung im Sinne einer lernenden Organisation auf die zukünftigen Herausforderungen fit zu machen? Hier wiederum liegt die Gefahr dieses oder auch anderer Managementsysteme. Schnell ist das Bild einer Kochbuchanleitung vermittelt, die dann schon für den notwendigen Erfolg sorgen wird. Die Literatur ist voll von Beispielen, die Unternehmen am Rande des Konkurses erwähnen, die dann mit einem Schlag

---

1) In diesem Buch verwenden wir überwiegend den Begriff Krankenhaus, setzen diesen aber gleich mit dem schweizerischen Ausdruck Spital oder dem österreichischen Begriff Krankenanstalten.
2) Vgl. *Kaplan, R. S./Norton, D. P.*: The Balanced Scorecard: Translating Strategy into Action, Boston MA 1996.
3) Auch wenn in diesem Buch zumeist die männliche Form verwendet wird, schließen wir in gleicher Weise auch die weibliche Form mit ein.

Theoretischer Teil

einen unglaublichen Erfolg aufweisen. Doch sollte man sich einmal die Mühe machen und einen Blick hinter die Kulissen dieser erfolgreichen Organisationen werfen. Finden sich da nicht letztendlich Menschen, die Visionen haben, und fast noch wichtiger, sich ihren Visionen verpflichten? Ein bekannter Ausspruch von Antoine de Saint-Exupéry sagt:

„Man braucht für den Bau eines Schiffes nicht unbedingt die besten Handwerker, man muss vielmehr den Handwerkern, die man hat, die Sehnsucht nach dem großen weiten Meer vermitteln."

In diesem Sinne hat das vorliegende Buch den Anspruch, nicht nur eine theoretische Abhandlung über die Implementierung der BSC zu liefern, sondern betont die praktische Umsetzung zu schildern. Es ist den Autoren ein besonderes Anliegen, ein möglichst ungeschöntes Bild von den Rahmenbedingungen bei dieser Implementierung zu vermitteln, eines das den Krankenhausalltag aufzeigt, wie er ist: Ein hochkomplexes Zusammenwirken unterschiedlicher Berufsgruppen und Kulturen, die Einmaligkeit der Dienstleistung Gesundheit in einem gesellschaftspolitischen Umfeld, dass zunehmend Solidarität und Bereitschaft zur Investition in dieses System verliert und dies vor dem Hintergrund, dass es jeweils um menschliche Einzelschicksale, Hoffnungen und Verzweiflung geht.

Wir, die Autoren, fühlen sich dieser Herausforderung verpflichtet und möchten mit diesem Buch einen Beitrag dazu liefern, die abstrakt wirkende Welt von Strategiefindung und -umsetzung im Krankenhaus etwas transparenter zu machen. Der praxisorientierte Zugang soll jederzeit spürbar sein, wobei es niemals der Wunsch ist, dass die Leserschaft die Umsetzung 1 : 1 nachvollzieht. Betrachten Sie also das vorliegende Buch nicht als Sammlung von „Kochrezepten" sondern picken Sie sich die Zutaten heraus, die Sie konkret in Ihrer Einrichtung verwenden können.

Die Intention der Autoren zu diesem Buch lag insbesondere in der Tatsache, dass es bislang noch keine praxisorientierte deutschsprachige Literatur zu einer Strategieentwicklung und ihrer Umsetzung mittels der BSC gab, die sich auf ein öffentliches Haus im Rahmen der europäischen Sozialversicherungssysteme bezog. Diesen Praxisbezug möchten wir durch den zweiten Teil dieses Buches herstellen, der ausgehend von einer tiefgreifenden Organisationsveränderung den Prozess der Strategiefindung beschreibt und anschließend dessen Implementierungsfortschritte bis zum heutigen Tag aufzeichnet. Dieses reelle Fallbeispiel bezieht sich auf die Phase der Organisationsveränderung in

Einführung

Richtung einer weitreichenden Teilautonomie, wie sie seit Mitte der Neunziger Jahre im Universitätsspital Bern (Inselspital) mit seinen neun Departementen betrieben wird. Bei der Beschreibung dieses Veränderungsprozesses werden sowohl die Intentionen und Notwendigkeiten aus Sicht der Spitalleitung, als auch die inhaltliche Ausgestaltung aus Sicht eines der teilautonomen Departemente, des Schweizer Herz- und Gefäßzentrums Bern, geschildert. Die weiteren Kapitel entsprechen den strategischen Zielen, die dann im Rahmen der Balanced Scorecard entwickelt wurden. Dabei haben wir zu jeder der Perspektiven ein Schwerpunktthema gewählt, das mit einem höheren Detaillierungsgrad vorgestellt wird.

Der Aufbau des Buches beginnt aber zuerst einmal mit einer ausführlichen theoretischen Darstellung der Notwendigkeit von strategischem Handeln und seinen verschiedenen Aspekten, der Vorstellung des Balanced Scorecard-Ansatzes sowie einer Ausführung über die Bedeutung der Unternehmenskultur, insbesondere vor dem Hintergrund von strategischem Handeln und Organisationsveränderungen, wie wir sie im Zusammenhang mit den Herausforderungen im Gesundheitswesen in den nächsten Jahren sicherlich häufig erleben werden. Wir möchten damit ein möglichst umfassendes Bild über die Erkenntnisse der Strategieentwicklung und ihrer Rahmenbedingungen geben und viele der aktuellen Erkenntnisse aus dem dynamischen Gesundheitswesen der deutschsprachigen Länder berücksichtigen.

Innerhalb des theoretischen Teils zeichnen für die Kapitel 1 und 2 Herr Prof. Dr. Alberto Onetti, Frau Alessia Pisoni für die Exkurse 1, 2 und 3 und für das Kapitel 3 Frau Gabriela Greiner verantwortlich. Dabei handelt es sich im dritten Kapitel um Teile einer Diplomarbeit, die im Jahre 2001 im Schweizer Herz- und Gefäßzentrum Bern bezogen auf die unternehmenskulturellen Aspekte bei Organisationsveränderungen verfasst wurde.

Der zweite Teil, der den Praxisbezug durch die Schilderungen der Umsetzung im Inselspital Bern herstellt, wurde hauptsächlich vom Geschäftsleiter dieses Zentrums, Herrn Andreas Greulich, sowie dem für Aspekte der Arbeitspsychologie beigezogenen Geschäftsführer der Firma cpmo in Bern, Herrn Dr. Volker Schade, erstellt. Andreas Greulich und Volker Schade haben das Zentrum bereits bei dessen Bildung gemeinsam als Change Agents unterstützt und begleitet. Ergänzt wurde dieser Teil durch die Mitarbeit der Verantwortlichen für Personal- und Organisationsentwicklung im Schweizer Herz- und Gefäßzentrum, Frau Barbara Zaugg. Dieses gemeinsame Buchprojekt profitiert zudem von der Tatsache, dass die Autoren aus Deutschland, Italien und der Schweiz kommen, was einen gewissen europäischen Ansatz förderte, der einen Fokus auf die relevanten Fragestellungen losgelöst von den länderspezifischen Diskussionen ermöglichte.

Wir möchten uns bei dieser Gelegenheit bei den Verantwortlichen der Spitalleitung des Inselspitals Bern und des Direktoriums vom Departement Herz und Gefäße für die Genehmigung dieses Buches sowie bei unseren Familien für die unendliche Geduld bedanken.

Ihnen, liebe Leserinnen und Leser, wünschen wir viel Spaß bei diesem Buch und verbinden damit die Hoffnung, dass wir damit einen kleinen Beitrag für ein mitarbeiterorientiertes Management auch in Zeiten von knappen Mitteln und steigendem Wettbewerb leisten können.

Bern, im Juni 2005 *Die Autoren*

I. Betriebswirtschaftliche Aspekte der Strategieentwicklung

1 Strategische Analyse und Wettbewerbspositionierung im Krankenhaus

1.1 Einleitung

Die Bereitschaft, sich als Krankenhaus bewusst mit einer strategischen Ausrichtung auseinander zu setzen, ist insbesondere im öffentlichen Sektor noch nicht fest verankert. Es herrschte in der Vergangenheit eher die Ansicht, dass solche analytischen und wenig greifbaren Aktivitäten den Gewinnorientierten Unternehmen vorbehalten sind. Erst in den letzten Jahren, verbunden mit einer verstärkten Diskussion um die Wirtschaftlichkeit der Institutionen, wuchs der Druck auf das Management, sich mit strategischen Fragen zu beschäftigen. Es ist zu beobachten, dass gerade in Ländern, die heute einer restriktiven Gesundheitspolitik mit gewissen wettbewerblichen Elementen unterliegen, die Notwendigkeit auch für öffentliche oder frei-gemeinnützige Krankenhäuser vermehrt gesehen wird.

Dieses Kapitel möchte daher eine theoretische Einführung in die Thematik der Strategiefindung und der wettbewerblichen Positionierung geben. Dabei wird ein systematischer Aufbau gewählt, der zuerst einmal auf die verschiedene Krankenhausesaktivitäten fokussiert, bevor die strategische Alternativen identifiziert und die entsprechende Managementsinstrumente aufgezeigt werden.

1.2 Die Wertkette eines Krankenhauses

Das Krankenhaus ist eine Einrichtung, das eine Vielzahl von Aktivitäten verfolgt: Medizinische und Chirurgische, Grund- und spezialisierte Leistungen, therapeutische und diagnostische Untersuchungen und Behandlungen, die wissenschaftliche Forschung und die Aus-, Weiter- und Fortbildung. Daraus resultiert die schwirige Aufgabe, eine einheitliche Vision für alle Unternehmensziele zu entwickeln.

Theoretischer Teil

Aus ökonomischer Sicht unterscheidet sich das Krankenhaus allerdings nicht von anderen Unternehmen, die mit einer Vielzahl von Arbeitsprozessen und Produkten aufwarten. Unter diesen Voraussetzungen kann man annehmen, dass die Anzahl der „Produktionslinien" gleichhoch ist wie die Anzahl der zu behandelnden Patienten. Dies erfordert eine Auseinandersetzung mit der Typologie „Produkt", welche in einem gewissen Sinne einzigartig ist. Diese Aussage ergibt sich aus dem Sachverhalt, dass jeder behandelte Patient aus medizinischer Sicht ein besonderes, einzigartiges Gesundheitsproblem aufweist, das ein spezifisches Angebot des Krankenhauses benötigt. Daraus folgt, dass jeder Patient als eine einzigartige Typologie bezüglich des Begriffes Produkt zu betrachten ist.

Zu diesem Zwecke empfiehlt sich die Erarbeitung eines integrierenden Analysenschemas. Für die Gestaltung dieser Analyse erscheint es dabei sinnvoll, die Abläufe anhand von Prozessabbildungen zu berücksichtigen, da diese für die operativen Besonderheiten eines Krankenhauses (Komplexität) geeignet erscheinen. Das Krankenhaus kann in der Tat wie ein anderes Unternehmen mit einem oder mehreren Produktionsprozessen konzipiert sein. Am Ende ist es entscheidend, dass sich die spezifischen operativen Institutionsziele in erster Linie an dem Behandlungserfolg des Patienten orientieren. Grundsätzlich kann jedes „Behandlungsprodukt", das durch eine Indikation bestimmt wird, als Ergebnis einer Kombination von einem oder mehreren Produktionsprozessen verstanden werden.

Man wird also versuchen, die Krankenhausaktivitäten in Verbindung zu ihrer internen Positionierung bezogen auf die Produktionskombination zu analysieren und danach ihre Bedeutung im Zusammenhang mit der Erreichung der Unternehmensergebnisse zu erkennen.

Auf Basis dieser Überlegungen bietet sich der Versuch an, eine kombinierte Wertkette mit den Aktivitäten des Krankenhauses als Instrument für eine interne Analyse unter Berücksichtigung der verschiedenen Unterstützungsprozesse zu erstellen. Die Wertkette[4] analysiert in der Tat die verschiedenen Aktivitäten auf ihre Bedeutung für die Erreichung der Unternehmensziele. Die Prospektivität dieser Methode kann insbesondere nützlich sein, um die Annäherung an eine Strategie der Krankenhausführung zu unterstützen, welche immer mehr notwendig wird im Zusammenhang mit der Veränderung des Wettbewerbsbildes. Gemeint ist dabei die Individualisierung und das Reengeneering der

---

[4] Der Begriff der Wertkette ist von Porter geprägt worden. Vgl. hierzu *Porter, M.E.*: Competitive Advantage: Creating and Sustaining Superior Performance, Free Press, New York, 1985.

Strukturprozesse im Inneren des Krankenhauses, welche sich als Essenziell für die Definition der Strategie und ihrer konsequenten Implementierung erweisen.

1.2.1 Die primären Aktivitäten

Bei der Betrachtung der Wertkette kann eine erste Unterscheidung zwischen den Kernaktivitäten und den Unterstützungsaktivitäten vorgenommen werden.

In der erstgenannten Kategorie werden die Patientenbehandlung sowie Aktivitäten, die direkt im Zusammenhang mit der Zuordnung von Serviceleistungen oder der Belieferung mit Materialien für das Krankenhaus stehen, subsummiert. Die zweite Kategorie dagegen beinhaltet Aktivitäten mit Infrastrukturellem Charakter, d. h. mit dem Ziel, die optimale Leistungserbringung einzelner primäre Aktivitäten oder des gesamten Behandlungsprozess zu unterstützen.

Die oben erwähnten primären Aktivitäten werden als Hauptprozesse der Behandlungsprozesse im Krankenhaus beschrieben. In einigen Fällen können diese Prozesse nicht eindeutig zugeordnet werden, grundsätzlich ergeben sich aber folgende Phasen im Ablauf:

- Anmeldung/Aufnahme;
- Anamnese;
- Diagnostik;
- Therapie;
- Rehabilitation;
- Entlassung.

Die Reihenfolge dieser Phasen ist wie oben genannt nicht zwingend als feste Ordnung zu verstehen, sondern können im Zusammenhang mit Vorverlegung oder Wiederholungen auch an unterschiedlicher Stelle auftreten. Als Beispiel können die diagnostischen Untersuchungen genannt werden, die logischerweise an einem bestimmten Punkt des Krankenhausaufenthaltes nachgefragt werden. Häufig erfolgen aber weitere diagnostische Abklärungen auch zu einem späteren Zeitpunkt oder werden im Verlauf einer kompletten Behandlung mehrmals erforderlich. Der gleiche Sachverhalt ergibt sich auch bei der Rehabilitation, die sich häufig erst nach der Entlassung des Patienten aus dem Krankenhaus anschliesst.

Ausserdem bedeutet die Darstellung einer Wertkette des Krankenhauses die Herausforderung, nicht typische Aktivitäten, wie die Prävention

Theoretischer Teil

und die Rehabilitation zu berücksichtigen und als Teil der gesamten Behandlungskette zu verstehen. Bezogen auf die Prävention unterscheiden wir zwischen der primären Prävention (d. h., solche Interventionen, die nicht notwendigerweise von der Gesundheitspolitik ausgelöst werden und die dem Zweck der Reduzierung des Krankheitsrisikos dienen) und der sekundären Prävention (Profilaxe und frühzeitige diagnostische Erkennung von Krankhauseiten). Solche Aktivitäten fallen gewöhnlich nicht in die Zuständigkeit eines Akutkrankenhauses, das mehr auf sogenannte „manifeste Interventionen" gerichtet ist.

Teile der diagnostischen und rehabilitativen Aktivitäten sind in vielen Gesundheitssystemen ausserhalb des Akutkrankenhauses angesiedelt: die typischen Aktivitäten des Krankenhauses positionieren sich nicht überwiegend am Beginn des Behandlungsprozesses (die Phase der ambulanten Behandlung beim niedergelassenen Arzt) und enden auch nicht mit dem Austritt des Patienten aus dem Krankenhaus, sondern mit der Phase der medizinischen Rehabilitation. Es ist allerdings auch möglich, das Krankenhäuser ihre Aktivitäten erweitern, in dem sie die vorgelagerten (Ambulante Untersuchung) und nachgelagerten Behandlungsschritte (Rehabilitation) in ihr Angebot integrieren.

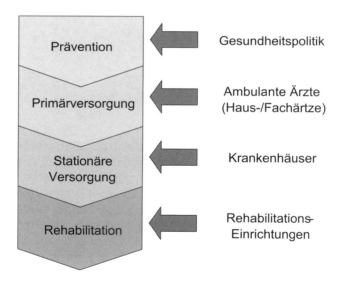

Abb. 1.1: Die Behandlungskette

Eine Darstellung des standardisierten Behandlungsprozesses, wie sie in der Abbildung 1.1 als Behandlungskette dargestellt ist, ist nur theoretisch möglich; in der Praxis ergibt sich die Situation, dass aus verschiedene Behandlungsstrategien quer durch den Prozess gewählt werden kann. Die verschiedenen Phasen der Wertkette können sowohl intern (Housing/Insourcing) erbracht, als auch nach Aussen (Outsourcing) verlagert werden. So können beispielsweise Phasen der Behandlung, wie das Ambulatorium, Geriatrie und Rehabilitation) einerseits innerhalb des Krankenhauses angeboten werden und andererseits den externen Anbietern überlassen werden. Auf die verschiedenen Strategien der Positionierung werden wir im späteren Verlauf näher eingehen (siehe Kapitel 1.4).

Die Aufnahme stellt den Beginn des Produktionsprozesses eines Krankenhauses dar. Dies beinhaltet im Zusammenhang mit der Patientenaufnahme auch einen administrativen Gesichtspunkt. Es kann unterschieden werden in einen regulären Aufnahmeprozess und einen Abteilungsspezifischen Aufnahmeprozess. Dies hängt von der Art des Eintritts ab und führt im Falle einer Notfallbehandlung zuerst zu einem verkürzten Aufnahmeprozedere, dem sich zum späteren Zeitpunkt ein differenzierter Aufnahmeprozess auf der Abteilung anschliesst. Dagegen beinhaltet der geplante Eintritt eine Vorabklärung auf diagnostischer Basis durch den Haus- oder Facharzt.

Der Aufnahme liegt die Phase der Anmeldung zu Grunde, die sowohl durch den Patienten selbst, als auch durch den Hausarzt vorgenommen werden kann. Zuvor erfolgt in der Regel eine Evaluation durch den Hausarzt oder das Ambulatorium.

Im Falle des geplanten Eintrittes, kann der Patient mit Unterstützung der Haus- und Fachärzte die Art der Erkrankung und die Fachrichtung des Krankenhauses einschätzen. Dies trifft allerdings nicht auf den Notfall zu. Dieser ist zumeist von plötzlich eintretenden Ereignissen abhängig. Die Planbarkeit der Eintritte im Krankenhaus ist allerdings auch im regulären Fall nicht immer gegeben. Sie ist vielmals von der Genauigkeit der Einschätzung des Arztes ab und kann durchaus im Laufe der Untersuchung ändern. So kann sich der geplante Aufenthalt als nicht notwendig erweisen oder die geplante Abteilung wechseln.

Es folgt anschliessend die Phase der Anamnese, die eine Einschätzung des Zustandes des Patienten vornimmt. Diese Anamnese berücksichtigt nicht nur medizinische, sondern auch und vor allem soziale, kulturelle und ökonomische Gesichtspunkte. Diese Phase hat den Zweck, neben der pathologischen Krankengeschichte, auch die Familiensituation, soziale Verhältnisse, berufliches und kulturelles Umfeld und die ökonomische Situation zu beleuchten. Diese Informationen dienen der

Theoretischer Teil

Ausrichtung der weiteren diagnostischen Massnahmen. Mit Erhalt dieser Informationen kann der gesamte Prozess inkl. der Hotellerie abgestimmt werden. Die Kenntnis über die sozialen und kulturellen Umstände ist wichtig für den Dialog zwischen Pflege, Ärzten und Patient. Es ist möglich die Dienste zu unterscheiden, die jeder Patient erwartet, so dass diese Segmentsweise angepasst werden können.

Nach der Anamnese folgt die Diagnose. Diese Phase basiert einerseits auf der medizinischen Indikation und beinhaltet andererseits aber auch die Ergebnisse des Anmeldungs- und Eintrittsverlaufs. Diese Phase hat den Zweck, den Gesundheitszustand des Patienten möglichst exakt einschätzen zu können und die folgenden therapeutischen Leistungen zu steuern. Dies wird von dem Abteilungsarzt durchgeführt, der sich zudem auf die diagnostischen Ergebnisse (Radiologie, Blut- u. andere Laborwerte) stützen kann. Die diagnostischen Untersuchungen können sowohl direkt auf der Abteilung, als auch durch spezifische Institute (MR, Computertomograph, etc.) erbracht werden[5].

Die Therapie versammelt alle Leistungen verschiedener Art der medizinischen, klinischen, oder chirurgischen Behandlung (sowie auch Methoden der Radiotherapie oder der Lithotripsie). Die Therapie hat den Zweck, die Gesundheitsprobleme des Patienten zu mindern oder diese zu beseitigen.

Die Therapie kann sowohl als stationärer Aufenthalt als auch ohne stationäre Liegezeit (Tagesklinik, ambulantes Operieren) erbracht werden. Der stationäre Aufenthalt ist somit zwar nicht mehr notwendig, aber die Infrastruktur wird zumindest in Teilen genutzt.

Während der Therapie kann es vorkommen, dass ein Patient zwischen verschiedenen Abteilungen verlegt werden muss.

Im Anschluss an die Therapie erfolgt die Rehabilitation mit dem Zweck, den Heilungsverlauf zu beschleunigen und die nachträglichen Interventionen durch Krankenhaus und Arzt zu vermindern. Der Patient soll möglichst schnell in den gewohnten Lebensrhythmus zurückgebracht werden.

Die Rehabilitation kann sowohl vor als auch nach der Entlassung aus dem Krankenhaus erfolgen. Wenn die Rehabilitation nach der Entlassung erfolgt, gibt es eine Reihe von Möglichkeiten: Heim-Rehabilitation, ambulant oder stationär. Die Form ist abhängig vom Zustand des Patienten.

---

5) Dies ist abhängig von dem gesundheitlichen Zustand der Patienten und von der Mobilität der diagnostischen Geräte.

Mit der Entlassung tritt der Patient aus, dies auch aus einem administrativen Gesichtspunkt. Somit wird die Fakturierung ausgelöst. Diese Rechnungsstellung erfolgt nur für Privatpatienten im direkten Verhältnis. Für die anderen Versicherten erfolgt die Fakturierung über Dritte (Krankenkasse).

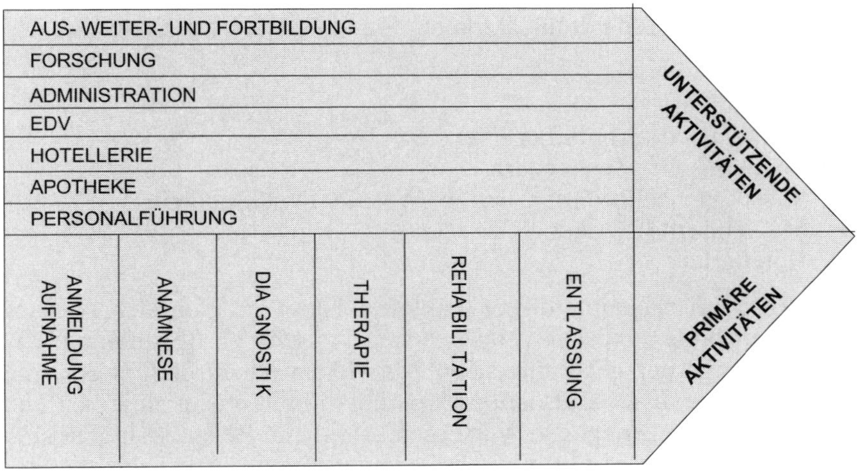

Abb. 1.2: Die Wertkette im Krankenhaus

1.2.2 Die unterstützenden Aktivitäten

Nachdem wir die direkten Aktivitäten dargestellt haben, konzentrieren wir uns nun auf die unterstützenden Prozesse. Diese Aktivitäten unterscheiden sich von den Direkten dadurch, dass sie nur selten eine externe Kundensicht haben, sondern die internen Leistungserbringer als Kunden definiert werden. Das Ziel ist die optimale Leistungserbringung und Unterstützung der Patientenprozesse.

Nachfolgend sollen die wichtigsten Unterstützungsprozesse genannt werden:

- Personalführung (Ärzte, Pflege und Administration);
- Apotheke (Verkauf und interne Logistik);
- Steuerung der Strukturprozesse (Wäscherei, Reinigungsdienst, Sterilisation, Küche, Abfallbeseitigung, Sicherheitsdienst, Telefonzentrale);
- EDV;

- Anschaffung, Installation und Instandhaltung von medizinischen Geräten;
- Administration;
- Forschung;
- Aus-, Weiter- und Fortbildung.

Die primären Aktivitäten werden erbracht durch eine Mischung von verschiedenen Produktionsfaktoren:

- Ärzte;
- Pflegedienst;
- Medizinisch-technischer Dienst;
- Medizinischer Sachbedarf;
- Sonstiger Sachbedarf (Energie, Wasser, Drucksachen);
- Medizinische Geräte;
- Hotellerie.

Die Zusammensetzung dieser Faktoren hängt ab von der Art des Krankheitsbildes und der verschiedenen Phasen des Behandlungsverlaufes. Einige der unterstützenden Aktivitäten haben den Zweck, die primären Aktivitäten mit dem notwendigen Input aus qualitativen und quantitativen Leistungen zu versorgen. Mögliche Beispiele hierzu sind die Aus- Weiter- und Fortbildung, Personalführung, Apotheke, die Sterilisation, Einkauf und Instandhaltung von medizinischen Geräten.

Im Besonderen hat der Bereich der Aus-, Weiter- und Fortbildung in speziellen Institutionen wie z. B. den Universitätskliniken einen anderen Stellenwert, so dass diese Leistungen auch als primäre Aktivitäten betrachtet werden können. Je nach Bedarf kann die Wertkette entsprechend anders gestaltet werden[6].

Neben den genannten unterstützenden Prozessen, gibt es noch eine Reihe anderer, mit eher Infrastrukturellem Charakter (Hotellerie), wie beispielsweise die Wäscherei, Küche, Reinigung und weitere. Das Krankenhaus erbringt neben den medizinischen und pflegerischen Dienstleistungen auch eine Reihe von Hotelversorgungsleistungen. Diese Leistungen, aus der Sicht der Theorie das Service-Management[7], haben den Charakter von nebensächlichen Aktivitäten, weil diese einzeln betrachtet nicht den eigentlichen Unternehmenszweck erfüllen. Sie sind trotzdem von wichtiger Bedeutung, weil sie die eigentliche Leistungserbringung unterstützen. Ausserdem haben diese Leistungen

---

6) Siehe auch Kapitel 1.7.1
7) Neben anderen Autoren: *Eiglier,P./Langeard, E.*: Servuction – Le marketing des services, McGraw-Hill, Paris, 1987.

besondere Bedeutung, da die Patienten insbesondere hier in der Lage sind, die Qualität zu bewerten (z. B. Qualität der Mahlzeit, Sauberkeit etc.). Somit haben diese Leistungen grossen Einfluss auf das Urteil des Patienten über die Krankenhaus-Leistung[8].

Andere unterstützende Aktivitäten haben eine stärker generelle Funktion. Sie unterstützen nicht einzelne Phasen der Prozesse, aber den gesamten Verlauf. Hier sind beispielsweise die Administration im allgemeinen, oder die Informatik im speziellen gemeint. Sie sind letztlich wichtig für das gesamte Funktionieren eines Krankenhauses.

1.3 Die Wettbewerbspositionierung

Im vorherigen Kapitel haben wir das Spektrum von typischen Krankenhaus-Aktivitäten analysiert und zugeordnet. Die beschriebenen dargestellten Phasen bilden die Elemente der Wertkette eines Krankenhauses. Jedes Krankenhaus wählt seine Positionierung aus den vorhandenen strategischen Möglichkeiten. D. h., es entscheidet sich entweder für die Abdeckung der gesamten Wertkette, oder einer Spezialisierung auf ein oder mehre dieser Elemente. Die Auswahl der geeigneten Strategie sollte zumindest aus dem theoretischen Gesichtspunkt[9] auf Basis der folgenden Analysen stattfinden:

- Analyse der Wettbewerbsbedingungen, die im Einzugsgebiet des Krankenhauses vorherrscht (externe Analyse);
- Analyse der Ressourcen und entscheidenden Kompetenzen des Krankenhauses (interne Analyse).

Bemerkenswert erscheint die Tatsache, dass die Krankenhäuser in der Regel nicht auf Basis der strategischen Analyse ihre Positionierung wählen, sondern diese häufig (und dies gilt für die Öffentlichen Einrichtungen im Besonderen) aufgrund politischer Zwänge entsteht. Einige Krankenhäuser weisen ihre Spezialisierung nicht als Folge der strategischen Überlegung aus, sondern sind historisch gewachsen und/oder hängen von der Initiative einzelner Chefärzte ab. In diesem Kontext hat der grösste Teil der Krankenhauses seine breite Abdeckung nicht in Folge einer strategischen Überlegung gewählt, sondern muss diese in Folge der politischen und institutionellen Notwendigkeit zwecks Abdeckung alle Problembereiche einer Standortregion verfolgen. Als Folge dieses Verhaltens können wir nicht-effiziente Führung,

---

8) Siehe auch Kapitel 1.5.1.
9) Vgl. *Ansoff, H.I.*: Implementing Strategic Management, Prentice-Hall, 1984; *Mintzberg, H./ Raisinghani, D./ Theoret, A.*: The Structure of Unstructured Decision Process, in Administrative Science Quarterly, Vol. XXI, June 1976, S. 246-274.

Theoretischer Teil

Unwirtschaftlichkeit, fehlende oder überschneidende Leistungsangebote erkennen.

Umfassende Gesundheitsreformen wurden mittlerweile in allen Industrieländer eingeführt und initiierten einen grundlegenden Wandel des Krankenhaus-Managements: das Kostendeckungsprinzip wurde gegen leistungsbezogene Vergütungen[10] getauscht mit der Intension, Anreize zu schaffen um strategische Positionierungen zu fördern.

Leistungsbezogene Vergütungen bedeuten für das Krankenhaus, dass die Einnahmen abhängig sind von den durchgeführten Behandlungen und nicht mehr von den entstehenden Kosten. Die Ähnlichkeit mit Industrie- und Dienstleistungsunternehmen der freien Wirtschaft nimmt somit deutlich zu. Die leistungsbezogene Vergütung hat im Gegensatz zum früheren Kostendeckungsprinzip den Charakter eines Preissystems. Die Verbindung zwischen Vergütung und Leistungserbringung erfordert somit auch ein entsprechendes Controlling sowie als Resultat aus den Controllinginformation, häufig eine Reduzierung der Produktionskosten. Die Krankenhäuser werden somit erstmals dem Gesetz des Marktes unterworfen. In diesem Umfeld werden die Häuser belohnt, die in der Lage sind, bei gleichem Input einen grösseren Output zu erzielen, oder bei gleichem Output einen niedrigeren Input zu verwenden.

Exkurs 1: Die Diagnosis Related Groups (DRG)

Fast alle aktuellen Reformen der Gesundheitssysteme in den wichtigsten Nationen sehen neben anderen Aspekten eine Neudefinition der Abgeltung von Krankenhauskosten in Richtung der Einführung von DRG-Systemen vor.

Zuerst kann man bemerken, dass die DRG's entgegen der weitläufigen Aussage in erster Linie eine Methode der Krankenhausfinanzierung und weniger ein Tarif für die Leistungen des Krankenhausaufenthalts darstellt.

Das Synonym DRG steht für Diagnosis Related Groups und ist ein Klassifikationssystem für Patienten mit einem Krankenhausaufenthalt. Es wurde in den siebziger Jahren des letzten Jahrhunderts von einer Gruppe von Studenten der Yale-Universität entwickelt und kontinuierlich ausgebaut und häufigen Revisionen unterzogen.

Das Hauptziel der Einführung des Klassifikationssystems DRG beruht insbesondere im Bestreben, ein Steuerungsinstrument für die

---

10) Für eine tiefergehende Analyse, vgl. den Exkurs 1.

Krankenhäuser zu erhalten. Wie bereits erwähnt, können Krankenhäuser durchaus mit anderen Produktionsbetrieben verglichen werden, die ebenfalls eine Vielzahl von Behandlungspfaden aufweisen. Eine operative Notwendigkeit der Führung liegt vor allem in einer Vereinheitlichung der vielfältigen Produktionslinien: Zu diesem Zweck wurde ein Klassifikationssystem entwickelt, um die einzelnen Behandlungsfälle in möglichst wenige Gruppen einzuteilen. Dazu werden Fallgruppen mit homogenen Kostenstrukturen identifiziert. Die Bedingung für die Zusammenführung von vielen Fällen zu einheitlichen Klassen ist die Homogenität bei der Bewertung auf der Basis von Typologien und verbrauchten Ressourcen.

Für jede DRG korrespondiert ein gewisses Profil der Krankenhausbehandlung, dass als spezifischen Prozess einen Standard von Produktionskosten enthält (Personalkosten, Medizinischer Sachbedarf oder sonstiger Sachbedarf).

Die Einführung des Klassifikationssystems DRG dient letztlich der Reduktion der Komplexität für die Steuerung, die insbesondere für Fragen der Finanzierung von Behandlungen sehr nützlich sein kann. Die Tatsache, dass jede einzelne Fallgruppe einen Mittelwert der Kosten darstellt sorgt dafür, dass gewisse Quantifikationen nützlich sein können bei der Definition von Tarifen für verschiedene Krankenhausleistungen. Die DRG's bilden eine mögliche Basis für die Weiterentwicklung von Vergütungssystemen von Leistungen: Auf dieser Basis erhalten die Krankenhäuser finanzielle Abgeltungen, die nicht an die eigenen zu tragenden Behandlungskosten bemessen, sondern gleichermassen für die Gesamtheit der Krankenhäuser festgesetzt sind.

In den darauf folgenden Jahren erfolgte aufgrund der Nützlichkeit von DRG's 1983 deren Einführung in den USA und sukzessive auch in anderen Ländern, unter anderem 1995 in Italien. Aktuell hat die Gesetzgebung auch in Deutschland beschlossen, die DRG's als komplettes Abrechnungs- und Vergütungssystem einzuführen. Dabei erfolgt zuerst eine Budgetneutrale Übergangsphase von 2003 bis 2006, bevor dann 2007 die klassischen Budgets entfallen werden und eine vollständige Abrechnung der stationären Behandlungen mit den Krankenkassen erfolgt. Als Basis für dieses Abrechnungssystem hat sich die Selbstverwaltungsebene in Deutschland auf die Anwendung der Australischen DRG's geeinigt. Zur Zeit laufen entsprechende Anpassungen und Übersetzungen bezogen auf die DRG-Codes und die damit verbundene Klassifizierung von Diagnosen und Eingriffscodes.

Offensichtlich erfordert die Einführung von marktwirtschaftlichen Elementen eine längere und schwierigere Phase der Gewöhnung. So wurden die genannten Reformen in einzelnen Ländern bereits wieder angepasst, so dass sich die Vermutung aufdrängt, dass die beabsichtigten Wirkungen nicht erzielt werden[11]. Dies kann beispielsweise durch das Verhalten einzelner Krankenhäuser erklärt werden, die zu Beginn der Einführung von DRG- Systemen eine Patientenselektion bei Leistungen mit hoher finanzieller Rückerstattung vorgenommen haben oder einer übermässigen Liegezeitverkürzung, damit die Kosten nicht ungedeckt bleiben.

Diese genannten Probleme haben aus unserer Sicht eher einen konjunkturellen Charakter, d. h., man wird längerfristig Lösungen hierfür finden. Diese können beispielsweise in einem effektiven Kontrollsystem und einer medizinischen Qualitätssicherung gefunden werden. Tatsache ist, dass die zur Zeit existierenden Probleme auf Dauer gelöst werden können und man letztlich nicht um die Neugestaltung des Krankenhaus-Managements herum kommt.

In der ersten Folge werden die Krankenhäuser sicherlich gezwungen sein, ihre Produktivität und deren Kosten zu messen und diese mit den Vergütungen zu vergleichen. Das Ergebnis dieser Analyse ist das Erkennen der Stärken, z. B. eine kostengünstige Produktion, oder der Schwächen, im Sinne von zu hohen Kosten jeweils verglichen mit den Vergütungen..

So folgen die öffentlichen Krankenhäuser den Entwicklungen, die die privaten Häuser bereits vor längerer Zeit vollzogen haben, nämlich der Analyse und Definition von Wettbewerbsvorteilen. Mit grösster Wahrscheinlichkeit wird eine rasche Implementierung von strategischen Überlegungen bei fortschrittlich orientierten Häusern folgen, während die anderen Wettbewerbsteilnehmer eine längere Zeit benötigen werden.

1.4 Die externe Analyse: Merkmale des Gesundheitsmarktes

Wie schön gesagt, die Wettbewerbspositionierung eines Krankenhauses hängt von der Analyse der Besonderheiten des eigenen Einzugsge-

---

11) Die Wirksamkeit eines leistungsbezogenen Vergütungssystems erfordert aus einem theoretischen Gesichtpunkt, dass Leistungen, die derselben DRG-Gruppe angehören, gleich hohe Produktionskosten haben und dass die Tarife den Standard-Produktionskosten angemessen sind.

bietes ab. Diese Analyse ist zweifache, einerseits sollen wir die Merkmalen des Gesundheitssektors (bzw. die Wettbewerbsbedingungen und der Einfluss der Regulierung) berücksichtigen, anderseits das innere Wettbewerbsniveau (d.h., Analyse der Patienten, der Lieferanten und Finanziers). Diese zwei Analysehöhe werden getrennt behandelt, um das klarer machen.

Nachfolgenden werden wir die wichtigsten Merkmale des Gesundheitssektors berücksichtigen:

a) Die Gesundheit ist eine Funktion, die im öffentlichen Interesse steht. Die Folge ist, dass sie eine starke Reglementierung und eine geringe Verwendung von Marktmechanismen erfährt.
b) Die Marktmechanismen sind im Umfeld von Gesundheitsleistungen nicht immer effektiv[12], weil diese häufige und wiederholende Transaktionen braucht und die notwendigen Informationen den beiden Parteien (Leistungserbringer und Patient) nicht ausreichend und in gleicher Weise zur Verfügung stehen[13].
c) Die Gesundheitsversorgung ist in grossen Teilen mit öffentlichen Mitteln finanziert. Als Folge geraten die Marktteilnehmer unter entsprechenden politischen Druck.
d) Der Einfluss der Reglementierung ist deshalb sehr stark. Als Folge sind die Wettbewerbspositionierungen und die Strategien, die den Krankenhäusern zur Verfügung stehen, beschränkt.

---

12) In der Literatur gibt es eine Aussage bezüglich der Wirksamkeit des Wettbewerbs im Krankenhausbereich. Einige Forscher haben durch empirische Untersuchungen die Leistungsunfähigkeit des Krankenhauswettbewerbs aufgezeigt. Robinson und Luft (*Robinson, J./ Luft, H.*: „Competition, Regulations, and Hospital Costs, 1982 to 1986", in Journal of the American Medical Association, No. 260(18), S. 2676-2681, 1988; *Robinson, J./ Luft, H.*: „Competition and the Cost of Hospital Care, 1972 to 1982", in Journal of the American Medical Association, No. 257(23), 1987, S. 3241-3245; *Robinson, J./ Luft, H.*: „The Impact of Hospital Market Structure on Patient Volume, Average Lenght of Stay, and the Cost of Care", in Journal of Health Economics, No. 4(4), 1985, S. 333-356) haben auf Grund erhobener Daten bezogen auf die gesamte USA gezeigt, dass im Zusammenhang mit einem intensiven Wettbewerb zwischen Krankenhäusern die Kosten eher steigen. Neuere Forschungen, die sich aber nur auf einzelne USA-Staaten beziehen, zeigen das Gegenteil, d.h., Krankenhauswettbewerb führt zu einer Kosten- und Preissenkung (*Zwanziger, J./ Melnick, G.*: Effects of Competition on the Hospital Industry: Evidence from California, in *Arnould, R./ Rich, R./ White, W.*: Competitive approaches to Health Care Reform, Urban Institute Press, Washington D.C., 1988; *Gift, T.L./Arnould, R./DuBrock, L.*: „Is Healthy Competition Healthy? New Evidence of the Impact of Hospital Competition", in Inquiry; No. 1, Vol. 39, Spring 2002, S. 45-55).

13) Im Umfeld von Gesundheitsleistungen beschränkt die Wirksamkeit der Marktmechanismen das Vorhandensein von Informationsasymmetrie und verursacht „market failure", vgl. *Arrow, K.*: Uncertainty and the Welfare Economics of Medical Care, in American Economic Review, No. 53(5), 1963, S. 941-973.

Theoretischer Teil

e) Die Vergütungen der von Krankenhäusern erbrachten Gesundheitsleistungen hängen von einer starken Reglementierung ab. Als Folge daraus ist es nicht möglich die Preise nachzubessern um den Umsatz zu erhöhen. Daraus ergibt sich, dass die beiden einzigen möglichen Massnahmen die Kostensenkung oder die Investitionskürzung sind.

f) Sehr wichtig im Gesundheitswesen ist die Innovationsorientierte Strategie[14]. Wie eine seit kurzem veröffentlichte Forschungsarbeit[15] gezeigt hat, gibt es eine Korrelation zwischen Gesamtgesundheitskosten und Forschungs- und Entwicklungskosten. D. h., die obenerwähnten Strategien führen zu einer Gesamtkostenerhöhung, daher sind die Besonderheiten des Gesundheitsmarktes bei einer effektiven Strategieimplementierung hinderlich und einschränkend. Eine Erweiterung des Wettbewerbsgebietes könnte daher hilfreich sein.

g) Die Beziehung zwischen Konsument (Patient) und Finanzier (Krankenkasse) ist getrennt. Dies wird mit dem Begriff „third party payment" umschrieben. Als Folge dieser Konstellation kann Missbrauch beim Bezug von Leistungen, im besonderen für teurere Leistungen, entstehen.

h) Die Krankenhäuser sind Dienstleistungsbetriebe und unterscheiden sich in dieser Form von Industrie und Handlesbetrieben. Neben den anderen Aspekten erscheint es wichtig darauf hinzuweisen, dass der

---

14) Die Effektivität der Innovation im Krankenhausbereich ist ein in der Managementliteratur sehr umstrittenes Thema. Dazu könnte es nützlich sein, die Meinung von Porter und Christensen Bezug zu betrachten: „The misguided assumption underlying much of the debate about health care reform is that technology is the enemy. By assuming the technology drives up costs, reformers neglect the central importance of innovation or, worse yet, attempt to slow its pace. In fact, innovation driven by rigorous competition is the key to successful reform. Although health care is unique in some ways, in this respect, it is no different than any other industry. The United States can achieve universal access and lower cost without sacrificing quality, but only by allowing competition to work at all levels of the health care system" (*Olmsted Teisberg, E./Porter, M.E./ Brown, G.B.*: Making Competition in Health Care Work, in Harvard Business Review, July-August 1994, S. 131-141); „We believe that a whole host of disruptive innovations, small and large, could end the crisis – but only if the entrenched powers get out of the way and let market forces play out. If the natural process of disruption is allowed to proceed, we'll able to build a new system characterized by lower cost, higher quality, and greater convenience than could ever be achieved under the old system" (*Christensen, C.M./Bohmer, R./Kenagy, J.*: Will Disruptive Innovations Cure Health care?, in Harvard Business Review, September-October 2000, S. 102-112).

15) Vgl. *International Centre for Studies and Research in Biomedicine*: Health Systems in Industrialized Countries, Cacucci, Bari, 2000.

Zeitpunkt der Produktion mit der Erbringung der Leistungen am Patienten identisch ist. Als Folge daraus ist es nicht möglich, Leistungen auf Vorrat zu produzieren. Ausserdem erfordert diese fehlende Lagerfähigkeit ein hohes Mass an Produktionsfähigkeit, um den Anforderungen gerecht zu werden. Ein weiterer Aspekt ist die Immaterialität der Dienstleistung, die eine Bewertung des Angebotes erschwert.

i) Die Gesundheitsleistungen sind ausserdem komplexer und haben für die Menschen eine extrem hohe Bedeutung. Als erste Folge daraus sind die nachfragenden Patienten nicht objektiv in der Lage, die Qualität und Eignung des Angebotes richtig einzuschätzen. Sie brauchen die Dritt-Meinung von Experten und professionellen Unabhängigen (Gatekeeping). Ausserdem ist die Einschätzung des Angebotes beeinflusst durch die Betroffenheit des Patienten, die sich aus der Sorge über den Gesundheitszustand ergeben kann. Die Gesundheitsleistungen haben deshalb eine starke Vertrauenskomponente (sie werden auch experience oder credence goods bezeichnet[16]), die eine gefestigte Beziehung zwischen dem Leistungserbringer und dem Patienten erfordert.

j) Im Umfeld von Gesundheitsleistungen gibt es Informationsasymmetrie nicht nur zwischen Patienten und Kassenärzten, sondern auch zwischen den letztgenannten und den Leistungserbringern. Einige Untersuchungen[17] haben gezeigt, dass die Überforderung der Hausärzte in der Wahl des Facharztes, an den sie ihre Patienten

---

16) Anders als die Industrieverbrauchsgüter können die gesundheitlichen Leistungen als experience goods und als Vertrauensgüter bezeichnet werden. In der Regel sind die Verbraucher bei Industriegütern in der Lage, die Qualität dieser Güter einzuschätzen, ohne sie verbrauchen zu müssen. Die Qualität hängt nämlich von den Güterkomponenten ab und gilt gleichermassen für alle Verbraucher. Die gesundheitlichen Leistungen sind experience goods, d. h. ihre Qualität hängt von dem Versorgungsprozess und von der Verbraucherbeteiligung an dem Versorgungsprozess (der sogenannte „compliance") ab. Als Folge kann der Patient die Leistungsqualität nur nach dem Verbrauch einschätzen. Vor dem Verbrauch stützt sich die Einschätzung des Patienten auf den Ruf und die Glaubwürdigkeit der Leistungserbringer. Die gesundheitlichen Leistungen sind Beziehungsleistungen, d. h. Leistungen deren Qualität von der Beziehung zwischen Erbringer und Verbraucher abhängt. Hohe Kompetenzen der Leistungserbringer und klinisch-angemessene und innovative Versorgungsgeräte können auch nicht die Leistungsqualität versichern, die von der Qualität der Beziehung abhängt. Ein Beispiel sind die auf alte Menschen oder Menschen im Endstadium ihrer Erkrankung bzw. ihres Lebens ausgerichteten Dienste, wo den Menschen zu Mensch-Beziehung die Hauptkomponente der Leistung bildet. Vgl. *Hardt, P.*: Organisation dienstleistungsorientierter Unternehmen, Wiesbaden 1996.

17) *Wessel, D./Bogdanich, W.*: Closet Market: Laws of Economics Often Don't apply in Health Care Field, in Wall Street Journal, January 22, 1992, S. A1.

schicken, mit dem Informationsmangel in Verbindung steht und offensichtlich ineffektiv ist (die Hausärzte wählten auch Leistungserbringer, die nicht kostengünstig und kompetent sind[18]).

k) Die Krankenhäuser weisen häufig eine starke Trennung zwischen den Health Professionals und der Administration auf. Diese Trennung, die von kulturellen und traditionellen Faktoren abhängt, ist bedeutend für die Ausgestaltung der Strategieimplementierung.

1.5 Die Externe Analyse: Wettbewerbsniveau

Um die Analyse der Wettbewerbspositionierung eines Krankenhauses durchführen können, empfiehlt sich der Einsatz eines Modells[19], das häufig in Industrie und Handel angewandt wird. Allerdings sollte dieses Schema für die Analyse von Krankenhäusern an einigen Stellen angepasst werden, um die Besonderheiten des Gesundheitssektors zu berücksichtigen[20].

Unter Berücksichtigung des vorher Gesagten, kann das erwähnte Schema sehr nützlich für die Wettbewerbsanalyse sein, die die Voraussetzung für die strategische Ausrichtung ist.

Die für das Wettbewerbsniveau entscheidenden Elemente für ein Krankenhaus sind folgende:

- Verhandlungsmacht der Patienten;
- Verhandlungsmacht der ambulanten Ärzte;
- Verhandlungsmacht der Finanziers;
- Verhandlungsmacht der Lieferanten;
- Regulierung und weitere Entwicklung;
- Inneres Wettbewerbsniveau.

Die Abbildung 1.3 versucht diesen Zusammenhang darzustellen.

---

18) „(...) both referring physicians and patients continue to recommend and use the services of providers that have poorer outcomes and higher costs than nearby rivals" (*Olmsted Teisberg, E./Porter, M.E./Brown, G.B.*: a. a. O., S. 133).
19) Vgl. *Porter, M.*: Competitive Strategy: Techniques for Analyzing Industries and Competitors, Free Press, New York, 1980.
20) Einen anderen Versuch, das Porter's Schema für den Krankenhaussektor anzupassen, findet man in: *Zelle, B.*: Kooperationen von Krankenhäusern im Bereich der Patientenversorgung, Bayreuth Verlag P.C.O., 1998.

Strategische Analyse und Wettbewerbspositionierung im Krankenhaus

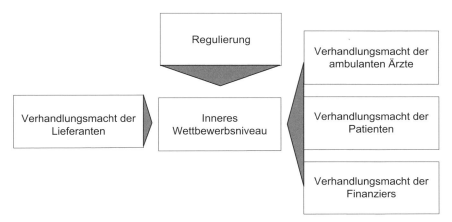

Abb. 1.3: Das Wettbewerbsniveau des Krankenhauses

Wie bereits bemerkt, ist das wichtigste Entscheidungselement die Trennung der Beziehung zwischen Kunde und Produzent. Das Krankenhaus als Leistungserbringer hat es dabei nicht nur mit einer einzelnen Gegenpartei zu tun, sondern mit mehreren Akteuren (Patient, Hausarzt, Krankenkasse), die unterschiedliche Bedürfnisse und Interessen haben. Alle Faktoren zusammen machen die Definition der Strategie schwieriger.

Im Folgenden werden wir getrennt die verschiedenen Elemente, die über die Positionierung des Krankenhauses entscheiden, betrachten.

1.5.1 Verhandlungsmacht der Patienten

Im Generellen hängt die Verhandlungsmacht jeder Gegenpartei von der Möglichkeit ab, den Lieferanten zu wechseln. Diese Kraft hängt von der Anzahl der Möglichkeiten ab, die zur Verfügung steht.

Im Gesundheitssektor gibt es häufig eine Trennung zwischen dem Konsument (Patient) und dem Finanzier. Der Patient ist nicht immer der Kostenträger (Buyer): so entstehen generell Versicherungsmechanismen, die das Verhältnis zwischen Dienstleistung und Leistungseinkauf schwächen.

In diesem Zusammenhang können wir zwischen drei verschiedene Situationen unterscheiden:

- Patient ist nicht versichert;
- Patient ist privat versichert;
- Patient ist gesetzlich versichert.

Theoretischer Teil

Abb. 1.4: Unversicherter Patient

1) In dem ersten Fall bezahlt der Patient dem Leistungserbringer den Preis für die Leistungen (out-of-the-pocket-payment) direkt zu seinen Lasten. Diese Situation ist ähnlich der klassischen Handelsbeziehung, kommt aber nicht häufig in den Gesundheitssystemen der Industrieländer vor (insbesondere nicht in Europa). In diesem Szenario wirkt der Preishebel besonders ausgeprägt, weil der Kunde sämtliche Kosten für die erhaltenen Leistungen trägt. Dagegen bleiben die anderen, bereits vorher beschriebenen Faktoren (z. B. die Betroffenheit der Patienten), unveränderlich.

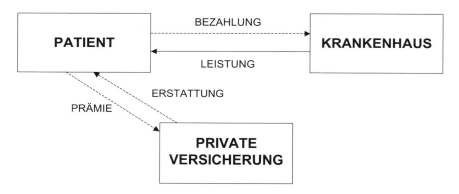

Abb. 1.5: Privat versicherter Patient

2) In dem zweiten Fall (Patient ist privat versichert) bezahlt der Patient den Preis für die erhaltenen Leistungen und erhält die bezahlte Summe teilweise oder ganz von der jeweiligen Privatversicherung rückerstattet. Dies ist abhängig von der Ausgestaltung der Versicherungspolice[21]. In der dargestellten Abbildung wird die somit abgeschwächte Bedeutung der Preisfunktion deutlich. Dagegen bildet die direkte Bezahlung des Preises durch den Patienten eine Barriere für den Konsum. Die beschriebene Situation ist typisch für die individualistischen Gesundheitssysteme, wie sie beispielsweise aus den USA bekannt sind. Diese Situation tritt in Europa selten auf, die einzigen Ausnah-

---

21) Dieses System gilt in der Schweiz auch für die grundversicherten Patienten.

men bilden die Schweiz und, in Teilbereichen, Deutschland, wo etwa zehn Prozent der Bevölkerung anstelle der gesetzlichen Krankenversicherung einer privaten Krankenversicherung angehören.

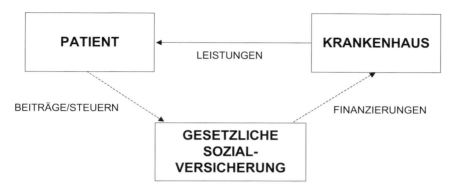

Abb. 1.6: Gesetzlich versicherter Patient

Der letzte Fall (Patient ist gesetzlich versichert) charakterisiert die solidarischen Gesundheitssysteme. In fast allen europäischen Ländern, sowie auch in einigen wichtigen Staaten ausserhalb Europas (Kanada, Japan) gibt es ein gesetzliches Versicherungssystem, das der gesamten Bevölkerung kostenlos Zutritt zu einem weiten Leistungsspektrum verschafft. Dieses Spektrum beinhaltet mindestens die ambulante, stationäre und pharmazeutische Grundversorgung. Die Finanzierung des gesetzlichen Versicherungssystems geht dabei zu Lasten der Bevölkerung, dies aber in einer solidarischen Weise. Die Beitragshöhe hängt hier nicht von dem gesundheitlichen Risiko, sondern von dem Einkommensniveau ab. Diese Beiträge können direkt an die Krankenversicherungen (wie in den Sozialversicherungsbasierten Systemen von Deutschland, Holland, Frankreich oder Japan) bezahlt, oder indirekt über Steuern (wie in den Tax-based-Systemen von Italien, Grossbritannien oder Kanada) geleistet werden[22].

---

22) Wir können die Gesundheitssysteme nach der folgenden Klassifizierung unterscheiden *(vg. Maccarini, M.E./Onetti, A.*: Health Expenditure and Organisational Models, in *International Centre for Studies and Research in Biomedicine*: Health Systems in Industrialized Countries, Cacucci, Bari, 2000):
  • universelle Systeme, in denen es ein einziges Sozialschutzsystem fur die gesamte Bevölkerung gibt; in der Regel wird die Finanzierung des Systems durch Einkommenssteuern (Tax-Based System) durchgeführt.
  • Kassensysteme, wo es verschiedene Versicherungen je nach Interessensgruppe gibt; in diesem Fall werden die einzelnen Versicherungen durch die von den Versicherten bezahlten Beiträge (Social-Insurance Based System) finanziert.
Für eine tiefergehende Analyse, vgl. den Exkurs 2.

Theoretischer Teil

In der beschriebenen Situation, die in der Literatur[23] als „third party payment" bezeichnet wird, bezahlt der Versicherte nicht zum Zeitpunkt des Konsums den Preis der erhaltenen Leistung, sondern lässt diese Kosten durch die gesetzliche Krankenversicherung begleichen. Die Bezahlung des Preises erfolgt also indirekt durch die gesetzliche Sozialversicherung. Die Beziehung zwischen der erhaltenen Leistungen und der entsprechenden Bezahlung (Versicherungsbeiträge oder Steuern) ist getrennt: Der Preishebel kann das Konsumentenverhalten nicht beeinflussen. Der Patient trägt einen vom Konsum unabhängigen Beitrag an die gesetzliche Krankenversicherung. In diesem Fall hat der Patient einen Anreiz für steigenden Konsum (Moral hazard), weil er mit der zunehmenden Inanspruchnahme von Leistungen, seine individuellen Kosten amortisiert. Andererseits gibt es in der Regel keine ökonomische Barriere für den Konsum von Leistungen. Eine Ausnahme bilden der sogenannte Fee-for-service (ticket, deductible, copayment und coinsurance): diese haben dagegen einen geringeren Einfluss bei der Nachfragereduzierung aufgrund ihres geringen ökonomischen Gewichts.

Aufgrund der vorher genannten Rahmenbedingungen kann gefolgert werden, dass Strategien die auf den Preishebel wirken, häufig ineffektiv sind.

Die einzige zur Verfügung stehende Strategie gegenüber den Patienten ist die Differenzierungsstrategie, die auf die Qualität der Leistung wirkt. Bemerkenswert ist dabei, dass aufgrund der beschriebenen Komplexität der Krankenhausversorgung, die Bewertung der erhaltenen Leistungen durch die Patienten sich zumeist nicht auf die klinische Effektivität der Versorgung (die aus einem theoretischen Gesichtspunkt die Hauptelemente der Leistung bildet[24]) sondern auf die Nebenleistung der Hotelversorgung bezieht. Diese ist für den Laien direkt beurteilbar.

Allerdings sollte auch bedacht werden, dass eine Differenzierungsstrategie gegenüber dem Patienten ineffektiv sein kann, da die Wahlmöglichkeit der Patienten aufgrund der gesetzlichen oder vertraglichen Bestimmungen häufig ausgeschlossen oder eingeschränkt wird. Als Beispiel für den ersten Fall können die Gesundheitssysteme genannt werden, die eine Wahlmöglichkeit durch den Patienten ausschliessen. Als Beispiel für den zweiten Fall dient das amerikanische HMO-

---

23) Vgl. *Kotler, P./Clarke, R.N.*: Marketing for Health Care Organisations, Prentice Hall, Engelwood Cliffs, 1987.
24) Vgl. *Eiglier, P./Langeard, E.*: a.a.O.

Modell, welches eine Einschränkung der Wahlmöglichkeit im Tausch gegen niedrigere Prämien vorsieht.

Nachdem das Krankenhaus einschätzen konnte, ob und welche Wahlmöglichkeit der Patient hat muss es bewerten, wie dieser Patient die Wahlmöglichkeit nutzt. Aufgrund der Vermittlungsrolle des Hausarztes, ist der Patient häufig nicht selbst für die Auswahl des geeigneten Krankenhauses verantwortlich, was bedeutet, dass damit der Hausarzt die Funktion des Kunden übernehmen könnte. Somit wären entsprechende Strategien auf den Hausarzt auszurichten.

Die Schwierigkeit der Bewertung der erhaltenen Leistungen durch den Patienten erhöht die Bedeutung des Vertrauensverhältnisses zwischen diesem und dem Krankenhaus. Unter diesen Perspektiven ist die ideale Ausrichtung des Leistungserbringers sowie sein Ruf und Ansehen sehr wichtig. Dies ist der Grund warum beispielsweise die freigemeinnützigen Einrichtungen einen gewissen Wettbewerbsvorteil haben können. Wenn der Patient sich von der Ausrichtung einer Institution angesprochen fühlt, hat diese Institution eine stärkere Verhandlungsmacht[25].

> **Exkurs 2: Die Gesundheitswesen im internationalen Vergleich**
>
> Die europäischen Gesundheitssysteme weisen ein organisatorisches Modell auf, das eine Solidaritätsausrichtung reflektiert. Das drückt sich sowohl in der Finanzierung des Systems als auch in der Gesundheitsversorgung aus, wo der öffentliche Sektor im allgemeinen eine überwiegende Rolle ausübt. Anders ist das amerikanische Modell, das eine individualistische Richtung verfolgt und wo sich ein größeres Volumen für Privateinrichtungen ergibt sowohl in dem Versicherungs- als auch in dem Versorgungsbereich.
>
> Die Tabelle 1.1(a) zeigt einen Durchschnitt (1992–2002) des Prozentsatzes der öffentlichen Ausgaben gegenüber den Gesamtgesundheitsausgaben. Man kann erkennen, wie die europäischen Systeme von einer weitgehend vorherrschenden öffentlichen Struktur (75,1 %) gekennzeichnet sind. Dagegen steht die amerikanische Situation, in der die private Finanzierung der Gesundheitsausgaben eine vorwiegende Rolle (44,5 %) spielt.

---

25) Dieser Aspekt wird Inhalt des nächsten Kapitels sein.

Theoretischer Teil

Tab. 1.1: Finanzierung und Versorgung im internationalen Vergleich (Durchschnitt 1992-2002)

Land	(a) Öffentliche Gesundheitsausgaben über Gesamtgesundheitsausgaben (Durchschnitt 1992–2002) %	(b) Öffentliche Gesundheitsausgaben nach Bruttonationalprodukt (Durchschnitt 1992–2002)			(c) Verteilung der Krankenhausbetten (Durchschnitt 1992–2002)	
		öffentlicher (%)	privater (%)	gesamter (%)	öffentlicher (%)	privater (%)
Deutschland	79,5	8,4	2,1	10,5	48,0	51,0
Frankreich	76,1	7,2	2,2	9,4	64,0	35,0
Großbritannien	82,6	5,9	1,2	7,1	96,0	4,0
Italien	74,0	5,9	2,0	7,9	76,0	24,0
Japan	80,8	5,7	1,3	7,0	29,0	71,0
Spanien	73,2	5,5	2,0	7,5	68,0	32,0
Schweden	86,1	7,3	1,1	8,4	78,0	22,0
Vereinigte Staaten	44,5	5,9	7,4	13,3	18,0	82,0
EU Durchschnitt	75,1	6,1	2,0	8,1	73,7	26,3

Quelle: Bearbeitung aus OECD HEALTH DATA 2004, 3rd edition.

In Ergänzung zu vorgenannten Daten zeigt die Tabelle 1.1(b), die sich auf die öffentlichen Gesundheitsausgaben nach dem Bruttosozialprodukt bezieht, eine Schätzung des effektiven Ausmasses (im Durchschnitt) der öffentlichen Beteiligung in der Finanzierung der Gesundheitsausgaben.

Besonders wird eine erste Unterscheidung bedeutsam:

1. Deutschland und Frankreich weisen eine starke Komponente von öffentlichen Ausgaben auf, die sich auf konstante Werte stützen: 8,4 % und 7,2 % des Bruttosozialprodukts.
2. Großbritannien und Italien weisen mit 5,9 % dagegen zurückhaltende öffentliche Ausgabenwerte auf.
3. Die Werte der Privatausgaben liegen bei 2 % in fast allen europäischen Ländern gleich.

4. Die höheren Gesamtausgaben von Deutschland und Frankreich sind deshalb von den hohen öffentlichen Komponenten abhängig.

Diese Verschiedenheiten können erklärt werden, indem man die verschiedenen Ausgestaltungen der Finanzierungssysteme in den genannten Ländern analysiert.

Deutschland und Frankreich haben ein beitragsfinanziertes Versicherungssystem (das sogenannte „social insurance based model"): die Finanzierung der Gesundheitsausgaben erfolgt durch Beiträge, die die Versicherungen (die Krankenkassen in Deutschland, die „Capm" in Frankreich) einziehen. Grossbritannien und Italien sind dagegen nach dem Schema des Nationalen Gesundheitswesens organisiert: die Gesundheitsausgaben werden von einem Teil des Staatshaushalts finanziert und nicht durch spezielle Krankenbeiträge: die Krankenbeiträge werden mit der Einkommensteuer bezahlt (das sogenannte „tax based model")[26].

Die tax based Systeme, zum Unterschied deren der Krankenkassen, weisen einen niedrigen Anteil der öffentlichen Ausgaben auf, da die Zentralisierung der Funktionen der Gesundheitsentnahmen („single source financing system") und der Verhandlung mit dem Versorgungssystem eine Kürzung der Verwaltungsausgaben des Systems und den Nutzen eines größeren Vertragsvolumens (bargaining power) im Gegensatz zu den Versorgungseinrichtungen erlaubt.

Die nach dem Schema des Nationalen Gesundheitswesens organisierten Systeme sind am fähigsten, eine Einschränkungspolitik zu verwirklichen: die Verbindung zwischen den Gesundheitsbeiträgen und Gesundheitsleistungen ist weniger direkt, weil sie vom Steuersystem vermittelt wird.

In Europa übt der öffentliche Sektor im allgemeinen auch im Pflegeangebot eine bedeutende Rolle aus. Das trifft nicht für die Vereinigten Staaten zu, wo der Versorgungssektor überwiegend privat ist (82%). Die Tabelle 1.1(c), die die Verteilung der Krankenhausbetten zwischen öffentlichem und privatem System wiedergibt, erlaubt einige Überlegungen, wenn diese auch nur auf den Krankenhaussektor beschränkt sind.

---

26) Für eine tiefergehende Analyse, vgl.: *Maccarini, M.E./Onetti, A.*: Health Expenditure and Organisational Models, in *International Centre for Studies and Research in Biomedicine*: Health Systems in Industrialized Countries, Cacucci, Bari, 2000.

Theoretischer Teil

1. Die nach dem Schema des Nationalen Gesundheitswesens organisierten Systeme weisen im allgemeinen ein höheres öffentliches Monopol des Angebots auf. Dieses Phänomen ist besonders deutlich in Großbritannien, wo 96 % der Krankenhausbetten zu öffentlichen Einrichtungen gehören;
2. Die Krankenkassensysteme heben dagegen ein gemischtes Angebotssystem hervor, mit stärkeren Rollen als der Privatsektor. Der deutsche Fall ist exemplarisch, wo 51 % der Krankenhausbetten zum privaten Sektor gehört, wenn auch mit wesentlicher Präsenz der freigemeinnützigen Einrichtungen.

Die oben angestellten Überlegungen können in der Darstellung der Abbildung 1.7 zusammengefasst werden. Die Abbildung betrachtet sowohl die Finanzierungsdimension als auch die Versorgung der Gesundheitsleistung. Sie gibt auf der Abzisse-Achse den Teil der öffentlichen Finanzierung über die Gesamtgesundheitsausgaben wieder und bestimmt als Schwellenwert 45 %, Gewichtsdurchschnitt der OECD-Länder (Durchschnitt 1992–2002)[27]; auf der Ordinaten-Achse den Teil der Krankenhausbetten in den öffentlichen Einrichtungen, und bestimmt in 50 % den Unterschiedswert zwischen öffentlichem und privatem Angebot.

Die Punkte auf der kartesianischen Ebene im Verzeichnis geben Hinweise, wenn auch maximal, auf das institutionelle Modell für jedes Land. Die Stellung eines Systems auf der rechten Seite im Verzeichnis (drittes und viertes Quadrant) zeigt eine Solidaritätsrichtung, da in diesem Fall das Sozialschutzsystem im überwiegenden Mass von der öffentlichen Hand finanziert wird und das macht die Verwirklichung der Entlohnungspolitik leichter. Die Positionierung auf der linken Seite im Verzeichnis, umgekehrt, hebt Situationen hervor, die man als individualistisch klassifiziert, da die Leitung der Gesundheitsprobleme, überwiegend auf autonomer Basis eigener Mittel durchgeführt wird.

---

[27] Es ist wichtig zu berücksichtigen, dass es Funktionen von öffentlichen Interessen gibt, die nicht an private Einrichtungen delegiert werden können. Das heißt, dass in jedem System ein „harter Kern" der öffentlichen Ausgaben besteht, die, notwendigerweise, für die Qualifizierung des Finanzierungsmodells unbeeinflußbar sind.

Strategische Analyse und Wettbewerbspositionierung im Krankenhaus

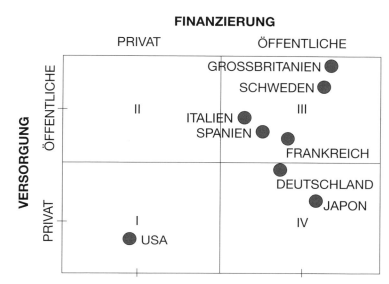

Abb. 1.7: Die Gesundheitswesen im internationalen Vergleich (Durchschnitt 1992–2002)

Bei der Beobachtung der Abbildung 1.7 wird deutlich, wie der größte Teil der Systeme sich im dritten Quadrant positionieren, der von einer öffentlichen Struktur charakterisiert ist, sowohl in der Finanzierung als auch in der Gesundheitsversorgung. Dieses Dichte-Phänomen bezeugt im Weltniveau eine Solidaritätsrichtung, die mit der Politik einer öffentlichen Kontrolle des Angebots verbunden ist. Dieses Modell ist in fast allen Ländern verbreitet und dies besonders in Europa.

Eine Solidaritätsrichtung kennzeichnet auch eine begrenzte Zahl der Länder, die im vierten Quadrant Platz finden. Das Unterscheidungselement liegt bei der Organisation des Angebotssystems, das sich überwiegend auf Privat stützt. Diese Richtung charakterisieren zwei wichtige Länder wie Deutschland und Japan.

Der erste Quadrant ist Ausdruck des amerikanischen individualistischen Systems, wo sich mit überwiegend privaten Ausgaben große Räume für den Markt im Gesundheitsversorgungsdienst verbinden.

Die Darstellung erlaubt eine Zusammenfassung der verschiedenen Gestaltungen von Finanzierungssystemen, die im Inneren von Europa bestehen. Unter diesem Gesichtspunkt ergeben sich folgende Überlegungen:

1. Die nach dem Schema des Nationalen Gesundheitswesens organisierten Systeme stehen im obersten Teil: die nordeuropäischen (Großbritannien und Schweden) in der Nähe der Spitze, die mittelländischen (Italien und Spanien) mehr zur Mitte;
2. Die Krankenkassensysteme stehen dagegen weiter unten zur Mitte hin, im Inneren oder in der Nähe vom vierten Quadrant.

1.5.2 Verhandlungsmacht der ambulanten Ärzte

Eine andere Besonderheit in dem Verhältnis Krankenhaus/Kunde ist, dass die Wahl der Leistungserbringer nicht direkt durch den Patienten erfolgt, sondern gesteuert und vermittelt wird durch professionelle Hausärzte, die eine Steuerungsfunktion besitzen. Diese Vermittlung, die in der Literatur als Gatekeeping bezeichnet wird, ist oftmals normativ geregelt[28] und stellt eine Voraussetzung für den Zutritt der Patienten zu den stationären und spezialisierten Einrichtungen dar. Diese Filterfunktion des Hausarztes ist wichtig, wenn wir die Komplexität und Bedeutung der Gesundheitsleistungen betrachten. Diese Besonderheiten, schränken wie bereits erwähnt, die Wahlmöglichkeit der Patienten ein.

Die Hausärzte stellen den wichtigsten Kundenlieferanten für das Krankenhaus dar. Diese Ärzte haben in der Regel den ersten Kontakt mit dem Patienten und tragen zur Entscheidung über den Verlauf der Behandlung (insbesondere im Krankenhaus) bei. Als Folge sind Marketinginitiativen in den Krankenhäusern stärker auf die Hausärzte auszurichten.

Wir müssen allerdings auch bemerken, dass die Hausärzte häufig als Wettbewerber des Krankenhauses betrachtet werden können. Wie bereits erwähnt, kann die Wertkette der ambulanten und stationären Versorgung teilweise überlappend sein. Dies ist der Fall im diagnostischen und zukünftig verstärkt auch im therapeutischen und rehabilitativen Bereich, wo z. B. durch den medizinisch-technischen Fortschritt (wie die Minimal Invasive Chirurgie) eine Reihe von Interventionen auf ambulanter Basis möglich sein wird. Auf der anderen Seite kann die wachsende Bedeutung der Hausversorgung die Rolle der ambulan-

---

28) Dieses System ist beispielsweise aus Deutschland bekannt: die Patienten brauchen eine ärztliche Verordnung, um im Krankenhaus aufgenommen werden. Dieselbe Verordnung ist auch notwendig, um spezialisierte medizinische Leistungen zu erhalten. Darüber vgl. den Exkurs 3.

ten Versorgung stärken. Über dieses Thema sprechen wir weiter unter Kapitel 1.5.6.

Die Verhandlungsmacht der Hausärzte hängt von mehreren Faktoren ab. Hier wäre die bereits beschriebene Gatekeeper-Funktion sein. Desto intensiver die Vermittlungsaktivität des Hausarztes ist, umso stärker ist die Verhandlungsmacht. Die Intensität der Vermittlungsaktivität kann von institutionellen Faktoren (geregelter Zugang zum Gesundheitssystem über den Hausarzt) als auch von der Wettbewerbspositionierung des Hausarztes (Anzahl von eingeschriebenen Patienten) abhängen.

Andere wichtige Elemente für die Einschätzung der Verhandlungsmacht des Hausarztes ist deren Möglichkeit, eine vorgelagerte Strategie zu machen (Leistungsangebote anstelle des Krankenhauses). Die Voraussetzungen dieser Strategie hängen von einem engen Verhältnis zwischen Hausarzt und spezialisierten Ärzten ab. So wäre es möglich ein gemeinsames Angebot als Alternative gegenüber dem Krankenhaus-Angebot zu bilden[29].

Ausserdem wächst die Verhandlungsmacht des Hausarztes, wenn es eine grosse Anzahl von stationären Leistungserbringern gibt. Als Folge ist die Verhandlungsmacht in Gebieten mit einer hohen Krankenhausdichte höher als in Gebieten, in denen monopolistische oder oligopolistische Krankenhausstrukturen vorherrschen.

Exkurs 3: Die Vergütung der Fachärzte

Die Auswahl der Ambulatoriumsfachärzte ist teilweise von Finanzierungsmechanismen der Primärversorgung beeinflusst. Diesbezüglich ist die weitverbreitetste dieser Mechanismen die Vergütung nach Einzelleistungen. Dieses System, das sich auf einen festen Betrag für die Leistung stützt, regt die Ärzte an, die Leistungsmenge zu erhöhen. Die Höhe des Betrages der Rückzahlung ist von Dauer und Qualität des Konsiliums unabhängig, sondern von der Häufigkeit derselben. Daher ist der finanzielle Anreiz eines Arztes höher,

---

29) Einige Untersuchungen (in der University of Arizona durchgeführt) bezüglich des US-Systems zeigen, dass amerikanische Ärzte immer häufiger die Erbringung von Labordiagnostiktätigkeiten im ihrer Praxis verschrieben. Dieselbe Forschung hat gezeigt, dass eine solche Praxis zu einer beträchtlichen Erhöhung von verschriebenen Laboranalysen führt. Demzufolge wurde im Jahr 1992 eine Maßnahme getroffen (das sogenannte „Stark bill"), welche den Ärzten verbietet, ihren Patienten Analysen bei dem von ihnen beteiligten Laboratorium zu verschreiben. Vgl. auch *Olmsted Teisberg, E./Porter, M.E./Brown, G.B.*: a. a. O., S. 131-141.

Theoretischer Teil

wenn er, anstelle wenige aber sorgfältige Behandlungen vorzunehmen, mehrere kurze und oberflächliche Untersuchungen ausführt. Darüber hinaus läuft dieses Modell der derzeitigen Tendenz bezüglich Kostenvermeidung und einfacher Selbstbehandlung entgegen.

Die Einschränkung der erbrachten Leistungen und der, direkt oder indirekt, betreffenden Kosten, macht dieses Finanzierungssystem unhaltbar und benötig daher die Einführung von Korrekturen und/oder verschiedener Finanzierungsmodelle.

Die gegensätzlichen und weitverbreiteten Interventionen sind:

- Budgetierung (Deckelung der Leistungsmenge);
- „Pro Kopf" Rückerstattungsmechanismus (Jahrespauschale für jeden Patienten);
- Belohnungsmechanismen von erbrachten Leistungen (Festbetrag).

Die erste Intervention ist eine System-bewahrende Maßnahme, die kein Problem löst, aber versucht die beschriebenen unerwünschten Auswirkungen einzuschränken. Es gibt verschiedene technische Durchführungen dieser Intervention, d. h. die Bestimmung vom Höchstmaß der von jedem Kassenarzt zu erbringenden Leistungen oder der von allen Kassenärzten erbringenden Leistungen (Gesamtvergütung)[30].

Der Zweck der Einführung von „pro Kopf" Rückzahlungen ist die Aufhebung der bestehenden Bindung zwischen Arztlohn und Leistungsmenge. Seine Vergütung wird von der Anzahl der versicherten Patienten abhängen, die den Arzt als Hausarzt gewählt haben. Aber, dieser Finanzierungsmechanismus verursacht einige Probleme. Erstens könnte eine solche Bestimmung der Arztentlohnung (von Patientenpathologie und von Behandlungsart des spezifischen Falls unabhängig) als ungerecht erscheinen (vor allem im Fall von begrenztem Benutzerpool), da die gleiche Vergütung für verschiedene Tätigkeitsniveaus gegeben sind. Zweitens könnte der Arzt angetrieben werden, seine Patienten zu anderen Fachärzten zu überweisen. Die Gefahr ist eine Zunahme der Überweisungen an Fachärzte[31].

---

30) Wenn die Höchstgrenze überschritten wird, sinkt der Punktwert je Leistung und bedeutet eine Rückzahlung.
31) Eine zusätzliche Gefahr kann die qualitative und quantitative Verschlechterung der Behandlung sein. Diese Gefahr könnte vermindert werden, wenn die Patienten frei sind, den Arzt zu wählen. In der Tat wird vermutlich kein Patient zu einem Arzt zurückgehen, der eine oberflächliche Behandlung ausgeführt hat.

Die Vergütungsmechanismen von erbrachten Leistungen entsprechen der Art des DRG-Systems. Die Arztvergütung ist der erbrachten Behandlung des Patienten angepasst. Auch in diesem Fall bleibt das Problem des Anreizes bezüglich Zunahme der erbrachten Leistungen ungelöst. Ein abweichender Mechanismus ist, dass die Pauschalen in ihrer Höhe unter Berücksichtigung der Patientenstruktur (Alter, Pathologie, usw.), der ärztlichen Kompetenz und relevanter Praxisbesonderheiten gestaffelt werden. Auf diese Weise wird die Gesamtheit der erbrachten Behandlungen unterschiedlich gewichtet, ohne jedoch die Vergütung des Arztes der spezifischen Behandlung jedes Patienten anzupassen.

1.5.3 Verhandlungsmacht der Finanziers

Der Gesundheitssektor wirkt zum grossen Teil durch Versicherungsmechanismen. Die hohen Kosten der Versorgungsleistungen können eine Barriere für den Konsum bilden[32]. Diese Situation ist schwierig annehmbar sowohl individuell (aufgrund der Bedeutung der Versorgung) als auch sozial (aufgrund der in allen Ländern gegebenen Wichtigkeit des Gesundheitsschutzes). Als Antwort darauf entstehen Versicherungsmechanismen besonders im öffentlichen Bereich und Regulationen.

Mit Ausnahme von wenigen Fällen, wie bereits bei der Beschreibung des Nicht-versicherten Patienten dargestellt, ist der Vertragspartner der Krankenhäuser nicht der Patient sondern die Krankenversicherungsträger. Wir können diese unterscheiden auf der Basis der Rechtsform (Öffentlich, Privat oder Freigemeinnützig) oder der institutionellen Abdeckung (in Form von Krankenkassen oder nicht spezifischen Trägern) oder territorialen Ebene (Staat, Land, Gemeinde). Die Zusammensetzung dieser Elemente ist von Land zu Land unterschiedlich. In den Tax-based-Ländern ist die Gegenpartei des Krankenhauses typischerweise die territoriale Institution, während es in den Ländern mit Sozialversicherungen die Krankenkasse darstellt.

Wenn wir die Verteilung der Verhandlungsmacht zwischen dem Krankenhaus und Sozialversicherungsträger betrachten, ist es die generelle Meinung, dass die Träger eine stärkere Position einnimmt. Das Sozial-

---

32) Gemeint ist die von Hans Tons bezeichnete „Barriere der knappen Mittel" (vgl. *Buchholz, E.H.*: Unser Gesundheitswesen, Springer Verlag, Berlin-Heidelberg 1988).

Theoretischer Teil

versicherungssystem wirkt in monopolistischer Weise, mindestens in den solidarischen Systemen. Die Versicherungspflicht für die gesamte Bevölkerung oder Teile davon, vermindert die Bedeutung der privaten Krankenversicherung. Diese spielt nur eine integrative Zusatzfunktion. Als Folge sind die öffentlichen Sozialversicherungsträger vom wettbewerblichen Druck ausgenommen. Es ist möglich, dass innerhalb des Sozialversicherungssystem Wettbewerbselemente eingeführt werden, vorausgesetzt es existieren mehrere Versicherungsträger, wie dies ist der Fall in Deutschland ist, wo es verschiedene Krankenkassen gibt, zwischen denen die Versicherten wählen können.

Wir können also sagen, dass das Verhältnis zwischen Krankenversicherungsträger (die mit einer Vielzahl von Krankenhäusern verhandeln) und dem einzelnen Krankenhaus ungleich ist. Daraus resultiert eine stärkere Verhandlungsmacht des Erstgenannten.

Dagegen können wir feststellen, dass der Spielraum innerhalb der Verhandlungen eher gering ist. Zuerst einmal hängt die Wahl der Leistungserbringer von dem Konsumverhalten der Patienten ab. Damit ein Krankenhaus an dem Sozialversicherungssystem teilnehmen kann, muss es einige Voraussetzungen erfüllen. Die Definition dieser Voraussetzungen wird durch den Gesetzgeber und nur teilweise durch die Krankenversicherungsträger festgelegt. Als Folge besteht eine geringe Gestaltungsmöglichkeit der Krankenversicherungsträger an den Krankenhäusern und die fehlende Möglichkeit, dass Krankenhaus aus den vertraglichen Verbindungen auszuschliessen. Alle diese Faktoren vermindern die Verhandlungsmacht der Krankenversicherungsträger.

Im Weiteren schliesst die Einführung von Leistungsbezogenen Vergütungen mit landesweit festgelegten Tarifen die Wirkung des Preishebels in der Verhandlung weitestgehend aus. Diese Verhandlungen fokussieren zum grossen Teil auf die Leistungsmenge. Die Einnahmen der Krankenhäuser hängen deshalb zum grossen Teil von der Menge und der Art der erbrachten Leistungen ab. Diese erbrachten Leistungen sind nicht unter direkter Kontrolle der Krankenversicherungsträger, weil die Leistungen von dem Konsumverhalten der Versicherten abhängen. Die Träger können schwer dieses Verhalten beeinflussen, ausschliesslich nur durch das Leistungspaket, dass zu Beginn des Vertragsabschlusses zu Grunde liegt.

Auch in Systemen ohne Leistungsbezogene Vergütung ist die Informationsasymetrie zu Gunsten der Leistungserbringer. Daraus ergibt sich, dass der Krankenversicherungsträger nicht in der Lage ist, die Kosten des Behandlungsprozesses zu kontrollieren. Die Folge ist eine Reduktion der Verhandlungsmacht.

Wenn man nun abschliessend sämtliche Aspekte zusammen betrachtet, ergibt sich in etwa eine Wiederherstellung des Gleichgewichtes zwischen Krankenversicherungsträger und Leistungserbringer.

1.5.4 Verhandlungsmacht der Lieferanten

Ein weiteres Wettbewerbselement, auch wenn es keine entscheidende Rolle spielt, ist die Beziehung des Krankenhauses zu den Lieferanten.

Das Management der Beziehung mit den Lieferanten ist für ein Krankenhaus nicht besonders problematisch, weil es keine Unterschiede zwischen Industrieumfeld und Krankenhaus-Umfeld gibt. Die Krankenhaus-Betriebe haben mit einer Vielzahl von Lieferanten Beziehungen bzgl. der Versorgung mit Produktionsfaktoren. Die wichtigsten Partner sind dabei die Pharmaindustrie und die Lieferanten von medizinischen Sachbedarf.

Die Verteilung der Verhandlungsmacht zwischen Krankenhaus und Lieferanten hängt deshalb von den in der Literatur beschriebenen Faktoren ab: damit ist u. a. die Konzentration der Lieferanten, die Implementierungsmöglichkeit von vor- oder nachgelagerten Strategien, das Ungleichgewicht der Partner, die Kundenbedeutung für den Lieferant, die Attraktivität der Produkte für den Kunden usw. gemeint.

Der einzig entscheidende Faktor, welchen wir hier herausstellen möchten, ist die Existenz von gesetzlichen Bestimmungen bei der Beschaffung von Materialien im öffentlichen Sektor. Im Besonderen müssen die Krankenhäuser die geregelten Wege (z. B. die Ausschreibungen nach gewissen Richtlinien) benutzen um den Lieferant zu wählen. Diese gesetzlichen Bestimmungen sind von Land zu Land sehr unterschiedlich[33]. Als Folge daraus resultieren längere und strengere Entscheidungsprozesse mit Auswirkungen bei der Implementierung von Strategien.

Aufgrund des Kostendruckes auf die Krankenhäuser in den letzten Jahren erfolgt zunehmend ein Outsourcing von Teilen der Wertkette (Aktivitätsspektrum). Dies gilt insbesondere für die unterstützenden Dienste: Instandhaltung und Facility-Management, Energie und Belüftung, Reinigungsdienst, Archiv, Sicherheitsdienst, Drucksachen und Transport-

---

33) Beispielsweise ist es nach der Reform in Italien nicht mehr notwendig, für Beschaffungen mit einem Gesamtbetrag niedriger als € 200000, eine Ausschreibung vorzunehmen.

dienst. Diese Aktivitäten sind entfernter von den Kernleistungsprozessen und können deshalb an Dritte im Sinne von Outsourcing weitergegeben werden. Das könnte die Abläufe der Administration verschlanken und eine grössere Aufmerksamkeit auf die Kernaktivitäten richten.

Bezogen auf diese Aussage, ist als Trend der letzten Jahre eine Zunahme von Kontrakten mit einem einzigen Serviceanbieter (Global Service) für die o.g. Dienste auszumachen. Das bedeutet eine Innovation für das Lieferantenmanagement des Krankenhauses, denn auf der einen Seite reduziert sich die Anzahl der Lieferanten von Nicht-Gesundheitsdiensten, auf der anderen Seite sieht sich damit das Krankenhaus Anbietern mit einer grösseren Verhandlungsmacht aufgrund ihres grossen Aktivitätenspektrums gegenübergestellt. Der Verlust von Verhandlungsmacht sollte durch die folgenden Vorteile allerdings kompensiert werden:

- Absenkung der Einzelkosten von Diensten dank der grösseren Effizienz und Produktivität von spezialisierten Serviceanbietern;
- Steigerung der Qualität von Diensten;
- Senkung der Investitionen des Krankenhauses dank der Verminderung von Nebenproduktionsbereichen (Vorhaltekosten);
- Wechsel von fixen zu variablen Kostenbestandteilen;
- Senkung des Unternehmensrisikos;
- Grössere Planbarkeit der Kosten aufgrund langfristiger Verträge;
- Senkung der administrativen Kosten dank der Konzentration auf wenige Lieferanten.

1.5.5 Regulierung und weitere Entwicklung

Die Analyse der Regulierungsmöglichkeiten und ihrer Entwicklung ist ein Punkt von besonderem Interesse. Der Krankenhaussektor ist ein Sektor mit hoher Intensität der Regulierung .Dies hängt mit der sozialen Bedeutung der Gesundheit zusammen, die als ein Recht des Individuums betrachtet wird. Daraus folgt im Generellen und besonders in solidarischen Systemen eine intensive Regulation, um Versorgungslücken und ungleichen Zugang zur Versorgung zu verhindern.

Offensichtlich hängt die Intensität und die Form der Regulierung von der institutionellen Zusammensetzung der verschiedenen Gesundheitssysteme ab[34].

---

34) Für eine vergleichende Analyse der institutionellen Zusammensetzung der verschiedenen Gesundheitssysteme vgl: *Onetti, A.*: Health System Organisational Models, in *International Centre for Studies and Research in Biomedicine*: Health Systems in Industrialized Countries, Cacucci, Bari, 2000, S. 44-60.

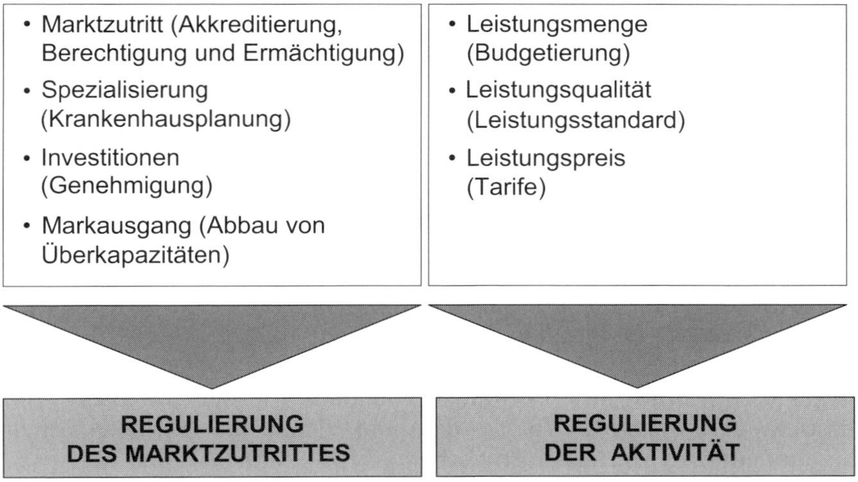

Strategische Analyse und Wettbewerbspositionierung im Krankenhaus

- Marktzutritt (Akkreditierung, Berechtigung und Ermächtigung)
- Spezialisierung (Krankenhausplanung)
- Investitionen (Genehmigung)
- Markausgang (Abbau von Überkapazitäten)

- Leistungsmenge (Budgetierung)
- Leistungsqualität (Leistungsstandard)
- Leistungspreis (Tarife)

REGULIERUNG DES MARKTZUTRITTES

REGULIERUNG DER AKTIVITÄT

Abb. 1.8: Die Formen der Regulierung im Krankenhausbereich

In der Regel existieren viele Formen der Regulierung. Wenn wir den Einfluss der Regulierung auf das Krankenhaus betrachten, können wir zwischen den folgenden Formen unterscheiden (siehe auch Abbildung 1.8):

- Regulierung des Marktzutrittes (Akkreditierung, Berechtigung und Ermächtigung) und des Marktaustritts (Abbau von Überkapazitäten);
- Kontrolle der Investitionsentscheidungen (Genehmigung und öffentliche Beiträge);
- Deckelung der Leistungsmenge (Budgetierung);
- Qualitätskontrolle der Leistung (Qualitätssicherung und standardisierte Abläufe);
- Festlegung der Leistungspreise (Tarife).

Unter Einbezug dieser Kontrollmechanismen ist die zur Verfügung stehende Strategie für das Krankenhaus eingeschränkt. Es ist nicht Ziel dieser Arbeit, die Notwendigkeit dieser Kontrollmechanismen zu hinterfragen; wir möchten eher auf den Einfluss der Regulierung auf die Wettbewerbsmöglichkeit hinweisen.

Zuerst einmal schränkt die Regulierung des Marktzutrittes die strategische Autonomie der Krankenhaus-Betriebe ein, die nicht oder nur teilweise über ihre strategische Positionierung entscheiden können. Diese Situation kann zur Folge haben, dass eine Segmentierung des Gesundheitsmarktes erfolgt und damit starre Marktanteile entstehen. Der Gesundheitsmarkt kann dabei in Gebiete mit unterschiedlicher Wettbewerbsintensität getrennt sein. Wir können aber feststellen, dass diese Marktsegmentierung zunehmend schwächer wird. Es gibt mittlerweile in den meisten Gesundheitssystemen einen zunehmenden Trend zu mehr Öffnung und Liberalisierung des Gesundheitsmarktes.

Weiterhin wirken die Kontrollen der Leistungen über Menge, Qualität und Preis. Diesbezüglich haben die Vergütungsformen eine entsprechend grosse Bedeutung.

Die historischen Vergütungsformen reduzierten den Anreiz zur Senkung von Produktionskosten. Die Einnahmen hingen nicht von den Ergebnissen (erbrachten Leistungen) sondern von den Kosten für die Produktion ab. Daraus folgte, dass ein effizientes Verhalten nicht belohnt sondern eher bestraft wurde.

Die Leistungsbezogenen Vergütungsformen haben einen Anreiz zum effizienten Verhalten, weil die Einnahmen von der Menge und der Art der erbrachten Leistungen abhängen. Gleichzeitig gibt es Anreize zur Implementierung von Strategien zur Leistungsausweitung und zur Kostensenkung. Es besteht das Risiko sowohl eines Wachstums der erbrachten Leistungen, die über das klinisch notwendige Mass hinausgehen, als auch einer qualitativen Verschlechterung aufgrund der Versuche, die Kosten zu senken. Es wurde deshalb notwendig, Kontrollen bezogen auf Leistungsmenge und Qualität einzuführen.

Alle diese Faktoren schränken das strategische Umfeld des Krankenhauses ein und reduzieren die alternativ zur Verfügung stehenden Strategien. Es ist deshalb wichtig für ein Krankenhaus, diese gesetzlichen Bedingungen zu skizzieren.

1.5.6 Inneres Wettbewerbsniveau

Die Analyse des inneren Wettbewerbsniveaus bildet eine Synthese aller bereits dargestellten Wettbewerbsfaktoren. In diese Analyse müssen weitere Faktoren berücksichtigt werden, auf die wir in dem nachfolgenden Kapitel eingehen werden. Diese sind zum einen die Eintrittsmöglichkeit neuer Wettbewerber und zum anderen die Bedrohung von Versorgungsangebotsalternativen im stationären Bereich.

Die Struktur eines Sektors wird in der Regel mit den folgenden Merkmalen/Faktoren beschrieben: u. a. sind dies der Konzentrationsgrad (Anzahl und Grösse der im Sektor befindlichen Betriebe), die Existenz von Eintritts- und Austrittsbarrieren, der Level der Differenzierung der Produkte und die Wachstumsrate der Nachfrage.

Bezogen auf den ersten Punkt, hat das Krankenhaus in der Regel einen niedrigen Konzentrationsgrad. Nachfolgend soll diese Aussage präzisiert werden. Wenn man über den niedrigen Konzentrationsgrad spricht, betrachten wir den gesamten stationären Markt, bezogen auf das jeweilige Land. Unter dieser Perspektive ist es schwierig, einen Krankenhausbetrieb mit grossem Marktanteil zu finden. Bemerkenswert ist, dass es zunehmende Anzeichen gibt zu Bildungen von grossen Krankenhausgruppen, dies besonders in den Vereinigten Staaten[35] aber zuletzt auch in Europa[36] und in Deutschland[37]. Dagegen macht die Struktur des Krankenhaussektors es schwierig, wichtige Marktanteile zu erreichen. Diese Aussage erhält noch mehr Bedeutung, wenn wir die laufende Internationalisierung des Gesundheitssektors betrachten. Die Öffnung des Marktes macht dabei die Marktbeherrschung noch schwieriger.

Wenn wir den Konzentrationsgrad des Krankenhaussektors betrachten, ist der Blick auf die Einschränkung durch das Einzugsgebietes zu richten. Die Krankenhäuser sind Dienstleistungsbetriebe, was zur Folge hat, dass die Gleichheit des Zeitpunktes der Produktion mit der Leistungserbringung, für den gleichzeitigen Kontakt zwischen Leistungserbringer und Patient während der Produktion sorgt. Damit erhält die Nähe zum Kunden eine besondere strategische Bedeutung. Wenn diese Aussage grundsätzlich für alle Dienstleistungsbetriebe wichtig ist, so hat sie für das Krankenhaus entscheidende Bedeutung. Dies zeigt sich beispielsweise an der fehlenden Mobilität von Patienten, die in schlechter körperlicher Verfassung nicht aus einer räumlichen Sicht

---

35) Vgl. *Feldstein, P.*: The emergence of market competition in the US health care system. Its causes, likely structure, and implications, in: Health Policy, 6/1986, S. 1-20.
36) Ein Beispiel dafür könnte UK sein, wo Krankenhausketten (aus USA, Deutschland, Schweiz, Frankreich) im Krankenhaussektor auftraten und Versicherungsgesellschaften viele private Leistungserbringer übernommen haben (z.B. BUPA, die hauptsächliche UK Krankenversicherung, kontrolliert mehr als 30 Krankenhäuser). Ab 1990 können wir eine Erhöhung des Besitzerkonzentrationsgrades bemerken, der wenigen Gruppen erlaubt, einen erheblichen Teil der privaten Krankenhausbetten zu kontrollieren. Vgl. *Velo, D./Pelissero, G.*: Competition in Health Systems. In Italy, in the European Union, in the World, AIOP, Roma, 2002.
37) Nach einer empirischen Studie planen 73 % der deutschen Kliniken Merger & Acquisition Transaktionen. Freigemeinnützige Krankenhäuser (81 %; zum Vergleich öffentlich-rechtliche 69 % und private 62 %) und kleine Kliniken (mit einem Umsatz > € 10 mln.) melden eine überdurchschnittlich hohe M&A-Aktivität. Vgl. *DZ Corporate Finance*, Empirische Studie auf dem Akutklinikenmarkt – Wertsteigerungsmöglichkeiten durch Mergers & Acquisitions, DKM Krankenhauskonferenz, Osnabrück, 13 Mai 2003.

heraus jedes Krankenhaus auswählen können. Daraus resultiert eine gewisse Limitierung des Einzugsgebietes für das Krankenhaus. Dies gilt insbesondere für die nicht-spezialisierten Leistungen, für die keine grösseren Reiseaktivitäten vorgenommen werden. Wenn die Differenzierung und Spezialisierung des Krankenhauses zunimmt, so wirkt sich das auch erweiternd auf das mögliche Einzugsgebiet aus.

Wenn wir die territorialen Einzugsgebiete betrachten, können wir einen hohen Konzentrationsgrad feststellen. In der Regel sind die lokalen Märkte von einer kleinen Anzahl von Krankenhäusern mit unterschiedlicher Grösse besetzt. Diese Aussage findet insbesondere in Gesundheitssystemen mit einer starken öffentlichen Rolle Beachtung. In diesem Fall bilden die öffentlichen Einrichtungen einen beherrschenden Faktor.

Ausserdem ist es bemerkenswert, dass der Konzentrationsgrad in diesem Markt in der Regel nicht gleich ausgeprägt ist. Es gibt grosse Unterschiede zwischen städtischen und ländlichen Gebieten. In den erst genannten gibt es eine hohe Krankenhausdichte und somit einen niedrigen Konzentrationsgrad. Ausserhalb der Städte gibt es in der Regel wenige Alternativangebote was häufiger zu Monopolsituationen führt[38].

Die beschriebene Wettbewerbsdynamik zeigt ausserdem eine gewisse Stabilität, da der Krankenhaussektor nämlich hohe Eintritts- und Austrittsbarrieren vorweist. Unter den Eintrittsbarrieren können wir neben den von der Regulierung abhängigen Barrieren (Akkreditierung und Genehmigung) auch die hohen Investitionen nennen. Der Betrieb des Krankenhauses benötigt hohe Investitionsaufwendungen sowohl für medizinisch-technische Geräte als auch beim Personal. Diese Kosten benötigen zur Amortisierung eine hohe Anzahl von Leistungen. Die spezifische Nutzung der angeschafften Geräte erhöht auch die Austrittsbarrieren, da diese Geräte nicht zu anderen Zwecken genutzt werden können. Die Austrittsbarrieren sind in den öffentlichen Gesundheitssystemen sehr hoch, da die öffentlichen Einrichtungen eine vielfach noch eine Überlebensgarantie haben, die das Betriebsrisiko reduziert und das Verbleiben im Markt auch mit einem ineffizienten Betrieb möglich macht[39].

---

38) Empirische Forschungen zeigen, dass alle Krankenhäuser, die innerhalb 10 Meile stehen, als Wettbewerber definiert werden konnten (*Gift, T.L./Arnould, R./ DuBrock, L.*: a. a. O.).
39) Dies Phänomen wird immer mehr schwächer. Der Krise der öffentlichen Finanzen des Industrielandes führt zum Schluss (oder Umstellung in Strukturen mit verschiedenem Zweck) öffentlicher Krankenhäuser, die in knappen bevölkerten Gebieten liegen.

Strategische Analyse und Wettbewerbspositionierung im Krankenhaus

Die wettbewerbliche Positionierung der einzelnen Krankenhäuser hängt neben der Anzahl der Wettbewerber auch von den Fähigkeiten der Patientenakquisition ab. Diese Fähigkeit gründet sich auf eine Vielzahl von Faktoren und nicht nur auf die medizinische Kompetenz, die von den Krankenhäusern besetzt ist. Die Verfügbarkeit von medizin-technischen Kompetenzen ist ein wichtiger Wettbewerbsfaktor, aber häufig nicht ausreichend, um eine effektive Differenzierung des Angebotes gegenüber den Wettbewerbern zu haben. Die Komplexität der Gesundheitsprodukte reduziert die Bedeutung der klinischen Leistungseffektivität. Für den Patienten werden häufig andere Elemente wichtiger, wie zum Beispiel der Ruf der Ärzte, die Traditionen des Krankenhauses, die Ausrichtung des selben und last but not least die Qualität der Hotellerie. Ausserdem vermindert sich im Fall von positiven Erfahrungen die Bereitschaft der Patienten, den Anbieter zu wechseln, da er mit dem Erfolg der Behandlung die Qualität des Krankenhauses (auch wenn dies nicht zwingend in Relation steht) verbindet.

Das Zusammenwirken aller Faktoren macht die Marktanteile überwiegend stabil. Die Möglichkeit neue Patienten zu erreichen, ist eine Strategie die eine lange Zeit benötigt. Diese Strategie müsste, wie bereits erwähnt, nicht nur gegenüber den Patienten sondern auch den Hausärzten (die die Entscheidung der Patienten beeinflussen können) und den Finanziers (die die Kosten der Leistungen tragen) ausgerichtet werden. Unter dieser Perspektive hat eine klare Definition der strategischen Positionierung und ihre effektive Kommunikation nach innen und nach aussen eine entscheidende Rolle. Die Balanced Scorecard, die wir im nächsten Kapitel differenziert betrachten werden, kann ein effektives Instrument sein, um diese Ziele zu erreichen.

Die hohen Eintritts- und Austrittsbarrieren, der hohe Konzentrationsgrad und die Stabilität der Marktanteile reduzieren die Bedrohung des Eintritts von neuen Wettbewerbern. Bemerkenswert ist dagegen, dass die Entwicklung im Gesundheitssektor Raum für neue Wettbewerber öffnen könnte. Mit dieser Betrachtung meinen wir Krankenhäuser, die beispielsweise spezialisiert sind auf besondere Phasen der Wertkette oder auch nicht-stationäre Einrichtungen, die in der Zukunft im Wettbewerb mit den Krankenhäusern stehen werden. Dies ist beispielsweise bei den ambulanten Kliniken zu beobachten, die Alternativangebote bieten können (Tagesklinik, ambulantes Operieren, Dialyse). Die Rehabilitationseinrichtungen dagegen könnten eine vorgelagerte Strategie entwickeln. Letztlich auch die Hausversorgung, die eine Alternative für den stationären Aufenthalt bieten kann.

Theoretischer Teil

1.6 Die interne Analyse

Neben den externen Analysen erscheint es wichtig, dass jeder Krankenhausbetrieb seine eigenen Kompetenzen und vorhandenen Ressourcen einschätzt. Diese Kompetenzen und Ressourcen, die der Betrieb im Laufe der Existenz entwickelt und angesammelt hat, bilden den Ursprung des Wettbewerbvorteils. Deshalb sollten sie bei der Entwicklung von Strategien betrachtet und in die Entscheidungen mit einbezogen werden (core competences[40]). Dieser Aspekt bezieht sich insbesondere sowohl auf die Stärken gegenüber den Wettbewerbern[41], als auch den Wert, den die Kunden den Kompetenzen zuordnen[42].

Mit anderen Worten geht es darum, mit Hilfe der internen Analyse die Stärken und Schwächen des Betriebs zu identifizieren. Wie man diese interne Diagnostik durchführen kann, wird Inhalt des nächsten Kapitels sein, wenn es um die Implementierung der Balanced Scorecard im Krankenhaus geht. Im Folgenden möchten wir Überlegungen anstellen, über welche Wettbewerbshebel ein Krankenhaus überhaupt verfügen kann.

Die Analyse der entstehenden Kompetenzen muss sowohl auf gesamter Ebene des Krankenhauses, als auch auf die spezifischen Angebote ausgerichtet sein und sich auf die verschiedenen Aktivitäten der Wertkette konzentrieren. Es muss gefragt werden, in welchen Phasen der Wertkette ein Differenzierungspotential besteht.

Es kann sein, dass sich die entstehenden Kompetenzen des Krankenhauses nicht in gleicher Weise über die gesamte Wertkette erstrecken, sondern auf eine einzelne Aktivität oder Phase fokussieren. Das Kran-

---

40) Der theoretische Anhaltspunkt dieser Analyse ist die aus der Harvard-School entwickelte „resource based theory". Vgl. *Selznick, P.*: Leadership in Administration, Harper & Row, 1957; *Connor, K.*: A Historical Comparison of Resource-Based Theory and Five Schools of Thought within Industrial Organization Economics: Do We Have a New Theory of the Firm?, in Journal of Management, No. 1, 1991, S. 121-154; *Hamel, G./Prahalad, C.K.*: The Core Competence of the Corporation, in Harvard Business Review, No. 1, 1990, S. 79-91; *Mahoney, J.T./Pandian, J.R.*: The Resource-Based View within the Conversation on Strategic Management, in Strategic Management Journal, No. 13, 1993, S. 363-380; *Wernerfelt, B.*: The Resource Based View of the Firm: Ten years after. Strategic Management Journal, No. 16, 1995, S. 171-174.
41) Die besonderen Kompetenzen sollen die Erreichung von Spitzenmarktstellungen ermöglichen (*Collis, D.J./Montgomery, C.A.*: Corporate Strategy, McGraw-Hill, 1999). Es wird zwischen notwendigen Faktoren („needed-to-play capabilities") und Erfolgsfaktoren („needed-to-win capabilities") unterschieden. Vgl. *Grant, R.M.*: Contemporary Strategy Analysis. Concepts, Techniques, Applications, Blackwell, Oxford, 1998.
42) Zu diesem Thema siehe auch: *Hinterhuber, H.H.*: Strategische Unternehmungsführung, Band 1 u. Band 2, 7. Aufl., W. de Gruyter, Berlin-New York, 2001.

kenhaus muss also erkennen, ob die Vollkommenheit des Krankenhauses von dem gesamten Produktionsprozess abhängig ist, oder zum Beispiel nur der Diagnostik oder Therapie zugeordnet ist. In diesem letzten Fall ist es entscheidend, ob diese Kompetenzen zu der gesamten Therapie oder zu einzelnen spezifischen Phasen zugeordnet werden können: z. B. Radiotherapie, Herzchirurgie etc.

Nachdem man den Excellenz des Gliedes oder der Glieder einer Wertkette identifiziert hat, ist der nächste Schritt das Verständnis für die vom Erfolg abhängigen Wettbewerbsfaktoren. Wenn wir die o.g. Beispiele betrachten, kann die Excellenz der Therapie von der Fähigkeit der Ärzteschaft (Ruf des Chefarztes oder der gesamte Abteilung), von der Intensität und Qualität der Patientenpflege (Anzahl der Pflegekräfte pro Patient, Spezialisierung der Pflege) oder von der Benutzung von innovativen Medizinisch-technischen Geräten (neueste Generation von Radiotherapiegeräten) abhängen. Diese Analyse hat grosse Bedeutung, weil sie die Erkenntnis über die Erfolge oder Misserfolge fördert und eine effektive strategische Planung erlaubt.

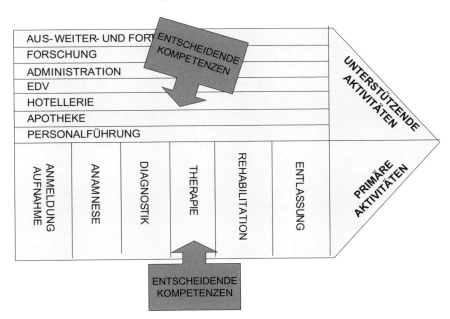

Abb. 1.9: Die Analyse der entscheidenden Kompetenzen

Bemerkenswert ist, dass die entscheidenden Kompetenzen des Krankenhauses nicht nur in den Primäraktivitäten liegen können, sondern auch in den unterstützenden Aktivitäten.

Theoretischer Teil

Ein Beispiel hierzu kann das Krankenhaus mit einem hohen Niveau an Hotellerieleistungen darstellen. In diesem Fall liegen Differenzierung und Attraktivität nicht im Kernbereich des Krankenhausangebotes (diese müssen aus klinischer Sicht in jedem Fall adäquat abgedeckt sein), sondern in den Nebendiensten. Auch hier ist eine Analyse, welche Elemente der Hotelversorgung entscheidend sind, notwendig: z. B. die Frage, ob die Excellenz abhängig ist von der Beschaffenheit der Gebäude, oder vom Standort des Krankenhauses (Erreichbarkeit, Infrastruktur des Geländes, Grünflächen) oder von den Zusatzangeboten für Patienten (Toiletten, Fernseher, Telefon, Zeitungen) und Angehörige (Lift, Beschilderung, Auskunft, Cafe).

Im Anschluss an die Analyse, die auf der Verteilung der Wertkette und der Identifizierung der Kompetenzen pro Phase basiert, erfolgt die Synthese. Dies bedeutet, den bedeutendsten Differenzierungsfaktor des Krankenhauses insgesamt zu erkennen.

Es ist wichtig zu verstehen, wie die identifizierten Kompetenzen von den Kunden bewertet werden, d. h., zu verifizieren ob der Wert, den das Krankenhaus glaubt anbieten zu können, auch von Kundenseite nachgefragt wird. Diese Einschätzung ist nicht einfach, da eine Trennung der Kundenbeziehung vorliegt, wie wir bereits früher beschrieben haben. Das Krankenhausangebot wird aus verschiedener Sicht bewertet: vom Patient, der die Leistung erhält, vom Hausarzt, der häufig den Leistungserbringer auswählt, von den Finanziers, die die Kosten der Leistungen tragen. Alle diese Faktoren machen es schwierig, das effektive Differenzierungspotential zu identifizieren. Es ist wahrscheinlich, dass der Arzt die klinische Excellenz überbewertet, der Patient die Hotelversorgung, die Finanziers das Preis-/Leistungsverhältnis. Die strategische Planung, die im nächsten Kapitel beschrieben wird, soll diese verschiedenen Sichten betrachten und beurteilen, welche besser geeignet sein könnte.

1.7 Strategische Planung

Die strategische Planung hat die Aufgabe zu identifizieren, welche Aktionen und Interventionen notwendig sind, um die Ziele des Betriebs zu erreichen[43]. Diese Aktionen und Interventionen sollten dabei im Zusammenhang mit den Ergebnissen der internen und externen Analyse stehen.

---

43) Vgl. *Grant, R.M.*: a.a.O.

Strategische Analyse und Wettbewerbspositionierung im Krankenhaus

Bis vor kurzer Zeit hatten die Krankenhäuser keine Notwendigkeit, strategische Überlegungen anzustellen, da sie keine Kostenverantwortung tragen mussten. Für die Krankenhäuser war die strategische Planung an der bestmöglichsten Behandlung (Produktorientierung) ausgerichtet, ohne Berücksichtigung der Produktionskosten. Mit dem Begriff der bestmöglichen Behandlung beziehen wir uns auf den einzelnen Leistungserbringer und nicht auf das gesamte System. Der fehlende Wettbewerbsdruck reduzierte den Anreiz, sich mit anderen Wettbewerbern zu vergleichen.

Heute bringen Themen wie die Rationalisierung, die finanziellen Kürzungen und die Liberalisierung des Gesundheitsmarktes Anreize zu strategischen Ausrichtungen. D. h., dass alle Hebel des Marketingmixes heute benutzt werden müssen, um neben der traditionellen Produktorientierung, eine Marktorientierung zu realisieren.

Es steht eine Reihe von alternativen strategischen Möglichkeiten zur Verfügung. Im heutigen Umfeld gibt es keine vordefinierten strategischen Wege, sondern eine Vielzahl von verschiedenen Lösungen[44]. Das Optimum lässt sich nicht anhand eines vorgefertigten Allgemeinmusters, sondern nur im Zusammenhang mit den Besonderheiten des jeweiligen Krankenhauses und seines Umfeldes erarbeiten.

1.7.1 Die strategischen Möglichkeiten

Die strategische Planung hängt von der Wahl der Positionierung ab[45]. Mit anderen Worten sollte unter Berücksichtigung der Ergebnisse der Wettbewerbsanalyse, das strategische Umfeld des Krankenhauses aufgezeigt werden. Das bedeutet, das Einzugsgebiet (sowohl das geografische Umfeld, als auch die zu betrachtenden Kunden) und die Aktivitäten und die zu erbringenden Leistungen zu identifizieren.

Mit Blick auf das geografische Umfeld sind die strategischen Möglichkeiten eingeschränkt durch das definierte Versorgungsgebiet. Eine Expansionsstrategie braucht die Öffnung für weitere Leistungserbringer (diese Möglichkeit könnte auch durch den Gesetzgeber eingeschränkt oder verboten werden).

---

44) Vgl. *Velo, D.*: Toward a „Federal" Organizational Model for the Firm: Outsourcing and the Search for Firm Models other than the American Large Integrated Enterprise, in The European Union Review, Vol. 4, No. 2, 1999, S. 59-72.
45) Zu diesem Thema auch siehe: *Abell, D.F.*: Defining the Business Strategy: Starting Point of Strategic Planning, Prentice-Hall, 1980.

Theoretischer Teil

Für Krankenhäuser mit einer hohen Spezialisierung oder für jede an Patienten ohne Einschränkung ihres Bewegungsspielraumes ausgerichtete Aktivitäten ist es möglich, Strategien mit einer erweiterten geografischen Perspektive zu verfolgen.

Auch die auf Kundensegmente ausgerichteten Strategien unterliegen einer Reihe von Einschränkungen. Die Fokussierung auf spezifische Kundensegmente ist eine Strategie, die nicht von den zu einem gesetzlichen System angehörigen Krankenhäusern verfolgt werden kann. Diesen Krankenhäusern ist es auf Basis des Versorgungsauftrages untersagt, eine Selektion von Kundensegmenten vorzunehmen. Im Unterschied dazu stehen die privaten Krankenhäusern, die diese Strategien grösstenteils wählen können. Offensichtlich scheint der Preis für dieses Privileg die Einschränkung auf das Umfeld der nicht gesetzlich versicherten Patienten zu sein.

Um die Aktivitäten und die zu erbringenden Leistungen zu wählen, erscheint es sinnvoll, auf die Möglichkeiten der Wertkette zurückzugreifen. Das Krankenhaus muss identifizieren, auf welche Phase der Wertkette es sich positionieren will.

Mit Blick auf das vorher genannte, kann Festgehalten werden, dass die möglichen Optionen vielfältig sind. Aus einem theoretischen Gesichtspunkt können wir zwischen zwei Extremen unterscheiden: die gesamte Integration, d. h. die Erbringung aller Phasen des Behandlungsprozesses, oder die Spezialisierung, d. h. die Fokussierung auf eine einzelne Phase oder Subphase.

Darüber hinaus können wir behaupten, dass die gesamte Integration sowohl Schwierigkeiten bezüglich Implementierung und Führung der Strategie[46] als auch wenig Erfolg bei der Kostendämpfung[47] mit sich bringt. Daher scheinen Strategien wie die Spezialisierung/Fokussierung wirkungsvoller (Krankenhäuser als „health care focused facto-

---

46) „vertical integration is immensely difficult to pull off; the larger the scale, the larger the problems encountered", vgl. *Herzlinger, R.E.*: Let's put the Consumers in Charge of Health Care, in Harvard Business Review, July 2002, S. 44-55.
47) Zum Beispiel können wir Bezug auf den letzen Trend in den USA nehmen, wo Krankenhäuser Arztpraxen übergenommen haben (von 6.600 im 1995, bis 19.200 in 1998). Diese Integrationsstrategie war erfolglos sowohl was die finanziellen Ergebnisse (der Gesamtverlust wird auf 1 Billion Dollar geschätzt), als auch die Arztproduktivität betrifft. Vgl. *Herzlinger, R.E.*: a. a. O.

ries"[48]). Einige Forschungsergebnisse[49] zeigen, dass Krankenhäuser mit begrenzter Anzahl von Operationen höhere Sterblichkeitsraten haben. Demzufolge empfiehlt das American College of Surgeon, dass jedes Cardiac surgery Team mindestens 150 offene Herzoperationen pro Jahr ausführen soll. Die Erfahrungsanhäufung führt zu einer Verbesserung des Outcome und zur Kostendämpfung.

Wir möchten betonen, dass die strategischen Ziele für ein öffentliches Krankenhaus eingeschränkt sind, da sie eine gesetzliche Regulierung erfahren (z. B. Krankenhaus-Versorgungsplanung). Viele Krankenhäuser müssen deshalb alle in der Wertkette enthaltenen Aktivitäten anbieten, um im jeweiligen Einzugsgebiet das geforderte Angebot vorzuhalten.

Das schliesst allerdings nicht aus, dass es auch für diese Krankenhäuser möglich ist, eine Strategie der Spezialisierung in den Bereich zu wählen, wo eine besondere Excellenz und/oder Kompetenz vorhanden ist. Wenn man im Krankenhaus-Umfeld von einer Spezialisierung spricht, versteht man darunter nicht ausschliesslich die Einschränkung des Leistungsangebotes, sondern gleichermassen auch die Konzentration auf die verfügbaren Ressourcen und finanziellen Investitionen, da diese die Spezialisierung entsprechend unterstützen. Die Spezialisierung bietet daher eine strategische Option auch für Einrichtungen grösserer Dimensionen, die alle Aktivitäten der Wertkette anbieten.

Es ist schwierig für die Aktivitäten, die nicht zu den Kernkompetenzen eines Krankenhauses gehören, eine passende Nischenstrategie zu verfolgen. Auch wenn eine entsprechende Spezialisierung trotz Regulierung möglich wäre, wäre sie aus Sicht des Managements nicht erfolgsversprechend. Das Angebot von medizinischen Leistungen muss eng miteinander verknüpft sein, so dass eine explizierte Spezialisierung einen Verlust an Marktanteilen mit sich bringen könnte. Die Vertrauenskomponente der Gesundheitsleistungen hat zur Folge, dass der Patient nach einer erfolgreichen Behandlung zu demselben Krankenhaus aus Gründen der Vertrauensbildung zurückkehren wird. Daher wäre es aus strategischen Gesichtspunkten kritisch, auf Teile des gesamten Angebotes zu verzichten und damit auch solche zufriedenen Patienten zu verlieren.

---

48) „Health care focused factories are a better approach. (...) they are much more efficient and effective – and they're much easier to manage", vgl. *Herzlinger, R.E.*: Market driver health care: who wins, who loses in the transformation of America's largest service industry, Irwin, Homewood, 1998).

49) Vgl. *Luft, H.S.*: Should Operations Be Regionalized? The Empirical Relation Between Surgical Volume and Mortality, in The New England Journal of Medicine, Vol. 301, 1979, S. 1364-1369.

Theoretischer Teil

Als Folge daraus ergäbe sich für die öffentlichen Krankenhäuser mit einem breiten Versorgungsauftrag die Herausforderung, einerseits eine Spezialisierungsstrategie zu entwickeln und andererseits nicht Teile des Leistungsspektrums abzugeben. Daher erhält die Kooperation als Möglichkeit der Auslagerung von Leistungen hier eine hohe Beachtung[50]. Bei fehlender Kompetenz ist es somit möglich, den Patienten in ein vertraglich verbundenes Partner-Krankenhaus zu senden. Auf diese Weise kann letztlich ein gesamter Behandlungspfad angeboten werden, ohne im einzelnen Haus alle Kompetenzen aufbauen zu müssen. Durch diese Form der Kooperation kann es gelingen, die Wertketten von verschiedenen Krankenhäusern zu integrieren mit dem Ziel, die Excellenz im gesamten Behandlungsverlauf anzubieten.

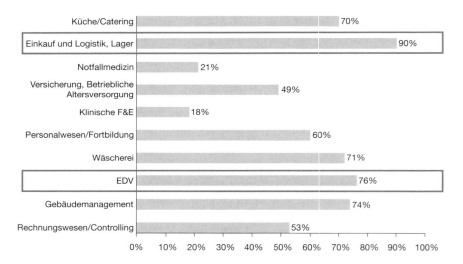

Abb. 1.10: Bereiche von Kooperationen unter Krankenhäusern
  Quelle: DZ Corporate Finance 2003.

Aus dem Vorgenannten heraus lässt sich folgern, dass eine Outsourcingstrategie für die medizinischen Kernaktivitäten im Moment nicht machbar ist. Diese Strategie ist dagegen für die unterstützenden Aktivitäten im Rahmen der Strukturprozesse (EDV, Einkauf, Logistik, Lager, Rechnungswesen) und der Hotellerie (Küche/Catering, Wäscherei) durchaus anwendbar (vgl. Abbildung 1.10). Für die Zukunft ist es allerdings auch nicht auszuschliessen, dass ähnlich wie im Industriebe-

---

50) Über die Kooperationsansätze für Krankenhäuser im Rahmen der Patientenversorgung siehe: *Zelle, B.*: Kooperationen von Krankenhäusern im Bereich der Patientenversorgung, Bayreuth Verlag P.C.O., 1998.

reich[51], tiefgreifende Outsourcingstrategien auch auf die Primärprozesse einwirken werden, die sich Nahe an dem Kern der eigentlichen Krankenhaus-Aktivität befinden.

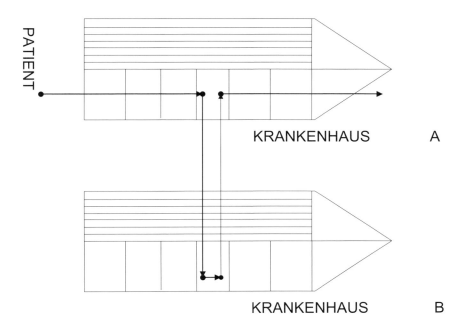

Abb. 1.11: Beispiel von Wertketteintegration unter unterschiedlicheren Krankenhäusern

Im Gegensatz zu den meisten öffentlichen Krankenhäusern ist es den privaten Einrichtungen und neu eintretenden Marktteilnehmern möglich, eine Fokussierung auf eine Phase oder Subphase der Wertkette vorzunehmen[52]. Dies ist beispielsweise bei einzelnen, auf therapeutische Leistungen spezialisierten Krankenhäusern (besonders diese mit einem hohen Innovationsgrad, wie Laserchirurgie oder Hämodynamic) oder Einrichtungen mit ambulanten Strukturen möglich, die dank der kürzeren Wartezeiten und einer hohen Qualität ihrer Leistung ein Wettbewerbsfähiges Alternativangebot zum Krankenhaus bieten können.

---

51) Vgl. *Economist Intelligence Unit – Arthur Andersen:* New Direction in Finance, Strategic Outsourcing, London, 1995.
52) Der Schwachpunkt der Strategien, die sich auf die Fokussierung eines eingeschränkten Leistungsspektrum stützen, liegt in der Regel bei der fehlenden Überwachungseinheit, die Krankenhäuser ab einer bestimmten Grösse benötigen. Die Einrichtungen, die dieser Strategie folgen, müssen im Bedarfsfall die Patienten in andere Krankenhäuser verlegen: Daher sind sie von diesen abhängig.

Theoretischer Teil

Die Spezialisierung kann sowohl die Voraussetzung für Expansions- oder Internationalisierungsstrategien sein, als auch für Diversifizierungsstrategien.

Wie wir bereits mehrmals bemerkt haben, kann die Spezialisierung das Einzugsgebiet eines Krankenhauses erweitern. Das Angebot von hoch spezialisierten Leistungen und der sog. Spitzenmedizin, ist dabei abhängig von der Mobilität des Patienten und kann dieses traditionell vorhandene Hindernis reduzieren. Die Entwicklung von starken Kompetenzen in einzelnen Segmenten kann durchaus auch Patienten aus anderen Regionen oder gar anderen Ländern anziehen.

Die Existenz von vorhandenen Kompetenzen kann die Voraussetzung für entsprechende Diversifizierungsstrategien sein. Im Krankenhaus-Bereich gilt die Unterscheidung nur für Aktivitäten, die eng in wechselseitiger Beziehung mit den traditionellen Aktivitäten stehen.

Beispiele[53] für die Entwicklung von Diversifizierungsstrategien im Krankenhaus-Bereich können in der Aus-, Weiter- und Fortbildung und in der medizinischen Forschung liegen. Diese Aktivitäten haben einen unterstützenden Charakter bezogen auf die diagnostischen, therapeutischen und rehabilitativen Primäraktivitäten. Wenn das Krankenhaus Kompetenzen im Bereich Bildung und Forschung besitzt, können diese Leistungen auch zu Primäraktivitäten werden und eine externe Kundensicht erhalten. Dies ist der Fall, wenn neben den internen Adressaten dieser Dienstleistung auch externe Empfänger profitieren können. Der gleiche Fall ergibt sich bei dem Bereich Forschung, wo Ergebnisse nicht nur im Inneren des Krankenhauses genutzt werden, sondern diese auch nach Aussen zugunsten dritter Leistungserbringer angeboten werden. Für diese angesprochenen Fälle bedarf es der Gestaltung einer spezifischen Wertkette, die nun die bislang unterstützenden Aktivitäten zu Primäraktivitäten werden lässt. So kann auch die Erbringung von therapeutischen Leistungen eine Experimentalrolle zugunsten der Forschung oder der Aus-, Weiter- und Fortbildung im medizinischen Bereich darstellen.

---

[53] Das gilt zum Beispiel für das Inselspital Bern als Universitätsspital, in dem die Aus-, Weiter- und Fortbildung und die medizinische Forschung einen hohen Spezialisierungsgrad haben und teilweise von der Krankenhausversorgung getrennte Aufgabenbereiche bilden. Eine tiefgreifende Analyse der praktischen Anwendung erfolgt im Praxisbezogenen Teil. Eine andere Form dieser Diversifikation bietet das Krankenhaus San Raffaele in Mailand, bei dem einige spezialisierte Aktivitäten (Bio-Technologie, genetische Forschung, Telemedizin) ausgegliedert worden sind (dies wird in der Literatur als spin-off bezeichnet).

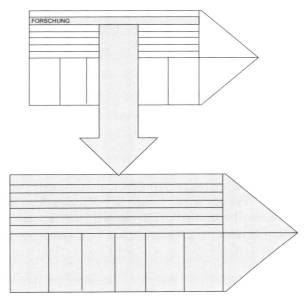

Abb. 1.12: Beispiel von Diversifizierung durch die eigene Entwicklung von unterstützenden Aktivitäten (Forschungskompetenzen)

1.7.2 Die Ebene der strategischen Planung

In der strategischen Planung kommt der Identifizierung verschiedener Ebenen, die für die Implementierung der Strategie verantwortlich sind, eine bedeutende Rolle zu[54]. Das bedeutet konkret, dass die Notwendigkeit besteht, die Strategie mit der gesamten Betriebsorganisation vereinbar zu machen.

Für diesen Zweck unterscheidet die Literatur in drei Ebenen: die vom Betrieb einzeln erbrachten Aktivitäten (Business-Ebene), das vom Betrieb gesamt erbrachte Aktivitätenspektrum (Corporate-Ebene[55]) und das gesamte Angebot, wenn wir eine Reihe von Betrieben unter einem gemeinsamen Dach (Group-Ebene) betrachten.

Dasselbe Klassifikationsschema, auch wenn es für den Krankenhaus-Bereich an einigen Teilen wegen der Berücksichtigung von Besonderheiten des Gesundheitssektors angepasst werden muss, kann auch in

---
54) Vgl. *Ansoff, H.I.*: Corporate Strategy, McGraw-Hill, New York, 1965.
55) Zu diesem Punkt siehe: *Goold, M/Campbell, A./Alexander, M.*: Corporate-Level Strategy: Creating Value in the Multibusiness Company, John Wiley & Sons, New York, 1994.

unserer Analyse benutzt werden. Die Krankenhäuser können wie bereits gesagt als Multibusinessbetriebe betrachtet werden, so dass die Organisationsgliederung des Krankenhauses die Komplexität und Ausdehnung des Aktivitätenspektrums reflektiert.

Wenn wir die letztgenannte Entwicklung in der Organisation im Krankenhausbereich betrachten, können wir zwischen zwei verschiedenen Ebenen unterscheiden. Dies sind die Krankenhausebene und die Abteilungsebene. Wie wir bereits oben festgestellt haben, könnte diese Unterscheidung zukünftig noch um eine weitere Ebene ergänzt werden, wenn man die Krankenhausgruppe berücksichtigt.

Auch wenn es verschiedene Definitionen von Abteilungen in den unterschiedlichen System gibt, bildet die Krankenhausabteilung die Gliederungseinheit, die dafür verantwortlich ist, dass die auf die einzelnen Krankenhausaktivitäten bezogenen Strategien identifiziert und implementiert werden. Anders gesagt bildet die Abteilung die Gliederungseinheit, die den einzelnen Phasen oder Subphasen der Wertkette des Krankenhauses entspricht. Auf Abteilungsebene muss deshalb entschieden werden, wie eine Spezialisierungs- oder Differenzierungsstrategie zu entwickeln ist. Beispielswiese wird auf Abteilungsebene festgesetzt, ob die Versorgungsmethoden zu verbessern oder die Qualität der Hotellerie zu erhöhen ist. Andere Beispiele von auf Abteilungsebene Entscheidungen sind die Weiter- und Fortbildung für Ärzte oder die Einführung von innovativen medizinisch-technischen Geräten. Das Umfeld der strategischen Autonomie einer Krankenhausabteilung ist weit und umfasst alle Hebel des Marketing-Mix.

Die Strategien auf Abteilungsebene bilden die Komponenten der gesamten Krankenhausstrategie. Wie man anschliessend die einzelne Business-Strategien und ihre Ziele auf Krankenhausebene zusammensetzt, wird der Inhalt des nächsten Kapitels sein. Hierzu werden wir die Balanced Scorecard als ein effektives Instrument für die integrierende Strategieplanung vorstellen.

An dieser Stelle möchten wir nur bemerken, dass die Notwendigkeit für das Krankenhaus besteht, eine einheitliche Vision zu entwickeln. Die gesamte Vision bildet die Leitlinie für die strategische Planung und Implementierung auf Abteilungsebene. Nur auf der Corporate-Ebene ist es dann möglich, die gesamte Wertkette zu zeichnen und daraus abgeleitet die optimale Positionierung des Krankenhauses zu wählen, um die entstandenen Ressourcen und Kompetenzen auszuwerten.

2 Die Definition und Implementierung der Strategie: Die Möglichkeiten der Balanced Scorecard im Krankenhausbereich

2.1 Einleitung

Nachdem im ersten Kapitel die Grundlagen für die strategische Analyse im Krankenhaus aufgezeigt und verschiedene Wettbewerbspositionierungen diskutiert wurden, beschäftigt sich das zweite Kapitel mit der Frage, wie die Strategie im konkret zu implementieren. Wie der Name des Buches bereits verrät, wird dabei insbesondere auf die Möglichkeiten der Balanced Scorecard eingegangen, da diese einen sehr umfassenden Ansatz für die strategische Ausrichtung liefern kann.

Das Kapitel beschreibt zuerst einmal die Möglichkeiten und Vorteile der Balanced Scorecard allgemein, bevor dann eine gezielte Anpassung an die Bedürfnisse der Krankenhäuser diskutiert wird. Diese richtet sich besonders auf die öffentlichen und freigemeinnützigen Einrichtungen, die auch eine soziale Zielsetzung verfolgen.

2.2 Die Innovationsmöglichkeit der Balanced Scorecard

Die wichtigsten Stärken der Balanced Scorecard[56] (BSC) sind Flexibilität und Vielfältigkeit. Aus diesen Gründen kann die BSC effektiv benutzt werden, um die Strategieplanung im Krankenhausbereich zu fördern.

Die BSC hat seit ihrer Einführung[57] erwiesen, dass eine Adaption in vielen verschiedenen Unternehmen gut möglich ist, hat sie doch Verwendung sowohl in der Industrie als auch im Handel, sowohl in der Güterproduktion als auch in der Dienstleistung, sowohl in privaten

---

56) Vgl. *Kaplan, R.S./Norton, D.P.*: The Balanced Scorecard: Translating Strategy into Action, Harvard Business School Press, Boston MA, 1996; *Kaplan, R.S./Norton, D.P.*: Having Trouble with your Strategy? Then Map It, in Harvard Business Review, September-October 2000, S. 161-176; *Kaplan, R.S./Norton, D.P.*: The Strategy-Focused Organization: How Balanced Scorecard Companies Thrive in the New Business Environment, Harvard Business Review Press, Boston MA, 2001.

57) Das Schema der BSC wurde zum ersten Mal Anfang der 90er Jahren eingeführt, als Nolan Norton Institute eine Forschung über das Thema: „Measuring Performance in the Organization of the Future" finanzierte. Der Meinungsumfrage schlossen sich einige wichtige amerikanische Betriebe an, darunter Advanced Micro Device, Apple Computer, Bell South, Du Pont Electronic Data System, General Electric und Hewlett-Packard.

Theoretischer Teil

Betrieben als auch in öffentlichen und freigemeinnützigen Organisationen gefunden. Dank ihrer Flexibilität kann die BSC eingesetzt werden, damit sich das Krankenhausmanagement mit dem Problem der strategischen Überlegung auseinandersetzen kann. In den Vereinigen Staaten gibt es bereits einige bahnbrechenden Erfahrungen bei der Verwendung der BSC im Krankenhausbereich (Department of Anesthesiology, Yale University School of Medicine; Health Sciences Center, University of Colorado; Sunnybrook Health Science Centre; Peel Memorial Hospital, Duke Children's Hospital in Durham, North Carolina[58]). Das Inselspital Bern konnte ebenfalls bereits eine Implementierung in einer grösseren Einheit durchführen, so dass die Erfahrungen in diesem Zusammenhang für andere europäische Krankenhäuser interessant sein könnten.

Ein anderes betonendes Merkmal der „Philosophie" der BSC ist ihre Vielfältigkeit, was bedeutet, dass die Ergebnisse eines Betriebs unter vielen verschiedenen Gesichtspunkten (Perspektiven) analysiert und bewertet werden. Insbesondere mit der BSC soll sich das Management in der Strategieplanung und -messung nicht nur auf finanzielle Kennzahlen stützen. Dies könnte sonst nämlich eine Fokussierung auf die finanziellen und ökonomischen Ergebnisse und damit eine strategische Kurzsichtigkeit (was in der Literatur als „short-termism" bezeichnet ist[59]) als Folge haben. D. h. wenn sich das Unternehmen auf die Maxi-

---

[58] Bezüglich der Implementierung der BSC in Duke Children's Hospital in Durham, North Carolina, vgl. *Meliones, J.*: Saving Money, Saving Lives, in Harvard Business Review, November-December 2000, S. 57-64.

[59] „Short-termism is the reluctance of companies to make investments which will only make profits in the long term especially investments in research and development, and in long term training of workers" (vgl. *Moore, R.*: Short –Termism in British Industry: the State of the Debate, Economics Notes, No. 88, Libertarian Alliance London, 2000). Die gegenwärtige Debatte betreffend des „short-termism" Themas ist genau im Vergleich zwischen Hutton und Moore zusammengefasst. Während Hutton auf die starke Reglementierung und die öffentliche Intervention als Lösung hinweist („short-termism is the problem (. . .) state intervention is the solution") (Vgl. *Hutton, W.*: The State We're In, Revised Edition, Vintage, London, 1996; *Hutton, W.*: The State to Come, Vintage, London, 1997), unterstreicht Moore, dass die Entwicklung nicht von oben erzwungen werden darf, sondern als Folge der Erweiterung der strategischen Vision von einzelnen Unternehmen resultieren soll: „Will Hutton is absolutely right when he says that he would all benefit if British companies invested more in research , development and training, and formed long-term relationships with their workers, bankers, suppliers and customers. However I would like all this to be achieved by voluntary agreements between the people involved, because they perceive that it is in their best interests, rather than being imposed by the state" (Vgl. *Moore, R.*: The Problem of Short-Termism in British Industry, Economic Notes, No. 81, Libertarian Alliance, London, 1998). Der strategische BSC-Ansatz fällt unter diese zweite Analyse.

Die Definition und Implementierung der Strategie

mierung der jährlichen Ergebnisse ausrichtet, könnte es seine Fähigkeit zu einer langfristigen Wertschöpfung[60] verlieren oder schwächen. Daraus folgt die Notwendigkeit, die finanzielle Bewertung mit anderen Bewertungsperspektiven (Kunden, Prozesse, Mitarbeiter, Ressourcen und Kompetenzen) zu verbinden.

Ausserdem erlaubt die BSC, die Innovationen und Veränderungen des Unternehmens zu planen und implementieren („change management"). Die Innovation ist ein wesentlicher Bestandteil der BSC Philosophie[61], doch nicht nur die zusätzliche Innovation (Verbesserung der bestehenden Produktionsprozesse und Produkte) sondern auch die tiefgreifende Innovation (Entdeckung neuer Prozessen und Produkte)[62]. Mit der BSC werden die Innovationsprozesse nicht mehr als unterstützende Prozesse in der Wertkette, sondern als Primäraktivitäten betrachtet, d. h. in direkter Verbindung mit der Wertschöpfung[63].

Die Betrachtung verschiedener Bewertungsperspektiven kann zudem erlauben, die Barrieren unter den verschiedenen Betriebsfunktionen (Produktion, Marketing, Vertrieb, Forschung und Entwicklung, Administration, usw.) abzubauen. Diese funktionellen Trennungen be-

---

[60] Bezüglich der Unfähigkeit von Marktmechanismen siehe Stein (vgl. *Stein, J.C.*: Efficient Capital Markets, Inefficient Firms: a Model if Myopic Behaviour and Competitive Decline, Quarterly Journal of Economics, Vol. 104, 1989, S. 655-669), Ellsworth (vgl. *Ellsworth, R.R.*: Capital Markets and Competitive Decline, Harvard Business Review, September-October 1985, S. 171-183), und Porter (vgl. *Porter, M.E.*: Capital Disadvantage: America's Failing Capital Investment System, Harvard Business Review, September-October 1992, S. 65-82).

[61] Die BSC Theorie ist eng bezogen auf die Lehre von Ansoff, Mintzberg und Normann. Vgl.: *Ansoff, H.I.*: Implementing Strategic Management, Prentice-Hall, 1984; *Mintzberg, H.*: Of Strategies, Deliberate and Emergent, in Strategic Management Journal, n. 3, 1985, S. 257-272; *Normann, R.*: Management for Growth, John Wiley & Sons, 1977.

[62] Bezüglich „tiefgreifende Innovation" siehe *Rosenborg, N.*: Perspectives on Technology, Cambridge University Press, Cambridge, 1976.

[63] Die neuesten publizierten Studien zu diesem Thema zeigen, dass Innovation nicht mehr nur materielle Aspekte, also Technologie, Prozesse und Produkte betrifft, sondern auch immaterielle Elementen (Strategie, Organisation und das sogenannte Business Model). Abel bestimmt „pioneer firms" als Firmen, die Markt/Produkt-Innovationen einführen (*Abell, D.F.*: Defining the Business Strategy: Starting Point of Strategic Planning, Prentice-Hall, Englewood Cliffs NY, 1980); Hamel definiert die Innovativ Firmen als „rule breaker", d. h. Untehrnehmen, die die Regeln des Wettbewerbes verändern (Hamel, G.: Strategy as Revolution, Harvard Business Review, July-August 1996, s. 69-82); Christensen unterscheidet zwischen „sustaining" und „disruptive" Innovationen, bzw. zusätzliche und tiefgreifende Innovationen (*Christensen, C.*: The Innovator's Dilemma, Harvard Business School Press, Boston MA, 1997). Ein wichtiger Wendepunkt besteht in der Betrachtung des Innovationsmanagement in direkter Verbindung mit der Wertschöpfung.

schränken und verlangsamen den Entscheidungsprozess des Unternehmens, weil die einzelnen Funktionsverantwortlichen eigene verschiedene Kompetenzen haben, nicht dieselbe Sprache sprechen und verschiedene Prioritäten identifizieren. Da mit der BSC Strategie und Ziele als gemeinsamer Prozess zwischen allen Verantwortlichen diskutiert und ausformuliert wird, können der Konsensus im Inneren des Betriebes und die Strategieimplementierung verbessert werden.

Dieser Aspekt ist besonders bedeutend für das Krankenhausmanagement. Die Krankenhäuser weisen häufig eine starke Trennung zwischen dem medizinischen Personal (Ärzte und Pflege) und der Administration auf. Diese Trennung, die von kulturellen und traditionellen Faktoren abhängt, macht die Ausgestaltung der Strategieimplementierung schwieriger.

Der Einsatz der BSC im Krankenhaus kann dazu beitragen, diese Trennung zwischen den vielschichtigen Berufsgruppen zu vermindern und die Herausforderungen in den nächsten Jahren zu bewältigen. Es darf nicht vergessen werden, dass die Ärzte für die Benutzung des grössten Teiles der Ressourcen eines Krankenhauses[64] verantwortlich sind. Die Einführung von Management-Instrumenten kann deshalb ohne Einbindung des medizinischen Personals in den Entscheidungsprozess nicht effektiv sein. Die Verantwortlichkeit in der Ressourcenbenutzung braucht als Voraussetzung den Konsensus für die Ziele der Ressourcenverteilung.

Im folgenden Kapitel erfolgt zuerst eine zusammenfassende Darstellung des BSC-Modells; bevor sich dann eine Diskussion über die Probleme des BSC-Ansatzes im Krankenhausbereich und die notwendigen Anpassungen, in Anbetracht der Besonderheiten der Krankenhausbetriebe, anschliesst.

2.3 Die Ziele der Balanced Scorecard

Mit der BSC werden die Mission und die Strategien des Unternehmens in ein Kennzahlensystem übertragen. Dieses Kennzahlensystem ist in vier verschiedene Perspektiven gegliedert: Finanzen, Kunden, Prozesse, Ressourcen und Kompetenzen. Das Ziel der BSC ist es, ein vielfältiges Bewertungssystem („scorecard") der betrieblichen Ergebnisse zu bilden, bei dem die mittel- und langfristigen Wettbewerbsfaktoren im Vordergrund stehen. Der Ausdruck „balanced scorecard", den man

---

[64] Man schätzt, dass etwa 80 % der Krankenhausressourcen von Ärzteentscheidungen abhängen.

Die Definition und Implementierung der Strategie

mit „ausbalanciertes Kennzahlensystem" übersetzen könnte, zeigt die Intention, das Gleichgewicht unter verschiedenen Bewertungsperspektiven in der strategischen Planung zu finden: d. h. die strategische Planung sollte sowohl kurzfristige Ziele als auch langfristige, sowohl finanzielle und ökonomische Kennzahlen als auch die strategische Marktposition, sowohl innere Aspekte (Produktivität der Prozesse) als auch äussere Aspekte (Beziehung mit den Kunden) beinhalten.

Bemerkenswert erscheint die Tatsache, dass bei der BSC die Festsetzung eines Kennzahlensystems nicht nur an Kontrollzwecken ausgerichtet ist. Die BSC ist nicht nur ein Instrument für das Management, um den Stand der Strategieimplementierung zu prüfen. Die BSC soll die Strategie aller Beteiligten im Unternehmen kommunizieren und vermitteln: das Ziel der BSC ist es, die einzelnen Funktionsziele mit der Mission und den strategischen Zielen zu verbinden, um ihre praktische Umsetzung anzuregen.

Bei der Festlegung der strategischen Ziele und des Kennzahlensystems sollen lediglich die Führungskräfte der obersten Ebene in einer ersten Phase einbezogen werden, damit schnelle Entscheidungswege eingehalten werden können. Nachher sollen die strategische Ziele und Kennzahlen allen Mitarbeitenden bekannt gemacht werden, womit die Strategie von allen übergeprüft und geteilt werden kann. Wenn alle im Unternehmen wissen, warum und wie sich die Ziele erreichen lassen, sollte das „Gap" (Lücke) zwischen geplanten und erreichten Ergebnissen niedriger werden. Die bei der Strategieimplementierung verbundenen Probleme hängen oft von dem fehlenden Verständnis der Strategieziele (der sogenannten „Visionsbarriere") und der fehlenden Verbindung der einzelnen Ziele mit den langfristigen gesamten Betriebszielen ab[65].

Zusammenfassend kann die BSC bei genauer Implementierung ein Instrument für das strategische Management[66] bedeuten, d. h. es wird möglich, eine klare Strategie zu entwerfen und festzulegen, wie diese erreicht werden kann. Die Bildung eines Kennzahlensystems, das vielfältige Perspektiven betrachtet und bei allen Betriebsebenen angeliedert ist, erlaubt den Erfolg in der Implementierung der Strategie dauer-

---

65) Die Mission und die Strategie werden häufig nicht von jenen Mitarbeitern verstanden, die sie umsetzen müssen. Bei einer entsprechenden Analyse wurde festgestellt, dass nur 59 % der Top Manager die Betriebsstrategie gut kannten; wenn man die Mitarbeiter der niedrigeren Ebenen (die sogenannte middle-manager) berücksichtigt, sinkt dieser Prozentsatz sogar auf 7 %. Cfr. *Kaplan, R.S./Norton, D.P.*: a. a. O., S. 194.

66) „Strategic Management System", so bezeichnen Kaplan und Norton die BSC. Vgl. *Kaplan, R.S./Norton, D.P.*: a. a. O., S. 10.

Theoretischer Teil

haft zu überprüfen. In dieser Weise ist es möglich nicht nur zu prüfen, ob die einzelne Massnahme der geplanten Strategie entspricht (das sogenannte „single loop learning"), sondern auch ob diese die festgelegten Ziele erreichen lassen („double loop learning"[67]). In diesem letzen Fall ist es möglich, Veränderungen und Anpassungen in der Strategie einzuführen. Die Abbildung 2.1 versucht diesen Regelkreis darzustellen.

Abb. 2.1: Die BSC als Instrument des strategischen Managements

2.4 Die strategischen Perspektiven

Bei der BSC werden die Mission und die Betriebsstrategie in vier verschiedenen Perspektiven dargelegt. Für jede Perspektive werden strategische Ziele und entsprechende strategische Massnahmen festgelegt. Insbesondere werden die nachfolgenden Perspektiven identifiziert:

- Finanzperspektive (Financial Perspective), die die ökonomischen und finanziellen Ergebnisse des Unternehmens betrachtet;
- Kundenperspektive (Customer Perspective), die die Segmente „Target" der Kunden identifiziert;
- Prozessperspektive (Internal-Business-Process Perspective), die die primären Aktivitäten der Wertkette analysiert;
- Innovationsperspektive (Learning and Growth Perspective), die auf die Verbesserung der Infrastruktur (Technologieentwicklung) und das Qualifikationsniveau der Mitarbeitenden (Aus- und Fortbildung) fokussiert ist.

---

[67] Vgl. *Argyris, C./Schon, D.A.*: Organizational learning. Theory, method, and practice, Addison-Wesley, Redding Mass., 1996.

Die Definition und Implementierung der Strategie

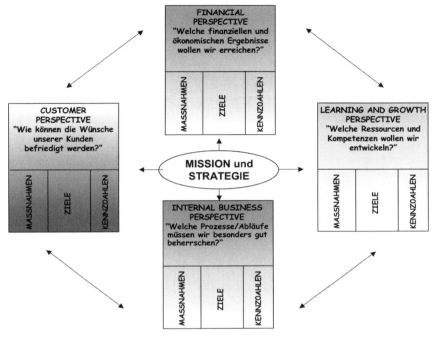

Abb. 2.2: Die strategische Perspektiven bei der BSC

Ausgehend von der Grundvision und der gesamten Unternehmensstrategie werden strategische Massnahmen für jede einzelne Perspektive selektiert. In dieser Weise hängt die Erreichung der strategischen Betriebsziele von der Erreichung der festgesetzten Ziele ab, die auf die ökonomische Performance, auf die Marktposition, auf die Prozesse und auf die unterstützenden Aktivitäten bezogen sind.

Die Schritte bei der Erstellung einer BSC sind die folgenden:

1. die Mission und die Gesamtstrategie ausformulieren (für das gesamte Unternehmen)
2. die strategischen Ziele (Prioritäten) festsetzen (für jede Perspektive)
3. die strategischen Maßnahmen selektieren (für jedes Ziel)
4. die Kennzahlen/Messgrößen bestimmen (für jede Maßnahme)
5. die Zielwerte bestimmen (für jede Kennzahl/Messgröße)

Theoretischer Teil

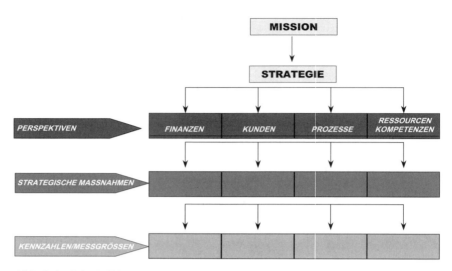

Abb. 2.3: Die Bildung der BSC

Wie bereits bemerkt, werden bei der BSC alle strategischen Ziele durch Messgrößen konkretisiert, somit kann die Zielerreichung beurteilt werden[68].

Bei der BSC wird eine „Mappe" von Zielen, Maßnahmen und Kennzahlen gezeichnet. Dabei ist es wichtig zu betonen, dass alle festgelegten Ziele miteinander verbunden sind. Mit anderen Worten gesagt, bedarf es einer Ursache-Wirkungskette von Zielen und strategischen Maßnahmen (Zielsystem), die zur Erreichung der Mission und der Betriebsstrategie beiträgt. Als Folge davon müssen auch die vier verschiedenen Perspektiven eng miteinander verbunden sein. Die Ziele, die nicht mit der Mission oder mit anderen Zielen zusammenhängend sind, sind daher zu entfernen.

Bei der BSC bildet die Finanzperspektive die Leitperspektive[69], d. h. alle strategischen Maßnahmen sollen aus einem finanziellen und ökonomischen Gesichtspunkt haltbar sein. Wir können eine Rangordnung von strategischen Maßnahmen identifizieren: zuerst gibt es die infrastrukturellen Maßnahmen, danach die Auswirkungen auf die Prozesse.

---

[68] Das auf den Einsatz der BSC bezogene Ziel ist die Messbarkeit der strategischen Wege; die Messbarkeit der Massnahmen bildet die Voraussetzung der Strategieimplementierung: „If you can't measure it, you can't manage it" (Vgl. *Kaplan, R.S./Norton, D.P.*: a. a. O., S. 21).

[69] Dies ist was Kaplan und Norton als „Linkage to Financials" bezeichnen: „casual paths from all the measures on a scorecard should be linked to financial obiectives". Vgl. *Kaplan, R.S./Norton, D.P.*: a. a. O., S. 150-151.

Die Definition und Implementierung der Strategie

Werden die bezogenen Ziele in diesen Bereichen erreicht, sollte es möglich, die festgelegte Marktpositionierung und als Folge, die gewünschte ökonomische Performance zu erreichen.

Auf den nachfolgenden Seiten werden für jede Perspektive getrennt, einige mögliche strategische Maßnahmen und die entsprechenden Kennzahlen beschrieben. Hierbei handelt es sich nur um allgemeine Anweisungen, da es keine standardisierte und allgemeingültige BSC, die für jeden Betrieb gleich gebildet werden kann, gibt. Die Besonderheiten der einzelnen organisatorischen Struktur, des Sektors und des Marktes in dem ein Unternehmen tätig ist, sind jeweils zu berücksichtigen.

2.4.1 Die Finanzperspektive

Bei der Finanzperspektive werden die ökonomischen und finanziellen Ziele und Messgrößen betrachtet. Diese Kennzahlen zeigen die Wirkungen der erarbeiteten strategischen Maßnahmen auf das Einkommen und auf das Vermögen des Betriebes auf. Die bei der Finanzperspektive versammelten Messgrößen können als „lagging indicator" betrachtet[70] werden, d. h. als Kennzahlen, die für die Messung „ex post" der Betriebsperformance verwendbar sind. Daraus folgt die Notwendigkeit, die finanziellen Kennzahlen mit anderen Bewertungsperspektiven eng zu verbinden.

Die Festlegung der finanziellen und ökonomischen Ziele soll mit der allgemeinen Betriebsstrategie zusammengelegt werden. Insbesondere ist es notwendig, die finanziellen Ziele und Kennzahlen abhängig von den verschiedenen Phasen des Lebenszyklus, in dem sich das Betriebsangebot platziert, zu selektieren.

Insbesondere wird der Lebenszyklus[71] in drei Phasen verteilt:

- Wachstum (growth);
- Konsolidierung (sustain);
- Reife (harvest).

---

[70] Kaplan und Norton unterscheiden zwischen „lagging indicator" und „leading indicators". Die erste Kennzahl stellt eine Messgröße dar, um die Ergebnisse eines Aktionsprogramms „ex post" zu schätzen; dagegen verwendet man die zweite Kenzahl, um unter verschiedenen Aktionsprogrammen vor der Durchführung zu wählen.

[71] Der von Kaplan und Norton beschriebene Lebenszyklus findet seinen theoretischen Anhalspunkt in Levitt's Modell. Vgl.: *Levitt, T.*: Exploit the Product Life Cycle, in Harvard Business Review, Nov-Dec 1965, S. 81-94.

Theoretischer Teil

Da die Unternehmen in der ersten Phase des Zyklus hohe Investitionen machen, weisen diese in der Regel einen negativen Cash-Flow und einen negativen Vergütungssatz auf das Anlagekapital auf. Als Folge können das Umsatzwachstum und das Absatzvolumen als zweckmässige Kennzahlen identifiziert werden.

Mit dem Unternehmenswachstum werden die Investitionen in der Regel verhältnismässig reduziert und es beginnt die Verkaufsaktivität um Einnahmen zu generieren. Wenn das Wachstum konsolidiert ist, können Einkommensfähigkeitsmessgrössen wie z. B. ROI, ROE und EVA™ als Ziele benutzt werden.

In der Reife-Phase ist das Absatzvolumen in der Regel ziemlich beständig. Als Folge sollte sich das Management auf die finanzielle Dynamik fokussieren. In dieser Phase scheint es sinnvoll, den Rücklauf des Anlagekapitals (das sogenannte „pay back period") zu forcieren. Als Kennzahlen können dazu der Cash Flow oder das Umlaufkapital benutzt werden.

Bei der Finanzperspektive können die strategischen Maßnahmen in den folgenden Kategorien klassifiziert werden:

- Erlöse;
- Kosten;
- Investitionen.

Unter den auf die Erlöse ausgerichteten Strategien findet man z. B. die Einführung neuer Produkte und/oder Dienste, die Identifizierung neuer Anwendungen der vorhandenen Produkte, der Eintritt in neue Märkte, usw.

Unter den auf die Kostensenkung ausgerichteten Strategien findet man z. B. die Verbesserung der Produktivität, das Erzielen von günstigeren Konditionen bei den Lieferanten, oder die Reduzierung der Kosten der unterstützenden Aktivitäten.

Unter den auf die Investitionen ausgerichteten Strategien findet man z. B. die Reduzierung des Umlaufskapitals oder die Änderung der Zusammensetzung des Finanzierungskapitals (debt/equity ratio, Finanzierungsreife und Finanzierungsrate, usw.).

Für jede einzelne strategische Maßnahme sollte man gemäss der Phase des Lebenszyklus, Kennzahlen und Zielwerte bestimmen. Zusammengefasst lassen sich die nach Lebenszyklusphase und Strategietyp verteilten möglichen finanziellen Kennzahlen in der folgenden Matrix (Abbildung 2.4) aufzeigen.

Die Definition und Implementierung der Strategie

	ERLÖSE	STRATEGIE TYP KOSTEN	INVESTITIONEN
WACHSTUM	• Absatz (Wachstumsrat) • Neue Produkte (Umsatzanteil) • Neue Kunden (Umsatzanteil) • Neue Märkte (Umsatzanteil)	• Umsatz pro Mitarbeiter	• Neue Investitionen (Umsatzanteil) • R&D (Umsatzanteil)
KONSOLIDIERUNG	• Segmentfeld (Umsatzanteil) • Cross-selling • Einkommen pro Kunde • Einkommen pro Produkt	• Kostensenkung (Reduzierungsrate) • Fixkosten (Umsatzanteil)	• ROI • ROS • EVA
REIFE	• Nicht-lohnende Kunden (Umsatzanteil)	• Einheitskosten	• Payback Period • Umlaufkapital • Debt/Equity Ratio

(Lebenszyklus)

Abb. 2.4: Matrix der finanziellen Kennzahlen

2.4.2 Die Kundenperspektive

Bei der Kundenperspektive werden die Kunden und die Markte identifiziert, worauf dann das Wettbewerbsfeld des Unternehmens auszurichten ist. Mit anderen Worten wird die Einkommensquelle identifiziert, aus der es zu schöpfen gilt, um die ökonomischen und finanziellen Ziele zu erreichen.

Nachdem man die Zielsegmente identifiziert hat, sollte man die Kennzahlen und die damit verbundenen Zielwerte bestimmen. Insbesondere bei der Kundenperspektive können die strategischen Ziele mit den folgenden Messgrößen bezeichnet werden:

- Marktanteil, der als Anzahl Kunden, Umsatz oder Absatzvolumen bezeichnet sein kann;
- Anziehungskraft, d. h. die Fähigkeit, neue Kunden anzusprechen;
- Kundenzufriedenheit, d. h. die Fähigkeit, der Kundennachfrage nachzukommen;
- Kundenloyalität, d. h. die Fähigkeit, seine eigenen Kunden zu bewahren;
- Einkommensfähigkeit, d. h. das auf einen Kunden oder ein Kundensegment bezogenen Nettoeinkommen (die direkten Handelskosten abgezogen).

Nachdem die Ziele festgesetzt wurden, sollte man die entsprechenden strategischen Maßnahmen selektieren. Die strategischen Wege können

Theoretischer Teil

aufgrund des dem Kunden angebotenen Leistungsmerkmals (das sogenannte „value proposition") klassifiziert werden. Insbesondere können wir unter drei „value proposition" unterschieden:

1. Merkmal des Produktes;
2. Kundendienst;
3. Image und Einmaligkeit des Unternehmensmarke.

Das Management muss auswählen, welche davon diesen „value proposition" entwickelt, um die Differenzierung des Betriebsangebots gegenüber seinen Konkurrenten zu bilden.

Wenn wir die erste „value proposition" betrachten, kann man sich auf verschiedene Merkmale fokussieren, aufgrund dessen das Produkt differenziert sein kann. Insbesondere können wir unter den folgenden Merkmalen unterschieden:

- Zweckmässigkeit des Produktes, d. h. wenn das Produkt die Bedürfnisse der Kunden befriedigt;
- Produktqualität; d. h. wie (in welchem Mass) das Produkt die Bedürfnisse der Kunden befriedigt;
- Antwortzeit (lead-time), d. h. die Zeit zwischen der Bestellung durch den Kunden und der Lieferung;
- Preis, wie viel die Befriedigung der Kundenbedürfnisse kostet.

Man muss entscheiden, welche von den genannten Merkmalen herauszustellen sind, aufgrund derer das Betriebsangebot unverwechselbar, einmalig oder einprägsam wird.

Die zweite „value proposition" betrachtet das Verhältnis/Beziehung zwischen dem Unternehmen und dem Kunden. In diesem Zusammenhang kann das Management das Betriebsangebot durch eine Verstärkung des Kundendienstes differenzieren. Unter den möglichen strategischen Massnahmen finden wir die Fort- und Weiterbildung des Front-Office-Personals, die Verkürzung der Wartezeit, die Erweiterung der Öffnungszeit oder die Öffnung neuer Verkaufplätze oder der Zutritt in neue Handelskanale.

Wenn sich das Management dagegen auf die letzte „value proposition" fokussiert, sollte es strategische Massnahmen implementieren, die die Kundenwahrnehmung auf die Angebotsmerkmale verbessern könnte. Desto hervorragender der Ruf der Betriebsprodukte bei den Kunden ist, umso stärker ist die Verhandlungsmacht des Unternehmens. Dazu stehen eine Vielzahl von strategischen Hebeln zur Verfügung: unter den Wichtigsten finden wir die Werbung, die Qualitätsverbesserung, die Preispolitik, usw.

Die Definition und Implementierung der Strategie

Nachdem das Management die Ziele und die Strategien bei der Kundenperspektive festgelegt hat, gilt es die Kennzahlen und die entsprechenden Zielwerte zu selektieren. Aus einem praktischen Gesichtspunkt sollte man eine wie in der Abbildung 2.5 dargestellte Matrix bilden.

Das Management kann zum Beispiel das Ziel der Betriebsaktion in der Kundenzufriedenheit identifizieren. Wenn es das festgelegte Ziel durch eine Strategie der Qualitätssteigerung von Produkten erreichen möchte, können als Kennzahlen unter anderem die Zahl der schadhaften/defekten Produkte, die Zahl der Kundenklagen, die Zahl der telefonischen Reklamationen an den Kundendienst verwendet werden.

		ZIEL			
	MARKTANTEIL	ANZIEHUNGSKRAFT	KUNDEN-LOYALITÄT	KUNDEN ZUFRIEDENHEIT	EINKOMMENS-FÄHIGKEIT
PRODUKTIONS-MERKMAL				• Defekte Produkte (Umsatzanteil) • Kundenklagen (Anzahl) • Telefonische Reklamationen (Anzahl)	
KUNDENDIENST					
IMAGE					

(Zeilen gruppiert unter STRATEGIE)

Abb. 2.5: Matrix der Kundenkennzahlen

2.4.3 Die Prozessperspektive

Bei der Prozessperspektive (internal business process perspective) sollen die organisatorischen Maßnahmen implementiert werden, die die bei der Kundenperspektive identifizierten Marktziele erreichen lassen. Der Kunde stellt, wie in der Abbildung 2.6 aufgezeigt, den Ursprung und das Ziel der Produktionsprozesse des Unternehmens dar. Das gilt sowohl wenn man einen kurzfristigen (das sogenannte „short wave" der Wertschöpfung) als auch einen langfristigen („long wave") Planungshorizont betrachtet. Im letzen Fall umfasst die Wertkette auch die Innovationsprozesse, d. h. die zur Entwicklung neuer Produkte ausgerichteten Aktivitäten.

Theoretischer Teil

Bei dieser Perspektive soll sich das Management auf die Prozesse fokussieren, die den grössten Beitrag zur Erreichung der Unternehmensziele leisten. Mit anderen Wörtern gesagt geht es darum, die Betriebswertkette zu zergliedern und die Phasen/Aktivitäten zu identifizieren, die eine Hauptrolle aus strategischer Sicht haben.

In dem BSC-Schema unterscheidet man unter drei Hauptprozesse:
- Innovationsprozesse;
- Produktionsprozesse;
- Nachverkauf Kundendienste.

Für jeden Hauptprozess sollen die Ziele, die strategische Maßnahmen, die Kennzahlen und die entsprechende Zielwerte festgelegt werden.

Anders als in Porters Schema der Wertkette[72], werden bei der BSC die zur Innovation ausgerichteten Aktivitäten nicht als Versorgungsfunktionen sondern als primäre Aktivitäten in der Wertschöpfung betrachtet. In dem heutigen Wettbewerbszenario ist die Innovationsfähigkeit bedeutend wichtig als die Produktivität[73]: in einigen Bereichen sind die Kosten für die Forschung und Entwicklung größer als die Produktionskosten[74].

Daraus erfolgt die Notwendigkeit, die Innovationsprozesse als Bestandteil der strategischen Planung zu betrachten und Kennzahlen zu identifizieren, um die Effektivität dieser Prozesse zu schätzen und zu kontrollieren.

Insbesondere können die Innovationsprozesse in zwei Phasen unterteilt werden.

Zuerst gibt es die Marktanalyse. Diese Phase hat das Ziel zu identifizieren, welche Marktsegmente[75] nicht durch das Betriebsangebot oder durch andere Wettbewerber gedeckt sind und welche Grösse und Einkommenspanne diese Segmente besitzen.

Nach der Marktanalyse erfolgt der nächste Schritt mit der Festlegung neuer Produkte oder innovativer Anwendungen der vorhandenen Pro-

---

72) Vgl. *Porter, M.E.*: Competitive Advantage: Creating and Sustaining Superior Performance, Free Press, New York, 1985.
73) „Being effective, efficient and timely in innovation process is, for many companies, even more important than excellence in day-to-day operating processes than have been the traditional focus in the internal value chain literature" (Vgl. *Kaplan, R.S./Norton, D.P.*: a.a.O., S.97).
74) Für einige Beispiele siehe: *Kaplan, R.S./Norton, D.P.*: a.a.O., S.100.
75) Was Hamel und Prahalad „white spaces" bezeichnen, d.h. „the opportunities that reside between or around existing product-based business definitions". Vgl. *Hamel, G./Prahalad, C.K.*: Competing for the Future: Breakthrough Strategies for Seizing Control of Your Industry and Creating the Markets of Tomorrow, Harvard Business Review Press, Boston MA, 1994, S. 84, 100.

Die Definition und Implementierung der Strategie

dukte. Diese Phase umfasst sowohl die Forschungs- als auch die Entwicklungsaktivität und hat das Ziel, Antworten (Produkt und Dienste) zu finden, um die Bedürfnisse der Kunden zu befriedigen.

Das Problem ist, für die einzelne Phase des Innovationsprozesses Kennzahlen zu finden. Bemerkenswert ist es dabei, dass es für die R&D Aktivitäten anders als für die traditionellen primären und operativen Aktivitäten keine Messgrössen gibt. Hierfür gibt es hauptsächlich zwei Gründe. Zum einen hat sich die Literatur im Betriebsmanagement auf die Produktionsprozesse fokussiert und dagegen wenig Aufmerksamkeit auf die Innovationsaspekte gerichtet. Zum anderen ist es für die Innovationsprozesse schwierig, Messgrössen und Zielwerte zu identifizieren: diese Prozesse sind grundsätzlich nicht so standardisiert wie die Produktionsprozesse, brauchen einen langfristigen Zeitraum, teilen ihre Inputs mit anderen Prozessen und haben nicht immer planbare Ergebnisse/Output. Trotz dieser Schwierigkeiten ist es notwendig, Kennzahlen zu identifizieren, damit man diese Aktivitäten kontrollieren und nachmessen kann. Zum Beispiel konnten als Messgrössen der auf die neuen Produkte bezogene Umsatzanteil, die Zahl von neu eingeführten Produkten, die Dauer des Entwicklungszyklus[76], oder die Zahl von durchgeführten Marktforschungen benutzt werden.

Das zweite Glied der zuvor beschriebenen Wertkette besteht aus den Produktionsprozessen. Diese Phase fängt mit dem Eingang der Kundenbestellung an und endet mit der Produktlieferung oder mit der Leistungsversorgung. Das Ziel ist es, die Kundenbedürfnisse mit den günstigsten Bedingungen (Preis, Lieferungszeit, Qualität, usw.) zu befriedigen. Damit man diese Prozesse prüfen kann, stehen eine Vielzahl von nutzbaren Kennzahlen zur Verfügung[77]. Weil in der Regel diese Prozesse hoch standardisiert sind, messen diese Kennzahlen die Lücke (Gap) zwischen dem erbrachten Output und den im Budget geplanten Zielwerten. Auch in diesem Fall ist es wichtig, die Kennzahlen aufgrund der Betriebsstrategien zu selektieren[78].

---

76) Eine relevante Messgröße kann der BET (Break Even Time Metric) sein, der die Dauer des Produktentwicklungszyklus schätzt. D. h., er misst den Zeitraum zwischen dem Beginn des Produktentwicklungszyklus und der Erreichung von dem „break-even" Umsatz. Vgl. *House, C.H./Price, R.L.*: The Return Map: Tracking Product Teams, Harvard Business Review, January-February 1991, S. 92-101.

77) Ein häufiger benutzter Indikator ist MCE (Manufacturing Cycle Effectiveness), der die Lieferungszeit (Kundenbestellung + Überprüfungszeit + Bewegungszeit + Lagerungszeit) berücksichtigt.

78) Einige Beispiele von Kennzahlen des Produktionsprozesses sind Ertragfähigkeit, Ausschüsse in Prozent, Reproduktion und Herstellungsfehler. In dem Fall, dass es sich um die Leistungserbringung handelt, können Wartezeiten, Informationsvollständigkeit und Anzahl von unzufriedenen Kunden als Wert benutzt werden.

Theoretischer Teil

In der letzten Phase der betrachteten Wertkette werden alle Leistungen umfasst, die nach der Produktlieferung am Kunden erbracht werden. Unter anderem findet man hier den Versorgungsdienst und die Reparatur und/oder der Ersatz der schadhaften Produkte. In diesem Bereich sollen die Kennzahlen die Antwortzeit (z. B. die Zeit zwischen der Anfrage durch den Kunden und der Lösung des Problems) oder die Effektivität des Kundendienstes (z. B. Anteil der Problemlösungen oder die Zahl der für die Lösung des Problems notwendigen Versorgungsintervention[79]) messen.

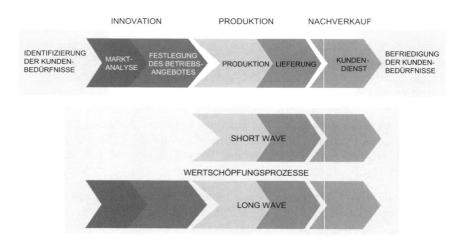

Abb. 2.6: Die Prozesse der Wertschopfung

2.4.4 Die Innovationsperspektive

Bei der Innovationsperspektive (internal business process perspective) kann man die Ressourcen und Kompetenzen identifizieren, die für das Unternehmen notwendig sind, um die Mission und die strategischen Ziele auf einer langfristigen Basis erreichen zu können. Die Ressourcen und Kompetenzen bilden die Voraussetzung für den Aufbau strategischer Wettbewerbsvorteile: hieraus folgt die Notwendigkeit, die Verstärkung und die Erneuerung der vorhandenen Ressourcen zu planen, mit dem Ziel, die Betriebsfähigkeit in der Wertschöpfung zu erhalten.

Bei der Erreichung von festgelegten Zielen der zuvor beschriebenen Perspektiven können die vorhandenen Ressourcen unzureichend sein.

---

[79] Im Krankenhausbereich zum Beispiel, kann man als beispielhafte Kennzahl die Zahl der notwendigen Wiederaufnahmen nach der Entlassung der Patient betrachten.

Die Definition und Implementierung der Strategie

Um diese Lücke zu füllen, muss das Management die Betriebsinfrastruktur anpassen. Insbesondere können die strategischen Massnahmen in drei Hauptbereiche verteilt werden:

- Mitarbeitende;
- Informationsunterstützung;
- Organisatorische Struktur.

Zuerst, ähnlich wie bei den anderen beschriebenen Perspektiven, sollen für jeden einzelnen Bereich die Ziele identifiziert werden, die sich strategisch auf die Infrastrukturverbesserung ausgerichteten Massnahmen beziehen.

Der folgende Schritt ist die Kennzahlenidentifizierung, um die Ergebnisse der strategischen Massnahme zu messen und mit den festgesetzten Zielwerten gegenüberzustellen. Dazu können einige auf das Personal bezogene Kennzahlen benutzt werden:

- Mitarbeiterzufriedenheit;
- Turnover;
- Produktivität.

Die Mitarbeiterzufriedenheit ist die Voraussetzung für das effiziente Funktionieren der organisatorischen Verfahren: nur durch motivierte, engagierte und zufriedene Mitarbeitende lassen sich die geplanten strategischen Massnahmen umsetzen. Die Mitarbeiterzufriedenheit soll für das gesamte Betriebspersonal gelten, sowohl für das Back-Office- als auch Front-Office-Personal. Insbesondere ist die Zufriedenheit der Front-Office-Mitarbeiter kritisch, weil diese dicht in Berührung mit den Kunden arbeiten und daher die Kundeneinschätzung des Angebotes beeinflussen können. Um die Mitarbeiterzufriedenheit zu messen, können als Kennzahlen der Mitbestimmungsgrad (in welchem Mass die Mitarbeiter an der Strategiefestlegung teilnehmen), der Informationsgrad (wir häufig und wie zeitnah werden die Mitarbeitenden über die Unternehmensstrategie informiert), die Anerkennung der von Mitarbeitenden erbrachten Leistungen durch den Betrieb, usw. verwendet werden.

Ebenso kritisch für das Unternehmen ist die Möglichkeit, sein Personal langfristig an das Unternehmen zu binden. Wenn die Mitarbeitenden das Unternehmen nach kurzer Zeit verlassen, gibt es eine Wertzerstörung: in diesem Fall kann die benötigte organisatorische Routine verloren gehen, die dann nicht in geeigneter Zeit neu aufgebaut wird. Ebenfalls gehen die Betriebsinvestitionen in Aus- und Fortbildung mit dem Mitarbeiteraustritt verloren. In der Regel wird als Kennzahlen der Mitarbeiterturnover benutzt, d. h. der Anteil der Mitarbeiter, die das Unternehmen verlassen. Diese Kennzahl wird für die verschiedenen Berufsgruppen getrennt erfasst.

Ein anderer entscheidender, mit den vorher genannten Aspekten eng verbundener, Faktor ist die Mitarbeiterproduktivität. Mit anderen Worten geht es darum, den Beitrag der Mitarbeitenden zur Erreichung des Betriebsoutputs (Produkte und/oder Dienste) zu messen. In diesem Bereich ist es schwierig, effektive Kennzahlen zu identifizieren. Als „Proxy" werden der Umsatz pro Mitarbeiter oder der Mehrwert pro Mitarbeiter definiert. Zu bemerken ist, dass die erste Messgrösse die Verkaufskosten nicht explizit betrachtet, während die zweite die Kosten für die Rohstoffe und die Dienstleistungen berücksichtigt.

2.4.5 Die Bildung der BSC

In den vorangegangenen Kapiteln haben wir die verschiedenen Perspektiven der BSC beleuchtet, ohne dabei die Mission und die Strategie des Unternehmens zu berücksichtigen. Die BSC stellt ausser einem Analyseinstrument allerdings auch ein Syntheseinstrument dar, was bedeutet, dass eine gut gebildete BSC die Betriebsstrategie verstehen lässt. Dies ist möglich, da bei der BSC die Strategie für jede einzelne Perspektive in Ziele, Massnahmen und Kennzahlen zergliedert wird. Das Ergebnis des Einsatzes der BSC ist eine „Mappe" der Strategie, d. h. es wird ein ganzes Massnahmenbündel gezeichnet. Wie in der Abbildung 2.7 aufgezeigt ist, stellt die BSC die strategischen Ziele und die Ursache-Wirkungskette zwischen den Zielen dar.

Nachdem die Grundlagen der BSC beschrieben geworden sind, ist es wichtig zu vertiefen, auf welcher strategischen Ebene die BSC gebildet werden soll. Die BSC soll, aus einem theoretischen Gesichtspunkt, auf der Business-Ebene[80], d. h. bei den Gliederungseinheiten, die dafür verantwortlich sind, dass die auf die einzelnen Aktivitäten bezogenen Strategien identifiziert und implementiert werden[81]. Wie wir bereits oben in den vorigen Kapiteln festgestellt haben, gibt es viele Ebenen der strategischen Planung und insbesondere gibt es in der Regel auch eine übergeordnete Ebene (die sogenannte Corporate-Ebene). In diesem Fall ist es notwendig, die einzelne auf der Business-Ebene implementierte Scorecard mit der auf Corporate-Ebene gebildeten BSC

---

80) Über die Ebene der strategischen Planung siehe 1.3.2.
81) „Strategies are typically defined for an organizational unit, referred to as a strategic business unit" (Vgl. *Kaplan, R.S./Norton, D.P.*: a. a. O., S. 167).

abzugleichen. Dabei soll die Corporate-BSC nicht eine einfache Angliederung von einzelnen BSC vornehmen, die autonom auf Business-Ebene implementiert wurden. Vielmehr soll die Corporate-BSC eine Leitfunktion einnehmen und Richtlinien für die einzelne Betriebseinheiten geben. Auf der Corporate-Ebene müssen die Verbindungen unter den verschiedenen Business-Ebenen identifiziert und die Entwicklung des Synergienpotenzials geplant werden.

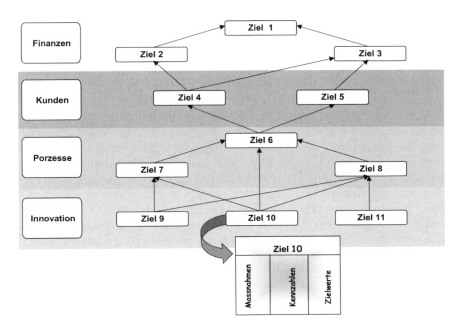

Abb. 2.7: Das Zielsystem bei der BSC

Dazu kann die BSC die strategische Integration unter den verschiedenen Unternehmenseinheiten fordern und zu einer Verstärkung der „Corporate Identity" verhelfen. Ausserdem kann die BSC ein Instrument für das Top Management darstellen, um der Strategieimplementierung nicht nur durch die traditionellen finanziellen Kennzahlen, sondern unter Einbezug von verschiedenen Perspektiven zu folgen.

2.5 Einsatz der BSC im Krankenhaus

In den vorigen Absätzen haben wir das standardisierte Schema der BSC beschrieben. Obgleich sich dieses Schema an eine Mehrheit von

Theoretischer Teil

Organisationsarten anpasst, kann es verändert und ergänzt werden[82]. Eine der wichtigsten Stärken der BSC ist, wie oben beschrieben, die Flexibilität: die BSC ist anpassungsfähig um die Besonderheiten von Sektoren und Organisationen zu berücksichtigen. Dies ist auch der Fall im Gesundheitssektor, dessen Besonderheiten, wie im Kapitel 2.2 erwähnt, eine Anpassung des Schemas benötigt. Insbesondere geht es nicht darum, die „Philosophie" der BSC anzupassen, sondern die verwendeten Perspektiven und ihre Rangordnung.

Wenn wir uns auf die Krankenhäuser fokussieren, stellt der Einfluss der Reglementierung ein erstes betonendes Merkmal dar. Wie im ersten Kapitel beschrieben, gibt es im Gesundheitsmarkt gesetzliche Rahmenbedingungen, die das strategische Umfeld des Krankenhauses und die zur Verfügung stehenden Strategien einschränken. Diese Bedingungen haben einen Einfluss auf verschiedene Ebenen. Zuerst kann die Regulierung die Definition der Mission beeinflussen, indem sie zur Erreichung von festgesetzten Zielen zwingt (z. B. eine Akkreditierung, oder die Erlangung einer Ermächtigung) oder indem sie die Erreichung anderer Ziele nicht erlaubt (z. B. die durch die Krankenhausplanung auferlegten Bedingungen). Ausserdem kann die Regulierung auch an den unteren Ebenen wirksam sein, indem sie das Verfolgen einiger Strategie versperrt oder die Implementierungsmöglichkeiten von anderen einschränkt. Zum Beispiel können wir uns auf das Budget beziehen, das die zu erbringende Leistungsmenge festsetzt und die Strategie von Umsatzwachstum nicht verfolgen lässt. Ähnliches ist bei leistungsbezogenen Vergütungsformen (wie z. B. die DRG's), die die Leistungstarife gleichmässig für alle Leistungserbringer festsetzen zu beobachten, da sie die Benutzung von Strategien, die auf den Preishebel wirken, einschränken.

Daraus ergibt sich die Notwendigkeit, dass bei der BSC-Erstellung eine Identifizierung erfolgen sollte, welche Ziele und Strategien erreicht werden müssen und welche dagegen nicht verfolgbar sind. In der Praxis heisst das, dass auf der Basis der Ergebnisse der externen Analyse, die gesetzlichen Bedingungen zu identifizieren sind und diese in Ziele und Einschränkungen für das Krankenhaus einfliessen müssen. Bei der BSC für ein Krankenhaus können dabei einige Ziele und Massnahmen nach aussen festgesetzt werden.

---

[82] „The four perspectives of the Balanced Scorecard have been fond to be robust across a wide variety of companies and industries. But the four perspectives should be considered a template, not a strait jacket. (...) We have yet to see companies using fewer than these four perspectives, but one or more additional perspectives could be needed" (Vgl. *Kaplan, R.S./Norton, D.P.*: a.a.O., S. 34).

Die Definition und Implementierung der Strategie

Ein anderes betonendes Entscheidungselement, das eine Anpassung des BSC-Schemas erfordert, ist die Besonderheit des Gesundheitssektors. Wie im Kapitel 2.2 beschrieben wurde, ist das Kundenverhältnis gesplittet. Das Krankenhaus als Leistungserbringer hat es dabei nicht nur mit einer einzelnen Gegenpartei zu tun, sondern mit mehreren Akteuren (der Patient als Leistungskonsument, der Hausarzt als Entscheider, der Finanzier als Kostenträger), die unterschiedliche Bedürfnisse und Interessen haben. Die Kundenperspektive bei der BSC muss diese Differenzierung berücksichtigen.

Letztlich ist es wichtig, die Trägerschaft des Krankenhauses im Strategieprozess zu berücksichtigen. In Europa haben die meisten Krankenhäuser öffentliche oder freigemeinnützige Trägerschaften[83]. Als Folge verfolgen diese Einrichtungen Ziele von öffentlichem und/oder solidarischem Interesse, anders als die privaten Unternehmen, die nach einer Gewinnerzielung streben. Diese Zieldifferenzierung beeinflusst tiefgreifend die strategische Überlegung. Deshalb muss diese Besonderheit bei der BSC-Bildung berücksichtigt werden.

Mit Blick auf das vorher Genannte, können wir zwei bedeutende Hauptentscheidungsfaktoren identifizieren, mit denen sich die öffentlichen oder freigemeinnützigen Einrichtungen von privaten Unternehmen unterscheiden:

1. Für die öffentlichen oder freigemeinnützigen Einrichtungen haben die Ziele der Trägerschaft (shareholder) weniger Bedeutung als die Interessen von Dritten (die sogenannten stakeholder), die die Einrichtungsaktivität leiten, obwohl sie keine Kapitalbeteiligung an der Einrichtung besitzen. Daraus ergibt sich die Notwendigkeit, bei der BSC eine zusätzliche Perspektive hinzufügen, die die Position (Interessen, Ziele und Leitlinien) der stakeholder darstellt.
2. Die Hauptziele dieser Einrichtungen sind nicht finanziell oder ökonomisch. Als Folge vermindert sich die Bedeutung der Finanzperspektive bei der BSC.
3. Da für den grössten Teil der Leistungen eines Krankenhauses kein Betrag dem Patienten abverlangt wird, scheint[84] die Führungsrolle, die der Markt gewöhnlich für andere Branchen spielt, weniger bedeu-

---

83) Es ist schwierig, die Marktanteile der privaten Krankenhäuser einzuschätzen. Dieses Problem wächst, wenn man auf internationaler Ebene Vergleiche anstellen möchte. Wenn wir auf Deutschland fokussieren, bilden die privaten Krankenhäuser in 2000 etwa 22% der gesamten Zahl der Akut-Kliniken und etwa 8% der Bettenzahl (Quelle: Statistiches Bundesamt, 2000).

84) „Non-profit lack the guidance the market provides corporations" (Vgl. *Herzlinger, R.E.*: Effective Oversight: A Guide for Nonprofit Directors, Harvard Business Review, July-August 1994, S. 52-60).

Theoretischer Teil

tend. Darüber hinaus könnte die Qualitätsbewertung der Leistungen durch die Empfänger als weniger bedeutungsvoll erscheinen, da diese keinen Preis für die erhaltene Behandlung direkt bezahlt haben.

Über diesen Aspekt möchten wir nachfolgend einige tiefgreifendere Überlegungen anstellen.

Insbesondere, wenn wir die freigemeinnützigen Organisationen[85] betrachten, hat ihre Ausrichtung als Empfänger in der Regel dieselbe

---

85) Wir können die freigemeinnützigen Organisationen nach den Empfängern ihrer Aktivität unterscheiden. Insbesondere können wir die folgenden drei Hauptkategorien von Empfängern identifizieren:
- die Mitglieder;
- bestimmte Gruppe von Leute, die nicht der Organisation angehören;
- die Gemeinschaft, der die Organisation angehört.

Der ersten Kategorie gehören die Organisationen an, deren Aktivitätsergebnisse zum grössten Teil den Mitgliedern zum Vorteil gereichen. Wir können diese Organisationen als „member-oriented" bezeichnen. Diese Organisationen haben das Ziel, die Interessen der Gründer und der Mitglieder in gemeinsamer Weise zu befriedigen. Obwohl die Empfänger der Produktionsaktivität der Organisation dieselben Mitglieder sind, haben diese Organisationen ein solidarisches oder wechselseitiges Ziel. Desto grösser die Mitgliederzahl, umso stärker ist die solidarische, von der Organisation bekleidete Funktion. Die freigemeinnützigen Organisationen, deren Produktion Dritten, nicht denselben Angehörigen, gewidmet wird, können als „Versorgungsorganisationen" bezeichnet werden. Die Empfänger sind von den Gründern identifizierte und festgelegte Personengruppen. Beispiele sind die Wohlfahrtseinrichtungen oder die in Gesundheits- oder Sozialversorgung tätigen Einrichtungen. Die Einrichtungen, die dagegen ihre Aktivität zugunsten der gesamten Gemeinschaft durchführen, ohne dabei spezifische Segmente zu identifizieren, können als fast-öffentliche Einrichtungen bezeichnet werden. Sie befriedigen Ziele von gemeinsamen Interesse und nehmen damit eine öffentliche Funktion wahr. Der Spielraum dieser Organisationen stammt von den Versorgungslücken ab, die weder der Staat noch der Markt zu decken in der Lage sind. Für eine Definition von Non-Profit Organisationen siehe: *Salamon, L./Anheier, A.K.*: The Emerging Sector: The Nonprofit Sector in Comparative Perspective – An Overview, Johns Hopkins Institute for Policy Studies, Baltimore, 1994; *Salamon, L./Anheier, A.K.*: In Search of the Nonprofit Sector II: The Problem of Classifications, Working Paper of the Johns Hopkins Comparative Nonprofit Sector Project, No. 3, Johns Hopkins Institute for Policy Studies, Baltimore, 1992; *Anheier, A.K./Rudney, G./Salamon, L.*: The Nonprofit Sector in the United Nations System of National Accounts: Definition, Treatment, and Practice, Working Paper of the Johns Hopkins Comparative Nonprofit Sector Project, No. 4, Johns Hopkins Institute for Policy Studies, Baltimore, 1992; *Reichard, C.*: Der Dritte Sektor. Entstehung, Funktion und Problematik von „Nonprofit" Organizationen aus Verwaltungswissenschaftlicher Sicht, Die Öffentliche Verwaltung, No. 9, 1988, s. 363-369. Für eine Analyse des deutschen freigemeinnützigen Sektors vgl.: *Onetti, A.*: Subsidiarity as an organisational principle. The non-profit experience in Germany, in: The European Union Review, Vol. 6, No. 1-2, 2001, S. 47-76; *Anheier H.K. – Seibel W.*: Defining the Nonprofit Sector: Germany, Working Paper of the Johns Hopkins Comparative Nonprofit Sector Project, No. 6, Johns Hopkins Institute for Policy Studies, Baltimore, 1992; *Goll, E.*: Die freie Wohlfahrtspflege als eigener Wirtschaftssektor. Theorie und Empirie ihrer Verbände und Einrichtungen, Nomos, Baden Baden, 1991.

Die Definition und Implementierung der Strategie

Gemeinschaft (oder deren Segmente), der diese Einrichtungen angehören. Daher können wir behaupten, dass diese Organisationen öffentliches und/oder allgemeines Interesse befriedigen[86]. Die Aktionen dieser Einrichtungen sind nämlich nicht zugunsten des Trägers ausgerichtet. Die Mission der Einrichtung umfasst nicht die Befriedigung des Interesses des Trägers. Die Trägerziele lassen sich nur in indirekter Weise durch die Aufrechterhaltung der Einrichtungsaktivität und nicht durch die Aneignung der durch diese Aktivität erbrachten Ergebnisse (Einkommen durch den Verkauf der Produktionsoutput) erreichen[87]. Für die freigemeinnützigen Organisationen haben in der Regel die Interessen der Stakeholder und nicht der Shareholder eine Hauptrolle in der Festlegung der Mission und der Ziele der Organisationen.

Wenn die Ausrichtung der freigemeinnützigen Organisationen ihre Aktion auf Segmente der Gemeinschaft und als Folge auf die Gruppe der Stakeholder einschränken kann, ist die Aktion der öffentlichen Einrichtungen institutionell „erga omnes" ausgerichtet. Ähnlich wie oben beschrieben, entwickelt sich die Befriedigung der Interessen des Trägers (in diesem Fall des öffentlichen Sektors) durch die effektive Durchführung der Einrichtungsaktivität und nicht durch Überschusserzielung.

Mit Blick auf das vorher Genannte kann festgehalten werden, dass der Einsatz der BSC in Betrieben des nicht-privaten Sektors eine Anpassung braucht.

Insbesondere, anders als das Schema vorsieht, bildet die Finanzperspektive nicht die Leitperspektive für die öffentlichen oder freigemeinnützigen Einrichtungen, weil deren Aktivität nicht zur Erzielung von Überschüssen ausgerichtet ist[88]. Die finanziellen und ökonomischen Ergebnisse stellen nicht das Ziel dar, sondern befriedigen eine notwendige Bedingung, um das Überlebung der Einrichtung zu sichern und deshalb die dauerhafte Durchführung ihrer institutionellen Versorgungsaktivität, die, wie oben bemerkt, die Mission der Einrichtung bildet.

---

86) Das Tätigkeitsfeld der freigemeinnützigen Organisationen ist oft begrenzt: z. B. können einige freigemeinnützige Organisationen auf die Abdeckung von bestimmten Bedürfnissen fokussiert sein oder nur in einem bestimmten Tätigkeitsraum (lokal) arbeiten.
87) Auch in diesem Fall liegt das Interesse des Trägers nicht nur beim Verbrauch, sondern bei der Verfügbarkeit der Ware und der entsprechenden Verbrauchsmöglichkeit zugunsten der Gruppemitglieder. Auch Stakeholder-orientierte Organisationen verfolgen deshalb solidarische Ziele, obwohl ihre Aktivität auf eine bestimmte Gruppe von Empfängern begrenzt ist.
88) „Traditional measures of corporate performance, such as profits or return on investment, are hardly relevant" (*Herzlinger, R.E.*: a. a. O., S. 52-60).

Theoretischer Teil

Anders als bei privaten Unternehmen, ist die Leistungsversorgung nicht zweckdienlich zur Gewinnerzielung, sondern auf soziale Ziele ausgerichtet. Das Ziel dieser Einrichtungen ist es, die festgelegten Bedürfnisse der Gemeinschaft oder deren Segmente zu befriedigen. Mit Blick darauf gilt es zu bemerken, dass die Versorgungsaktivität der öffentlichen oder freigemeinnützigen Einrichtungen nicht nur für die Empfänger der Leistungen (die als Kunden bezeichnet werden können) bedeutend ist. Dagegen ist diese beachtlich für sich selbst, weil sie eine Antwort auf bestimmte Gemeinschaftsprobleme bietet und in dieser Weise das Angebot von sozialen Leistungen erweitert und verbessert wird.

Aus dem Vorgenannten heraus lässt sich folgern, dass neben der Kundenperspektive, die die Fähigkeit des Unternehmens, die effektiven Empfänger der Produkte und/oder Leistungen zu befriedigen, eine zusätzliche Analyseperspektive (die wir als Sozialperspektive bezeichnet haben) identifiziert wird, die die Genehmigung und den Konsensus der Gesellschaft über die Aktivität der Organisation ausdrückt und misst.

Wenn man die Krankenhausaktivität einschätzen möchte, sollte man seine Effektivität bei beiden Perspektiven betrachten:

- die klinische Effektivität, d. h. die Fähigkeit, das Gesundheitsproblem der Patienten zu lösen;
- die soziale Effektivität, d. h. die Fähigkeit, das Sozialschutzsystem durch das Angebot von zusätzlichen sozialen Leistungen zu verstärken.

Dazu soll die BSC mit einer zusätzlichen Perspektive ergänzt werden, die das Verhältnis zwischen der Einrichtung und der Gemeinschaft ausdrückt.

Bemerkenswert erscheint die Tatsache, dass die soziale Genehmigung der Versorgungsaktivität, die für die öffentlichen Einrichtungen das politische Ziel darstellt, für die freigemeinnützigen Organisationen eine kritische Überlebensvoraussetzung bildet. Diese Organisationen wirken in Wohltätigkeitsbereichen, wo es in der Regel keine Nachfrage gibt, die den Preis der erhaltenen Leistungen tragen kann. Als Folge ist es schwierig, das wirtschaftliche Gleichgewicht durch den laufenden Betrieb zu erreichen. Um das Gleichgewicht zu erreichen wird es notwendig, Spenden, Beiträge und ehrenamtliche Mitarbeit zu aktivieren. Dazu muss die Gemeinschaft die Aktivität und die Ausrichtung dieser Einrichtungen billigen. In diesem Fall ist es möglich, dass der Staat diesen Einrichtungen Beihilfen oder andere Erleichterungen

Die Definition und Implementierung der Strategie

(z. B. Steuererleichterungen) gibt, weil die Funktion als eine von öffentlichem und/oder gemeinsamen Interesse erkannt wird; oder dass private Personen die Hilfswerke und Initiativen durch Spenden oder auf Honorarbasis Engagement zeigen.

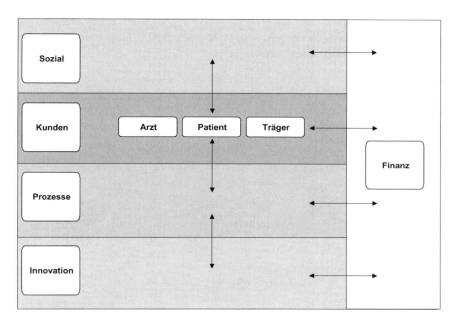

Abb. 2.8: Die BSC Perspektive im freigemeinnützigen Krankenhaus

Die Bildung der BSC für ein Krankenhaus kann, wie in der Abbildung 2.8 aufgezeigt wird, auf die folgenden Perspektiven begrenzt werden:

- Sozialperspektive;
- Kundenperspektive, die in Arzt-, Patienten- und Trägerperspektive unterteilt ist;
- Prozessperspektive;
- Innovationsperspektive;
- Finanzperspektive.

Wie bereits bemerkt wurde, ist die Finanzperspektive von der entsprechenden Leitperspektive abhängig, womit die Erreichung eher in Abhängigkeit zu den anderen Perspektiven und deren Ziele steht. Aus diesem Grund haben wir die Finanzperspektive nicht horizontal zu den anderen Perspektiven, sondern vertikal neben dieselben gestellt.

Theoretischer Teil

Zur Leitperspektive wird dagegen die Sozialperspektive. Das Verhältnis zwischen der Einrichtung und der Gesellschaft/ Gemeinschaft, der die Einrichtung angehört, stellt ein strategisches Asset dar, dessen Erhaltung und Verstärkung das Hauptziel für die Einrichtung ist. Die Erreichung dieses Zieles soll die strategische Planung bei den verschiedenen Perspektiven leiten. Für jede Perspektive sollen Massnahen und Objektive festgesetzt werden, unter der Bedingung dass diese mit den sozialen Grundzielen vereinbar sind.

Die Abbildung 2.9 zeigt zum Beispiel das Zielsystem auf, das das strategische Verhalten eines Krankenhauses bei den verschiedenen Perspektiven leiten könnte. In den folgenden Seiten werden die Leitlinien für die Strategieimplementierung im Krankenhaus, aufgeteilt für die einzelnen Perspektive, beschrieben.

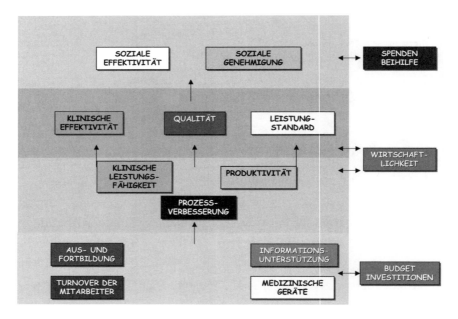

Abb. 2.9: Das Zielsystem im Krankenhaus

2.5.1 Die Sozialperspektive

Die Krankenhausaktivität soll, ausser die Gesundheitsprobleme der Patienten zu lösen, den sozialen Konsensus erwerben und verstärken. Die Genehmigung der Gemeinschaft, der die Einrichtung angehört, bildet ein strategisches Asset im mittel- und langfristigen Planungshori-

Die Definition und Implementierung der Strategie

zont; das ist insbesondere gültig in Bereichen wie dem Gesundheitssektor, wo die Konsumenten den erhaltenen Leistungen eine grosse Bedeutung zuschreiben. Ausserdem kann es, bedingt durch die starke Vertrauenskomponente der Gesundheitsleistungen, kritisch für den Wettbewerbsvorteil eines Krankenhauses werden, ein hervorragendes Image (als soziale Genehmigung verstanden) zu haben.

Indem das Krankenhaus die Versorgung erbringt, kann es seine soziale Positionierung verstärken und verbessern. Das Krankenhaus muss auf soziale Effektivität und Genehmigung bezogene Ziele festlegen und entsprechende Kennzahlen identifizieren, um die Ergebnisse der bei dieser Perspektive eingeleiteten strategischen Massnahmen messen zu können.

Dazu können als Kennzahlen die Gerechtigkeit beim Zutritt durch die Patienten zu den Krankenhausleistungen und der Deckungsgrad des Krankenhausangebotes verwendet werden. Ein Krankenhaus, das auf langfristiger Basis keine Patientendiskriminierung durchführt und über ein weites und in verschiedenen Spezialitäten ausgestaltetes Angebot an Krankenhausbetten verfügt, kann seine soziale Akzeptanz verstärken. Wir können somit festhalten, dass die Erreichung der sozialen Ziele die Strategien bedingen und beschränken, die den Krankenhäusern zur Verfügung stehen, um die Ziele der anderen Perspektiven zu erzielen.

Wenn beispielsweise das Krankenhaus einen hohen Deckungsgrad des Krankenhausangebotes (Zahl von Abteilungen, Bettenzahl pro Abteilung) als Ziel festsetzt, wird es schwierig oder unmöglich, Spezialisierungs- oder Fokussierungsstrategien durchzuführen (Kundenperspektive), den Bettennutzungsgrad zu erhöhen (Prozessperspektive); oder die Fixkosten zu vermindern (Finanzperspektive).

Hieraus erfolgt die Notwendigkeit, vorbereitend und bevorzugt die sozialen Ziele festzulegen, um somit bei den anderen Perspektiven zusammenhängende Ziele und strategische Massnahme zu selektieren.

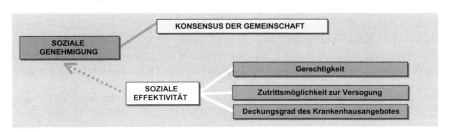

Abb. 2.10: Kennzahlen bei der Sozialperspektive

2.5.2 Die Kundenperspektive

Wie bereits beschrieben wurde, ist das Kundenverhältnis für ein Krankenhaus getrennt. Der Patient, der der eigentliche Empfänger der Krankenhausleistungen ist, nimmt oft nicht oder nur teilweise an der Wahl der Einrichtung teil, von der er die stationäre Versorgung erhält[89].

Die Komplexität und die für den Konsument extrem hohe Bedeutung der Gesundheitsleistungen brauchen die Dritt-Meinung von professionellen Experten (der Haus- oder Primärarzt), denen die Wahl der geeigneten Leistungserbringer obliegt. Die hervorgehende Trennung erfordert eine Strategiedifferenzierung, weil Ärzte und Patienten unterschiedliche Bedürfnisse und Interessen haben und das Krankenhausangebot in unterschiedlicher Weise einschätzen. Insbesondere räumt der Arzt in der Regel ein Vorrecht der klinischen Effektivität ein, dagegen gibt der Patient den Nebenleistungen der Hotelversorgung häufig grössere Bedeutung, da diese auch für den Laien direkt Beurteilbar sind.

Hieraus folgt, dass Strategien, die ein Wachstum der Marktanteile als Ziel haben, auf den Hausarzt auszurichten sind und sich deshalb auf die klinische Effektivität stützen. Dazu können als Kennzahlen die Zahl der aus einem klinischen Gesichtspunkt notwendigen Leistungen die vom Krankenhaus erbracht werden, die Zahl der notwendigen Leistungen die vom Krankenhaus nicht oder schlecht erbracht werden, die Zahl der unnützlichen oder gefährlichen erbrachten Leistungen, usw. betrachtet werden. Dagegen stehen die Strategien, die nach Kundenloyalität streben, auf die Patienten ausgerichtet sind oder sich auf die Qualität fokussieren. Diese berücksichtigen, wie bereits früher bemerkt wurde, insbesondere die Pflege- und die Hotelversorgung (Reinigungsdienst, Küche, Sicherheitsdienst, usw.) oder den Standort des Krankenhauses (Infrastruktur des Geländes, Grünflächen, usw.).

Ein weiteres Element, das eine entscheidende Rolle spielt, ist die Trennung (das sogenannte „third party payment") zwischen dem Konsument der Krakenhausleistungen und dem Träger (Finanzier). Diese Situation ist typisch für die im Sozialversicherungssystem versicherten Leistungen. Als Folge können Strategien, die auf den Preishebel wir-

---

89) Die Benutzung von „patient care guides" verbreitet sich immer mehr. Der Zweck dieses Leitfadens ist die Erklärung für Angehörige des Patienten in einer einfachen Sprache, mit allen Informationen, die das Gesundheitswesen und den Krankenhausaufenthalt betreffen und enthält zudem Hinweise über die Organisationsprozesse des Krankenhauses und der Aufnahmeabteilung. Siehe *Meliones, J.:* a. a. O., S. 57-64.

Die Definition und Implementierung der Strategie

ken, ineffektiv sein. Ausserdem ist es wichtig für das Krankenhaus, in der strategischen Planung die Forderungen (Zahl und Art der zu erbringenden Leistungen, Qualitätsstandard, Versorgungsprozess, Tarife, usw.) der Finanziers zu betrachten.

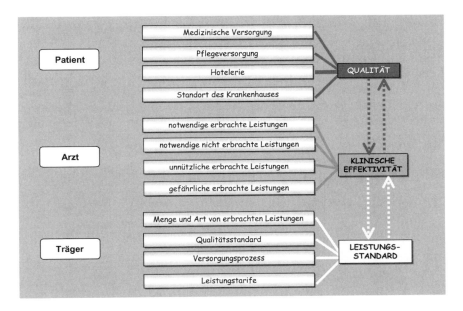

Abb. 2.11: Kennzahlen bei der Kundenperspektive

2.5.3 Die Prozessperspektive

Bei der Prozessperspektive gilt es, die Produktivität und Leistungsfähigkeit in der Versorgungsaktivität zu sichern. Diese Perspektive bildet die Voraussetzung für den Ansatz von Methoden der Geschäftsführungskontrolle.

Im Gesundheitsbereich und im öffentlichen Sektor hat diese Perspektive grosse Bedeutung, weil sie starke Produktionskostensenkungen erfordert. Dazu sollte eine Analyse der einzelnen Versorgungsprozesse durchgeführt werden. Für jeden Prozess bedarf es einer Einschätzung folgender Aspekte:

- klinische Leistungsfähigkeit;
- Produktivität.

Theoretischer Teil

Wenn wir den ersten Punkt betrachten, soll man sowohl die aus einem klinischen Gesichtspunkt unnötigen erbrachten Leistungen als auch die Leistungen, die in nicht anpassenden Platzen oder Momenten erbracht werden, identifizieren.

Dagegen soll die Analyse, wenn man die Produktivität betrachtet, eventuelle Verhältnisse und Synergien unter den einzelnen Prozessen, Verdopplungen und/oder Wiederholungen von Aktivitäten und allen Faktoren identifizieren, von denen Ressourcenverschwendungen und Leistungsunfähigkeiten ausgehen können. Dazu können als Kennzahlen die durchschnittliche Verweildauer, die Wartezeit im Krankenhaus vor der Leistungserhaltung, der Bettenauslastungsgrad, die Zahl der Wiederaufnahmen nach der Entlassung der Patient, usw. verwendet werden.

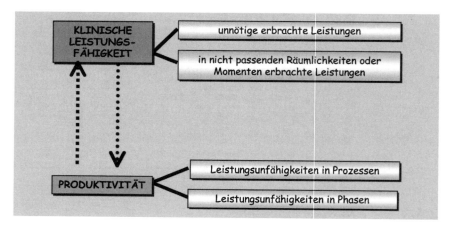

Abb. 2.12: Kennzahlen bei der Prozessperspektive

2.5.4 Die Innovationsperspektive

Bei der Innovationsperspektive berücksichtigt man die entscheidenden Ressourcen und Kompetenzen, die zur Verfügung des Krankenhauses stehen. Gleichfalls wichtig ist es einzuschätzen, ob diese Ressourcen angemessen sind, um die Strategien im Zusammenhang mit den anderen früher beschriebenen Strategien entwickeln zu können. Aus dieser Analyse sollte das Management Hinweise über die Aktivitäten oder Phasen der Wertkette erhalten, die auf die Investitionen fokussieren.

Im Krankenhausbereich kann man die bedeutenden Hauptinnovationstreiber in den folgenden identifizieren:

Die Definition und Implementierung der Strategie

- die Mitarbeiter;
- die Informationsunterstützung;
- die medizinisch-technischen Geräte.

Wenn man das Personal betrachtet, ist es wichtig, bei dieser Perspektive die Zufriedenheit und Motivation der Mitarbeiter zu prüfen und die Verbesserungsmassnahmen zu identifizieren. Wenn die Mitarbeitenden nicht motiviert oder engagiert sind, ist es wahrscheinlicher, dass sie das Krankenhaus früher oder später verlassen oder sich im Status der innerlichen Kündigung befinden. Dies stellt ein grosses Problem dar, insbesondere für das Pflegepersonal, wobei es sich als schwierig erweist, effektive Motivationsmassnahmen durchzuführen. Ein hoher Turnover kann als Folge eine Verminderung der Versorgungsqualität haben und die Implementierung der geplanten Strategien verhindern.

Ebenso wichtig ist die Prüfung der Fachkenntnisse der Mitarbeitenden: wenn diese nicht angemessen auf die zu erbringenden Aufgaben geschult sind, muss das Management Aus- und Fortbildungsmassnahmen planen und umsetzen.

Die Informationsunterstützung stellt sicher, dass in allen Abteilungen des Krankenhauses (die Administration inbegriffen), die klinischen und diagnostischen Auskünfte über die Patienten zur Verfügung stehen.

Dazu, als Beispiel, könnte ein Patientenregister eine engere Integration zwischen unterschiedlichen Abteilungen, Diensten und Standorten fördern: dabei wäre es für die einzelnen Ärzte und Abteilungen möglich, in kürzeren Zeiten Befunde und diagnostische Berichte zu erhalten und auf diese Weise die Wartezeiten zu senken. Auch könnten durch ein gemeinsames Anmeldungszentrum die Kontakte mit den Patienten verbessert und auch hier die Wartezeiten reduziert werden. Andere innovative Beispiele finden wir in den Tele-Medizin/ Fernbefund-Systeme, die z. B. in der Kardiologie implementiert wurden[90].

Wegen der hohen Investitionskosten und Organisationszuschläge, die auf die Informationsunterstützungsmassnahmen bezogen sind, brauchen diese eine vertiefte Analyse im vorbeugenden Sinne. Es ist kritisch einzuschätzen, wann diese Massnahmen vereinbar mit der organisatorischen Struktur und zweckmässig zur Strategieerreichung sind.

---

90) Durch dies System ist es möglich, die elektrokardiographischen Zeichen vom Bett des Patienten an die Kardiologieabteilunge zu übertragen und die diagnostische Aktivität somit entfernt durchzuführen.

Theoretischer Teil

Gleichfalls bedeutend ist es, auch die Investitionen in medizinische und technische Geräte mit den eventuellen Spezialisierungsstrategien des Krankenhauses zu koppeln und in die vorhandenen Behandlungsprozesse zu integrieren. Wenn sich beispielsweise die Einrichtung auf die Onkologie fokussiert, könnten Investitionen in die Radiotherapie getätigt oder ein Zentrum für die Entwicklung von Staublattzellen gebildet werden.

Die Investitionen in diagnostischen und therapeutischen Geräten sollen die Möglichkeit aufzeigen, Synergien mit den eventuellen Forschungsaktivitäten zu entwickeln.

2.5.5 Die Finanzperspektive

Im Krankenhausbereich hat die Finanzperspektive keine Leitfunktion; mit anderen Worten stellen die ökonomischen und finanziellen Kennzahlen kein Zielsystem, sondern Bindungen, die die unterschiedlichen strategischen Massnahmen beobachten sollen, dar.

Bei jeder Perspektive müssen deshalb finanzielle Messgrössen festgesetzt werden, um die ökonomische und finanzielle Haltbarkeit (a) der Tätigkeit des Krankenhauses insgesamt und (b) der einzelnen für jede Perspektive festgesetzten strategischen Massnahmen zu sichern.

Was den ersten Aspekt betrifft, ist es nötig die Auswirkung der Mission und der Ziele des Krankenhauses mit den finanziellen Folgen einzuschätzen. Zum Zweck der Einschätzung von benötigten Ressourcen eines Krankenhauses, können einige Bilanzkennzahlen, wie die „capital turnover ratio" (Kapitalintensität) und die „liquidity ratio" (Umlaufintensität) benutzt werden[91].

Die Erste der zwei obengenannten Kennzahlen („capital turnover ratio") bezieht sich auf das Verhältnis zwischen Umsatz und angelegtem Kapital (die Bilanzsumme, d. h. die Summe von Anlage- und Umlaufvermögen). Ein niedriger Wert der Rate bedeutet, dass ein Teil des Kapitals statt in die Aufrechterhaltung der Leistungserbringung zu investieren, in Immobilienvermögen oder in Finanztätigkeiten fest angelegt wird. Das bedeutet, dass die Kapitalsausstattung das übertrifft, was für die Zielerreichung nötig wäre. Ausserdem kann eine niedrige Rate von der Tatsache abhängen, dass die obengenannte Leistungserbringung einer grossen Menge Umlaufkapitals verwendet (da

---

91) Siehe *Herzlinger, R.E.*: a. a. O., S. 52-60.

Die Definition und Implementierung der Strategie

die Kunden lange Zeit brauchen um ihre Rechnung zu begleichen)[92], oder weil dieselbe Tätigkeit erhebliche Vorräte braucht[93]. Wenn man einen solchen Indikator benutzen möchte, sollte man die Preisgestaltung berücksichtigen. In der Tat erbringen öffentliche und freigemeinnützige Organisationen häufig Leistungen kostenlos oder unter den Produktionskosten. Daher, soll man im Hinblick auf das obengenannte Verhältnis die Erträge auf Marktpreise berechnen.

Die „liquidity ratio" führt Umlaufvermögen auf kurzfristige Finanzierungsmittel zurück. Ein niedriger Wert dieser Rate bedeutet, dass die Kapitalausstattung zur Zielerreichung ungenügend ist; dagegen, deutet ein hoher Wert auf übertriebene Bescheidenheit der festgesetzten Ziele. Unbezahlte Kundenforderungen und übermäßige Lagerbestände verursachen eine Zunahme dieser Rate.

Ein anderer wichtiger Aspekt ist die Ausgeglichenheit zwischen Kosten und Erträge. Besonders notwendig ist es, zwischen fixen und variablen Operationskosten zu unterscheiden, um übermäßige Operationsrisiken zu vermeiden.

Die wirtschaftliche und finanzielle Situation der Organisation sollte perspektivisch geschätzt werden. Ein Indikator dieser Perspektive ist die sogenannte „intergenerational equity"[94], d. h. eine Organisation soll ihre Fähigkeit kontinuierlich behalten, die Bedürfnisse ihrer Kunden zu befriedigen. Dazu ist es hilfreich, die Vermögensstruktur und den Kapitalaufbau in eine reale Form (d. h. mit Inflationsrate korrigiert[95]) zu berechnen. Auch die Diversifikation der Finanzierung- und Anlagequelle sollte in Betracht gezogen werden.

Wenn die finanzielle Tragfähigkeit der Organisation einmal bewertet ist, wird es nötig die Auswirkungen der festgelegten Strategien zu den verschiedenen Perspektiven auch unter einen wirtschaftlichen und finanziellen Blickwinkel einzuschätzen.

---

92) Dies passiert häufig, wenn die öffentliche Verwaltung Rechnungssteller ist.
93) Insbesonders in der Krankenhausapotheke.
94) Siehe *Herzlinger, R.E.*: a. a. O., S. 57.
95) Aus diesem Blickwinkel können die Erträge einer öffentlichen und freigemeinnützigen Organisation als finanzielle Ressource dienen, um damit wieder in medizinische Anlagen und Geräte zu investieren.

Theoretischer Teil

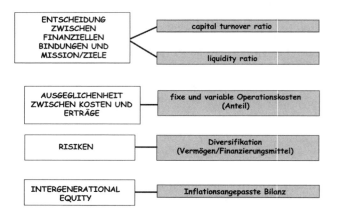

Abb. 2.13: Die wirtschaftliche und finanzielle Haltbarkeit des Krankenhauses.

Bei der Sozialperspektive gilt es, die festgelegten Ziele (soziale Genehmigung und Effektivität) mit Kennzahlen zu koppeln, die die Fähigkeit des Krankenhauses messen, freiwillige Ressourcen von der Gemeinschaft anzuziehen. Insbesondere, wenn wir das Verhältnis mit den öffentlichen Einrichtungen betrachten, können als Kennzahlen die Menge von erhaltenen Zuschüssen, nach den territorialen Behörden verteilt, oder die Zahl von zugewiesenen Zivildienstleistenden genutzt werden; wenn dagegen die Bereitschaft der Menschen zur Unterstützung gemessen werden soll, könnten mögliche Messgrössen die erhaltenen Spendenbeträge oder die Zahl von ehrenamtlichen Mitarbeiter[96] sein.

Bei der Kundenperspektive ist es sinnvoll, die unterschiedlichen Einkommensarten aus einem finanziellen Gesichtspunkt zu messen und die entsprechenden Einkommenszielwerte zuzuweisen. Zuerst jedoch muss man zwischen versicherten und privaten Patienten unterscheiden. Im ersten Fall soll man die gesetzlichen Bindungen (Tarife, Deckung der Leistungsmenge, usw.[97]) in der Zielfestlegung betrachten.

---

[96] Es ist schwierig, die freiwillige Tätigkeit zu schätzen, weil die Ehrenamtlichen in der Regel kein dauerhaftes oder Teilzeitartiges Engagement haben. Dazu werden die Teilzeitarbeitkräfte in Vollzeitbeschäftigen übertragen. Eine interessante und innovative Schätzung der ehrenamtlichen Wertschöpfung kann man in einer Studie des IWG Bonn finden. Vgl. *Ottnad, A./Wahl, S./Miegel, M.*: Zwischen Markt und Mildtätigkeit, Olzog Verlag, München, 2000.

[97] Siehe 1.2.1, e).

Die Definition und Implementierung der Strategie

Die Prozessanalyse soll die einheitliche Produktionskost der einzelnen erbrachten Leistungen berücksichtigen. Dazu bedarf es sowohl der Betrachtung von laufenden Direktkosten als auch des Teiles der aufgezehrten Fixkosten. Für jede Leistung muss man sowohl Höchstgrenzen als auch Senkungsziele festsetzen: dazu soll man die von der Krankenversicherung bezahlten Vergütungstarife berücksichtigen[98].

Bei der Innovationsperspektive wird ein mehrjähriger Amortisierungsplan festgesetzt, der die zu den Investitionen verfügbaren Ressourcen abbildet.

---

98) Kostenanalysen können auch nützlich sein, um Kosten zu vermindern. Wenn die Umstände für die Kostenentwicklung bekannt sind, ist es einfacher, kostengünstigere Ablaufprozesse und -Routinen zu finden. Vgl. *Meliones, J.*: a.a.O., S. 57-64.

II. Unternehmenskulturelle Aspekte der Strategieentwicklung

3 Unternehmenskultur
3.1 Einleitung

Ein faszinierendes, schillerndes und zugleich schwer greifbares Phänomen macht seit Jahren in der Unternehmenstheorie und -praxis auf sich aufmerksam: die Unternehmenskultur.[99] Dabei gehe es, nach der einen Meinung, um den Geist, Ethos oder Stil eines Unternehmens, um spezifische Wert- und Normvorstellungen einer betriebswirtschaftlichen Organisation nach der anderen Meinung.[100] Wie auch immer die begrifflichen Umschreibungen geartet sind, darin kommt die Vorstellung zum Ausdruck, dass ein Unternehmen eine eigenständige kulturelle Einheit mit einer unverkennbaren Identität sei. Aus diesem Grund haben wir uns entschieden, dem Thema in diesem Buch einen breiten Raum zu geben, auch wenn dessen Titel im Hinblick auf die Strategiefindung und -umsetzung nicht direkt einen Zusammenhang vermuten lässt. Dass die Erarbeitung und Umsetzung der Strategie letztlich sehr viel mit der erlebten Unternehmenskultur zu tun hat, werden wir versuchen, in den nachfolgenden Kapiteln aufzuzeigen.

Das Interesse an der Unternehmenskultur sowie die breite Debatte über die Vor- und Nachteile von Unternehmenskulturen ist auf verschiedene gesellschafts- und wirtschaftspolitisch bedeutsame Entwicklungen zurückzuführen.

3.1.1 Die Bedeutung der Unternehmenskultur

Das Verständnis für die Unternehmenskultur kann die Lern-, Veränderungs- und Entwicklungsfähigkeit einer Unternehmung erhalten. Diese

---

99) Vgl. *Jacobsen, N.:* Unternehmenskultur: Entwicklung und Gestaltung aus interaktionistischer Sicht, Berlin 1996, S. 11.
100) Vgl. *Wever, U. A.:* Unternehmenskultur in der Praxis: Erfahrungen eines Insiders bei 2 Spitzenunternehmen, Frankfurt, New York 1989, S. 33.

Fähigkeiten sind heute besonders wichtig, da sich das Unternehmen in einem Umfeld des stetigen Wandels befindet und immer wieder vor neuen Herausforderungen steht. Wandel im Unternehmen erfordert eine Veränderung innerhalb der Kultur. Die Herausforderung besteht darin, ein Konzept für eine Kultur der Innovation zu entwickeln, deren Elemente Anpassung, Lernen und steter Wandel sind. Angesichts solcher Problemstellungen soll der Kulturbegriff erläutert und anschließend weiter vertieft werden.[101]

3.2 Begriffliche Grundlagen

3.2.1 Kulturbegriff

Seit der in den 80er Jahren einsetzenden Unternehmenskulturbewegung gibt es fast so viele Definitionsversuche zum Begriff Unternehmenskultur wie Literaturbeiträge. Nicht zuletzt wegen des unterschiedlichen Kulturverständnisses gibt es verschiedene Konzepte und Interpretationen von Unternehmenskultur. Dies hat sicher zu gewissen Missverständnissen und Begriffsverwirrungen beigetragen. Je nachdem welche Bedeutung und Eigenschaften einer Kultur zugeschrieben werden, resultieren andere Sichtweisen über das Wesen der Unternehmenskultur.[102] Wir stützen uns auf folgende Definition von Edgar H. Schein:

> „Die Unternehmenskultur (synonym: Organisationskultur, Firmenkultur, Corporate Culture) kann umschrieben werden als die Gesamtheit der in der Unternehmung bewusst oder unbewusst kultivierten, symbolisch oder sprachlich tradierten Wertüberzeugungen, Denkmuster und Verhaltensnormen, die sich im Laufe des erfahrungsreichen Umgangs mit den Anforderungen der unternehmerischen Existenz- und Erfolgssicherung nach außen sowie der Sozialintegration nach innen entwickelt und bewährt haben und die deshalb den Unternehmensangehörigen als gültige Formen des Wahrnehmens, Denkens, Urteilens, Sprechens und Verhaltens vermittelt werden."[103]

Die meisten Menschen haben eine bestimmte Auffassung von Kultur, können sie jedoch nur selten abstrakt definieren. An dieser Stelle wird ein kurzer Überblick über einige allgemein gebräuchliche Begriffe, die im Zusammenhang mit der Unternehmenskultur genannt werden,

---

101) Vgl. *Schein, E. H.:* Unternehmenskultur: ein Handbuch für Führungskräfte, Frankfurt, New York 1995, S. 10 ff.
102) Vgl. *Keller, A.:* a. a. O., S. 40 ff.; Sie gibt eine gute Übersicht über unterschiedliche Definitionsversuche.
103) *Schein, E.:* Organizational Culture and Leadership, San Francisco 1985; *Ulrich, P.:* Systemsteuerung und Kulturentwicklung, in: DU 1984, S. 303–325.

beschrieben.[104] Das folgende Kapitel zeigt die Unterschiede dieser Begriffe zur Unternehmenskultur.

3.2.2 Unternehmensklima

Unter dem Unternehmensklima kann die subjektiv empfundene Stimmung und Atmosphäre innerhalb der Unternehmung verstanden werden.[105] Die Unternehmenskultur entwickelt sich langfristig, anders das Unternehmensklima: es kann sich situativ einstellen und bringt den aktuellen Grad der Deckung von Ansprüchen und Erwartungen der Unternehmensmitglieder zum Ausdruck.[106] Es kann durchaus ein Zusammenhang zwischen den beiden Phänomenen bestehen. Stimmen Unternehmenskultur und ihre Ausprägungen mit den Erwartungen der Organisationsmitglieder überein, so kann von einem positiven Unternehmensklima gesprochen werden. Die Qualität des Klimas resultiert somit aus den subjektiven, individuellen Ansprüchen und den kulturellen Ausprägungen einer Unternehmung.[107]

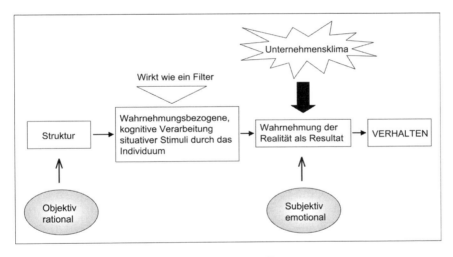

Abb. 3.1: Das Unternehmensklimakonzept[108]

---

104) Vgl. *Schein, E.:* Unternehmenskultur, a. a. O., S. 20 f.
105) Vgl. *Kobi, J.-M./Wüthrich, H. A.:* Unternehmenskultur verstehen, erfassen und gestalten, Landsberg am Lech 1986, S. 35.
106) Vgl. *Bleicher, K.:* Strukturen und Kulturen der Organisation im Umbruch, in: ZfO 2/1986, S. 100.
107) Vgl. *Schnyder, A. B.:* Unternehmenskultur, Bern 1989, S. 146.
108) Quelle: In Anlehnung an *Keller, A.:* a. a. O., S. 85.

Trotz diesem Zusammenhang sollte das Klima nicht mit der Kultur einer Unternehmung verwechselt werden. Das Klima einer Unternehmung ist jeweils nur ein Ausschnitt der kulturellen Realität, nicht aber die Kultur selbst [109] (vgl. dazu Abbildung 3.1).

3.2.3 Unternehmensphilosophie

Mit Unternehmensphilosophie kann ein schriftlich fixiertes und damit offiziell bekundetes Grundverständnis der Unternehmung verstanden werden.[110] In der Literatur werden ihr unterschiedliche Elemente zugeordnet, z. B. die unternehmerischen Leitideen, das oberste Zielsystem der Unternehmung, die unternehmerischen Handlungsgrundsätze oder vorherrschenden Wert- und Normvorstellungen.

Die Unternehmensphilosophie bildet somit Rahmen und Fundament für die Entwicklung eines Unternehmens. Da die Unternehmensphilosophie nur von wenigen Personen entworfen wird, muss sie kommuniziert und gelebt werden, damit sie Bestandteil der Unternehmenskultur werden kann. Erlangen aber die Werte und Normen der Unternehmensphilosophie allgemeine Akzeptanz, kann sie als Bestandteil der Unternehmenskultur betrachtet werden und ihre Ausprägung unterstützen.

Innerhalb dieses Begriffes kann auch die Balanced Scorecard als Instrument für die Definition von strategischen Zielen subsummiert werden, wie wir im Kapitel 2 eingehend beleuchtet haben.

3.2.4 Unternehmensethik

Die Ethik kann als die Lehre vom sittlichen Handeln und Wollen des Menschen in unterschiedlichen Lebenssituationen bezeichnet werden. Die Unternehmensethik ist eine eigene Wissenschaft, was die Unternehmenskultur nicht ist. Mit der Unternehmensethik soll eine Orientierungshilfe geboten werden, die der sozialen Verantwortung der Unternehmen gerecht wird. Das Ziel dieser ethischen Orientierung ist es, soziale Konflikte zu vermeiden. Die Gemeinsamkeiten von Unternehmenskultur und -ethik liegen in der Auseinandersetzung mit Normen und Werten, wobei die moralischen Werte und Normen nur eine Teilmenge der kulturellen Werte sein können.[111]

---
109) Vgl. *Jacobsen, N.:* a. a. O., S. 42 f.
110) Vgl. *Dill, P.:* Unternehmenskultur. Grundlagen und Anknüpfungspunkte für ein Kulturmanagement, Bonn 1986, S. 105.
111) Vgl. *Keller, A.:* Die Rolle der Unternehmenskultur, a. a. O., S. 87 ff.

3.2.5 Corporate Identity

Die Corporate Identity kann wie folgt definiert werden: „... strategisch geplante und operativ eingesetzte Selbstdarstellung und Verhaltensweise des Unternehmens nach innen und außen auf der Basis einer festgelegten Unternehmensphilosophie, einer langfristigen Unternehmenszielsetzung und eines definierten Soll-Images – mit dem Wille, alle Handlungsinstrumente des Unternehmens in einheitlichem Rahmen nach innen und außen zur Darstellung zu bringen."[112] Unternehmensverhalten, Unternehmenskommunikation und Erscheinungsbild stellen die Kategorien der Selbstdarstellung dar. Im Englischen werden dafür die Begriffe Corporate Behavior, Corporate Communication und Corporate Design verwendet (vgl. dazu Abbildung 3.2).[113]

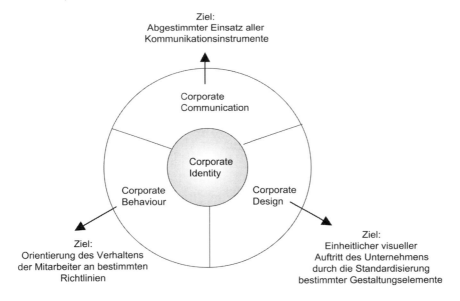

Abb. 3.2: Corporate Identity-Mix und die Zielsetzung der Instrumente[114]

Der Einsatz dieses Instrumenten-Mixes hat zum Ziel, Vertrauen in die externe und interne Unternehmensöffentlichkeit zu schaffen sowie ein gewünschtes Image zu erzeugen. Darin liegt ein Unterschied zur Ziel-

---
112) *Birkigt, K./Stadler, M. M./Funk, H. J.:* Corporate Identity: Grundlagen, Funktionen, Fallbeispiele, Landberg am Lech 1998, S. 23 ff.
113) Vgl. *Wiedman, K.-P./Jugel, S.:* Corporate-Identity-Strategie – Anforderungen an die Entwicklung und Implementierung, in: Die Unternehmung 3/1987, S. 188.
114) Quelle: Eigene Abbildung.

setzung der Unternehmenskultur. Unternehmenskultur entsteht unbewusst und dient nicht der Imageerzeugung oder der Schaffung einer Vertrauensbasis. Sie ist ein aus Werten und Normen bestehendes Phänomen, die Corporate Identity dagegen ist als eine bewusste Strategie zu verstehen, welche allenfalls die vorherrschende Kultur zu berücksichtigen hat.[115]

Zusammenfassend soll noch einmal festgehalten werden, dass all diese Begriffe zweifelsohne im Zusammenhang mit der Kultur eines Unternehmens stehen und es erlaubt ist, gewisse Rückschlüsse auf die Unternehmenskultur zu ziehen. Aber immer mit dem Bewusstsein, dass keiner der obengenannten Begriffe inkl. seiner Ausprägung mit „der" Unternehmenskultur gleichzusetzen ist.[116]

3.3 Subkulturen

Es ist anzunehmen, dass ein großes Unternehmen in der Regel nicht eine einzige Kultur hat. Die Erfahrung im Umgang mit großen Unternehmungen zeigt, dass ab einer bestimmten Größe Untergruppen entstehen. Es entspricht der normalen Entwicklung, dass eine soziale „Großgruppe" im Laufe der Zeit Untergruppen hervorbringt, die dann ihrerseits Subkulturen erzeugen.[117] In der Ethnologie und der Soziologie wird der Begriff der Subkultur für Gruppen verwendet, die sich von der dominanten Kultur unterscheiden. Diese teilen zwar die Kultur einer Unternehmung, weisen aber daneben noch subkulturspezifische Werthaltungen, Normen und Fähigkeiten auf. Die Werte und Normen sind innerhalb der Gruppe durch Homogenität, zwischen den Gruppen durch Heterogenität gekennzeichnet. Die wesentlichen Kulturkomponenten werden in der Unternehmenskultur zusammengefasst.[118] Die Unternehmenskultur umschließt also die Subkulturen, die sich auf unterschiedliche Art und Weise entwickelt haben.[119] Dieser Vorgang der Differenzierung kennt unterschiedliche Bezeichnungen wie Arbeitsaufteilung, Funktionsgliederung, Bildung von Geschäftsbereichen oder Diversifizierung. All diese Prozesse haben aber etwas Gemeinsames: durch die steigende Zahl von Mitarbeitern, Kunden, Produkten und Dienstleistungen wird die Koordination der Abläufe immer schwieriger. Zwangsläufig werden kleinere Einheiten geschaf-

---

115) Vgl. *Keller, A.*: Die Rolle der Unternehmenskultur, a.a.O., S. 91.
116) Vgl. *Schein, E. H.*: Unternehmenskultur, a.a.O., S. 22.
117) Vgl. *Schein, E. H.*: a.a.O., S. 27.
118) Vgl. *Schnyder, A. B.*: a.a.O., S. 59.
119) Vgl. *Bleicher, K.*: Das Konzept integriertes Management, 4., rev. und erw. Aufl., Frankfurt/New York 1996, S. 208.

fen, die dann eine eigene Kulturentwicklung durchlaufen. Edgar H. Schein differenziert nach folgenden Kriterien:

1. Differenzierung nach Funktions-/Berufsgruppen
2. Regionale Dezentralisierung
3. Differenzierung nach Produkten, Märkten oder Technologien
4. Bildung von Geschäftsbereichen
5. Differenzierung in hierarchischen Ebenen
6. Strukturelle Oppositionsgruppen

Im Hinblick auf den praxisbezogenen Teil dieses Buches soll auf die Differenzierung nach Funktionsgruppen sowie die Bildung von Geschäftsbereichen näher eingegangen werden. Die funktionsorientierte Differenzierung wird vor allem im Rahmen der subkulturellen Aspekte zwischen Ärzteschaft, Pflege und Verwaltung innerhalb des Departements für Herz und Gefäße[120] eine wesentliche Rolle spielen. Subkulturen sind jedoch auch in den einzelnen medizinischen Geschäftbereichen Angiologie, Herz- und Gefäßchirurgie und Kardiologie von Bedeutung und bei der Zusammenlegung zum Departement nicht unwesentlich.

3.3.1 Funktionsorientierte Differenzierung

Die Gründe für die Entstehung funktionsgebundener Subkulturen liegen in der technologischen und beruflichen Kultur des Funktionsbereiches. In der Produktion werden Mitarbeiter mit Kenntnissen in Fertigung und Maschinenbau eingestellt, Mitarbeiter mit einer Ausbildung im Bereich Finanzen werden in der Finanzabteilung gesucht, Verkäufer und Vertreter engagiert die Verkaufsabteilung und die Forschung und Entwicklung will technische Spezialisten.

Auch wenn den neuen Mitarbeitern die Grundlagen der Unternehmenskultur vermittelt werden, bringen sie aus ihrer Ausbildung und aus der Verbundenheit mit ihrer Berufsgemeinschaft eigene Grundannahmen mit. Subkulturen sind sehr vielfältig, oft sind sie schlecht aufeinander abgestimmt und es bestehen starke und chronische Kommunikationsschranken. Das Unternehmen wird dadurch gezwungen, grenzübergreifende Funktionen oder Prozesse einzurichten, um solche Schranken abzubauen. Die Vielfalt kann durch Integration und Koordination in Einklang gebracht werden. Die Vermittlung der Grundelemente der

---

120) Das Departement Herz und Gefäße als teilautonome Einheit des Universitätsspitals Bern ist Betrachtungsobjekt im Rahmen des praxisorientierten Teiles dieses Buches.

übergreifenden Unternehmenskultur an neue Mitarbeiter ist ein solcher wichtiger Integrations- und Koordinationsmechanismus.[121]

3.3.2 Die Bildung von Geschäftsbereichen

Mit dem Wachstum der Unternehmung und der Entwicklung verschiedener Märkte kommt es oft zu einer Bildung von Geschäftsbereichen. Dieser Prozess hat den Vorteil, dass die Funktionsbereiche sich an einer bestimmten Technologie, Produktgruppe oder Kundengruppe orientieren und näher zusammenrücken. Dies führt zu einer besseren Abstimmung über die Grenzen der Subkulturen hinweg. Die Leitung eines integrierten Geschäftsbereichs muss in der Regel ein starker Generalmanager, mit entsprechender Vollmacht ausgestattet, übernehmen. Im Laufe der Zeit wird der Geschäftsbereich eine eigene Subkultur entwickeln.[122]

Aus diesen Erläuterungen wird klar, dass das Kulturphänomen auf verschiedenen Stufen innerhalb der Unternehmung oder sogar der Gesellschaft untersucht werden kann. Die Abbildung 3.4 zeigt eine solche Schichtenpyramide. Die Pyramidenform bringt zum Ausdruck, dass die verschiedenen Stufen miteinander in Beziehung stehen und dass sie normalerweise aufeinander aufbauen.

Beeinflusst werden das Unternehmensgeschehen resp. die Unternehmensmitglieder von allen kulturellen Stufen. Somit sind die einzelnen Unternehmensmitglieder entsprechenden multikulturellen Einflüssen unterworfen.[123] Und die Unternehmenskultur kann auch nicht als homogenes, monolithisches Gebilde bezeichnet, sondern muss als ein komplexes, dynamisches und offenes System betrachtet werden.[124]

---

121) Vgl. *Schein, E. H.:* a. a. O., S. 205 ff.
122) Vgl. *Schein, E. H.:* a. a. O., S. 214 ff.
123) Vgl. *Schnyder, A. B.:* a. a. O., S. 57.
124) Vgl. *Bleicher, K.:* (1996), a. a. O., S. 208.

Abb. 3.3: Kulturelle Schichtenpyramide[125]

3.4 Funktionen der Unternehmenskultur

Um die Dynamik von Kulturen zu begreifen, ist es wichtig zu verstehen, welchen Funktionen die Unternehmenskultur dient. Der Unternehmenskultur werden einerseits originäre und andererseits derivative Funktionen zugeschrieben. Funktionen unmittelbarer Art, welche direkt aus der Unternehmenskultur resultieren sind originäre Funktionen. Als Folge der originären Funktionen ergeben sich die derivativen Funktionen, sie leiten sich indirekt aus den unternehmenskulturellen Werten und Normen ab.[126]

3.4.1 Originäre Funktionen

3.4.1.1 Unternehmenskulturelle Koordinationsfunktion

Im Sinne eines kleinsten gemeinsamen Nenners kann unter Koordination die Abstimmung von Teilen eines Ganzen zur Erreichung übergeordneter Ziele verstanden werden. Koordinationsbedarf besteht vor allem dort, wo die Zusammenarbeit zwischen Individuen und Gruppen nicht a priori gewährleistet ist. Das ist in hierarchisch gegliederten

---

125) Quelle: In Anlehnung an *Schnyder, A. B.:* a.a.O., S. 57.
126) Vgl. *Dill, P./Hügler, G.:* Unternehmeskultur unf Führung betriebswirtschaftlicher Organisationen, in: *Heinen, E./Fank, M. (Hrsg.):* a.a.O., S. 146.

Theoretischer Teil

Organisationen oft der Fall. Um Koordinationsmängel dieser Art zu beheben bedienen sich die Unternehmen meist struktureller Koordinationsinstrumente wie z. B. Anweisungen, Plänen, Programmen usw. Solche Instrumente sind i. d. R. aber fremdbestimmt und ohne die Partizipation von den Betroffenen entstanden. Motivations- oder Kreativitätsdefizite, eine verringerte Anpassungsfähigkeit der Organisation an die Komplexität der Umwelt und eine Erhöhung der Koordinationskosten können aus dem Einsatz von strukturellen Koordinationsinstrumenten entstehen. Es müssen Maßnahmen zur Anwendung kommen, die sich positiv auf das Mitdenken und Handeln der Mitarbeiter auswirken. In einer solchen Situation kann der Unternehmenskultur die Funktion einer nicht-strukturellen Koordination zu kommen. Das Grundverständnis über fundamentale organisatorische Fragen wird durch die Kultur gesichert.

Auch in schwierigen Zeiten kann eine befriedigende Form der Zusammenarbeit und Lösungsmöglichkeiten für anstehende Probleme gefunden und erarbeitet werden. Eine gemeinsame Unternehmenskultur kann helfen, Unzulänglichkeiten bei der strukturellen Koordination teilweise zu überwinden.[127]

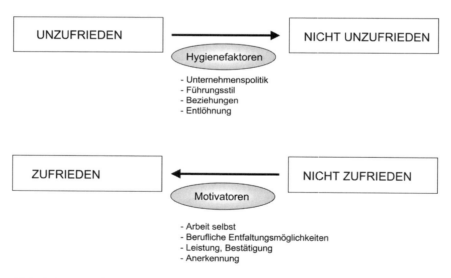

Abb. 3.4: Zweifaktoren-Theorie von Herzberg[128]

---

127) Vgl. *Dill, P./Hügler, G.:* a. a. O., S. 147 ff.
128) Quelle: In Anlehnung an *Herzberg, F.:* Work and the Nature of Man, Cleveland 1966.

Letztlich gibt es keine effizientere Steuerung als eine in sich stimmige Unternehmenskultur bei der auf aufwendige Koordinations- und Kontrollsysteme verzichtet werden kann. Dies ist einer der Gründe, weshalb die Unternehmenskultur die Bedeutung eines zentralen Erfolgsfaktors erlangt hat.[129]

3.4.1.2 Unternehmenskulturelle Motivationsfunktion

Um das Motivationspotential der Unternehmenskultur zu verstehen, soll auf die Erkenntnisse der Motivationstheorie, an dieser Stelle auf die „Zwei-Faktoren-Theorie" von Herzberg, eingegangen werden (vgl. dazu Abbildung 3.5).

Es ist dabei offensichtlich, dass die obengenannten Faktoren und ihre Elemente durch die Unternehmenskultur beeinflusst werden. Die Unternehmenskultur kann zum Abbau von Unzufriedenheit als auch zur Verstärkung der Motivatoren beitragen. Dadurch erhöht sich die Arbeitszufriedenheit, was eine verbesserte Arbeitsmotivation wahrscheinlich werden lässt.

3.4.2 Derivative Funktionen

Das Wirkungspotential der derivativen Funktionen liegt in den originären Funktionen. Derivative Funktionen zeichnen sich dadurch aus, dass sie eine indirekte Folge dessen sind, was in der Unternehmung an Werten und Normen vorherrscht. Anhand der Begriffe der Effektivität und der Effizienz lassen sich die derivativen Funktionen näher erläutern. Durch das koordinations-, integrations- und motivationsfördernde Potential, ergibt sich eine Reihe von effizienz- und effektivitätssteigernden Effekten. Ein größeres Engagement für das Unternehmen, eine schnellere Implementierung von Plänen und Projekten und eine höhere Loyalität der Mitarbeiter dem Unternehmen gegenüber sind nur einige Beispiele, die sich positiv auf die Leistung des Unternehmens auswirken. So kann eine Leistungssteigerung die Folge der verbindenden Unternehmenskultur sein.[130]

---

129) Vgl. *Doppler, K./Lauterburg, C.:* Change Management: den Unternehmenswandel gestalten, Frankfurt, New York 1994, S. 301.
130) Vgl. *Dill, P./Hügler, G.:* a.a.O., S. 154 ff.

3.5 Probleme der Unternehmenskulturforschung

In diesem Kapitel soll die Problematik, welche mit einer Unternehmenskulturuntersuchung verbunden ist, dargelegt werden. Jede Kulturanalyse, ob sie von innen heraus oder von außen geleistet wird, muss das Selbstverständliche zum Gegenstand der Reflektion machen. Eine reflektierte Selbstverständlichkeit ist natürlich keine solche mehr, sie wird der Selbstverständlichkeit zwangsläufig beraubt. Insofern ist jede Beschreibung einer unberührten Kultur ein Stück Veränderung oder negativ formuliert ein Stück Zerstörung. Die Unternehmenskultur zum Forschungsobjekt zu erklären und zugleich ihre Unversehrtheit als Ziel zu setzen ist nicht möglich.[131] Meist führen die gewonnenen Einsichten zu neuen Problemen und es ist relativ schwierig, objektiv zu bleiben. Die bloße Gegenwart des Forschers stellt einen Eingriff dar und muss in der Analyse berücksichtigt werden.[132] Er versteht sich nicht als objektiver, unbeteiligter Beobachter, sondern als Interaktionspartner der Befragten, deren Lebenswelt er zum Ausgangspunkt aller wissenschaftlicher Bemühungen macht.[133] Er wird die Unternehmenskultur nie so verlassen, wie er sie vorgefunden hat.[132]

4 Unternehmenskulturelle Einflüsse auf die Unternehmensentwicklung

4.1 Einleitung

Unternehmenskulturelle Einflüsse auf die Unternehmensentwicklung

Die Integration spielt neben der Akquisition sowohl bei einer externen (Fusionen, Kooperationen) als auch bei einer internen strukturellen Unternehmensentwicklung (Bildung von Profit-Centern oder strategischen Geschäftseinheiten) eine wichtige Rolle. Bevor aber die Akquisition und die Integration erläutert und auf die beiden Möglichkeiten der Unternehmensentwicklung (extern und intern) im Detail eingegangen wird, stellt sich die Frage, warum überhaupt strukturelle Veränderungen notwendig werden und ob sie Auswirkungen auf die Kultur einer Unternehmung haben?

---

131) Vgl. *Schreyögg, G.:* Kann und darf man Unternehmenskultur ändern?, in: *Dülfer, E. (Hrsg.):* Organisationskultur: Phänomen, Philosophie, Tehnologie, Stuttgart 1991, S. 203.
132) Vgl. *Schein, E. H.:* a. a. O., S. 156.
133) Vgl. *Osterloh, M.:* Methodische Probleme einer empirischen Erforschung von Organisationskulturen, in: *Dülfer, E. (Hrsg.):* a. a. O., S. 180.

Unternehmenskulturelle Einflüsse auf die Unternehmensentwicklung

Um in einem dynamischen Umfeld überleben zu können, muss die Unternehmung ihre Visionen, ihre Ziele und damit auch ihre Strategien immer wieder aufs Neue überdenken.[134] Eine Veränderung der Strategie hat Folgen für die Struktur und die Kultur einer Unternehmung. Strategie und Struktur sind voneinander abhängig. Die Struktur ist Voraussetzung dafür, dass überhaupt sinnvolle Strategien formuliert werden und die Struktur kann der Schlüsselfaktor für eine erfolgreiche Strategieumsetzung sein.[135] Die Kultur wiederum kann nicht isoliert von Strategie und Struktur betrachtet werden. Das bedeutet, dass Strategie, Struktur und Kultur in einer wechselseitigen Beziehung zu einander stehen. Keines der drei Elemente kann eine Veränderung erfahren, ohne dass dies Auswirkungen auf die anderen Elemente hätte und alle drei sind von einer dynamischen Umwelt umgeben. Dieses Umfeld stellt immer wieder neue Herausforderungen an das Unternehmen, was Konsequenzen für Strategie, Struktur und Kultur hat. Dieser Zusammenhang wird in Abbildung 4.1 dargestellt.

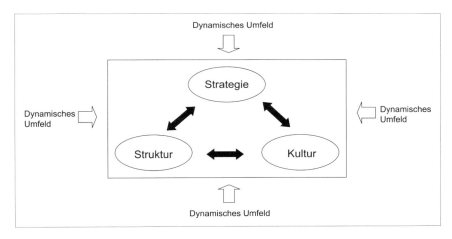

Abb. 4.1: Interdependente Unternehmensdimensionen[136]

Besonders betroffen vom stetigen Wandel der Umwelt und den damit verbundenen Herausforderungen sind die Führungskräfte, die für soziale Systeme mit ökonomischen Zielen sowohl im Ganzen als auch

---

134) Vgl. *Doppler, K./Lauterburg, C.:* a. a. O., S. 41 ff.
135) Vgl. *Botschen, G./Stoss, K.:* Strategische Geschäftseinheiten: Marktorientierung im Unternehmen organisieren, Wiesbaden 1994, S. 69 ff.
136) Quelle: In Anlehnung an *Doppler, K./Lauterburg, C.:* a. a. O., S. 50.

in ihren Teilen Verantwortung tragen.[137] Durch die gewandelten weltwirtschaftlichen Rahmenbedingungen mit deutlich gestiegener Wettbewerbsintensität, einem hohen technischen Fortschritt und einer rasch voranschreitenden Internationalisierung gelangen Unternehmen immer häufiger an strategische und organisatorische Grenzen.[138] Dieser gesellschaftliche, ökonomische und technologische Wandel und die daraus resultierenden Grenzen des Unternehmens müssen durch die Führungskräfte erkannt und es müssen entsprechende Maßnahmen getroffen werden. Dabei sollte nicht nur das Überleben gesichert werden, sondern auch die Entwicklungsfähigkeit des Unternehmens aufrecht erhalten bleiben.[139] Für das Management stellt sich damit die Frage nach der angemessenen strategischen und strukturellen Umsetzung. Unternehmenszusammenschlüsse (z. B. Fusionen oder Kooperationen) sind dabei nur eine Möglichkeit um auf die gewandelten Rahmenbedingungen zu reagieren. Es bietet sich noch eine andere Restrukturierungsmaßnahme an[140], die interne Reorganisation (z. B. die Bildung von Profit-Centern oder strategischen Geschäftseinheiten).

Unternehmenszusammenschlüsse oder auch interne Maßnahmen, wo bspw. Abteilungen zu einer Einheit zusammengeschlossen werden, sind in zwei Phasen zu unterteilen. Die erste Phase ist diejenige der Akquisition, die zweite die der Integration. Eine breite Palette von Aktivitäten kann der Akquisitionsphase zugeteilt werden. Zuerst muss ein passender „Partner" gefunden und entsprechende Gespräche mit „ihm" geführt werden. Dabei geht es um öffentliche Angebote an die Aktionäre, um die Veräußerung von Aktivposten, um die Absonderung einzelner Unternehmensteile und um vielfältige Maßnahmen zur Sicherstellung der Kontrolle über die betroffenen Unternehmen.[141]

Am Akquisitionsprozess nehmen nicht nur die betroffenen Unternehmen oder Abteilungen und ihre Führungskräfte teil, sondern auch die Öffentlichkeit, die Behörden sowie verschiedene Berater und Spezialisten. Oft werden Akquisitionen unter beachtlichem Zeitdruck abgewickelt, Entscheidungsträger geraten in eine Art Stresssituation und das Entscheidungsverhalten ändert sich.

---

137) Vgl. *Bleicher, K.:* Das Konzept integriertes Management, 4., rev. und erw. Aufl., Frankfurt/New York 1996, S. 26.
138) Vgl. *Goeken, M.:* Interorganisationale Unternehmensnetzwerke als Alternative zur Fusion, in: *Henkel v. Donnersmark, M./Schatz, R. (Hrsg.):* Fusionen: Gestalten und Kommunizieren, Bonn 1999, S. 189.
139) Vgl. *Bleicher, K.:* a. a. O., 1996, S. 26 f.
140) Vgl. *Goeken, M.:* a. a. O., S. 189 ff.
141) Vgl. *Weston, F. J.:* The Payoff in Mergers ans Akquisitions, in: The Mergers and Akquisitions Handbook, New York 1987, S. 31 f.

Unternehmenskulturelle Einflüsse auf die Unternehmensentwicklung

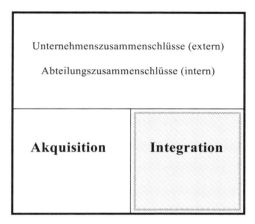

Abb. 4.2: Akquisition und Integration von Unternehmens- bzw. Abteilungszusammenschlüssen[142]

Als Folge davon wird bspw. das Verfahren abgekürzt, die Informationsmenge eingeschränkt oder die Trägerschaft reduziert.[143] Solche Inkonsequenzen werden sich zu einem späteren Zeitpunkt, i. d. R. in der Integrationsphase, bemerkbar machen. Die Integration beinhaltet das eigentliche Zusammenführen der betroffenen Unternehmungen und Abteilungen. Unternehmenszusammenschlüsse oder interne Reorganisationen bei denen Abteilungen zu einem Ganzen zusammengeschlossen werden, können als erfolgreich bezeichnet werden, wenn sowohl die Akquisitionsphase als auch die Integrationsphase erfolgreich abgeschlossen sind. In Abbildung 4.2 werden diese beiden Phasen dargestellt.

Im Folgenden werden die Möglichkeiten einer strukturellen Unternehmensentwicklung (extern und intern) aufgezeigt und dann in den Kapiteln 4.4 und 4.5 die Kultur im Zusammenhang mit der Integration dargelegt.

4.2 Externe strukturelle Unternehmensentwicklung

Eine externe strukturelle Unternehmensentwicklung erfolgt dann, wenn ein Unternehmen nicht mehr aus eigener Kraft wachsen kann und es sich des Erfolgspotentials anderer Unternehmen bemächtigen muss oder wenn es den Anforderungen der Umwelt nicht mehr gerecht und bspw.

---
142) Quelle: Eigene Abbildung.
143) Vgl. *Grüter, H.:* Unternehmensakquisition – Bausteine eines Integrationsmanagements, Bern, Stuttgart, Wien 1997, S. 43.

Theoretischer Teil

zu einem Zusammenschluss gezwungen wird.[144] Der Begriff Unternehmenszusammenschluss soll in diesem Beitrag als Oberbegriff für jede unternehmerische Zusammenarbeit verstanden werden.

Zusammenschlüsse sind seit jeher kontrovers diskutiert worden. Die einen sehen in ihnen den besten Weg zur Schaffung leistungsfähiger Unternehmen, die im internationalen Wettbewerb bestehen können. Andere sind der Meinung, dass Zusammenschlüsse verantwortlich für Wettbewerbsbeschränkungen sind. In der Literatur und in der Praxis werden sehr unterschiedliche Kriterien verwendet, um die Zusammenschlüsse zu ordnen.[145] Die folgende Tabelle 4.1 soll einen Überblick geben, nach welchen Kriterien Unternehmenszusammenschlüsse systematisiert werden können.

Tab. 4.1: Systematisierungsmerkmale von Unternehmenszusammenschlüssen

Merkmale	**Ausprägungen**
1. Ausmaß der Zusammenarbeit	Teilbereiche/alle Unternehmensbereiche
2. Dauer	vorübergehend/dauerhaft
3. Partner	große/kleine
4. Verhältnis der Partner	Gleichordnung (Koordination), Über- und Unterordnung
5. Bindungsmittel	mit und ohne Kapitalbeteiligung
6. Bindungsintensität	Spektrum von losen bis straffen Zusammenschlüssen
7. Erhaltung der wirtschaftlichen Selbstständigkeit	bleibt erhalten/wird aufgegeben
8. Erhaltung der rechtlichen Selbstständigkeit	bleibt erhalten/wird aufgegeben
9. Ziele	diverse Zielkategorien, z. B. funktionsbezogene und strategische Kategorien
10. Richtung	vertikal/horizontal/lateral
11. Grundlage der Zusammenarbeit	freiwillig/zwangsweise
12. Rechtsbeziehung nach außen	Innenverhältnis (ohne Beziehung nach außen)/Außenverhältnis (mit Beziehungen nach außen)
13. Auswirkungen auf den Wettbewerb	Wettbewerbsbeschränkend/-neutral
14. Institutionalisierung	ohne/mit eigenem Geschäftsbetrieb

---

144) Vgl. *Bleicher, K.*: Organisation: Strategien – Strukturen – Kulturen, Wiesbaden 1991, S. 862 ff.
145) Vgl. *Grüter, H.*: a.a.O., S. 26 f.

Große Beachtung haben vor allem die Merkmale „Ausmaß der Zusammenarbeit" und „Richtung" erlangt.

Bezüglich des Ausmaßes der gemeinsamen Aufgabenerfüllung wird grundsätzlich zwischen einer Koordination von Teilaufgaben oder der Gesamtaufgabe der jeweiligen Unternehmung unterschieden. Bei der Kooperation betrifft die Zusammenarbeitsform nur Teilaufgaben, bei einer Fusion aber werden alle Aufgaben gemeinsam unter einer einheitlichen Leitung erfüllt.

Beim Merkmal „Richtung" kann nach den folgenden Ausprägungen differiert werden:

- Vertikale Zusammenschlüsse, d.h. Zusammenarbeit mit einer vorgelagerten (Rückwärtsintegration) bzw. mit einer nachgelagerten Produktionsstufe (Vorwärtsintegration).
- Horizontale Zusammenschlüsse, das bedeutet Zusammenarbeit auf gleicher Produktionsstufe oder Branche.[146]
- Konglomerate Zusammenschlüsse, d.h. eine Zusammenarbeit in unterschiedlichen Branchen und/oder Produktionsstufen.

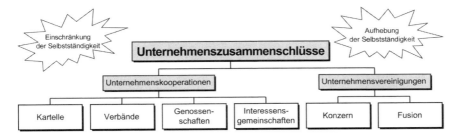

Abb. 4.3: Systematik von Zusammenschlussformen[147]

Ein Unternehmenszusammenschluss bedeutet stets eine Bindung und zumindest für eines der betroffenen Unternehmen eine mehr oder weniger eingeschränkte Entscheidungsfreiheit. Bei Unternehmenszusammenschlüssen kann die Einschränkung der Entscheidungsfreiheit sich durchaus problematisch auswirken.[148] Die Selbstständigkeit kann eingeschränkt oder aufgehoben werden. Eingeschränkt wird sie vorwiegend bei Kooperationen, wie z.B. Kartellen, Wirtschaftsverbänden, Genossenschaften oder auch Interessensgemeinschaften. Zu einer Auf-

---

146) Vgl. *Grüter, H.:* a.a.O., S. 29 f.
147) Quelle: In Anlehnung an *Pausenberger, E.:* a.a.O.
148) Vgl. *Pausenberger, E.:* Unternehmenszusammenschlüsse, in: *Wittman, W. (Hrsg.):* Handwörterbuch der Betriebswirtschaft, Stuttgart 1993.

Theoretischer Teil

hebung der Entscheidungsfreiheit kommt es bei Unternehmensvereinigungen wie bspw. beim Konzern oder bei der Fusion. In Abbildung 4.3 wird die Systematik der Zusammenschlussformen dargestellt.

In den folgenden Kapiteln wird auf die Fusion und die Kooperationen eingegangen. Es ist klar, dass auf externe strukturelle Veränderungen auch interne Veränderungen folgen. Da solche internen Restrukturierungen aber nur eine Folge der externen Unternehmensentwicklung sind, sollen sie nicht Gegenstand dieses Kapitels sein. Auf die Möglichkeit einer internen strukturellen Unternehmensentwicklung als Reaktion auf veränderte Rahmenbedingungen wird im Kapitel 4.3 explizit eingegangen.

4.2.1 Die Fusion

Mit der Fusion ist ein Zusammenschluss von zwei oder mehreren Unternehmen beliebiger Rechtsform zu einer rechtlichen Einheit gemeint. Dabei wird nicht nur das Gesamtrecht auf die neue fusionierte Unternehmung übertragen, sondern auch das Vermögen und die Schulden. Deshalb kann der Begriff der Fusion auch als Oberbegriff für Unternehmenszusammenschlüsse verwendet werden, bei denen die Vermögensmassen von zwei oder mehr Unternehmungen zu einer Rechtseinheit (mit oder ohne Liquidation) vereint werden. Die Fusion kann als Zusammenschluss mit der größten Bindungsintensität verstanden werden.

Mit einer Fusion werden sowohl ökonomische (Steigerung des Gesamtwertes der Unternehmung, Nutzung von Synergievorteilen und die Erhöhung der Marktmacht) als auch persönliche Ziele (machtpolitisches Streben nach Prestige und Ansehen) verfolgt.[149] Auswirkungen von Fusionen werden i. d. R. ziemlich kontrovers diskutiert. Kritische Anmerkungen werden aus betriebswirtschaftlich-unternehmenspolitischer, volkswirtschaftlicher aber auch aus gesellschaftspolitischer Sicht geäußert. Eine detailliertere Ausführung der Auswirkungen würden den Rahmen dieser Arbeit sprengen. Im nächsten Kapitel soll eine weitere Möglichkeit der externen Unternehmensentwicklung, die Kooperation, kurz beschrieben werden.

---

149) Vgl. *Gut-Villa, C.:* Human Resource Management bei Mergers & Akquisitions, Bern, Stuttgart, Wien 1997, S. 32 ff.

4.2.2 Die Kooperation

Die Entwicklung neuer Bereiche wie bspw. die Biotechnologie, die Computertechnologie oder Informations- und Kommunikationstechnologie erfordern flexible Formen der Zusammenarbeit. Sie sind verantwortlich für den zunehmenden Aufbau und Unterhalt von Kooperationen. Unter den Begriff der Kooperation fallen alle Formen der zwischenbetrieblichen Zusammenarbeit. Dazu gehören einfache, formlose Übereinkünfte, Konsortien und Arbeitsgemeinschaften sowie Gemeinschaftsunternehmen. Für die vorliegende Arbeit wird auf die folgende Definition abgestellt:[150]

„Eine Kooperation ist eine freiwillige Zusammenarbeit zweier oder mehrerer, rechtlich selbständiger Unternehmen zum Zweck der Verfolgung gemeinsamer und individueller Ziele."[151]

- Mehrere Unternehmen sind gemeinsam an der Aufgabenerfüllung beteiligt,
- die Kooperationsteilnehmer bleiben rechtlich und wirtschaftlich selbstständig,
- die Zusammenarbeit ist freiwillig,
- die Teilaufgaben werden koordiniert,
- Vereinbarungen sind die Grundlage für die Zusammenarbeit,
- die Zusammenarbeit ist zielbezogen
- und die Arbeit ist wettbewerbsrechtlich zulässig.

Auf eine detailliertere Ausführung der Motive für den Aufbau und den Betrieb von Kooperationen, der verschiedene Kooperationsformen (wie z. B. langfristige Lieferverträge, Lizenz- und Franchisingverträge, strategische Allianzen) und der Grenzen der Kooperation (Beanspruchung des Management) soll verzichtet werden. Vor allem deshalb, weil der Focus – im Hinblick auf den praxisorientierten Teil dieses Buches – nicht im Bereich der externen strukturellen Unternehmensentwicklung liegt.

---

150) Vgl. *Fuchs, M.:* Projektmanagement für Kooperationen: eine integrative Methodik, Bern, Stuttgart, Wien 1999, S. 20 ff. Er gibt einen Überblick über die verschiedenen Definitionen und ihre Autoren.
151) *Hillig, A.:* Die Kooperation als Lernarena in Prozessen fundamentalen Wandels, Bern, Stuttgart, Wien 1997, S. 112.

4.3 Interne strukturelle Unternehmensentwicklung

Auf Grund der veränderten Rahmenbedingungen muss das Unternehmen nicht zwangsläufig mit einer externen strukturellen Unternehmensentwicklung (vgl. dazu Kapitel 4.2) reagieren. Um im stetigen Wandel der Umwelt überleben zu können und eine strategische Erfolgsposition aufbauen zu können, ist eine innere Entwicklung der Unternehmung ebenfalls eine Lösungsmöglichkeit.[152]

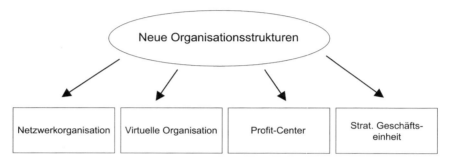

Abb. 4.4: Neue Organisationsstrukturen[153]

Klassische Formen der Rahmenstruktur können den dynamischen Wandel nur begrenzt bewältigen. Bestehende Organisationsstrukturen sind den Umweltbedingungen nicht mehr gewachsen und verhindern unter Umständen sogar eine effiziente Marktbearbeitung.[154] Interne Restrukturierungsmaßnahmen sind vorzunehmen. Die Unternehmung muss organisatorische Lösungen finden, die letztendlich zu einer Steigerung von Effektivität und Effizienz führen werden. Bekannte neue Organisationsstrukturen sind heute z. B. die Netzwerkorganisation, die virtuelle Organisation, das Profit-Center oder die Bildung von strategischen Geschäftseinheiten.

4.4 Die Integrationsfunktion der Unternehmenskultur

Es wurden die Funktionen der Unternehmenskultur bereits (vgl. dazu Kapitel 3.5) dargelegt, dabei wurde auf die Erklärung der Integrationsfunktion verzichtet. Diese außerordentlich wichtige Funktion soll nun aufbauend auf den beschriebenen Erkenntnissen nachgeholt werden. Der Unternehmenskultur kann im Rahmen von äußeren und inneren

---
152) Vgl. *Bleicher, K.:* Organisation, a. a. O., S. 797 ff.
153) Quelle: Eigene Abbildung.
154) Vgl. *Botschen, G./Stoss, K.:* a. a. O., (1994), S. 8.

strukturellen Veränderungen und den damit verbundenen Integrationsprozessen eine durchaus wichtige Rolle zugesprochen werden. Die wechselseitige Beziehung von Strategie, Struktur und Kultur wurde bereits in der Einleitung dargelegt. In den folgenden Kapiteln wird aufgezeigt, welche Gründe für das Misslingen von Unternehmenszusammenschlüssen und internen strukturellen Veränderungen genannt werden können und welchen Beitrag die Unternehmenskultur zu einer erfolgreichen Integration leisten kann.

4.4.1 Ursachen für den Misserfolg von strukturellen Unternehmensentwicklungen

Welche Probleme führen zum Misserfolg von Fusionen, Kooperationen oder internen Restrukturierungsmaßnahmen? Als maßgebliche Problemfelder sollen die Struktur, das Personal und die Kultur aufgezeichnet werden.

4.4.1.1 Struktureller Erklärungsansatz

In der Literatur werden verschiedene Bereiche genannt, die zu strukturellen Integrationsproblemen führen können. In erster Linie das Ausmaß der Zentralisierung bzw. Autonomie der beteiligten Unternehmungen oder Abteilungen, die aufbauorganisatorische Eingliederung, die Kontrolle und die Koordination, dann auch die Abstimmung der Führungssysteme und -instrumente inkl. dem Personalsystem. Weitere Problembereiche können auch die Rolle, Aufgaben, Kompetenzen und Verantwortlichkeit der Führungskräfte sein sowie der zeitliche Rahmen des Integrationsprozesses und das vorhandene Konfliktlösungspotenzial der betroffenen Unternehmen oder Unternehmensteilen.

4.4.1.2 Mitarbeiterorientierter Erklärungsansatz

Für das Gelingen einer Integration ist der Personalbereich zentral. Ohne die Unterstützung durch die Mitarbeiter ist eine erfolgreiche Integration kaum möglich. Faktoren, welche die Personalprobleme maßgeblich beeinflussen sind die Richtung der Integration (horizontal, vertikal, diagonal) und ob es sich um erwünschte oder unerwünschte strukturelle Veränderungen handelt (in diesem Zusammenhang wird auch von freundlichen und unfreundlichen Unternehmensübernahmen gesprochen). Von Bedeutung ist auch der angestrebte Integrationsgrad sowie die Integrationspolitik. Verschiedene Methoden sind bekannt, um dem Personalproblem im Integrationsprozess entgegenzuwirken, z. B. die Kommunikation, Projektteams, Entlassungsprogramme, das Verhalten von Führungskräften und eine individuelle Betreuung.[155]

4.4.1.3 Kulturorientierter Erklärungsansatz

Neben strukturellem und personellem Konfliktpotential bei Integrationen entstehen immer auch kulturelle Problemsituationen. Je enger die angestrebte Zusammenarbeit sein soll, umso stärker manifestieren sich kulturelle Konflikte. Die beteiligten Unternehmen oder Abteilungen bringen ihre eigene Kultur mit. Diese Situation kann als Zusammenprall zweier Kulturen verstanden werden. Eine zweigeteilte Kultur kann nicht mit einer gemeinsamen Struktur und Strategie harmonieren. Es fehlt die Übereinstimmung und eine Identifikation mit der Unternehmung findet nur partiell statt. Interne Widerstände gegen Strategien und Strukturen sind die Folge davon.[156] Somit ist die Unternehmenskultur maßgebend für den Erfolg oder eben den Misserfolg bei Integrationen.[157]

4.4.2 Beitrag der Unternehmenskultur zum Erfolg von strukturellen Unternehmensentwicklungen

Die Integrationsfunktion der Unternehmenskultur ist in zweierlei Hinsicht wesentlich. Auf der einen Seite ist sie in der Lage, über gemeinsam entwickelte Werte und Normen und das damit verbundene Zusammengehörigkeitsgefühl den Integrationsprozess zwischen Unternehmen oder Abteilungen positiv zu unterstützen (vgl. dazu Abbildung 4.5). Auf der anderen Seite wird die Notwendigkeit zur Integration auch dort wichtig, wo durch eine Systemdifferenzierung eine immer stärkere Gliederung in Abteilungen, Abteilungsegoismus und Konkurrenzdenken entstehen. Eine starke gemeinsame Unternehmenskultur kann dem steigenden Abteilungsegoismus oder auch der Entwicklung von konkurrierenden Subsystemen innerhalb der Unternehmung entgegenwirken.[158] Angesichts des stetigen Wandels der Unternehmensum-

---

155) Vgl. *Grüter, H.:* a. a. O., S. 89 ff. Er gibt einen detaillierten Überblick über die Integration als Struktur- und Personalproblem; *Gut-Villa, C.:* a. a. O., S. 117 ff. Sie zeigt die Auswirkungen von M&A auf die Human Resources.
156) Vgl. *Keller, A.:* Die Rolle der Unternehmenskultur, a. a. O., S. 260 ff.
157) Vgl. *Gut-Villa, C.:* a. a. O., S. 71.
158) Vgl. *Chromy, B./Stork, A.:* Die Veränderung der Unternehmenskultur als Grundlage einer erfolgreichen Fusion, in: *Henkel v. Donnersmark, M./Schatz, R.* (Hrsg.): a. a. O., S. 132 f.

Unternehmenskulturelle Einflüsse auf die Unternehmensentwicklung

welt und der immer neuen Anforderungen an die Unternehmung, werden strukturelle Veränderungen – sei dies nun in Form von Unternehmenszusammenschlüssen oder internen Restrukturierungsmaßnahmen – immer häufiger die Antwort auf veränderte Rahmenbedingungen sein. Dass durch solche Maßnahmen unterschiedliche Kulturen aufeinanderprallen oder Subkulturen entstehen, soll nicht verhindert werden. Denn oftmals sind es gerade diese Maßnahmen

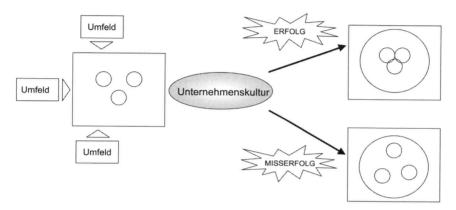

Abb. 4.5: Unternehmenskultureller Beitrag im Integrationsprozess[159]

die das Überleben des Unternehmens ermöglichen und das Entwicklungs- und Wandlungspotential sowie die Kreativität eines Unternehmens fördern.[160] Gelingt dabei die Schaffung einer gemeinsamen Unternehmenskultur, so ist es möglich, dass diese als unternehmensspezifische Profilierung gegenüber den Konkurrenten geltend gemacht werden kann und nur für die Unternehmung zugänglich ist, die sie generiert hat.[161]

4.5 Strategien der kulturellen Integration

Neue Strukturen und Strategien sind in Abstimmung mit den kulturellen Zielvorstellungen zu entwickeln (vlg. dazu Kapitel 4.1). Ist das langfristige Ziel die Entwicklung einer gemeinsamen Unternehmenskultur und erfolgt eine enge Zusammenarbeit mit einer strukturellen und strategischen Integration, so gibt es verschiedene Strategien der Zusammenführung der Kulturen. Die beschriebenen und in Abbildung

---

159) Quelle: Eigene Abbildung.
160) Vgl. *Dill, P./Hügler, G.:* a.a.O., S. 152 ff.
161) Vgl. *Bleicher, K.:* Organisation, a.a.O., S. 125 f.

4.6 dargestellten Strategien sind als Grundprinzipien zu verstehen. Sie regen dazu an, darüber nachzudenken, welche Zielsetzungen für die Entwicklung einer gemeinsamen Unternehmenskultur überhaupt möglich sind. In der hier dargestellten Extremausprägung sind sie nicht in die Praxis umzusetzen.

4.5.1 Kombination von zwei Unternehmenskulturen

Die erste Strategie zeigt die Möglichkeit einer Kombination zweier Kulturen. Dies würde bedeuten, dass gemeinsame Werte, Normen und Wissensbestände zu gleichen Teilen in die zukünftige Unternehmenskultur einfließen sollen. Diese Strategie scheint relativ schwierig zu sein, es sei denn, die beiden Kulturen waren sich schon vor dem Zusammenschluss sehr ähnlich.[162] Bei heterogenen Unternehmenskulturen kommt es jedoch häufig zu Unverträglichkeitsreaktionen und damit ist diese Variante oft nicht sinnvoll.[163]

4.5.2 Förderung der einen oder anderen Unternehmenskultur

Die Strategien 2 und 3 sind dadurch gekennzeichnet, dass jeweils die eine oder andere Kultur der beiden Unternehmungen im Vordergrund steht. Die angestrebte Gesamtkultur deckt sich dann mit derjenigen des Unternehmens A oder derjenigen von Unternehmung B.[164] Dies könnte der Fall sein, wenn das erworbene Unternehmen seine Kultur aufgibt und die Unternehmenskultur des Käufers annimmt. In diesem Fall wird von einer kulturellen Assimilation gesprochen. Diese basiert in der Anfangsphase auf einer Nachbildung und Imitation der Kultureigenschaften des Erwerbers und erst in der Endphase werden die Kultureigenschaften verinnerlicht.[165] Andere Gründe für diese Strategie könnten markante Größenunterschiede der beiden Unternehmungen sein oder auch eine geplante Strategie, die durch Kultur A oder B besser gestützt wird.

---

162) Vgl. *Keller, A.:* Die Rolle der Unternehmenskultur, a.a.O., S. 262.
163) Vgl. *Gödecke, J.:* Wie werden Kultur und Kommerz vermittelt?, in: *Henkel v. Donnersmark, M./Schatz, R. (Hrsg.):* a.a.O., S. 62.
164) Vgl. *Keller, A.:* Die Rolle der Unternehmenskultur, a.a.O., S. 263.
165) Vgl. *Gödecke, J.:* a.a.O., S. 61 f.

4.5.3 Kompromisskultur

In der Praxis am ehesten zu erwarten ist die vierte Strategie. Sie trifft vor allem dann ein, wenn bei einem Zusammenschluss auf kulturelle Überlegungen verzichtet wurde und die betroffenen Unternehmungen von einer ähnlichen Größe sind.[166] Es findet eine gegenseitige Ergänzung der Kulturen statt. Durch gegenseitiges Lernen setzt sich die jeweils bessere Vorgehensweise durch und initiiert so eine kreative Kultur.[167] Von jeder Unternehmenskultur haben somit gewisse Kulturelemente Bestand, andere werden mit der Zeit abgebaut. Es entsteht eine Art Kompromisskultur. Wie sinnvoll eine solche Variante ist, hängt davon ab, was in den Bereichen Strategie und Struktur in Zukunft angestrebt wird.

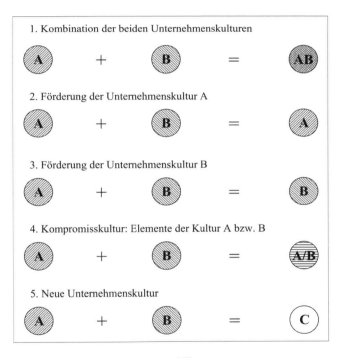

Abb. 4.6: Kulturintegrationsstrategien[168]

---

166) Vgl. *Keller, A.:* Die Rolle der Unternehmenskultur, a.a.O., S. 263 f.
167) Vgl. *Gödecke, J.:* a.a.O., S. 62.
168) Quelle: In Anlehnung an *Keller, A.:* Die Rolle der Unternehmenskultur, a.a.O., S. 263.

4.5.4 Neue Unternehmenskultur

Die fünfte Strategie besteht darin, nach dem Zusammenschluss eine ganz neue Unternehmenskultur anzustreben. Eine solche Strategie erscheint nur sinnvoll, wenn der Realisierungszeitraum sehr langfristig ist, die Kulturen der beiden beteiligten Unternehmen schwach ausgeprägt sind und wenn eine neue Unternehmenskultur die Ziele in strategischer und struktureller Hinsicht unterstützen würde.[169]

Die verschiedenen Kulturintegrationsstrategien sind nicht als gut oder schlecht zu beurteilen. Welche der soeben beschriebenen Strategien Sinn macht, sollte frühzeitig evaluiert werden. Die jeweilige Kultur wird geprägt durch die Interdependenzen und die Harmonie, welche zwischen Strategie, Struktur, Kultur und Umwelt herrschen.[170] Die Umwelt darf im Rahmen dieser Diskussion nicht unterschätzt werden. Wie in der Einleitung dieses Kapitels festgehalten wurde, ist gerade sie es, welche die größte Herausforderung für die Unternehmung darstellt. Strategie, Struktur und Kultur müssen den Anforderungen der Umwelt entsprechen. Langfristig gesehen wird sich jene Unternehmenskultur durchsetzen und erfolgreich sein, die der Umwelt am besten angepasst ist.[171]

5 Unternehmenskultur im Krankenhaus

5.1 Einleitung

Im Hinblick auf die Beschreibung der Organisationsveränderungen in unserem Praxisbeispiel (siehe Kapitel 6.1) möchten wir im folgenden Kapitel 5 die Rolle der Unternehmenskultur und ihre Besonderheit im Vergleich zu gewinnorientierten Unternehmen näher beleuchten. Dazu werden zuerst einmal die Organisations- und Personalstrukturen des Krankenhausbetriebes beschrieben, bevor dann unter Einbezug der Kulturaspekte im Krankenhaus versucht wird, die kritischen Erfolgsfaktoren bei Integrationsprozessen betrachtet werden.

---

169) Vgl. *Keller, A.:* Die Rolle der Unternehmenskultur, a. a. O., S. 264.
170) Vgl. *Gut-Villa, C.:* a. a. O., S. 68.
171) Vgl. *Zerr, M.:* Der Faktor Unternehmenskultur in Großfusionen, in: Dokumentation des Complex Change Management Forums, Zürich 1999, S. 23.

5.2 Strukturen im Krankenhaus

5.2.1 Organisationsstrukturen im Krankenhaus

Über die Spitalorganisation und ihre Struktur wird immer wieder sehr intensiv diskutiert. Unterschiedlichste Arten von Organisationsstrukturen wurden erarbeitet und durchgesetzt und nur in wenigen Fällen konnte die Effektivität und die Effizienz dadurch gesteigert werden. Im Spital ist der Zusammenhang zwischen der Struktur und dem Macht- und Einflusspotential noch viel ausgeprägter als in anderen Unternehmen.[172] Zurückzuführen ist dieses stark ausgeprägte Hierarchiedenken auf die Ärzteschaft eines Spitals. Die Karriere eines Arztes wird nicht nur durch fachliches Können, sondern auch durch ein entsprechendes Beziehungsnetz und Durchsetzungsvermögen bestimmt. Die vielen Abstufungen (Assistenzarzt, Oberarzt, leitender Arzt, Chefarzt) innerhalb des ärztlichen Berufes führen dazu, dass das Denken in Hierarchien auf die Wahrnehmung anderer Berufsgruppen übertragen wird. Die Bedeutung der Zusammenarbeit unter den Ärzten und der Stellenwert der Pflegeberufe wird als Folge davon oft unterschätzt.[173] Daher soll es auch nicht erstaunen, dass das Hierachiedenken innerhalb der Ärzteschaft sich auch auf die Struktur des Spitals auswirkt. Das sozialorientierte Spital ist dadurch stark strukturiert und gegliedert, die Hierarchie ein zentrales Merkmal.

Auf die funktionale und die divisionale Organisationsstruktur im Spitalbetrieb soll nun näher eingegangen werden.

5.2.1.1 Funktionale Organisationsstruktur

Eine funktional orientierte Organisationsstruktur ist meist historisch gewachsen und in jedem Spital durch entsprechende Repräsentanten (Spitalvorstand, Spitaldirektor, Spitalleitung, Ärzteschaft) verankert. Es können drei funktionale Gruppen innerhalb des Spitals unterschieden werden. Der ärztliche Bereich, der Pflegebereich und die Verwaltung (die Berufsgruppen werden in Kapitel 5.2.2 detaillierter erläutert). Diese drei Leistungsgruppen sind der Direktion sowie dem Spitalvorstand und dem Verwaltungsrat unterstellt. Die Abbildung 5.1 stellt eine solche funktionale Organisationsstruktur dar.

---

[172] Vgl. *Sidamgrotzki, E.*: Kompendium des integrierten Krankenhaus-Managements, Lengwil 1994, S. 155.
[173] Vgl. *Etienne, M.*: Total Quality Management im Spital erfolgreich gestalten, Bern, Stuttgart, Wien 2000, S. 149.

Theoretischer Teil

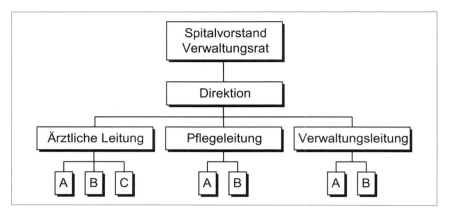

Abb. 5.1: Funktionale Spitalorganisation[174]

Abb. 5.2: Mögliche divisionale Strukturen[175]

5.2.1.2 Divisionale Organisationsstruktur

Eine divisionale Organisationsstruktur innerhalb des Spitals wird vor allem im Zusammenhang mit finanzorientierten Strategien diskutiert. Die Bildung von Geschäftsbereichen und Divisionen wird in der übrigen Wirtschaft schon länger vorgenommen. Vor allem mit der zunehmenden Diversifikation und Heterogenität sind traditionelle Führungsinstrumente und Strukturen immer fraglicher. Die Gliederung des

---

174) Quelle: In Anlehnung an *Sidamgrotzki, E.:* a. a. O., S. 158 ff.
175) Quelle: In Anlehnung an *Sidamgrotzki, E.:* a. a. O., S. 167.

Unternehmens in Subunternehmen die eigenverantwortlich arbeiten, kann eine Lösungsmöglichkeit sein, um auf veränderte Rahmenbedingungen einzugehen.

Varianten divisionaler Strukturen können das Service-Center, das Cost-Center oder das Profit-Center sein. Abbildung 5.2 zeigt, wie eine mögliche divisionale Struktur in Form von Service-Center und Cost-Center im Spitalbetrieb aussehen könnte.

5.2.2 Personalstruktur im Krankenhaus

Die drei Hauptberufsgruppen im Spital sind die Ärzteschaft, die Pflege und die Verwaltung. Alle drei Berufsgruppen sind durch eine spezifische Ausbildung geprägt, welche Einfluss auf die Zusammenarbeit hat und zu Konflikten und Missverständnissen unter den Mitarbeitern führen kann.[176]

5.2.2.1 Die Ärzteschaft

Zur Ärzteschaft gehören all jene Personen, die ein medizinisches Hochschulstudium abgeschlossen haben. Das Medizinstudium erfordert eine hohe Arbeitsdisziplin und die Bereitschaft zum Auswendiglernen. Vermittelt wird vor allem medizinisches Fachwissen. Wissen aus anderen Disziplinen wird nur gelehrt, wenn ein direkter Bezug zur Medizin besteht, wie z. B. bei Chemie oder Physik. Der Konkurrenz- und Leistungsdruck ist bereits während der Ausbildung sehr hoch und viele Medizinstudenten brechen das Studium ab.[177] Diese fast rein theoretische Ausbildung (Praxiserfahrungen sind nur im pflegerischen Vorpraktikum und im Unterassistentenpraktikum möglich) wird dann ergänzt durch eine praxisorientierte Weiterbildung für einen Spezialarzttitel FMH (Foederation Medicorum Helveticorum), um beim Beispiel der Schweiz zu bleiben. Das Erlangen eines Facharzttitels dauert i. d. R. mehrere Jahre.[178]

5.2.2.2 Die Pflege

Die Ausbildung des Pflegepersonals erfolgt zu einem sehr großen Teil im Spital selbst. Im Gegensatz zum Arztberuf ist sie von Beginn an

---

176) Vgl. *Hoefert, H.-W. (Hrsg.):* Führung und Management im Krankenhaus, Göttingen, Stuttgart 1997, S. 49 ff.
177) Vgl. *Etienne, M.:* a. a. O., S. 147.
178) Vgl. *Sidamgrotzki, E.:* a. a. O., S. 110 ff.

anwendungsorientiert und die angehenden Pfleger und Krankenschwestern können sich schon sehr früh mit den realen Arbeitsbedingungen vertraut machen.[179] Ein wichtiger Bestandteil der Ausbildung ist die Förderung von sog. Schlüsselqualifikationen. Das sind Fähigkeiten und Einstellungen, die sowohl in der Ausbildung als auch in der Persönlichkeitsentwicklung notwendig sind. Dazu gehören die Fähigkeiten, eine Pflegesituation wahrzunehmen und zu beurteilen, die eigenen Grenzen zu akzeptieren und entsprechende Hilfe in Anspruch zu nehmen (Teamarbeit ist ein wesentliches Merkmal des Pflegeberufs). Wichtig ist unter anderem auch Prioritäten setzen zu können, sich situationsgerecht, verständlich und differenziert auszudrücken.[180]

5.2.2.3 Die Verwaltung

Die Verwaltung stellt eigentlich keine patientenbezogene Berufsgruppe dar. Sie ist außerhalb der Medizin und der Pflege angelegt und befasst sich mit der Administration und den verwaltungsspezifischen Funktionen im Spital. Der Verwaltung wird das Personalmanagement, das Rechnungswesen/Controlling, die ganze Patientenadministration sowie die ganze Hotellerie (Raumpflege, Küche, etc.) zugeordnet. Auf Grund der zunehmenden Komplexität und des sich wandelnden Umfeldes im Gesundheitswesen sieht sich die Spitalverwaltung mit immer neuen Anforderungen konfrontiert. Ein professionelles Management, Öffentlichkeitsarbeit und die Vermarktung der Leistung auf dem Gesundheitsmarkt sowie die Qualitätssicherung werden in der Zukunft noch an Bedeutung gewinnen. Dadurch werden der Verwaltung neue Aufgaben entstehen.

5.3 Zur Kultur im Krankenhaus

Über die Unternehmenskultur im Spital nachzudenken kann dazu beitragen, Wege aus der Krise aufzuzeigen. Strategien und strukturelle Maßnahmen scheitern auch im Gesundheitswesen resp. im Spital, weil der Faktor Mensch gar nicht oder nur ungenügend berücksichtigt wird. Anders ausgedrückt, unternehmenskulturelle Gegebenheiten werden vernachlässigt. Drei unterschiedliche Positionen werden bei der Diskussion um die Unternehmenskultur im Spital vertreten.[181]

---

179) Vgl. *Etienne, M.:* a.a.O., S. 147.
180) Vgl. *Sidamgrotzki, E.:* a.a.O., S. 114 f. Er gibt eine ganze Aufzählung von Schlüsselqualifikationen, die im Pflegebereich von Bedeutung sind.
181) Vgl. *Bellabarba, J.:* Zum Konzept der Unternehmenskultur in Krankenhäusern, in: *Hoefert, H.-W.:* a.a.O., S. 102.

1. Position

Verschiedene Autoren sehen die allgemeine Übertragung des Konzepts der Unternehmenskultur auf das Spital als problematisch an, weil es unwahrscheinlich ist, dass sich Spitäler durch eine einzige starke, allgemeinverbindliche und identitätsstiftende Kultur auszeichnen können.[182] Dafür verantwortlich gemacht werden die Bildung von Subkulturen innerhalb des Spitals, und zwar i. d. R. auf Grund einer berufsgruppenspezifischen Identifikation und Abgrenzungen einzelner Abteilungen und Funktionsbereiche. Zusätzlich mangelt es an geeigneten Führungsstrukturen, welche die Entwicklung einer Unternehmenskultur begünstigen würden. Dazu kommt noch die spezifische Art der Spitalfinanzierung, auf die an dieser Stelle nicht weiter eingegangen wird.

2. Position

Die Vertreter dieser Position sind der Meinung, dass ein starkes, positives Selbstverständnis im Spital durchaus machbar ist, und dass das Konzept der Unternehmenskultur als neues Managementkonzept auf die Spitäler übertragen werden kann. Es wird davon ausgegangen, dass diese Position sozusagen ein Geheimrezept für das Spital darstellt. Die Situation (die Krise) wird darauf reduziert, dass die Spitäler keine Kultur besitzen und gewissermaßen ein Kulturvakuum vorliegt, das gefüllt werden muss. Völlig außer Acht lässt dieses Konzept, dass in den Spitälern bereits sehr starke und teilweise auch starre Wertesysteme vorherrschen (vgl. dazu Position 1). Solche Wertesysteme und Subkulturen werden somit unterschätzt oder nicht ernst genommen.[183]

3. Position

Die dritte Position besagt, dass die Unternehmenskultur in einem Spital durchaus positiv gestaltet werden kann, es müssen aber die verschiedenen Kräfte (Subkulturen der Berufsgruppen) verstanden und genutzt werden. Die wichtigste Erkenntnis dabei ist das „Verstehen-Lernen". Erst durch das Erarbeiten von Beziehungen können andere Individuen verstanden werden und erst der Aufbau und die Pflege der Beziehung gibt dann Raum für eine Identifikation und eine gemeinsame Kultur.[184]

---

[182] Vgl. *Deal, T. E./Kennedy, A. A.:* How to create an outstanding hospital culture, in: Hospital Forum Jan.-Febr. 1983, S. 21 ff.
[183] Vgl. *Bellabarba, J.:* a. a. O., S. 103 f.
[184] Vgl. *Stelzner, W.-D.:* Ein psychologischer Zugang zum Verständnis eines chancen- und zukunftsorientierten Personalmanagements, in: Report Psychologie 5/1992, S. 16.

Theoretischer Teil

Beziehungen aufbauen und andere Menschen verstehen lernen ist aber nicht mit einer Maßnahme von heute auf morgen zu erreichen. Eine Kultur kann weder von außen (durch externe Berater) noch von oben (durch die Spitalleitung) geschaffen werden. Dies würde noch mehr Leute verunsichern, die Angst vor Verlusten vergrößern und zu noch mehr Abgrenzung und hierarchischem Druck unter den Betroffenen führen.

Die Spitalkultur, welche sich durch die Übereinstimmung von Zielen, Verhalten, Kommunikation und Darstellung auszeichnen wird, ist das Ergebnis eines kontinuierlichen Prozesses. Der Weg, der zu einer gemeinsamen Spitalkultur führt, ist lang. Verschiedene Möglichkeiten zur Umsetzung stehen den Spitälern zur Verfügung. Dazu gehört der Bereich der Organisationsentwicklung, wobei vor allem die Mitwirkung und Mitverantwortung der Mitarbeiter hervorzuheben ist; sie sollen in den Prozess der Organisationsentwicklung einbezogen werden. Ziele solcher Prozesse sollen sein: eine erhöhte Leistungsfähigkeit, Flexibilität und Innovationsbereitschaft des Spitals. Weiter ist die Analyse des Umfelds wichtig. Was wird in medizinischer Hinsicht überhaupt am Markt gebraucht und was wird angeboten? Die Ergebnisse einer solchen Analyse sollten dann auf allen Ebenen und bei allen Berufsgruppen präsentiert und vertreten werden. Der Sinn dabei ist, den verschiedenen Berufsgruppen aufzuzeigen, dass sie gegenseitig von einander abhängig sind. Dieses gegenseitige Abhängigkeitsverhältnis sollte gefördert werden, um übergreifende Werte zwischen den Subkulturen (Berufsgruppen, Management-Ebenen) zu schaffen. Auch das Qualitätsmanagement kann die Kultur positiv beeinflussen. Dabei ist wesentlich, dass die Qualitätsorientierung nicht von außen auferlegt, sondern vom Spital selber angestrebt wird.

Bis anhin wurden konkrete Überlegungen zu einer spezifischen Kultur im Umgang miteinander vernachlässigt. Dass es gerade eine gemeinsame Kultur sein kann, die Veränderungen im Spital positiv unterstützen würde, wurde noch zu wenig beachtet.[185] Vielerorts sind jedoch auch die Voraussetzungen für eine gemeinsame Spitalkultur noch nicht vorhanden. Es fehlt an Beziehungsnetzen zwischen den Berufsgruppen, das „Sich Verstehen lernen" (vgl. dazu Position 3) bleibt aus, so auch das Gefühl der gegenseitigen Abhängigkeit sowie der Abhängigkeit von Angebot und Nachfrage auf dem Markt. Die Tatsache, dass man letztendlich im selben Boot sitzt, wurde noch zu wenig erkannt.

---

185) Vgl. *Bellabarba, J.:* a.a.O., S. 104 ff.

5.4 Die Unternehmenskultur als kritischer Erfolgsfaktor bei Integrationsprozessen im Krankenhaus

Noch einmal soll betont werden, dass die Unternehmenskultur ein wichtiger Faktor bei Integrationsprozessen ist – egal ob es sich dabei um ganze Unternehmen oder Abteilungen einer Unternehmung handelt. Eine starke gemeinsame Unternehmenskultur kann dem Konkurrenzdenken und dem Abteilungsegoismus entgegenwirken. Kritisch ist der Erfolgsfaktor Kultur deshalb, weil er nur sehr schwer zu begreifen, zu interpretieren und vor allem zu beeinflussen ist. Der Kultur sollte im Rahmen von Veränderungen und Innovationen mehr Beachtung geschenkt werden, und zwar nicht erst, wenn es bereits zu unternehmenskulturellen Konflikten gekommen ist.

Die Spitäler werden sich in Zukunft den veränderten Umweltbedingungen anpassen müssen. Wie sie das tun, sei momentan dahingestellt. Bei allen Veränderungsprozessen und im Speziellen bei Integrationen wird die Unternehmenskultur aber eine entscheidende Rolle spielen. Denn die Subkulturen im Spital, unter den Berufsgruppen, Abteilungen, zwischen Top-, Middle-Management und Mitarbeitern der Basis sind sehr stark ausgeprägt und verschieden voneinander. Die Unternehmenskultur wird ihren Beitrag bei Integrationsprozessen in Spitälern leisten – positiv-unterstützend oder negativ-hemmend – und genau das macht sie zu einem kritischen Erfolgsfaktor.

Praxisbezogener Teil

Einleitung

Im theoretischen Teil dieses Buches wurde versucht, die Grundlagen der Strategieentwicklung im Krankenhausbereich darzustellen. Danach umfassen diese Aspekte des Wettbewerbvorteils, wie wir am Beispiel der Porterschen Wertkette sehen konnten. Ergänzende Elemente ergeben sich zudem bei der Auseinandersetzung mit den kulturellen Faktoren einer Institution und der Personalorientierung. Als sinnvolles Instrument der Zusammenführung dieser Aspekte zu einer klaren strategischen Ausrichtung wurde dann die Balanced Scorecard vorgestellt.

Der praktische Teil beschäftigt sich nachfolgend mit der konkreten Umsetzung der vorgenannten Aspekte. Dabei wird für die Darstellung eine Fallstudie gewählt die aufzeigen soll, welche Ausrichtung sich aus bestimmten Rahmenbedingungen und ihrer Analyse ergeben könnte. Für diese Betrachtung haben wir das Schweizer Herz- und Gefäßzentrum Bern gewählt, das im Laufe der letzten drei Jahre nach Gründung den gesamten Prozess von der Bildung über die Strategiefindung bis zur Erarbeitung von Maßnahmen durchlaufen hat.

Um die Zusammenhänge in diesem Strategiefindungsprozess deutlich zu machen, werden auch die Rahmenbedingungen und das Umfeld dieser Institution im Fallbeispiel dargestellt, soweit dies mit vertretbarem Aufwand gerechtfertigt erschien. Dabei spielen länderspezifische Vorgaben und Eigenheiten nur eine untergeordnete Rolle, die lediglich den Inhalten der Balanced Scorecard eine gewisse Richtung geben. Die Verwendung dieses Instruments zur Entwicklung und Umsetzung von strategischen Zielen kann deshalb genauso auch in anderen Ländern als der Schweiz erfolgen, auch wenn einzelne Ziele sicherlich anders definiert werden müssen.

In diesem Sinn erhebt das nachfolgende Beispiel keinen Anspruch auf direkte Nachahmung, sondern versucht lediglich, mögliche Stoßrichtungen und damit verbundene Überlegungen vorzustellen. Damit ist auch schon eine der Grundphilosophien der Balanced Scorecard angesprochen, nämlich die Fähigkeit, lediglich einen gewissen Rahmen und einen ganzheitlichen Ansatz für die strategische Ausrichtung zu geben und viel Raum für die individuelle Gestaltung der Inhalte zu lassen. Doch dazu später mehr.

Das schweizerische Gesundheitssystem, als Umfeld der nachfolgenden Fallstudie, befindet sich gleichsam wie jene der anderen deutschsprachigen Länder vor großen und scheinbar kaum zu lösenden Problemen. Es befindet sich zusammen mit Deutschland bei einem Anteil von über 10 % des Bruttoinlandproduktes hinter den USA auf den Plätzen 2 bzw. 3 der teuersten Systeme. Auch hierzulande wird von einer anhaltenden Kostenexplosion gesprochen, der man mit verschiedensten Maßnahmen bislang nicht Herr wurde. Eine Steuerung der Ausgaben und des Leistungsangebotes erscheint aufgrund der kantonalen Zuständigkeit für weite Teile des Gesundheitssystems und der damit verbundenen Zersplitterung in 26 Subsysteme nicht ausreichend zu funktionieren. Die Kantone treten zudem in einem dualen System neben den Krankenversicherungen als weiterer Finanzier und damit als Entscheidungsträger im gesamten System auf. Dabei können kantonale Interessen durchaus von übergeordneten Bundesinteressen abweichen und Entscheidungen befördern, die rein aus volkswirtschaftlichen Aspekten kontraproduktiv wirken. Dies wird beispielsweise bei den Bemühungen einzelner Kantone deutlich, die zum Zwecke der Vermeidung von Inanspruchnahme vorhandener Infrastruktur in anderen Kantonen, ihre eigenen Kapazitäten ausbauen und der Bevölkerung eigene Kliniken und Zentren zur Verfügung stellen.

Neben den strukturellen Unwirtschaftlichkeiten kann ähnlich wie in Deutschland und Österreich die sektorale Trennung zwischen dem ambulanten niedergelassenen Bereich und dem stationären Spitalsektor als ein weiterer Faktor bei der Kostenexplosion angeführt werden. Doppelspurigkeiten und schlechte Abstimmung im Behandlungsprozess werden nur in den wenigen funktionierenden HMO-Modellen vermieden und gehören ansonsten nach wie vor zum Alltag.

Ergänzt wird dieses Bild durch sprunghaft steigende Kosten beim medizinischen Sachbedarf. Sowohl die Ausgaben für Medikamente, als auch für Instrumente und Einmalmaterial nehmen in gleichem Maße zu, wie medizinisch-technischer Fortschritt realisiert wird.

Es handelt sich sicher um keine abschließende Aufzählung der kostentreibenden Faktoren und soll eigentlich nur aufzeigen, dass die Probleme mit einem finanzierbaren Gesundheitswesen ähnlich wie in den Nachbarländern gelagert sind.

Als Antwort darauf diskutieren Politik und Interessensvertreter über verschiedene mögliche Instrumente zur Kostenbekämpfung und Quali-

Einleitung

tätserhaltung. Hierzu gehören leistungsbeeinflussende Steuerungssysteme wie eine diagnose- oder fallbezogene Vergütung, Hausarztmodelle oder qualitätsverpflichtende Maßnahmen[1]. Die größte Einflussnahme wird allerdings von den an der Finanzierung beteiligten Kantonen erwartet. Diese haben im Rahmen der Spitalplanung ein Druckmittel in der Hand, um von den beteiligten öffentlichen Häusern Rationalisierungsmaßnahmen oder kostenmindernde Zusammenarbeiten zwischen den Einrichtungen abzuverlangen.

Als Vorreiter dieser verstärkten Einflussnahme gilt der Kanton Zürich, der bereits seit mehreren Jahren eine Budgetverteilung anhand der amerikanischen DRGs vornimmt. Flankiert wird diese Maßnahme mit einem qualitätsorientierten Projekt namens „Outcome", das versucht, die Ergebnisqualität stärker in den Mittelpunkt zu rücken.

Das (Über-)leben der öffentlichen Häuser wird zusätzlich dadurch erschwert, dass private Spitäler von den beschriebenen Maßnahmen im Rahmen der Spitalplanung ausgenommen sind und so insgesamt besser agieren und reagieren können. Durch die Selektion von Privat- und Halbprivatpatienten geht den öffentlichen Einrichtungen und insbesondere den Universitätskliniken zunehmend eine wichtige Einnahmenquelle verloren. Dies bedeutet in einem System, in dem der Kanton als Defizitträger auftritt, eine steigende Abhängigkeit von diesem öffentlichen Träger. Der wiederum hat, wie oben beschrieben, das Problem, eine wirtschaftliche Steuerung der Häuser einzufordern.

Aufgrund des vorher Dargestellten ergeben sich für die Non-Profit-Organisationen eine ganze Reihe von Herausforderungen. Ausgehend vom jeweiligen Auftrag, den eine Einrichtung zu erfüllen hat (reine Patientenversorgung bis hin zu zusätzlicher Forschung und Lehre) muss zuerst einmal eine innerbetriebliche Basis geschaffen sein (Potenziale). Für diese Basis bedarf es einer Reihe von verschiedenen Zielen. Diese können sich beispielsweise auf die Mitarbeiterzufriedenheit, auf die Aus-, Fort- und Weiterbildung, auf die lernende Organisation oder auf das Wachstum beziehen. Mit dieser Basis kann die Voraussetzung geschaffen werden, die verschiedenen Prozesse zu beherrschen. Hierbei unterscheiden wir zwischen den Kernprozessen (Behandlung und Betreuung, Forschung und Lehre), den Strukturprozessen (Logistik, Informatik etc.) und den Mitarbeiterprozessen. Wenn die Organisation in der Lage ist, diese vielfältigen Prozesse zu beherrschen und seine Kompetenzen herauszuarbeiten, hat das im

---

1) In Deutschland erfolgt z. Zt. die Forcierung von Qualitätsmanagementsystemen wie z. B. KTQ, EFQM oder ISO 9000.

weiteren Schritt zumindest indirekt Auswirkungen auf die Kundenzufriedenheit.

Die Kundenzufriedenheit kann in einem Universitätsspital, wie unser Beispiel zeigen wird, sehr vielseitig ausgerichtet sein. Zuerst einmal ist der Patient selbst angesprochen, nicht zuletzt auf Basis der eigentlichen Profession des Helfens und auch im Zusammenhang mit der Berücksichtigung von Privatpatienten. Doch zeigt sich immer deutlicher die Notwendigkeit, zuweisende Ärzte und andere Institutionen unter einer Kundenperspektive als wichtige Partner zu betrachten und das Angebot besser darauf auszurichten. Dies wird mit der zunehmend gestärkten Rolle des Hausarztes noch bedeutsamer. Daneben tauchen beim Kundenportfolio auch Industrie und Krankenversicherungen auf. Über die Beziehung zu letzterer ist bereits vieles geschrieben worden. Daher möchten wir an dieser Stelle eher auf die Partnerschaften zu den zuliefernden Firmen eingehen. Hierbei von Kunden aus Sicht des Spitals zu sprechen, erscheint auf den ersten Blick fragwürdig. Doch erhält die Zusammenarbeit bei der Gestaltung und Prüfung neuer Produkte durch Kooperationen mit den zukünftigen Anwendern eine neue Dimension.

Unter Einfluss des zuvor Genannten ergeben sich gewollt oder ungewollt direkte Auswirkungen auf die finanzielle Situation des Krankenhauses. Gemeint ist einmal die Auswirkung durch die Erlöse behandelter Patienten und die Steuerung dieses Stroms, aber auch alternative Einnahmequellen, welche durch Spenden, Erbschaften oder Stiftungen realisiert werden können.

Diese Ziele und Maßnahmen sollten letztlich dazu führen, dass ein Krankenhaus auf Dauer seinem Auftrag als Versorger einer bestimmten Region nachkommen und auch unter dem massiven finanziellen Druck hohe Qualität anbieten kann. Der praktische Teil dieses Buches beschäftigt sich daher anhand eines konkreten Beispiels mit der Umsetzung der vielfältigen Aspekte unter Zuhilfenahme der Balanced Scorecard (BSC) und versucht, einen möglichen Weg im Zusammenhang mit den Herausforderungen des Gesundheitswesens aufzuzeigen.

Der beschriebene Aufbau der BSC mit seinen Zielen, Messgrößen und Maßnahmen erfolgte im Zeitraum 1999–2001 im Schweizer Herz- und Gefäßzentrum des Inselspitals Bern. Das Inselspital wurde gegründet als eine Stiftung der Berner Bürgerin Anna Seiler und resultierte aus deren Testament von 1354. Dieses Testament sah die Gründung eines Armenspitals vor, dass jederzeit dreizehn Pflegebedürftige zu beherbergen hatte, die von drei ehrbaren Personen zu

Einleitung

betreuen waren. Auch nach rund 650 Jahren basiert das heutige Spital auf diesem Testament.

Mittlerweile trägt das Inselspital den Status Universitätsklinik und gehört bezüglich Patientenzahlen zu den größten Spitälern der Schweiz. Es beinhaltet mit etwa 40 Kliniken, Abteilungen und Institute die gängige Konfiguration für Universitätskliniken. Außergewöhnlich erscheint dagegen der Status einer Stiftung und somit einer weitläufigen Eigenständigkeit gegenüber dem Kanton, der ansonsten in den meisten Fällen auch als Träger auftritt. Die Aufgaben eines Universitätsspitals mit Leistungen der Spitzenmedizin werden dementsprechend durch Aufträge mit der Universität und dem Kanton geregelt. Durch diese Tatsache erlangt das Inselspital eine gewisse Sonderstellung, die allerdings nicht zwingend vorteilhaft sein muss.

Das aktuelle Leistungsvolumen und die damit verbundenen Kennzahlen gehen von einer Bettenzahl von 1060, von ca. 5500 beschäftigten Mitarbeitern und einem Umsatz von annähernd 450 Mio. A aus. Die mittlere Verweildauer ist mit rd. 7 Tagen eher kurz und sorgt für eine entsprechende Reduzierung der Pflegetage.

Das Inselspital hat sich in den letzten Jahren innerhalb der Schweiz einen Ruf geschaffen, in betriebswirtschaftlichen Fragen ein Stück voraus zu sein. Dies begründet sich einerseits auf einem seit vielen Jahren vorhandenen umfassenden Leistungserfassungssystem und andererseits auf einer seit langer Zeit etablierten Kostenstellenrechnung. Dies ist für die Schweizer Spitallandschaft über viele Jahre keine Selbstverständlichkeit gewesen und hat sicherlich auch den Dialog mit den Krankenversicherungen etwas erleichtert.

Seit Anfang der 90er Jahre des zwanzigsten Jahrhunderts beschäftigt sich das Inselspital Bern mit der Frage einer geeigneten Ausrichtung seiner Organisation auf die oben genannten Herausforderungen im Gesundheitswesen. Es hat sich dabei für eine vergleichsweise stark ausgeprägte Dezentralisierung seiner Einheiten entschieden, was sich auch im nachfolgenden Praxisbeispiel widerspiegeln wird. Diese Dezentralisierung ist wahrscheinlich auch maßgeblich beeinflussend dafür, dass die dokumentierte Auseinandersetzung mit strategischen Fragestellungen erfolgte, ohne dies hier werten zu wollen. Wir erwähnen diesen Sachverhalt lediglich, damit die Rahmenbedingungen und Entwicklungen des folgenden Praxisbeispiels besser nachvollzogen werden können.

Dieser Rahmen wird nachfolgend dargestellt.

III. Fallbeispiel Schweizer Herz- und Gefäßzentrum Bern

6 Strukturelle Veränderungen in Krankenhäusern

6.1 Bildung teilautonomer Einheiten

Wie die Analysen gezeigt haben, die der dezentralen Ausrichtung des Inselspitals zu Grunde lagen, erschien die Bildung teilautonomer Einheiten (Departemente) als eine adäquate Antwort auf die einleitend geschilderten Veränderungen im Gesundheitswesen.

Nachfolgend soll zuerst auf die Grundidee und auf die Ziele der Departementsbildung im Inselspital Bern eingegangen werden (6.1.1). Danach wird eine Projektbeschreibung auf Gesamtspitalebene vorgenommen (6.1.2). Thematisiert werden hier die Konfiguration der Departemente im Spital, die Bildung von Unterstützungsgruppen, welche den Departementsbildungsprozess seitens des Gesamtspitals geregelt und gefördert haben, sowie exemplarisch die Aufgaben dieser Gruppen.

Das Kapitel schließt mit einer kurzen Zusammenfassung bisheriger Erfahrungen im Bezug auf die Bildung der Departemente ab (6.1.3).

6.1.1 Grundidee der Bildung von Departementen („Departementalisierung")

Die Departementsbildung im Inselspital Bern hat eine mehrjährige Vorgeschichte.

Bereits in den Grundsätzen zur Unternehmensstrategie 1993 wurde die Konzentration auf eine hochspezialisierte Pflege und Behandlung festgeschrieben. Der Begriff der „hochqualifizierten integrierten Spezialisierung" wurde dort als strategisch entscheidende Erfolgsposition betrachtet und darunter die Fähigkeit des Spitals verstanden „den Patientinnen und Patienten unsere zahlreichen spezialisierten Dienstleistungen unabhängig vom Ort der Einweisung, situationsgerecht, in der richtigen Qualität und Menge, zur richtigen Zeit in gesamtheitlicher Betrachtungs- und Betreuungsweise zukommen zu lassen"[2]. Im Rahmen der Ziele des Gesamtunternehmens soll dabei eine größtmögliche Freiheit für die einzelnen Bereiche gewährleistet werden.

Im Jahre 1994 wurden mittels Portfolioanalyse eine Eruierung der Kernkompetenzen und der Bereiche mit großem Marktpotenzial vorgenommen und daran anschließend klinische Schwerpunktbereiche definiert (Notfallzentrum, Neurozentrum, Herz- und Gefäßzentrum, Magen- Darm-Zentrum, Urologie, Ophthalmologie, Orthopädie).

Bereits 1996 wurden die Vorarbeiten für die Departementalisierung begonnen. Abbildung 6.1 fasst die entsprechenden Grundgedanken kurz zusammen. Die entscheidende Idee besteht darin, dass Spezialisten aus unterschiedlichen Kliniken, Abteilungen und Instituten in einer gemeinsamen Struktur zusammen gefasst sind. Einfach ausgedrückt soll dadurch erreicht werden, dass die Patienten nicht mehr durch die verschiedenen Fachdisziplinen „geschleust" werden, sondern die Fachdisziplinen gewissermaßen zum Patienten kommen. Diese Ausrichtung an den Bedürfnissen der Patienten sollte also strukturell-organisatorisch unterstützt und die Kooperation Disziplinen und Berufsgruppen übergreifend gefördert und vereinfacht werden.

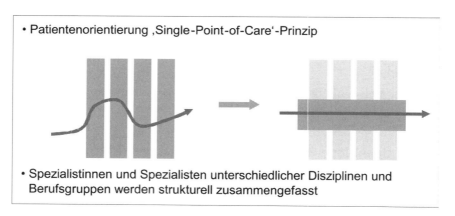

Abb. 6.1: Grundgedanken der Departementalisierung

---

[2] Grundsätze zur Unternehmensstrategie des Inselspitals, Inselspital Bern, 1993.

Die Departementalisierung war damit folgenden Zielen verpflichtet:

- Verwirklichung der neuen strategischen Ausrichtung des Spitals/ Umsetzung der definierten Schwerpunktbereiche
- Schaffung optimaler Behandlungsprozesse durch Förderung der Patienten- und Prozessorientierung
- Schaffung von günstigen Voraussetzungen für die interdisziplinäre Lehre und Forschung
- Schaffung einer föderalen Struktur (teilautonome und weitgehend ergebnisverantwortliche Departemente im Kontext gesamtunternehmerischer Rahmenbedingungen). Der Prozess der Departementsbildung konnte bis April 1999 abgeschlossen und ab diesem Zeitpunkt umgesetzt werden.

Die wesentlichen Schritte im Rahmen des Gesamtspitals im Allgemeinen werden in diesem Hauptkapitel (6.1) und jene im Rahmen des Herz- und Gefäßzentrums[3] im Speziellen im nächsten Hauptkapitel (6.2) beschrieben.

6.1.2 Departementalisierung: Projektbeschreibung auf Gesamtspitalebene

Im September 1998 hat der Regierungsrat des Kantons Bern Beschlüsse gefasst die Neuorganisation der Inselspitalstiftung und der Medizinischen Fakultät, die Bildung von Departementen sowie die Zusammenarbeit zwischen dem Inselspital und der Universität Bern betreffend. Über den Inhalt dieser Beschlüsse wurden die Mitarbeitenden des Inselspitals bereits wenige Tage nach Beschlussfassung anlässlich einer Informationsveranstaltung von den Vorsitzenden des Verwaltungsrats, der Spitalleitung und der Medizinischen Fakultät informiert.

An dieser Veranstaltung wurde auch die künftige Departementskonfiguration vorgestellt (siehe Abbildung 6.2), die vorgängig mit den entsprechenden Entscheidungsträgern in Regierung, Spital und Fakultät ausgiebig diskutiert worden war. In diesem Zusammenhang wurde darauf verwiesen, dass die den Departementen angehörenden Einheiten ungeachtet ihres formal-rechtlichen Status (Klinik, Abteilung etc.) innerhalb des Departements gleichberechtigt behandelt werden sollen.

---

[3] Der Name „Schweizer Herz- und Gefäßzentrum Bern„ (nachfolgend „Herz- und Gefäßzentrum„ genannt) wird vorwiegend für die Kommunikation nach außen genutzt, wohingegen für den internen Gebrauch der Name „Departement Herz und Gefäße„ verwendet wird.

Praxisbezogener Teil

Bezüglich des Veränderungsmanagements wurde bereits hier dem Organisationsentwicklungs-Ansatz gefolgt, der von einem hohen Einbezug der betroffenen Personen und Personengruppen sowie einer ausgeprägten Konsensorientierung gekennzeichnet ist. Dieser Ansatz wurde im gesamten Prozess der Departementsbildung beibehalten.

Allerdings war bereits die Erarbeitung der Departementskonfiguration ein Vorhaben, in dem Konsens nur schwierig zu erzielen war. Wie man sich vorstellen kann, waren nicht alle an den Diskussionen Beteiligten der gleichen Meinung, dass in den Departementen auch wirklich jene Einheiten (Kliniken, Abteilungen, Institute etc.) zusammen kommen, die „auch tatsächlich zusammen gehören".

Notfallzentrum Innere Medizin Intensivmedizin Anästhesie	Frau Kind Endokrinologie	Nephrologie Urologie Dermatologie
Herz Gefäße	Orthopädie Plastische Chirurgie Handchirurgie	Nervensystem Kopforgane
Blut, Tumore Entzündung Labor, Apotheke	Magen-/Darm- krankheiten Lungen- krankheiten	Radiologie Nuklearmedizin

Abb. 6.2: Departementale Organisationsstruktur

Noch im September 1998 beschloss die Spitalleitung die entsprechenden Maßnahmen zur Umsetzung des Regierungsratsbeschlusses. Es wurden 5 Unterstützungsgruppen gebildet, die für die Erarbeitung der erforderlichen Unterlagen und die Begleitung des Departementalisierungsprozesses verantwortlich waren (siehe Abbildung 6.3). In diesem Zusammenhang wurde festgelegt, dass die Unternehmensleitung an sämtlichen Sitzungen über den Stand der Aufgabenbearbeitung dieser Unterstützungsgruppen unterrichtet wird.

Die wichtigsten Meilensteine im Projekt Departementalisierung werden nachfolgend im Zusammenhang mit den Aufgaben der erwähnten Unterstützungsgruppen beschrieben.

In der Unterstützungsgruppe 1 wurden die zukünftige Kompetenzordnung und die Vorgaben zur innerdepartementalen Führungsorganisation erarbeitet, die im Dezember 1998 vom Verwaltungsrat genehmigt wurden. Die wichtigsten Aspekte dieser beiden Papiere werden nachfolgend kurz dargestellt.

Kompetenzordnung

Bei der Kompetenzordnung wurde prinzipiell davon ausgegangen, dass das Gesamtunternehmensinteresse jeweils Vorrang haben soll vor Partikularinteressen der zu bildenden Departemente. Damit wurde klar festgelegt, dass das Inselspital als Einheit bestehen bleibt und einer

Abb. 6.3: Organisation und Auftrag der Unterstützungsgruppen zum Departementsaufbau

Herauslösung einzelner Teile entgegenzuwirken ist. Die notwendigen Vereinbarungen zwischen der zentralen (Spitalleitung, erweiterte Spitalleitung[4]) und dezentralen Ebene (Departemente, Einheiten) sollen in einer Kultur erarbeitet und kommuniziert werden, die von Offenheit und Transparenz gekennzeichnet ist. Die strategische Ausrichtung des Gesamtspitals soll dabei möglichst breit abgestützt werden.

Inhalte der neuen Kompetenzordnung sind sowohl Grundsätze der zentralen Ebene (z. B. Kompetenzen der zentralen Steuerungsinstanzen

---
4) Im Zuge der Departementsbildung wurde ein neues zentrales Führungsgremium geschaffen: Die „erweiterte Spitalleitung,". Dieses Gremium besteht aus der Spitalleitung im engeren Sinne und zusätzlich den Vorsitzenden der verschiedenen Departemente.

Praxisbezogener Teil

Spitalleitung und erweiterte Spitalleitung) als auch der dezentralen Ebene (Festlegung des Leistungsangebots, Umgang mit Innovationen, Ressourcenverteilung innerhalb der Departemente, Personalmanagement, Verwendung von Fonds- und Drittmitteln). Schwerpunkt der Kompetenzordnung sind zudem die Auflistung der relevanten Aufgaben im Unternehmen und die Verteilung der entsprechenden Zuständigkeiten zentral – dezentral. Als Beispiel sei hier das Leistungsangebot betreffend die Dienstleistungen aufgeführt (siehe Tabelle 6.1).

Tabelle 6.1: Aufgabenverteilung im Rahmen der neuen Kompetenzordnung am Beispiel des Leistungsangebots betreffend die Dienstleistungen (Auszug aus der neuen Kompetenzordnung des Inselspitals; Inselspital Bern, 1998)

Aufgaben	Zentral	Departemental (kann vom Departement auch an die Einheiten übertragen werden)
2 Leistungsangebot 2.1 Dienstleistung	• Definition des Leistungspakets des Gesamtspitals • Koordination der quantitativen Leistungsangebote (Basis: Leistungsauftrag des Kantons) • Definition spitalweiter Standards • Rahmen für Qualitätsentwicklung und Hygienefragen	• Mitwirkung bei der Definition des Leistungspakets • Bereitstellen des Leistungsangebots (patientenorientierte Prozesse) • Mitwirkung bei der Konzepterarbeitung der Standards • Durchführung der Qualitätsentwicklung mit interdepartementaler Koordination

Vorgaben zur innerdepartementalen Führungsorganisation

Das Departementsdirektorium wurde neu als oberstes (innerdepartementales) Führungsgremium etabliert. Es entscheidet in strategischen Fragen, die das jeweilige Departement als Ganzes sowie in Geschäften, die mehr als eine einzelne Einheit des Departements betreffen.

Grundsatz bei der Zusammensetzung dieses Direktoriums sind die Integration der wichtigsten Funktionen des Departements und eine angemessene Vertretung der verschiedenen Einheiten.

Die Zusammensetzung wird in der Geschäftsordnung des Departements festgelegt, wobei die Amtsdauer zwei Jahre beträgt.

Ein wichtiger Aspekt ist die Schaffung der Funktion des Geschäftsleiters/der Geschäftsleiterin. Dieser Geschäftsleitung obliegt die operative Führung des Departements, sie hat Einsitz im Direktorium (ohne Stimmrecht) und leitet ein departementales Fachteam an. Dieses Fachteam verfügt über wichtige Funktionen (z. B. in den Bereichen Finanzen/Controlling, Personalwesen und Informatik), die für die Führung eines Departements von großer Wichtigkeit sind. Mit der Installierung der Fachteams war eine Dezentralisierung dieser Funktionen verbunden, d. h., dass z. B. die zentralen Finanz- oder Personalbereiche Ressourcen in die Departemente „verschoben" haben.

Schließlich wurden in den Führungsvorgaben die prinzipiellen Führungsabläufe für die Departemente festgelegt.

Die Unterstützungsgruppe 2 hatte jene Ressourcen zuzuteilen, die für die Departementsbildung erforderlich waren. Da es sich bei diesen Ressourcen teilweise um nicht vermehrbare Güter (z. B. Räume) handelte, gestaltete sich die Zuteilung mitunter sehr schwierig und längst nicht alle Begehren konnten erfüllt werden.

Eine besondere Bedeutung für die operative Projektarbeit im Rahmen der Departementsbildung hatte die Unterstützungsgruppe 3 „Support Departementsaufbau".

Diese Gruppe war hauptsächlich für folgende Aufgaben verantwortlich:

- Unterstützung der Einheiten bei der Vorbereitung, Organisation und Moderation der Startworkshops zur Departementsbildung
- Auswahl der Change Agents für jedes zu bildende Departement
- Ausarbeitung des detaillierten Projektmanagements
- Unterstützung bei der Auswahl der Fachteams (Personalverantwortung, Controlling, Informatik) für jedes zu bildende Departement
- Unterstützung bei der Konkretisierung der Geschäftsordnung.

In einem zentralen Raum des Spitals waren während des gesamten Prozesses für alle Mitarbeitenden Informationen über den Stand der Departementalisierung erhältlich. Die Aufbereitung und Aktualisierung dieser Informationen war ebenfalls Aufgabe der Gruppe „Support Departementsaufbau".

Nachfolgend sollen anhand einiger Beispiele die Aktivitäten dieser Unterstützungsgruppe erläutert werden.

Startworkshops

Als Startschuss der Departementsbildung in den Departementen selbst wurden im November/Dezember 1998 jeweils sog. Startworkshops durchgeführt. Diese Workshops wurden mit Hilfe der Unterstützungsgruppe 3 organisiert und folgten jeweils einem grundsätzlich gleichen, vorab festgelegten Schema:

1. Einleitung zum Workshop (Ablauf und Ziele, Bekanntgabe von „Spielregeln für die Kommunikation in den Startworkshops" etc.)
2. Informationen zur Departementalisierung (Bekanntgabe und Diskussion des aktuellen Projektstandes)
3. Vorgehen beim Departementsaufbau: Arbeit an den vorgegebenen Aufgaben der Spitalleitung
4. Arbeit an den spezifischen Anliegen der Departemente
5. Projektorganisation (Festlegung der Projektorganisation für die Bearbeitung der anstehenden Aufgaben, Aufgaben der Projektgruppe, Wahl der Projektgruppenmitglieder etc.)
6. Ressourcenzuteilung (Auflistung des Ressourcenbedarfs (z. B. Betten, Räume, Personal) und Beginn der Verteilung)
7. Weiteres Vorgehen

An den Workshops nahmen etwa 20–30 Personen aus den Einheiten der Departemente teil sowie an verschiedenen Diskussionspunkten weitere Fachpersonen des Inselspitals.

Auswahl der Change Agents

Im Kapitel 6.2 wird genauer auf die Auswahl der Change Agents und insbesondere auf jene im Herz- und Gefäßzentrum eingegangen. An dieser Stelle seien vorab einige grundlegende Bemerkungen angefügt.

Der Bedarf an Change Agents im Zuge der Departementsbildung war groß und konnte bei weitem nicht mit intern tätigen Personen abgedeckt werden. D. h., dass mehrheitlich externe Berater und Beraterinnen hinzugezogen werden mussten. Dies ließ Probleme bezüglich des Change Managements vor Ort im Hinblick auf die Umsetzung einer grundsätzlich einheitlichen (Beratungs-) Philosophie erwarten.

Die Unterstützungsgruppe 3 hat in diesem Zusammenhang die Suche nach geeigneten Beratern unterstützt und deren Installation in den Departementen begleitet. Nicht zuletzt ist Beratung immer auch Vertrauenssache und setzt wechselseitige Akzeptanz von Auftraggeber und Auftragnehmer voraus. Neben fachlichen Qualifikationen ist dieser „Fit" sicher nicht unwichtig für den Projekterfolg.

Darüber hinaus wurden an mehreren Intervisionstreffen der Unterstützungsgruppe 3 mit den Change Agents Informationen über den Projektstand vor Ort ausgetauscht und im Sinne von „good practices" Empfehlungen für das weitere Vorgehen aufgegriffen und auf die verschiedenen Departemente übertragen. Damit wollte man sicherstellen, dass das Change Management nach einem einheitlichen Muster abläuft, die Vorgaben des Gesamtspitals entsprechend beachtet und umgesetzt sowie der strenge Zeitplan eingehalten wurden. Am Ende dieser Treffen war jeweils auch der Direktionspräsident des Inselspitals zugegen, erläuterte bei Bedarf die Ideen und Vorgaben des Spitals und stellte sich den Fragen der Change Agents.

Rekrutierung der Fachteams

Ebenfalls unterstützt wurden die Departemente bei der Auswahl der Fachteams bzw. der entsprechenden Funktionen. Wie bereits erwähnt, erfolgte parziell eine Verschiebung unternehmerischer Kompetenzen von den zentralen Einheiten in die Departemente. Die Trennung des Unternehmens von einzelnen Mitarbeitenden sollte dabei so weit als möglich vermieden werden.

Mit dem Vorhandensein von mehr unternehmerischen Funktionen im Departement sollte es diesen erleichtert werden, den veränderten Bedingungen und letztlich auch den hohen Erwartungen, die in diese umfassende Restrukturierung gesetzt wurden, zu erfüllen.

Die neu geschaffenen Funktionen mussten definiert, das entsprechende Personal rekrutiert und den Departementen zugeordnet werden. Damit betrat man Neuland, wurden eben eine Reihe der neu im Departement angesiedelten Funktionen und Aufgaben vorher von zentralen Bereichen des Spitals wahrgenommen.

Die Grundsätze und das Vorgehen bezüglich der Schaffung von Fachteams in den Departementen wurden in einem Konzept für den Personaleinsatz[5] festgelegt.

Erarbeitung der Geschäftsordnung

Bezüglich der departementalen Geschäftsordnungen wurden seitens der Unterstützungsgruppe 3 Rahmen und grundsätzliche Inhalte vorgegeben und den Departementen Hilfe bei der Ausarbeitung dieser Reglemente angeboten. Die Geschäftsordnung wurde im Departementsdi-

---

5) Konzept für zentralen/departementalen Personaleinsatz, Inselspital Bern, 1998.

rektorium erarbeitet, wobei die Hauptarbeit vor allem von den Change Agents erledigt wurde.

Hier wurden die Aufgaben des Departements grundsätzlich festgeschrieben und dessen Struktur festgelegt, die Führung und die entsprechenden Instanzen beschrieben sowie die Finanz- und Kompetenzordnung dargelegt.

Die Unterstützungsgruppe 4 hatte die Aufgabe, die sich aus der veränderten Spitalstruktur ergebenden rechtlichen Anpassungen vorzunehmen.

Schließlich bearbeitete die Unterstützungsgruppe 5 Rahmenverträge, Leistungsvereinbarungen und Leistungsaufträge mit der Universität Bern und der Medizinischen Fakultät und passte diese Papiere gemeinsam mit diesen Partnern an die veränderten Bedingungen an.

Es darf noch betont werden, dass diese 5 Unterstützungsgruppen von Führungskräften aus dem Spital geleitet wurden und teilweise mit zusätzlichen internen Funktionsträgern besetzt waren, die allesamt zumindest teilweise aus bestehenden Aufgabenzusammenhängen heraus gelöst werden mussten.

Trotz der geringen Zeitdauer zwischen Regierungsratsbeschluss und Projektabschluss konnte der Zeitplan eingehalten werden. Die Inkraftsetzung der Departemente konnte damit termingerecht vorgenommen und mit einem großen Fest von den Mitarbeitenden des Spitals gefeiert werden.

6.1.3 Fazit

Der Entscheidungsfindungsprozess im Rahmen der Departementalisierung hat sich erwartungsgemäß als sehr aufwendig erwiesen. Zweck dieses Aufwandes war aber, zu Lösungen zu gelangen, die einerseits qualitativ hochwertig sind und andererseits auch akzeptiert werden.

Aus dieser Perspektive kann das Projekt insgesamt als erfolgreich beurteilt werden.

Dennoch lief natürlich eine so umfassende Veränderung nicht ohne Schwierigkeiten ab. Trotz aller Bemühungen um breite Abstützung der Entscheidungen und transparente Kommunikation der einzelnen Projektschritte gab und gibt es Widerstände gegen dieses Vorhaben.

Zuerst einmal ist hier die Angst vor Wandel und Veränderungen ganz generell zu nennen. Schließlich ist nur die Wirklichkeit bekannt und ob

Strukturelle Veränderungen in Krankenhäusern

die angezielten Verbesserungen eintreffen, ist nur mehr oder weniger wahrscheinlich und stets auch mit einem gewissen Anteil an Hoffnung verbunden. Manchmal waren diese Widerstände kaum rational zu erklären und es soll hier auch nicht der Versuch einer solchen Erklärung unternommen werden.

Erklärbar dagegen ist ein befürchteter Verlust an Macht und Einfluss, der sich teilweise in fehlender Kooperationsbereitschaft, mitunter aber auch in gezielten Störmanövern manifestierte. Gerade in Krankenhäusern sind ja in der Praxis zum Teil noch sehr zentralistische Führungsstrukturen anzutreffen, die von viel Einfluss weniger auf viele und damit von ausgeprägten Abhängigkeiten gekennzeichnet sind. Föderale Strukturen verlangen aber ein hohes Maß an (hier: betrieblicher) Demokratie, an Mitbestimmung und damit auch ein Verlagern von Kompetenzen, Verantwortung und letztlich Macht. Dazu waren und sind nicht alle bereit.

Schließlich bringt ein näheres Zusammenrücken, bringt ein stärkeres Ausrichten am Patientenprozess auch ein Mehr an Transparenz über klinik- und abteilungsbezogene Abläufe und Strukturen mit sich. Der Verlust an Intransparenz kann ebenfalls eine Erklärung für vorhandene Widerstände sein, werden doch interne Defizite und Probleme schneller sichtbar.

Die bisherigen Erfahrungen machen jedoch deutlich, dass mittlerweile eigentlich kaum noch jemand in die alten Strukturen zurück möchte. Die Vorteile besserer Möglichkeiten, Berufsgruppen- und Disziplinenübergreifend zusammenzuarbeiten, werden für viele deutlich. Wahrscheinlich haben die pflegenden und pflegenahen Berufsgruppen diese Vorteile schneller und dynamischer aufgegriffen als z. B. die Ärzteschaft. Ein Umdenken ist aber auch hier deutlich zu erkennen.

Das klinikübergreifende Behandlungsmanagement hat sich teilweise verbessert.

Die Kliniken und Abteilungen suchen in selbst initiierten Projekten nach Synergien und Austauschmöglichkeiten. Zu nennen sind hier die gemeinsame Bewirtschaftung von Betten, die beschleunigte Entwicklung innovativer, integrierter Dienstleistungsprodukte (z. B. fachübergreifende Sprechstunden) oder das gemeinsame Management von Personal und vermehrt integrierte Fortbildungen.

Die neuen Strukturen haben Kooperationserfordernisse sichtbarer gemacht und ganz grundsätzlich zu vereinfachten Kooperationsmöglichkeiten geführt, die zunehmend genutzt werden.

Unternehmerisches Denken und Wettbewerbsbewusstsein haben sich mit mehr Autonomie und mehr Ergebnisverantwortung verstärkt. Allerdings ist dies differenziert zu beurteilen. Den diesbezüglich positiven Effekten stehen solche der Abgrenzung und des Egoismus zwischen den Departementen gegenüber. Hier ist nach wie vor ein ständiges Balancieren erforderlich, um die notwendige Eigeninitiative zu stärken und gleichzeitig die erforderliche Offenheit der Departemente und deren Kooperation untereinander zu gewährleisten.

Die gemachten Erfahrungen haben zudem gezeigt, dass der verstärkte Wettbewerb im Gesundheitswesen einen tiefgreifenden Wandel in den Spitälern erforderlich macht und dass es dazu wohl keine sinnvolle Alternative gibt. Gezeigt hat sich aber auch, dass dieser Wandel nicht einfach zu bewerkstelligen ist und von den Mitarbeitenden getragen werden muss.

In diesem Sinn hat sich deren umfassenderer Einbezug bewährt.

6.2 Change Management

Eine Organisationsveränderung wie die Bildung von teilautonomen Einheiten lässt Auswirkungen auf die bestehenden Bindungen und Zugehörigkeitsgefühle der Mitarbeitenden erwarten. Dies umso mehr, wenn neue Zusammenschlüsse von vorher alleine agierenden und anderweitig eingebundenen Einheiten entstehen. Mit der geplanten Veränderung gehen häufig Unklarheiten, Gerüchte und somit auch gewisse Ängste einher. Um aber in dieser schwierigen Situation gute Voraussetzungen für einen erfolgreichen Start des neuen Organisationsgebildes zu schaffen, wurde mit der Umgestaltungsphase auch ein umfängliches Change Management im Inselspital installiert.

Im letzten Kapitel 6.1 haben wir bereits die grundsätzliche Unterstützung dieses Departementalisierungsprozesses insbesondere aus dem Blickwinkel des Gesamtmanagements beschrieben und möchten in diesem Kapitel ausschließlich auf die departementsinterne Sichtweise eingehen. Dies ist insbesondere deshalb wichtig, da eine Organisationsumgestaltung nur dann erfolgreich sein kann wenn es gelingt, die betroffenen Einheiten in ihren Interessen und Forderungen möglichst gut zu begleiten. Ein von oben herab diktierter Veränderungsprozess hätte voraussichtlich keine Chance und würde an den Bedürfnissen der Einheiten und deren Mitarbeitenden klar vorbei gehen.

Zur aktiven Unterstützung dieses Findungsprozesses standen den neu zu bildenden Departementen bzw. den betroffenen Führungspersonen ein oder mehrere Change Agents zur Verfügung. Die Departemente waren dabei grundsätzlich frei, wen sie für diese Rolle verpflichten wollten. Es bestand sowohl die Möglichkeit externe als auch interne Begleiter auszuwählen. Auch die damit verbundenen Kosten wurden von der Spitalleitung getragen. Dies war sicherlich ein wichtiger Schritt, um den Betroffenen von Anfang an das Gefühl zu vermitteln, dass sie in ihrer inneren Gestaltung weitgehend frei sind.

So wurden in dem knappen halben Jahr der Vorbereitungszeit auch mehrere Varianten der Change Agent-Betreuung genutzt. Sowohl externe als auch interne Berater kamen zum Zuge, die teils alleine, teils zu zweit ihre Aufgabe wahrnahmen. Das bedeutendste Kriterium bei dieser Aufgabe war sicherlich das bereits erwähnte wechselseitige Vertrauen, da es nicht zuletzt darum ging, unterschiedliche Persönlichkeiten und Fachabteilungen zu einem funktionierenden Organisationsgebilde zusammenzuführen. Hierbei spielen dann auch entsprechende Erwartungen, vorgefertigte Beurteilungen und viel Ungewissheit mit hinein.

Aus der Sicht des Herz- und Gefäßzentrums war es dann auch naheliegend, für die Rolle des Change Agent Personen zu wählen, die im Vorfeld dieses Umgestaltungsprozesses schon Erfahrungen mit den betroffenen Einheiten gemacht hatten und deren Nutzen man von daher abschätzen konnte. Daraus ergab sich dann die Konstellation, dass dort zwei interne Change Agents ausgewählt wurden, die mit den großen Abteilungen des Zentrums bereits Projekte und andere Aufträge durchgeführt hatten. Sie waren über die Strukturen und Bedürfnisse weitestgehend im Bild und konnten dementsprechend auch schnell mit ihrer Arbeit beginnen. Die Konstellation dieser Change Agents ergab somit eher zufällig eine Zusammenarbeit zwischen Arbeitspsychologie und Betriebswirtschaft, den beiden Arbeitsschwerpunkten dieser Personen. Dass diese Verbindung sich im weiteren Verlauf als äußerst hilfreich und bedarfsorientiert erwies, war den Beteiligten zu diesem Zeitpunkt allerdings noch nicht bewusst. Wir werden zu einem späteren Zeitpunkt in diesem Kapitel nochmals darauf zurückkommen.

Bei der Fragestellung, welche Aufgaben die Change Agents im Departementalisierungsprozess zu erfüllen hatten fällt auf, dass es eigentlich keine exakte Beschreibung dieser Rolle gab. Dagegen entstanden im Verlauf des halben Jahres bis zum Start der Departemente eine Reihe von Rahmenbedingungen, die auch Auswirkungen auf die Gestaltung der Departementsstruktur hatten. Hierzu gehörten die Kompetenzordnung zur Abgrenzung zwischen zentralen und dezentralen Verantwortlichkeiten, die Geschäftsordnung zum Zwecke der Festlegung von Ent-

Praxisbezogener Teil

scheidungsprozessen und Strukturen innerhalb der Departemente und die Zusammensetzung des Führungsgremiums eines Departements (Departementsdirektorium; vgl. Kapitel 6.1.2). Für die Erarbeitung dieser Dokumente und Abläufe wurden insbesondere die Change Agents eingesetzt und gefordert; besonders dort, wo es um dezentrale Anliegen ging. Daneben stellte sich allerdings auch die Frage, wie diese sehr formalen und verpflichtenden Aspekte auch zu einer verinnerlichten Haltung der involvierten Führungskräfte führen könnte. Auch galt es zu klären, wie die betroffenen Mitarbeitenden in sinnvoller Weise mit der neuen Struktur vertraut gemacht werden sollten.

Somit umfasste die Aufgabe eines Change Agents neben der formalen Umsetzung auch die Herausforderung, Führungskräfte verschiedener Einheiten zusammenzubringen und eine Dynamik zu entwickeln, auf der sich eine Departementsbildung positiv gestalten lässt. Im Rückblick auf die gemachten Erfahrungen können vier prägnante Ausrichtungen bei der Gestaltung des Departements Herz und Gefäße angeführt werden. Dies sind:

1. Konsequenter Einbezug der Führungskräfte im ärztlichen und pflegerischen Bereich
2. Augenmerk auf eine transparente Informationspolitik
3. Gemeinsame Zielfindung und -vereinbarung
4. Erreichte Meilensteine feiern

Zu 1.:
Bereits mit dem Tag der Ankündigung einer bevorstehenden Neuorganisation wurden die Chefärzte zu ersten Gesprächen und Informationsrunden eingeladen. Hierbei konnten auch schon Erwartungen definiert werden, was dann zu gegebener Zeit eine rasche Entscheidungsfähigkeit ermöglichte. Der Kreis der Involvierten wurde bald um die Oberschwestern und Vertretungen des akademischen Mittelbaus erweitert. Bevor von offizieller Seite eine Formierung von Direktionen als departementale Führungsinstanz eingefordert wurde, hatte sich somit bereits eine Gruppe von Führungskräften formiert, die sich gedanklich intensiv mit dem Veränderungsprozess auseinander setzte. Dies ermöglichte letztendlich ein Agieren als Gruppe anstelle des Reagierens, wie es sich ansonsten in diesem Prozess wohl ergeben hätte.

Zu 2.:
Von dem Zeitpunkt an, als die grundsätzlichen Strukturen sichtbar wurden und ein gewisses Maß an Verbindlichkeit existierte, wurde eine groß angelegte Informationsoffensive gestartet. Der frühestmögliche Einbezug der Mitarbeitenden des zukünftigen Departements stand

dabei sehr weit oben auf der Prioritätenliste. Zu diesem Zweck wurden Informationsgefäße geschaffen die es ermöglichten, dass möglichst alle Mitarbeitenden über die Entwicklungen in diesem Veränderungsprozess sowohl spital- als auch departementsbezogen informiert wurden. Dazu gehörten ein jeweils einseitig verfasster Newsletter, auf dem die wichtigsten Schlagzeilen rechts neben dem Text zur schnelleren Übersicht dargestellt wurden, Informationsgespräche in den Unterabteilungen und Gruppen sowie eine wöchentlich stattfindende persönliche Sprechstunde der Change Agents, die allen Mitarbeitenden offen stand.
Auf diese Weise konnte individuell auf die Bedürfnisse und Rahmenbedingungen abgestimmt, transparenter Einbezug gewährleistet werden. Dabei ging es selbstverständlich nicht ausschließlich um einseitige Informationsweitergabe, sondern auch um eine Gesprächsplattform für Personal, das mit der Umgestaltung persönliche Existenzängste und Vorbehalte verband. Trotz allem bleibt auch hier die Einsicht, dass es mit den breitangelegtesten Maßnahmen nicht immer gelingt, alle Personen zu erreichen. Allerdings konnte zumindest gewährleistet werden, dass die Mitarbeitenden mit vertretbarem Aufwand zu den nützlichen und notwendigen Informationen kamen, ohne sich dafür sonderlich anstrengen zu müssen.

Zu 3.:
Ganz entscheidend und im Rückblick als noch wichtiger einzuschätzen galt das Bestreben, alle Verantwortlichen und involvierten Führungskräften auf gemeinsam vereinbarte Zielsetzungen zu verpflichten. Das Entwickeln und Herausarbeiten von gemeinsamen Zielen erscheint eine wesentliche Voraussetzung dafür zu sein, dass eine Identifikation mit der neuen gemeinsamen Organisationsform stattfinden kann. Wenn diese gemeinsamen Ziele nicht existieren, wird ein ähnlich geplantes Gebilde niemals anfangen, seine ihm zugedachte Rolle wahrzunehmen.
Leider wird diesem Aspekt in der Praxis häufig viel zu wenig Beachtung geschenkt, da eine Konzentration zumeist nur auf strukturelle und ressourcenbezogene Gesichtspunkte stattfindet. Eine Aufgabe von Change Agents sollte es deshalb auch sein, das integrierende Element in diesen Veränderungsprozessen herauszustellen.

Zu 4.:
Neben der Vielzahl von Aufgaben und Herausforderungen für die am Veränderungsprozess beteiligten Personen sollte nicht vergessen werden, nach erreichten Meilensteinen innezuhalten und dies auch entsprechend zu würdigen. Dies geht in einem komplexen System und bei

der Vielzahl von Routine- und Sonderaufgaben häufig vergessen und wird schnell als selbstverständlich abgehakt. Doch dieses Innehalten in Form von kleinen Feiern oder einem Zusammentreffen außerhalb der regulären Bedingungen schafft die Möglichkeit, bisherige Aktivitäten Revue passieren zu lassen und auch aus gemachten Erfahrungen zu lernen.

In diesem Sinne wurde die abgeschlossene Periode und die erreichten Meilensteine mit einem Apéro[6] gefeiert und auch frühzeitig die Weichen gestellt, dass sich das neue Departement nach drei Monaten zu einem gemeinsamen Sommerfest treffen und sich gegenseitig näher kennenlernen konnte. In diesem Sinne hat das Feiern und Rückblicken eine wichtige Funktion für die Verarbeitung solcher Prozesse und Perioden.

Auch wenn es sich abschließend gesagt nur um die Erfüllung von überwiegend administrativen Aufgaben im Zusammenhang mit der Gestaltung der Teilautonomie handelte, so kommt der Rolle eines Change Agent dennoch hohe Bedeutung dadurch zu, dass er von einer einigermaßen neutralen Seite her den Prozess des Zusammenfindens fördern und unterstützen kann. Er muss daher sowohl Macher als auch Vertrauensperson sein.

7 Entwicklung einer gemeinsamen Leitidee

7.1 Kulturelle Faktoren

Im 3. Kapitel des theoretischen Teils wurde ausführlich auf unternehmenskulturelle Aspekte der Strategieentwicklung eingegangen. Hier wurde die Unternehmenskultur als ein sehr wichtiges, zugleich aber auch schwer fassbares Phänomen beschrieben. Eine wichtige Aussage war hier, dass ungenügende Abstimmungen strategischer Vorhaben mit „kulturellen Faktoren" häufig für das Scheitern struktureller Veränderungen mit verantwortlich sein können.

In Krankenhäusern existieren nicht selten zwischen chirurgischen und nicht-chirurgischen Kliniken und Bereichen Unterschiede dahingehend, dass verschiedene Behandlungsphilosophien vorherrschen. In chirurgischen Bereichen dominiert ein mehr auf Therapie ausgerichteter Zugang zum Patienten, wohingegen in nicht-chirurgischen Berei-

---

6) Der Apéro (oder auch Aperitif) hat in der Schweiz insbesondere eine gesellschaftliche Bedeutung und findet häufig auch im Zusammenhang mit arbeitsbezogenen Feierlichkeiten statt.

chen analytische und diagnostische Fragen eher stärker gewichtet werden. Neben tatsächlich vorhandenen Unterschieden scheinen sich allerdings hier zum Teil auch Vorurteile zu manifestieren, die innerhalb der Medizingeschichte Tradition haben. Jedenfalls herrschen nicht selten Meinungen vor, die von einer klaren Trennung der Behandlungsansätze in der Praxis ausgehen („die Chirurgen sollen operieren und uns den Rest überlassen").

Es darf noch betont werden, dass solche Sichtweisen vermehrt von der Ärzteschaft vertreten werden und in Pflegebereichen weniger stark ausgeprägt anzutreffen sind.

Im Falle des Schweizer Herz- und Gefäßzentrums kamen nun die nicht-chirurgischen Abteilungen Kardiologie und Angiologie verstärkt mit kulturellen Besonderheiten des Partners Herz- und Gefäßchirurgie in Berührung. Durch die strukturelle Zusammenführung dieser Einheiten im gemeinsamen Departement musste man sich mehr als vorher mit den Ideen und Vorgehensweisen des „anderen" auseinandersetzen. Schließlich war es ja gerade ein Ziel der Departementsbildung, eine Basis zu schaffen, die die Vorteile von mehr Kooperation für die einzelnen Einheiten im Hinblick auf eine verbesserte Patientenbehandlung und -betreuung sichtbar machen kann.

Es darf an dieser Stelle betont werden, dass das Herz- und Gefäßzentrum im Zuge der Departementsbildung eine gute Ausgangslage hatte. Es gab kaum Meinungsverschiedenheiten darüber, dass im Depertament Einheiten zusammen geführt und damit einander näher gebracht werden, die inhaltlich auch zusammen gehören. Ein Patient ist ja z. B., zumindest aus einer Laienperspektive, zuerst einmal krank am Herzen und erst in zweiter Linie ein „chirurgisches oder nicht-chirurgisches Problem".

Ausgehend von den theoretischen Gedanken zur Unternehmenskultur erschien es im Kontext der Strategieentwicklung deshalb zuerst einmal notwendig, sich gegenseitig auszutauschen, einander noch besser kennen zu lernen und sich mit den Perspektiven der Partner auseinanderzusetzen. Damit sollte der Grundstein für die Erarbeitung einer integralen Strategie (des Departements) gelegt werden, die in einem weiteren Schritt dann an die Belange und Besonderheiten der Einheiten angepasst und somit auf die Klinik- und Abteilungsebene „herunter gebrochen" werden sollte.

Die vorbereitenden umfangreichen Zusammenkünfte (z. B. darf hier auch der gemeinsame Start-Workshop erwähnt werden) im Rahmen der Departementsbildung haben hierzu einen wichtigen Beitrag geliefert (vgl. Kapitel 6.1). Zwar waren sich die Einheiten vorher keineswegs unbekannt; dennoch wurde durch die strukturelle Zusammenführung der Druck zur Kooperation erhöht und damit auch die Notwendigkeit, vermehrt andere Sichtweisen in die eigenen Perspektiven zu integrieren.

7.2 Grundlagen der Strategieentwicklung

Wie bereits im Kapitel 1 des theoretischen Teils ausgeführt, bilden die interne und externe Analyse eine sinnvolle Grundlage für die Strategieentwicklung. Aus diesen Informationen lassen sich wertvolle Hinweise für die Ausrichtung und Zielsetzung des Departements ziehen. Dazu gehören intern die Auseinandersetzung mit den Stärken und Schwächen des eigenen Hauses, die Zusammenstellung der angebotenen Dienstleistungen inklusive der Bewertung von deren derzeitiger und zukünftiger Bedeutung, sowie die Chancen und Risiken, die sich aus der gegenwärtigen Situation ergeben. Bezüglich externer Analysen werden Einschätzungen zu den potenziellen Konkurrenten, aber auch zu den vorhandenen und zu erwartenden Rahmenbedingungen vorgenommen.

Zur Beantwortung dieser Fragen wurden den Mitgliedern des Direktoriums Fragebögen zugestellt, die die jeweiligen Einschätzungen zur internen und externen Situation abfragten. Im Zusammenhang mit der internen Analyse wurden verschiedene Faktoren abgefragt. Die Stärken-/Schwächen-Analyse berücksichtigt beispielsweise die Vor- und Nachteile, die ein Universitätsbetrieb mit sich bringt. Dazu gehören der Umgang mit der angebotenen Spitzenmedizin oder die Konkurrenzfähigkeit gegenüber privaten Spitälern. Bei der Chancen-/Risiken-Analyse ging es dann mehr um die Frage, mit welchem Angebot sich die betroffene Einheit positionieren kann und welche Leistungen dazu in der Zukunft entsprechende Bedeutung erhalten werden oder auch verlieren. Die externe Analyse hatte ebenfalls mehrere Faktoren im Visier. Einerseits die Rahmenbedingungen, die sich beispielsweise durch Gesetze und Verordnungen ergeben können und andererseits eine Einschätzung von Konkurrenz und Umwelt.

Nach Erhalt der Rückmeldungen konnte dann im nächsten Schritt eine Zusammenfassung der Meinungen und Ansichten vorgenommen werden. Dabei wurden die Informationen gebündelt, die weitgehend übereinstimmend waren und jene einander gegenüber gestellt, die konträr angesehen wurden. Mit dieser Aufarbeitung konnte eine Diskussionsbasis für einen gemeinsamen Strategieworkshop geschaffen werden, der das Ziel hatte, das Commitment zu einer einheitlichen Strategie zu erhalten.

So verlief der anschließende Strategieworkshop der Führungskräfte in zwei Blöcken: Zuerst erfolgte die Präsentation der Einschätzungen inklusive der Diskussion über die abweichenden Meinungen bezogen auf Stärken und Schwächen, Chancen und Risiken, das Leistungsangebot sowie die externe Analyse. Im zweiten Teil wurde die Erarbeitung von Visionen und einer gemeinsamen Leitidee auf Basis des zuvor Diskutierten vorgenommen. Als Grundlage dazu wurde mit dem zuvor erwähnten Fragebogen auch nach den Departements- und Abteilungs-bezogenen 5-Jahreszielen gefragt, die somit für die gemeinsame Erarbeitung auch zur Verfügung standen.

Durch die in zwei Arbeitsgruppen getrennt geführte Diskussion im zweiten Teil des Workshops wurde zudem sichergestellt, dass sich der Fokus nicht zu einseitig entwickelte. Je nach den Fachgebieten, Professionen und Positionen entspannten sich unterschiedliche Gespräche und Statements. Diese Ansichten und Meinungen galt es dann, in einer abschließenden Runde soweit zusammenzubringen, dass sich alle Beteiligten mit den Vereinbarungen identifizieren konnten. Dazu wurden die Ergebnisse der Gruppen präsentiert und die Übereinstimmungen herausgestellt bzw. die ergänzenden Aspekte hinzugefügt.

7.3 Kommunikation der Strategie

An anderer Stelle wurde bereits auf die Notwendigkeit eines breit abgestützten Informationsprozesses hingewiesen. Dies gilt für die Kommunikation der zuvor erarbeiteten Vision und der strategischen Ausrichtung in besonderem Maße, wird hier doch der Versuch unternommen, Ausrichtungen einer Institution und die damit verbundenen Überlegungen zum besseren Verständnis für das Handeln deutlich zu machen.

So erfolgte also nach Erarbeitung der Vision die Phase der Bekanntmachung bei den Mitarbeitenden und das Abfragen der Akzeptanz für die dargestellten Ziele und Strategien sowie gewünschter Änderungen. Dazu wurde der sicherlich aufwendige Weg einer breiten Abstützung gewählt, der es notwendig machte, die Aussagen des Direktoriums in kleineren Kreisen (Pflegegruppen, Ober- und Assistenzärzte, Schalterpersonal oder Informatikteams) zu präsentieren und zu diskutieren.

Sicherlich konnten auch auf diesem Weg nicht alle Mitarbeitenden persönlich angesprochen werden, aber es wurde zumindest die Gelegenheit ermöglicht, sich in den Strategieprozess einzuschalten und seine Meinung dazu kund zu tun. Dies war dann in der Praxis auch so der Fall, da nicht alle Angesprochenen den eher ambitiösen Visionen folgen konnten und die Sinnhaftigkeit entsprechend hinterfragten. Auch wurde vereinzelt bemängelt, dass sich das Auseinandersetzen mit einer Vision nicht direkt auf die aktuellen Arbeitsbedingungen auswirkt, die nicht in jedem Fall zum besten standen.

An dieser Stelle wurde der Nutzen der geleisteten Arbeit erstmalig deutlich: Anhand der zusammengetragenen Analysen und Erkenntnisse sowie der Darstellung der Ziele für die Zukunft konnte deutlich gemacht werden, dass es nur durch eine einheitliche Philosophie und ein gemeinsames Streben nach einer leitenden Idee möglich sein wird, die Probleme des „Hier und Jetzt" sinnvoll und strukturiert anzugehen. Wenn die Ausrichtung und das Ziel der Institution den Mitarbeitenden nicht bekannt ist, wie soll dann ein abgestimmtes und zielführendes System implementiert werden? Auf dieser Diskussionsbasis gelang es, den Zusammenhang zwischen den übergeordneten Zielen und den notwendigen Verbesserungen im Tagesgeschäft aufzuzeigen. Dabei spielte letztlich der BSC-Ansatz mit der Zuordnung von Messgrößen pro strategischem Ziel und der damit direkt verknüpfte TQM-Ansatz mit ebenfalls vorhandenen Messgrößen auf detaillierter Ebene eine wichtige Rolle für die Transparenz[7].

Wichtige Rückmeldungen der angesprochenen Mitarbeitenden wurden dann im nächsten Schritt an das Direktorium weitergeleitet, die sich somit aktiv mit der Akzeptanz bei den Mitarbeitenden auseinandersetzen konnten und mussten. Es wurden aber im Rückblick auf die Resonanz zu den definierten Zielen und Visionen keine gravierenden Einwände oder Unstimmigkeiten festgestellt. Wie in den Kapiteln 8.3 und 8.4 deutlich werden wird, entwickelte das Schweizer Herz- und Gefäßzentrum Bern eine vergleichsweise ambitiöse Vision mit entsprechend anspruchsvollen Zielen. Es wurde von Außenstehenden vereinzelt bemerkt, dass die gewählte Vision nicht immer auf breite Zustimmung stieß und der oben genannte ambitiöse Charakter etwas in Frage gestellt wurde. Es kann aber gesagt werden, dass die definierte Ausrichtung und die bekundeten Werte eindeutig zu den in dieser Organisation arbeitenden Menschen und Führungskräften passen und daher das Ergebnis auch die entsprechende Handschrift trägt.

---

[7] Zur Darstellung der BSC und der damit im Herz- und Gefäßzentrum Bern verknüpften TQM-Methode sei auf das Kapitel 8 verwiesen.

Denn es erscheint gerade bei diesem Sachverhalt nicht stimmig, wenn Organisationen Visionen und Leitbilder erstellen, die zwar auf den ersten Blick schön zu lesen sind, mit der gelebten Wirklichkeit aber nichts zu tun haben. Die Mitarbeitenden würden sicherlich schnell erkennen, wenn Visionen formuliert würden, die mit dem vorhandenen Bild der Führungskräfte nichts gemein haben. Aus diesem Grund kann im Falle des Herz- und Gefäßzentrums von einer erfolgreichen Erarbeitung dieser wichtigen Aspekte gesprochen werden.

7.4 Leitbilderstellung

Während die zuvor beschriebene Erarbeitung einer Vision in erster Linie ein Instrument des Inneren zum Zwecke der Zielausrichtung und des besseren Verständnisses für das Management darstellt, benötigen Organisationen darüber hinaus eine ausführlichere Beschreibung der Ziele, des Eigenverständnisses und der Regeln, die sich die Organisation selbst gibt. Es gilt, die zuvor in kurzen Sätzen umrissenen Ausrichtungen klarer auszuformulieren und alle relevanten Aspekte der Zusammenarbeit zu beschreiben.

Dieser Schritt erfolgt gewöhnlich in Form eines zu formulierenden Leitbildes. Dieses Leitbild ist adressiert sowohl an die Mitarbeitenden als auch an Kunden und Lieferanten. Es versucht den an dem spezifischen Unternehmen Interessierten aufzuzeigen, in welcher Weise Kundenbeziehungen gepflegt werden, welches der eigentliche Auftrag der Organisation ist und wo dieser sich herleitet und wie die Organisation gedenkt, mit Mitbewerbern, Kunden und der Umwelt umzugehen. Es verpflichtet die Mitarbeitenden zu einer klaren Ausrichtung durch seine weitgestreute Verbreitung und den offiziellen Charakter.

Das Herz- und Gefäßzentrum hat sich im Anschluss an die Erarbeitung der Vision und der zusammengetragenen Ziele und Ausrichtungen somit auch entschlossen, ein gemeinsames Leitbild der integrierten medizinischen und chirurgischen Einheiten zu erstellen und zu verabschieden. Dieser Schritt lag nahe, existierten doch durch die beschriebenen Vorarbeiten die meisten wichtigen Inputs für ein entsprechendes Leitbild. Auch war der gewählte Zeitpunkt insofern sehr passend, da ein umfassendes Qualitätsmanagement drei Monate zuvor installiert wurde, dass eben auch nach Aussagen im Sinne eines Leitbildes fragte.

So durchlief der Weg hin zur Erstellung eines Leitbildes mehrere Abschnitte. Zu Beginn ging es erst einmal um die textliche Gestaltung, die trotz der gemachten Vorarbeiten noch nicht ausformuliert vorlag.

Es wurde also notwendig, die vorhandenen und verabschiedeten Aussagen in vollständige Sätze zu überführen und zudem ein umfassendes Bild der Innen- und Außenbeziehungen darzustellen. Nach Vorlage dieses Textes wurde dieser zur Genehmigung an das Direktorium weitergeleitet. Es handelte sich also lediglich um einen Entwurf, der in den Details sicherlich verbesserungsfähig war. Nach der Genehmigung mit entsprechenden Anpassungen wurde dann auch die Gesamtspitalleitung einbezogen, die ebenfalls nach kleineren Anpassungen und vor allem der Überprüfung auf die Konformität zum Leitbild des Gesamtspitals grünes Licht gab.

So lag im Frühjahr 1999 ein verabschiedetes Leitbild vor, dass an der zuvor kommunizierten Vision des Direktoriums ansetzte und damit bereits den Mitarbeitenden nicht unbekannt war. Doch stellte sich auch jetzt wieder die Frage, wie die Mitarbeitenden dazu zu bewegen waren, das fertige Leitbild zu lesen und schließlich vor allem auch zu leben. Durch diese Herausforderung rückte neben der inhaltlichen Gestaltung erstmals auch die Frage nach der äußerlichen Erscheinung in den Mittelpunkt. Das Ziel musste es ja sein, möglichst viele Menschen auf die Existenz des Leitbildes aufmerksam zu machen und die Inhalte zu verbreiten. Deshalb entschloss man sich zur Gestaltung einer Leitbild-Broschüre, die zukünftig allen Mitarbeitenden ausgehändigt werden sollte. Es war den Beteiligten auch schnell klar, dass eine entsprechende Broschüre mit einer Vielzahl von anderen Heften, Faltblättern und Briefen konkurrieren musste, die den Adressaten tagtäglich in die Hände gereicht werden. D. h., die Gefahr, dass das Leitbild später aufgrund der Überflutung mit Papier und Informationen nicht gelesen wird, war relativ groß.

Man entschloss sich aufgrund der o. g. Überlegungen, einen Cartoonisten zu engagieren, der die enthaltenen Texte mit ideenreichen Cartoons versehen sollte. Dieser Cartoonist wurde bereits beim Startworkshop zum Qualitätsmanagement eingebunden und hatte die Aufgabe, die Statements der anwesenden Referenten mit Cartoons zu begleiten. Diese Maßnahme hat sich als überaus hilfreich erwiesen, da die Erfahrung zeigt, dass Informationen durch optische Unterstützung aktiver aufgenommen werden, als der einfache Text oder das Wort. Durch den Rückgriff auf die Cartoons wurde zudem quasi ein Erkennungszeichen für die Qualitätsarbeit implementiert, das dann auch an anderer Stelle (z. B. Intranet oder Zeitung) genutzt werden konnte.

Nachdem abschließend die Broschüre gestaltet und gedruckt war, wurde sie allen Mitarbeitenden persönlich nach Hause geschickt. Diese sonst eher unübliche Vorgehensweise sollte die besondere Bedeutung des Leitbildes für das zukünftige Zusammenarbeiten herausstreichen und das Interesse an der geleisteten Arbeit wecken. Dieser Postsendung wurde zudem ein kleiner Fragebogen beigelegt, auf dem sich die Adressaten zu ihrem Interesse an einer persönlichen Mitarbeit im Qualitätsmanagement (Teilnahme an einem Qualitätszirkel) äußern konnten.

Der Erhalt des Leitbildes wird nun für alle neu eintretenden Mitarbeitenden dadurch sichergestellt, dass die Personalverantwortliche (HR-Fachkraft) den Eintrittsunterlagen auch diese Broschüre beilegt. Darüber hinaus wird das Leitbild auch an interessierte Personen, Politiker oder zuweisende Ärzte ausgehändigt.

Durch die in diesem Kapitel dargestellten Maßnahmen hatte das Schweizer Herz- und Gefäßzentrum Bern seine Basis für eine strategisch abgestützte Ausrichtung erhalten. Doch waren diese Vorarbeiten für eine von den Mitarbeitenden abgestützte Umsetzung im täglichen Ablauf noch nicht ausreichend, da die gemachten Aussagen nicht weit über die Zielformulierung hinausgingen. Die Fragen, wie diese Ziele zu erreichen sind und wie dieses Erreichen zu messen ist konnte zu diesem Zeitpunkt noch nicht beantwortet werden. Aus diesem Grund setzte sich das Direktorium im nächsten Schritt mit der Herausforderung auseinander, wie die vermittelten Visionen und das erstellte Leitbild nun in umsetzbare Ziele verfeinert werden konnten. Diese Vorgehensweise und das dabei eingesetzte Instrument der Balanced Scorecard werden in den nächsten Kapiteln beschrieben.

8 Aufbau der Balanced Scorecard

8.1 Voraussetzungen für eine erfolgreiche Implementierung

Mit der in Kapitel 7 dargestellten Phase der Strategie- und Leitbildentwicklung war nunmehr eine Plattform für die Zusammenarbeit der verschiedenen Einheiten im Departement erstellt. Die grundsätzliche Ausrichtung konnte somit allen Mitarbeitenden aufgezeigt werden.

Doch bereits zum Zeitpunkt der Präsentation der Vision und der Strategien wurde deutlich, dass das Kommunizierte von verschiedenen Mitarbeitenden als zu abstrakt und für den Alltag wenig brauchbar empfunden wurde. Aussagen wie, „was nützt mir die Vision von einem führenden Zentrum, wenn mehrmals am Tag das Computersystem versagt?", waren keine Seltenheit. Dass das Eine mit dem Anderen

Praxisbezogener Teil

zwar nicht direkt, aber durchaus indirekt zu tun hat, war schwer zu vermitteln.

Es wurde also offensichtlich, dass es für eine erfolgreiche Implementierung dieser Unternehmensgrundsätze einer Methodik bedurfte, die eine Verfeinerung der Grobausrichtung auf differenzierte und operative Ziele ermögliche. So wurde in der Folgezeit beschlossen, die Umsetzung der strategischen Vorgaben durch das Managementsystem Balanced Scorecard zu realisieren. Dieses System erschien deswegen geeignet, weil es klar von der Vision eines Unternehmens ausgeht und versucht, verständliche und umsetzbare Ziele zu formulieren. Auch überzeugt es aufgrund der Zuordnung von entsprechenden Messgrößen zu den einzelnen Zielen. Dies erlangte deshalb eine hohe Bedeutung bei der Auswahl, da auch das bereits eingeleitete Qualitätsmanagement (genauer vgl. Kapitel 10.2) klar auf Zielerreichung und entsprechende Messgrößen abstellt. Diese Philosophie war also schon bei den direkt und indirekt beteiligten Mitarbeitenden akzeptiert und kam in verschiedenen Qualitätszirkeln zur Anwendung.

Wie im weiteren Verlauf noch näher dargestellt wird, benötigt man für die Implementierung der Balanced Scorecard grundsätzlich gewisse Personal- und Informatikressourcen und das Wissen über die Methodik zur Einführung. Hierzu empfiehlt sich durchaus der Beizug von externen Experten in Fragen der BSC-Systematik. So ließe es sich wahrscheinlich bewerkstelligen, dass z. B. der Krankenhausmanager oder ein Controller verschiedenste Ziele und Messgrößen aufstellt und diese vielleicht in ein Softwaretool eingibt. Doch würde dies eindeutig einer Sinnentleerung des BSC-Gedankens gleichkommen. Die BSC verspricht ihren nachgewiesenen Erfolg in vielen Unternehmen sicher nicht aufgrund von mit Daten gefüllten Softwaretools oder Hochglanzfolien. Vielmehr steckt hinter dem BSC-Ansatz die Philosophie, dass die Managementebene bereit ist, ihre visionären Gedanken bis zur Operationalisierung zu durchdenken und dies in klaren Worten allen Hierarchiestufen bekannt zu machen und auch durch die Benennung von messbaren Kriterien permanent daran zu arbeiten.

Für das Krankenhaus als Expertenorganisation[8] kann aus dem Gesagten abgeleitet werden, dass die Herausforderung darin liegt, leitendes Personal aus den Kliniken dahingehend zu begleiten, diesen Prozess aus eigener Überzeugung einzuleiten und an ihm festzuhalten. Dies gilt umso mehr in teilautonomen Einheiten, wie sie in diesem Buch

---

8) Vgl. auch: *Grossmann, R. (Hrsg.):* Besser Billiger Mehr. Zur Reform der Expertenorganisationen Krankenhaus, Schule, Universität, Wien/New York 1997.

Aufbau der Balanced Scorecard

beschrieben werden, in denen die Verantwortung für den Erfolg oder Misserfolg insbesondere bei den Chefärzten und dem leitenden Pflegepersonal liegt. Bewusst wird hier von Begleitung und nicht von Überredung durch andere gesprochen, da sich bei der Analyse von gescheiterten Projekten nur allzu häufig zeigt, dass Führungsebenen sich halbherzig und wenig motiviert für das Voranschreiten dieser Projekte eingesetzt haben.

Als Konsequenz daraus sollte die Führungsinstanz einer Einheit den BSC-Ansatz aus eigenem Antrieb beschließen, ihn ausreichend kommunizieren und auch inhaltlich gestalten. Dies schließt aber nicht aus, dass Mitarbeitende aus den verschiedenen Berufsgruppen und Hierarchieebenen in den Prozess involviert werden; im Gegenteil kann Detailwissen keinesfalls schaden. Aber die Verantwortung muss klar bei der Führungsebene belassen werden.

Wurde damit eines der wesentlichsten Erfolgskriterien angesprochen, so muss zur Vervollständigung auch über die Startvoraussetzungen gesprochen werden. Auch wenn hier immer wieder darauf Bezug genommen wird; zur Umsetzung der BSC bedarf es zunächst einmal einer Vision und/oder strategischen Ausrichtung. Dies klingt banal und selbstverständlich, wird aber in der Praxis häufig unterschätzt. In unserem konkreten Beispiel gehen wir von der Idealvorstellung aus, dass sich aufgrund organisatorischer Veränderungen eine neue Einheit bildet, die zuerst einmal nach ihren gemeinsamen Zielen und ihrer Mission und Vision fragt. Doch stellt sich heute für viele Krankenhausverantwortliche die Frage, wie sich die BSC auch in ein bereits bestehendes Organisationsgebilde integrieren lässt.

Das Vorhandensein einer Vision oder strategischen Ausrichtung ist daher Voraussetzung, da alle weiteren Verfeinerungen der BSC immer von der grundsätzlichen Stoßrichtung ausgehen müssen. Es handelt sich um ein absolut logisches Gebilde, dass dem einzelnen Mitarbeitenden den Weg von abstrakten Vorstellungen hin zur konkreten Umsetzung aufzeigt. Ohne diesen Ausgangspunkt bleiben willkürlich gesetzte Ziele in einer BSC nach wie vor nicht nachvollziehbar und somit auch nicht zwingend erstrebenswert. So beginnt der Weg zur BSC zuerst einmal mit der Auseinandersetzung vorhandener oder nicht vorhandener Visionen und Ausrichtungen. Das nachfolgende Kapitel 8.2 wird sich detailliert mit dieser Auseinandersetzung beschäftigen.

Eines wird jedoch bereits hier deutlich. Eine BSC lässt sich nicht in kurzer Zeit realisieren, wenn sie auf Dauer Erfolg für das Krankenhaus bringen soll. Bevor die Ableitung der operationalen Ziele beginnen kann, müssen diese Grundlagen zuerst vorhanden sein oder häufig auch aktualisiert werden. Liegt die Vision in neuerer Form schon vor, gehören Sie vermutlich zu den wenigen Glücklichen, die die weiteren Schritte einleiten können. Für alle anderen gilt, dass zuerst ein Weg durchlaufen werden sollte, wie er beispielhaft im letzten Kapitel dargestellt wurde. Ohne zu sehr pauschalieren zu wollen, muss doch mit einem Zeitaufwand von rund drei Monaten gerechnet werden. Dies beinhaltet dann auch die sicherlich zeitaufwändige Kommunikation mit den Mitarbeitenden der verschiedensten Berufsgruppen, die für die Akzeptanz aber entscheidend sein kann.

Zusammengefasst möchten wir Sie dazu anregen, sich diese Punkte bewusst vor Augen zu führen und realistisch abzuschätzen, ob die Bereitschaft zu einem solchen intensiven Prozess bei den Verantwortlichen vorhanden ist. Hier ist ein klares Bekenntnis der Führungsebene unbedingt erforderlich.

Letztlich handelt es sich nicht um ein x-beliebiges Projekt, sondern um die Steuerung des Unternehmens oder einer Einheit. Führung wird transparent gemacht, Führungsfehler folglich auch. Es lohnt sich also, diese Zeit der Überlegung vorher zu investieren; ein Abbruch mitten im Projekt sollte vermieden werden. Umgekehrt wird eine „technische" Abwicklung des BSC-Ansatzes später kaum Wirkung zeigen und würde somit sinnlos Energie und Ressourcen verbrauchen. Für die, die den Weg aber beschreiten wollen, sei nachfolgend ein exemplarischer Ablauf der BSC-Einführung ausführlich dargestellt.

8.2 Bewertung bestehender Zielformulierungen

Ausgehend vom BSC-Modell, das konsequent eine Ableitung von konkreten Zielen aus der Vision des Unternehmens fordert, sollte das Vorhandensein einer solchen Vision im ersten Schritt geprüft werden. Wurde im Kapitel 7 ausführlich auf die Entwicklung einer erstmals definierten Vision eingegangen, so kann davon ausgegangen werden, dass bereits eine erhebliche Anzahl von Krankenhäusern in der Vergangenheit zumindest Aussagen über ihren Auftrag oder ihre strategische Stoßrichtung formuliert haben. Das nachfolgende Kapitel beschäftigt sich daher mit der Frage, wie solche bereits formulierten Aussagen überprüft und in die BSC eingebunden werden können.

Zuerst einmal stellt sich grundsätzlich die Frage, ob in einem Krankenhaus bereits ein Leitbild, eine strategische Aussage oder gar eine Vision vorhanden sind. Diese Informationen gilt es nun zusammenzutragen. Hierbei zeigt sich, dass abhängig von der Betriebsgröße und der Abteilung verschiedenstes Material existieren kann. So ist es durchaus vorstellbar, dass neben einer Leitbildbroschüre auch strategische Statements in Hauszeitschriften, Intranet- oder Internetauftritten oder als Aushang innerhalb des Gebäudes vorhanden sind.

Das weitere Vorgehen hängt nun stark davon ab, wie einheitlich diese Aussagen sind, welche Aktualität sie besitzen und vor allem, ob sie von den Mitarbeitenden bewusst wahrgenommen und akzeptiert werden. Während die Einheitlichkeit und die Aktualität durch einzelne Experten überprüft werden kann, stellt die Frage nach der bewussten Wahrnehmung und Akzeptanz durch die Mitarbeitenden eine wesentlich größere Herausforderung dar, da hier doch einer der entscheidenden Faktoren für Erfolg oder Misserfolg der BSC liegt. Ein Leitbild, welches nur auf dem Papier vorhanden ist oder strategische Ausrichtungen, die nur die Klinikleitung kennt, sind kaum mehr wert als keine vorhandene Aussage. Bevor die konkrete Umsetzung der BSC beginnt, sollte also zuerst auf diese Fragen eine befriedigende Antwort gefunden werden.

Sollte sich herausstellen, dass die Leitbilder nicht mehr aktuell sind, oder dass das Personal die wesentlichsten Kernaussagen nicht kennt, lohnt es sich, den Rahmen anzupassen und eine Revision der Unternehmensstrategie vorzunehmen. Dies bietet sich sicherlich im Hinblick auf die Einführung des DRG-Preissystems in Deutschland und der sich stark verändernden Krankenhauslandschaft ohnehin für einige Krankenhäuser an. Dieser Prozess könnte in den Kontext der Wettbewerbserhaltung gestellt werden und damit auch das Interesse der Mitarbeitenden finden. Es ist letztlich keine neue Erkenntnis, dass ohne Druck und persönlicher Betroffenheit kaum eine Bereitschaft für eine aktive Auseinandersetzung mit der Zukunftsgestaltung besteht. Dies gilt allerdings häufig für das Management in gleichem Maße wie für die Mitarbeitenden. Es bietet sich also in dieser Zeit des Übergangs an, die vielleicht in der Vergangenheit halbherzigen Bemühungen um ein einheitliches Auftreten und Verständnis auf ein anderes Niveau zu bringen.

Kann man allerdings auf eine erfolgreiche und akzeptierte Einführung von visionären Grundsätzen oder strategischen Aussagen zurückblicken, ist der Weg für die BSC quasi frei und spart somit viel Zeit und Aufwand. In dieser Situation stehend, können Sie das nachfolgend Geschriebene überspringen und direkt im Kapitel 8.3 weiterlesen.

Denjenigen, die auf eine weniger geglückte Einführung von Leitbildern, Visionen oder Strategien zurückblicken sei an dieser Stelle empfohlen, zuerst das gesammelte Material zu sichten und auf die Aussagen hin zu überprüfen. Liegen gesamthaft unterschiedliche Aussagen über den Auftrag des Unternehmens, die Führungsphilosophie, die Kundenorientierung oder die angestrebten Ziele vor, gilt es erst einmal, eine Einigung bezüglich dieser grundsätzlichen Aussagen zu erzielen. Dies ist in erster Linie einmal die Aufgabe der Unternehmensführung und erst in zweiter Linie die der Mitarbeitenden. Erfahrungsgemäß ist das auch der schwierigste Faktor im gesamten Strategieprozess, da hier schnell die unterschiedlichen Ziele und Einstellungen der prominenten Berufsgruppen Ärzte, Pflegedienst und Verwaltung evident werden.

In diesen Situationen ist der in der Hierarchie zuoberst stehende Manager oft geneigt, diese Formulierung alleine vorzunehmen und den anderen sozusagen als Entscheid vorzulegen. Dies ist sicherlich ein Weg um möglichst schnell auf dem Papier zu einem Ergebnis zu kommen; für die Akzeptanz und die Verbundenheit der anderen Führungskräfte und der verschiedenen Berufsgruppen und Abteilungen wird damit aber nichts erreicht; im Gegenteil, unterdrückte Proteste und Oppositionen werden auf diesem Wege geradezu heraus gefordert.

Wenn es also wirklich darum geht, innerhalb eines so komplexen Gebildes wie dem Krankenhaus eine gemeinsame Ausrichtung auf Erfolg zu formen, lohnt es sich, den oft mühsamen Weg der gemeinsamen Zielvereinbarung zu gehen und Raum für die Diskussion um alternative Wege zu lassen. Sind die Meinungen und Ansichten sehr weit auseinander ist es zudem empfehlenswert, einen externen Mediator oder Coach hinzuzuziehen. Oft sind Personen, die in diesem Prozess selbst ein Interesse haben und eine bestimmte Rolle spielen, nicht frei für eine offene Haltung oder werden von den anderen Beteiligten als parteiisch empfunden. Dies kann von vorne herein gute Lösungen blockieren.

8.3 Zuordnung der BSC-Perspektiven zu strategischen Aussagen

Nachdem also Aussagen über die strategischen Ziele und eine Vision vorhanden sind, steht im nächsten Schritt deren Zuordnung zu den vier Perspektiven Finanzen, Kunden, Prozesse und Potenziale an. Es erfolgt eine Verfeinerung, die erstmals die Struktur der BSC (Perspektiven) berücksichtigt. Wie im theoretischen Teil ausführlich dargestellt, geht die BSC von einer Ausgewogenheit dieser vier Aspekte aus. Nur durch die gleichmäßige Berücksichtigung dieser Einflüsse, lässt sich eine

Aufbau der Balanced Scorecard

erfolgreiche Unternehmensführung erreichen. Umgekehrt ist eine Überprüfung der strategischen Aussagen notwendig, wenn bestimmte Perspektiven ohne Aussagen bleiben würden.

In unserem Beispiel wurde sowohl eine grundsätzliche Vision, als auch spezifische Ausprägungen mit Blick auf die verschiedenen Aufträge des Herz- und Gefäßzentrums (Patientenbehandlung- und Betreuung, Forschung und Ausbildung) gebildet, wie aus der Abbildung 8.1 ersichtlich wird.

Von diesen Aussagen ausgehend, wurde die o. g. Einteilung jeweils für die drei Auftragsbereiche vorgenommen. Dazu wurden in einer Brainstorming-Runde die wichtigsten Stoßrichtungen des Herz- und Gefäßzentrums identifiziert und den vier BSC-Perspektiven zugeordnet. Im Einzelnen handelt es sich um folgende Aussagen:

1. **Das Kerngeschäft ist die Patientenbetreuung.** Da dies in erster Linie über die Behandlungsabläufe gesteuert wird, kann diese Aussage der **Prozess-Perspektive** zugeordnet werden.

Ausgangsbasis zur Ableitung der Strategie

GRUND-VISION (Fernziel / Motivation)	▪ Das Zentrum ist eine Modellinstitution für die Integration funktioneller Einheiten der Kreislaufmedizin. ▪ Das Departement ist das führende Herz- und Gefäßzentrum der Schweiz mit internationaler Beachtung. ▪ Wir sind das führende Herz- und Gefäßzentrum in der Schweiz mit Modellcharakter (für die Integration funktioneller Einheiten der Kreislaufmedizin).
Differenz. Visionen (Auftrag)	**Dienstleistung:** Die optimale, patientengerechte Behandlung und Betreuung mit dem bestmöglichen Einbezug der vor- und nachgelagerten Instanzen. **Forschung:** Europäische Spitze, weltweit beachtete Ergebnisse in Bezug auf Grundlagenforschung und klinische Forschung. Etablierung der Pflegeforschung mit national beachteten Ergebnissen. **Lehre:** Attraktives und innovatives Aus-, Fort- und Weiterbildungsprogramm für alle Berufsgruppen des Zentrums.

STRATEGIE Herz- und Gefäßzentrum (Weg)

Abb. 8.1: Ableitung der Auftragsbezogenen Visionen von der Grundvision[9]

---

9) Quelle: Arbeitsgruppe BSC des Schweizer Herz- und Gefäßzentrums Bern mit Unterstützung der Fa. Horvath & Partner.

2. **Die funktionale Einheit des Herz- und Gefäßzentrums lässt sich idealerweise durch eine prozessorientierte Organisation herstellen.** Mit dieser Philosophie wird dem Arbeitsinhalt als entscheidenden Faktor für eine Integration verschiedener Einheiten eine bedeutende Rolle zugemessen. Daher erfolgt auch hier eine Zuordnung zur **Prozess-Perspektive**.
3. **Im Qualitätsmanagement liegen die offensichtlichen Gemeinsamkeiten der organisatorischen Einheiten des Herz- und Gefäßzentrums.** Es lenkt den Blick auf die Qualität der Dienstleistung und das entsprechende Schnittstellenmanagement. Hierdurch erhalten medizinische und pflegerische Anliegen eine Unterstützung durch eher betriebswirtschaftliche Instrumente. Letztlich kommen die Bemühungen dem Patienten und den zuweisenden Ärzten zugute und sind somit der **Kunden-Perspektive** zuzuordnen.
4. **Eine zusätzliche internationale Ausrichtung bei der Akquisition von Patienten erhöht den Deckungsgrad der Kosten und verschafft somit mehr finanziellen Spielraum.** Diese Ausrichtung zielt insbesondere auf eine optimale Nutzung vorhandener Ressourcen und ist aufgrund der Ertragszugewinne der **Finanz-Perspektive** zugehörig.
5. **Eine Ausweitung der Leistungsmenge ist nur bei entsprechendem Ressourcenzuwachs anzustreben.** Diese Zielsetzung berücksichtigt die hohe Belastung des Personals und setzt entsprechende Entlastungen vor eine weitere Leistungssteigerung. Sie gehört damit zur **Potenzial-Perspektive**.
6. **Bedingt durch eine überdurchschnittliche Steigerung der Leistungsmenge in den letzten Jahren bedarf es einer erhöhten Beachtung der Qualitätssicherung.** Diese Qualitätssicherung bezieht sich insbesondere auf die medizinische und pflegerische Leistung und hat im Gegensatz zu Punkt 3) die **Prozess- und Potenzial-Perspektive** im Fokus.

Als nächstes wurden diese zugeordneten Stoßrichtungen auf ihre Übertragbarkeit auf die drei Auftragsbereiche Dienstleistung, Forschung und Lehre überprüft (siehe Abbildung 8.2) und entsprechend verfeinert.

Aufbau der Balanced Scorecard

	Dienstleistungen	Forschung	Lehre
Finanzen	▪ Ressourcen sicherstellen	⇒	⇒
Kunden / Markt	▪ Kundenzufriedenheit ▪ Externe Kommunikation ▪ Integriertes Element in der Leistungskette	▪ Akademische Welt ▪ Industrie	▪ Gesamtes Spektrum
Prozesse	▪ Prozessoptimierung im Hinblick auf maximalen Patientennutzen	▪ Netzwerk	▪ Integration verschiedener Lernmodelle
Potenziale	▪ Sicherstellung der quantitativen Basis ▪ Mitarbeiterförderung	⇒	⇒

Abb. 8.2: Auftragsbezogene Matrix zu strategischen Stoßrichtungen[10]

Aus Abbildung 8.2 wird ersichtlich, dass es differenzierte Stoßrichtungen gibt, die sowohl für die Patientenbetreuung, als auch für Forschung und Lehre gleichermaßen bedeutend sind. Hierzu gehören die Sicherstellung der Ressourcen, die Sicherstellung der quantitativen Basis und die Mitarbeiterförderung. Daneben gibt es mehrere Stoßrichtungen, die sich je nach Aufgabengebiet unterscheiden. Während innerhalb der Perspektive Kunden/Markt die Kundenzufriedenheit, die externe Kommunikation und Leistungsketten im Sinne einer integrierten Versorgung bei der Erbringung der Dienstleistungen (Patientenbetreuung) im Vordergrund stehen, haben die Ausrichtung auf die akademische Welt und die Aspekte der Industrie für die Forschung eine höhere Bedeutung. Beschäftigt man sich dagegen mit der Ausbildung (Lehre), so wird deutlich, dass die Verantwortlichen ihren Auftrag für alle Berufsgruppen bzw. Ausbildungssparten verstanden wissen wollen.

Steht bei der Prozess-Perspektive die Optimierung der Abläufe im Bereich der Dienstleistung im Vordergrund, hat die Pflege eines Netzwerkes für die Forschung übergeordnete Bedeutung, was durch das Ziel der Integration verschiedener Lernmodelle für den Bereich Ausbildung komplettiert wird. Diese Überlegungen spielen insofern eine bedeutende Rolle, als von ihnen ausgehend später entsprechende Ziele mit einem 1–3 Jahreshorizont formuliert werden.

---

10) Quelle: Arbeitsgruppe BSC des Schweizer Herz- und Gefäßzentrums Bern mit Unterstützung der Fa. Horvath & Partner.

Nun könnte man sich nach Durchsicht dieses Abschnittes sicherlich fragen, weshalb letztlich mit der Matrix der strategischen Stoßrichtungen noch ein Zwischenschritt auf dem Weg zu klaren Zielen für die vier BSC-Perspektiven eingelegt wurde. Der Grund liegt insbesondere darin, dass es für die medizinischen und pflegerischen Verantwortlichen nicht zur Routine gehört, exakte strategische Ziele zu formulieren und dabei die Balance zwischen den BSC-Perspektiven und den verschiedenen Unternehmensaufträgen zu halten. Daher dient die beschriebene Zuordnung einerseits zu einer möglichst vollständigen Berücksichtigung aller relevanten Anliegen und andererseits als Einstieg der involvierten Führungskräfte in die Thematik. Es können letztlich nur dann nachvollziehbare Ziele für die Mitarbeitenden formuliert werden, wenn die Vorgesetzten selbst ihre Vorstellungen umsetzen können.

Somit wären wir wieder an dem Punkt angelangt, der sich als Anliegen wie ein roter Faden durch den gesamten zweiten Teil des Buches zieht: der Frage der Kommunikation. Aus den Formulierungen muss deutlich werden, warum ein bestimmtes Ziel verfolgt wird und wie es erreicht werden kann. Es gilt sich hier immer wieder in die Rolle des einzelnen Mitarbeitenden zu versetzen. Stellvertretend für diese Erkenntnis soll hier die Aussage einer Führungskraft des Inselspitals erwähnt werden: „Wenn auch die Telefonistin im abgelegensten Bereich des Krankenhausgelände beim Weg zur Arbeit weiß, dass ab heute eine bestimmte Strategie für das Haus gültig ist, dann erst kann eine erfolgreiche Umsetzung erfolgen." Dies setzt zwingend voraus, dass der Strategieprozess als wirklicher Erfolgsfaktor für das Krankenhaus angesehen wird und eben die Verantwortlichen eine nachvollziehbare Grundlage erarbeiten.

8.4 Formulierung der Ziele

Nachdem die strategischen Stoßrichtungen geklärt wurden, stand als nächstes die Definition der strategischen Ziele an. Die Fragestellung wurde insofern differenzierter, als nicht mehr nur die Ausrichtung allgemein gefragt war, sondern Meilensteine für einen 3–5 Jahres-Rhythmus festgelegt werden sollten. Wenn beispielsweise in den Aussagen zur Stoßrichtung die Mitarbeitenden stärker berücksichtigt werden sollen, könnten sich in der Verfeinerung strategische Ziele zur Zufriedenheitssteigerung oder zu den Arbeitsbedingungen ergeben. Hier wird dann wieder die Philosophie der BSC deutlich, visionär und abstrakt anmutende Aussagen Schritt für Schritt für alle nachvollziehbar zu machen.

Um zu den strategischen Zielen zu gelangen, wurden zuerst die relevanten Aussagen zu den vier Perspektiven gesammelt. Die Abbildung

Aufbau der Balanced Scorecard

- Erhöhung Kostendeckungsgrad (schafft Voraussetzung für Innovationen)
- Einhalten der fachbereichsspezifischen Fallpauschalen
- Kostendeckung (Fallpauschalen anpassen)
- Optimale, kostengerechte Finanzierungsmodelle
- Hohe Tarife KK (Fallpauschalen)
- Kostendeckende Beiträge
- Adäquate (genügend spezifische) Finanzierungsmodelle
- Fallpauschalen sind definiert und für die nächsten 3-5 Jahre festgelegt (vertraglich geregelt)
- Rasche Tarifierung neuer Dienstleistungsangebote
- Kostendeckung optimieren

Angepasste Fallpauschalen sind realisiert (2.1).

- Kostenwahrheit
- Leistungsauftrag für Ausbildung explizit formuliert, Mittel dafür bestimmt und zugesichert
- Entkoppelung Drittmittelgelder - Dienstleistung
- Einhalten der Betriebsbeiträge der Fakultät für Lehre und Forschung
- Transparente Finanzflüsse
- Wahre Kostentransparenz bezüglich medizinischer Leistungen
- Transparente Leistungserfassung / Leistungsberichte
- Kenntnis über unsere Patienten / Kosten (Statistik: Diagnose, Herkunft, usw.)

Kosten- und Leistungstransparenz sind umgesetzt (2.2).

Abb. 8.3: Herleitung der Strategischen Ziele zur Finanz-Perspektive[11]

8.3 zeigt die Aussagen bezüglich der Finanz-Perspektive auf und setzt die abschließend gebildeten Ziele hinzu.

So wurde als Basis für das strategische Ziel „Kosten- und Leistungstransparenz sind umgesetzt" darüber diskutiert, dass man hierzu detaillierte Informationen über Behandlungsdaten (z. B. Diagnosen und Herkunft des Patienten) sowie über Daten zu den Leistungen und Kosten benötigt. Außerdem wurde gewünscht, dass die Geldflüsse der drei Bereiche Patientenversorgung, Forschung und Lehre klarer zugeordnet werden und abgrenzbarer voneinander sind. Im Kapitel 12 wird nochmals vertieft auf die Finanz-Perspektive eingegangen und anhand eines Schwerpunktthemas das Umfeld und die Lösungsansätze beleuchtet.

Im Hinblick auf die Kunden-Perspektive nahm die Diskussion zur Bildung von strategischen Zielen einen anderen Verlauf. Die meisten der nachher verabschiedeten Ziele lagen aufgrund eines schon erarbeiteten Kommunikationskonzeptes sozusagen auf der Hand. Es war bereits zuvor beabsichtigt, an der Kundenzufriedenheit zu arbeiten, ein gezieltes Marketing auszubauen und weitere institutionsübergreifenden Kooperationen zu fördern. Lediglich ein neues Anliegen wurde ausführlich angesprochen. Es handelte sich um den Wunsch, einen genaueren Überblick über die Vielzahl der erbrachten Leistungen (Produkte) im Herz- und Gefäßzentrum zu bekommen. Hieraus entstand die Idee

---
[11] Quelle: Arbeitsgruppe BSC des Schweizer Herz- und Gefäßzentrums Bern mit Unterstützung der Fa. Horvath & Partner.

Praxisbezogener Teil

eines Produkteportfolio, das schlussendlich in das strategische Ziel eines eingeführten Produktmanagements überführt wurde. Die Abbildung 8.4 zeigt die kundenbezogenen Anliegen nochmals auf.

Weiterführende Beispiele und Vertiefungen zur Kunden-Perspektive sind dem Kapitel 11 zu entnehmen.

Auch bei der Prozess-Perspektive zeigte sich, dass bereits eine Reihe von strategischen Zielen formuliert waren. Diese Ziele wurden im Rahmen der Leitbilderstellung vom Direktorium erarbeitet und hatten nach wie vor volle Gültigkeit. Hierzu gehören die Aussagen, dass die Supportprozesse optimal auf die Behandlungsprozesse abgestimmt werden müssen, dass die Führungsprozesse effizient gestaltet sind, dass eine zeitgemäße medizinische Behandlung und Betreuung gewährleistet ist und dass Lehre-, Ausbildungs- und Forschungsprozesse klar definiert und mit den Patientenprozessen abgestimmt sind.

Abb. 8.4: Herleitung der strategischen Ziele zur Kunden-Perspektive[12]

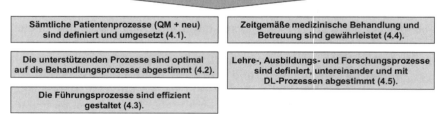

Abb. 8.5: Herleitung der strategischen Ziele zur Prozess-Perspektive[12]

---

12) Quelle: Arbeitsgruppe BSC des Schweizer Herz- und Gefäßzentrums Bern mit Unterstützung der Fa. Horvath & Partner.

Schwerpunkt der Diskussion in diesem Bereich waren sowohl die Bedürfnisse, Behandlungsprozesse bei chronisch Kranken zu definieren und vor allem die im Rahmen des Qualitätsmanagements neu gestalteten Abläufe auch entsprechend einzuführen. Der Abbildung 8.5 kann dies nochmals entnommen werden.

Das Kapitel 10 wird ausführlich auf die in der Folge eingeleiteten Maßnahmen eingehen.

Letztlich blieb noch die Potenzial-Perspektive zu erarbeiten. Hier verweilte die Arbeitsgruppe vergleichsweise lang, da die Ziele zuerst nicht so deutlich auf der Hand lagen. Da innerhalb dieser Perspektive eher die sog. weichen Faktoren zum Tragen kommen, fiel es entsprechend schwerer, klare Vorstellungen zu äußern. Mit Blick auf die Abbildung 8.6 wird aber deutlich, dass letztlich eine inhaltlich sehr interessante Diskussion zustande kam, aus der dann auch einige wichtige Zielsetzungen abgeleitet wurden.

Eine erste Kernaussage betraf die Herausforderung, attraktive Arbeitsplätze und -bedingungen zur Verfügung zu stellen, da dies letztendlich in einem äußerst angespannten Arbeitsmarkt[13] zu einem entscheiden-

- Attraktive Arbeitsbedingungen
- Die im QM bearbeiteten Personalprozesse sind definiert und umgesetzt.

Attraktive Arbeitsbedingungen sind geschaffen (5.1).

- Attraktive Arbeitsbedingungen

Die Mitarbeiterzufriedenheit ist verbessert (5.2).

- Infrastruktur

Die räumliche Zusammenführung des Zentrums ist vollzogen (5.3).

- Zusammenarbeit zwischen den Berufsgruppen
- Interprofessionelle Zusammenarbeit ist selbstverständlich.
- Interdisziplinäre Zusammenarbeit

Der Qualitätsgedanke ist dauerhaft implementiert (5.4).

- Forschung
- Vorhandensein von Leistungsaufträgen in Lehre u. Forschung im Departement (für alle Berufsgruppen)
- Forschungsresultate sind im Patientenprozess rasch umgesetzt.
- Forschung u. Lehre sind bestmöglich in den Dienstleistungsbetrieb eingebunden.

Klinische Forschung bleibt auf hohem Niveau, Grundlagen- und Pflegeforschung sind verbessert (5.5).

Abb. 8.6: Herleitung der Strategischen Ziele zur Potenzial-Perspektive[14]

---

13) Die Schweiz und insbesondere der Kanton Bern hat eine Arbeitslosenquote von 1,7 % im Sommer 2001 und somit faktisch Vollbeschäftigung.
14) Quelle: Arbeitsgruppe BSC des Schweizer Herz- und Gefäßzentrums Bern mit Unterstützung der Fa. Horvath & Partner.

den Wettbewerbsfaktor werden kann. In diesem Zusammenhang wurde auch gefordert, dass innerhalb des Qualitätsmanagements alle Abläufe, die mit Personalthemen zu tun haben, adäquat berücksichtigt, definiert und umgesetzt werden. Daraus entstand zum Schluss die strategische Zielsetzung, dass attraktive Arbeitsbedingungen geschaffen sind.

Neben den Arbeitsbedingungen wurde als zweite strategische Zielsetzung die Verbesserung der Mitarbeiterzufriedenheit vereinbart. Dies grenzt sich insofern von den Arbeitsbedingungen ab, da die Zufriedenheit durch die Hygienefaktoren wie Lohn-, Überstunden-, Weiterbildungs- und Führungsfaktoren beeinflusst wird. Eine weitere Zielsetzung wurde anlässlich dieses Workshops formuliert, im weiteren Verlauf aber wieder herausgenommen. Es handelte sich dabei um den Wunsch der räumlichen Zusammenführung. Dieser Wunsch ist natürlich nach wie vor vorhanden, doch wurde bei der späteren Analyse der Ursachen-/Wirkungsbeziehung (siehe Kapitel 8.5) festgestellt, dass eine klare Ableitung aus den Visionen und Strategien bzw. eine Verknüpfung zwischen den strategischen Zielen zu diesem Aspekt nicht besteht. Damit wurde im späteren Verlauf entschieden, anstelle dieses strategischen Ziels die Aussage „Der Wissensaustausch im Herz- und Gefäßzentrum ist sichergestellt" aufzunehmen. Dies zielt auf die Motivation für ein aktives Wissensmanagement hin und trägt mehr dem visionären Aspekt Rechnung.

Aus der Diskussion über die Zusammenarbeitsformen sowohl zwischen den Fachabteilungen als auch zwischen den Berufsgruppen ergab sich das strategische Ziel, dass der Qualitätsgedanke, der insbesondere mit dem Qualitätsmanagement initiiert wurde, dauerhaft zu implementieren ist. Die Vorteile des Qualitätsmanagements waren gerade im Bereich der besseren Zusammenarbeit und des Verständnisses für andere sehr groß. Dies gilt es auch langfristig zu fördern. Abschließend wurde noch ein besonderes Augenmerk auf die Belange von Forschung und Lehre gelegt. Hier wurde gefordert, dass es für die beiden Bereiche entsprechende Leistungsaufträge gibt und eine bestmögliche Einbindung in den Dienstleistungsbetrieb (Patientenbehandlung und -betreuung) stattfindet.

Zum Abschluss lagen zu jeder der vier Perspektiven fünf strategische Ziele vor, also insgesamt zwanzig (gestreng nach dem Motto der ABB Schweiz „twenty is plenty"[15]). In Abbildung 8.7 sind diese Ziele nochmals zusammengefasst dargestellt.

---

[15] Vgl. auch *Horvath & Partner*: Balanced Scorecard umsetzen, Stuttgart 2000, S. 61.

Aufbau der Balanced Scorecard

Patienten	1.1 Optimale medizinische Versorgung rund um die Uhr ist garantiert.		1.2 Patientengerechte Betreuung und Behandlung sind gewährleistet.		
Finanzen	2.1 Angepasste Fallpauschalen sind realisiert.	2.2 Kosten- und Leistungstransparenz sind umgesetzt.	2.3 Anteil der finanziell interessanten Patienten ist erhöht.	2.4 Neue Finanzierungsquellen sind erschlossen.	2.5 Anreizsystem zur finanziellen Ergebniserreichung ist eingeführt.
Kunden/ Markt	3.1 Management der Dienstleistungsprodukte ist eingeführt.	3.2 Kundenzufriedenheit ist gesteigert.	3.3 Marketing ist ausgebaut.	3.4 Marktanteil ist in spezifischen Patientenkategorien gesteigert.	3.5 Institutionsübergreifende Kooperationen sind gefördert.
Prozesse	4.1 Sämtliche Patientenprozesse (QM + neu) sind definiert und umgesetzt.	4.2 Unterstützende Prozesse sind optimal auf Behandlungsprozesse abgestimmt.	4.3 Die Führungsprozesse sind effizient gestaltet.	4.4 Zeitgemäße medizin. Behandlung u. Betreuung sind gewährleistet.	4.5 Lehre-, Ausbild.- u. Forschungsprozesse sind defin., untereinand. u. mit DL-Prozessen abgestimmt.
Potenziale	5.1 Attraktive Arbeitsbedingungen sind geschaffen.	5.2 Die Mitarbeiterzufriedenheit ist verbessert.	5.3 Der Wissensaustausch im Zentrum ist sichergestellt.	5.4 Der Qualitätsgedanke ist dauerhaft implementiert.	5.5 Klein. Forschung bleibt auf hohem Niveau, Grundlagen- u. Pflegeforschung sind verbessert.

Abb. 8.7: Übersicht strategischer Ziel des Schweizer Herz- und Gefäßzentrums Bern[16]

Beim genaueren Hinsehen bemerken wir jedoch, dass auf der Abbildung 8.7 eine weitere Ebene eingeführt und somit zweiundzwanzig Ziele formuliert wurden. Was war geschehen? Nachdem die insgesamt zwanzig Ziele formuliert waren und den Teilnehmenden vor Augen lagen, meldete sich ein teilnehmender Arzt zu Wort. Er konnte sich trotz der guten Ansätze und dem klaren Aufbau des Projektes nicht damit einverstanden erklären, dass als oberste Ebene und damit „höchstes Ziel" eine Finanz-Perspektive stand. Das Inselspital als Stiftung und klassischer Non-Profit-Betrieb sollte als oberstes Ziel auch seinen eigentlichen Auftrag berücksichtigen. Aus dieser unbestrittenen

---
[16] Quelle: Arbeitsgruppe BSC des Schweizer Herz- und Gefäßzentrums Bern mit Unterstützung der Fa. Horvath & Partner.

Sichtweise heraus wurde zuletzt also eine fünfte Ebene eingesetzt, die als Patienten-Perspektive beschrieben wurde. Wichtig ist hierbei, den Patientenbegriff nicht aus klassischer Kundensicht zu sehen, sondern als eigentliche Mission zu begreifen[17]. Die Patientenzufriedenheit der Ebene Kunden ist dagegen eindeutig auf die individuelle Zufriedenheit bezogen und hat daher eher Marketing-Charakter. Aus dieser Situation heraus ergaben sich zwei konkrete Ziele, die auch im Leitbild als oberstes Primat formuliert wurden:

- Optimale medizinische Versorgung rund um die Uhr ist garantiert
- Patientengerechte Betreuung und Behandlung ist gewährleistet.

Diese Abweichung von der Norm zeigt klar auf, dass das System der Balanced Scorecard nicht als Zwangskorsett sondern vielmehr als gedankliche Unterstützung zu verstehen ist. Die Akzeptanz bei den Workshop-Beteiligten ist durch diese Flexibilität sicherlich gestiegen. Hinzu kommt, dass nun auch die Mitarbeitenden klarer die Zielsetzungen und Zusammenhänge verstehen können. Eine Ausrichtung auf die Finanz-Perspektive hätte wohl noch stärker die Furcht vor der alles dominierenden Ökonomie im Gesundheitsbereich vergrößert.

Somit war der Boden für die weitere Differenzierung der strategischen Ausrichtung bereitet und die Teilnehmenden gefordert, zu den verabschiedeten strategischen Zielen entsprechende Zielformulierungen zu schreiben und damit mehr Transparenz in die knappen Aussagen zu bringen. Die Idee dahinter ist, jedem Mitarbeitenden durch das Lesen dieser Zielformulierung eine klare Umschreibung der ursprünglich kurzen Statements zu geben. Diese Aufgabe verblieb bei den anwesenden Workshopteilnehmenden, da eine Delegierung dieser mühsamen Arbeit an Externe nicht die gleichen Ergebnisse gebracht hätte.

8.5 Zielabhängigkeiten durch Ursache-/ Wirkungsbeziehungen prüfen

Die Balanced Scorecard-Methodik sieht nach der Erarbeitung der strategischen Ziele als nächstes die Überprüfung dieser Ziele auf ihre Zusammenhänge und Abhängigkeiten vor. D. h., dass hinterfragt wird, ob die einzelnen erarbeiteten Ziele letztlich auch etwas miteinander zu tun haben und ob sie das gesamte System unterstützen. Wie bereits

---

17) Vgl. hierzu Kapitel 2 in diesem Buch.

Aufbau der Balanced Scorecard

erwähnt, wurde auf diese Weise in unserem Beispiel eine definierte Zielgröße eliminiert, da sie nicht im Zusammenhang mit den geäußerten Visionen stand.

Diese Methode wird auch Analyse der Ursachen-/Wirkungsketten genannt und beabsichtigt, die Ziele der vier (oder mehr) Ebenen von unten nach oben zu verknüpfen. Die Abbildung 8.8 versucht, diese Zusammenhänge zu veranschaulichen.

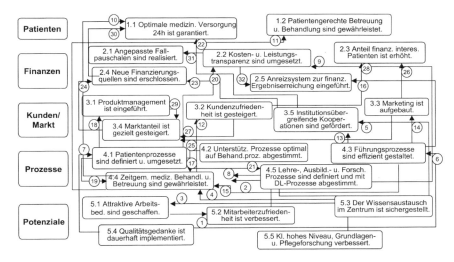

Abb. 8.8: Ursachen-/Wirkungsketten[18]

Nachfolgend soll dieser Prozess, den die Arbeitsgruppe im Laufe eines Nachmittags durchlaufen hat, ausführlich dargestellt werden. Hierzu werden zuerst einmal die vier Ebenen der Perspektiven mit den jeweiligen Zielen abgebildet. Anschließend wird von der untersten Ebene ausgehend jedes Ziel dahingehend hinterfragt, auf welches höher gelegene Ziel (also einer anderen Perspektive) ein Einfluss besteht. Dies geschieht nach dem Motto: „wenn das Ziel x erreicht wird, dann müssen die Ergebnisse letztendlich auch Auswirkung auf ein Ziel y der höheren Ebene haben". Dabei kann sich die Auswirkung auf irgendeines der höher gelegenen Ziele beziehen. Es ist also auch durchaus möglich, dass es zur nächst-höheren Ebene keine direkte Verbindung gibt und erst die übernächste Ebene tangiert ist. Für das Verständnis

---

18) Quelle: Arbeitsgruppe BSC des Schweizer Herz- und Gefäßzentrums Bern mit Unterstützung der Fa. Horvath & Partner.

soll hier noch betont werden, dass die Aussagen zu „niedrigen" und „höheren" Ebenen nicht im Sinne einer Wertung zu verstehen sind, sondern von der Idee ausgehen, dass die Perspektive der Potenziale die Basis für jeden Betrieb darstellt. Aufbauend darauf werden dann die Arbeitsabläufe (Prozesse) beeinflusst, was wiederum Auswirkung auf die Kundensicht und letztlich auf das Betriebsergebnis hat.

Der Sinn bei der Analyse der Ursachen-/Wirkungsketten liegt neben der Plausibilisierung von Zielgrößen vor allem in der klaren Darstellung von kritischen Erfolgsfaktoren und der Transparenz der Zielsetzungen für die Mitarbeitenden. Darüber hinaus wird somit ein wichtiger Grundstock für die Analysephase in einem BSC-Softwaretool gelegt (siehe Kapitel 13). Es lohnt sich also, diesen sicherlich etwas abstrakt wirkenden Teil des Projektes durchzuführen und somit mehr Klarheit über die Ausgewogenheit und die Konsistenz der strategischen Ziele zu erhalten.

Bei der Betrachtung der Zielformulierungen und ihrer Zusammenhänge ist man natürlich schnell geneigt, alles mit allem in Verbindung zu setzen. Hier sollte durchaus Vorsicht walten und der Blick stärker auf wirklich entscheidende Einflüsse gelegt werden. Ansonsten kann sehr schnell eine fragwürdige Aussage als anerkannte Zielgröße akzeptiert werden. Hier gilt es, insbesondere Faktoren mit einer direkten Korrelation zu finden und bereit zu sein, kritisch im Team die Positionen zu bewerten und zu hinterfragen.

Anhand einzelner Beispiele sollen nun die Ursache-/Wirkungsbeziehungen näher vorgestellt und diskutiert werden. Um das sicherlich verwirrende Gesamtgebilde der vorhergehenden Abbildung 8.8 etwas zu lichten, wird anhand von drei Beispielen versucht, die direkten Zusammenhänge und Auswirkungen auf strategische Ziele der höchsten Ebene darzustellen. Das erste Beispiel in Abbildung 8.9 geht auf das primäre Ziel der Gewährleistung einer patientengerechten Behandlung

Aufbau der Balanced Scorecard

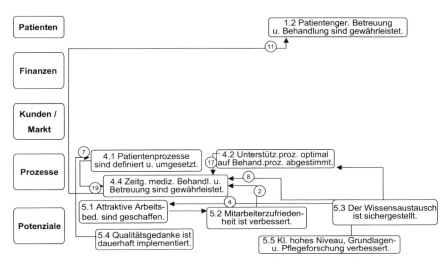

Abb. 8.9: Zusammenhänge der strategischen Ziele bezüglich Behandlung und Betreuung[19]

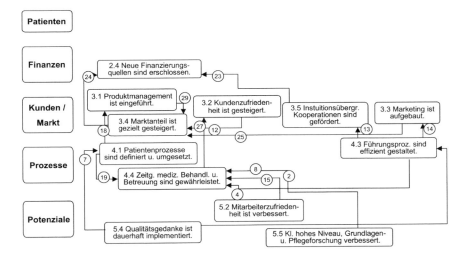

Abb. 8.10: Zusammenhänge der strategischen Ziele bezüglich neuer Finanzierungsquellen[19]

---

19) Quelle: Arbeitsgruppe BSC des Schweizer Herz- und Gefäßzentrums Bern mit Unterstützung der Fa. Horvath & Partner.

und Betreuung ein. Wie bereits in Kapitel 8.4 ausgeführt, wurde von der Arbeitsgruppe eine fünfte Perspektive „Patienten" eingeführt. Dies geschah im Bewusstsein, dass das Herz- und Gefäßzentrum und letztlich das gesamte Inselspital den öffentlichen Auftrag zur Versorgung der Bevölkerung hat.

Es galt nun herauszufinden, welche strategischen Ziele in der gesamten Balanced Scorecard beeinflussenden Charakter haben. Wenn wir die Ebene der Potenziale betrachten, tauchen eine Reihe von strategischen Zielen mit einem Bezug zum Gesamtziel auf. So ist leicht vorstellbar, dass eine verbesserte Mitarbeiterzufriedenheit direkten Einfluss auf das Ziel einer zeitgemäßen medizinischen Behandlung und Betreuung hat (Verbindung 2)[20]. Ebenfalls Einfluss auf dieses Ziel haben die Aussagen, dass alle Patientenprozesse definiert und umgesetzt sind (Verbindung 19), dass die unterstützenden Prozesse optimal auf die Behandlungsprozesse abgestimmt sind (Verbindung 17) und dass ein guter Wissensaustausch im Herz- und Gefäßzentrum sichergestellt ist (Verbindung 4).

Das bereits angesprochene Ziel der definierten und umgesetzten Patientenprozesse, das ja mit Blick auf die Ergebnisse der verschiedenen Qualitätszirkel formuliert wurde, erfährt selbst auch eine Unterstützung durch das strategische Ziel einer dauerhaften Implementierung des Qualitätsgedankens (Verbindung 7). Abschließend für dieses Beispiel wird dann der Bezug zwischen der prozessbezogenen Forderung einer zeitgemäßen medizinischen Behandlung und Betreuung sowie der Missions- (Patienten-) bezogenen Zielrichtung einer patientengerechten Behandlung und Betreuung hergestellt (Verbindung 11). Um in diesem Fall eine Prüfung des Modells vorzunehmen stelle man sich vor, dass es nicht gelänge, das Qualitätsmanagement und damit den Qualitätsgedanken zu implementieren. Somit würden auch die notwendigen Definitionen der Patientenprozesse scheitern, was letztlich auch Auswirkung auf die Gewährleistung der Behandlung und Betreuung hätte.

Ein etwas komplexeres Modell entstand im Zusammenhang mit der Zielsetzung, neue Finanzierungsquellen zur Aufrechterhaltung des Versorgungsauftrages zu erschließen. Wiederum können aus der Darstellung der Verbindungen (siehe Abbildung 8.10) die Zusammenhänge verfolgt werden.

---

20) Sämtliche nummerierten Verbindungen beziehen sich auf die Abbildung 8.8 „Ursachen-/Wirkungsketten".

Aufbau der Balanced Scorecard

Auch in diesem Beispiel nehmen die Ziele der Potenzial-Perspektive einen breiten Raum ein. Die Verbindungen zu der Prozess-Perspektive sind ebenfalls sehr ähnlich. Neu erhalten auf der Prozessebene die effizient gestalteten Führungsprozesse eine wichtige Supportrolle für die Kunden-/Markt-Perspektive. Hier entstand die Aussage, dass die Führungsebene des Zentrums eine fördernde Rolle bei dem Aufbau des Marketings (Verbindung 14) und bei der Bildung von institutionsübergreifenden Kooperationen (Verbindung 13) einnehmen soll. Der Marketingaufbau geschieht selbstverständlich zur gezielten Steigerung der Marktanteile (Verbindung 25), welche wiederum auch von einem Produktemanagement (Verbindung 29) und von einer gesteigerten Kundenzufriedenheit profitieren würden (Verbindung 27). Letztlich wirken sich die gesteigerten Marktanteile und auch die institutionsübergreifenden Kooperationen auf das Ziel der Erschließung neuer Finanzierungsquellen (Verbindungen 24 und 23) aus.

Das letzte Beispiel dieser Analyse bringt den Aspekt der optimalen medizinischen Versorgung rund um die Uhr hinzu, wie der Abbildung 8.11 zu entnehmen ist.

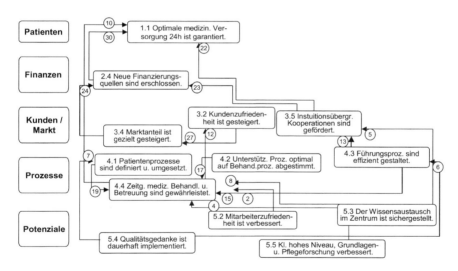

Abb. 8.11: Zusammenhänge der strategischen Ziele bzgl. optimaler Versorgung[21]

---

21) Quelle: Arbeitsgruppe BSC des Schweizer Herz- und Gefäßzentrums Bern mit Unterstützung der Fa. Horvath & Partner.

Wir sehen hier auch deutlich die bereits zuvor ermittelten Hauptverbindungen bis zu der Finanzperspektive. Allerdings bieten diese genannten Ziele im Hinblick auf die optimale medizinische Versorgung rund um die Uhr neue Funktionen. Die davon tangierten Ziele (es handelt sich um die Verbindungen 10, 22 und 30) betreffen die zeitgemäße medizinische Behandlung und Betreuung, die Erschließung neuer Finanzierungsquellen und die Förderung der institutionsübergreifenden Kooperationen. Während die erstgenannte Verbindung praktisch selbsterklärend ist, soll noch ein kurzer Blick auf die beiden anderen Verbindungen geworfen werden. Nach Auffassung der Arbeitsgruppe wird es in der Zukunft entscheidend sein ob es gelingt, alternative Finanzquellen zu erschließen. Es ist evident, dass von öffentlicher Seite die Möglichkeiten der finanziellen Unterstützung für neue Methoden und Innovationen sehr beschränkt sein werden. Doch ist es auf Dauer absehbar, dass ohne ausreichende Zukunftsentwicklung eine optimale Versorgung gefährdet ist. Dem muss frühzeitig Rechnung getragen werden.

Der andere Aspekt bezieht sich auf die Frage, in welcher Form die optimale medizinische Versorgung stattfinden soll. Hier könnten Kooperationen sowohl innerhalb als auch außerhalb des Universitätsspitals eine wichtige Rolle spielen und die medizinische Versorgung entscheidend unterstützen.

Mit diesen ausführlichen Beispielen soll insbesondere verdeutlicht werden, dass das System der BSC und vor allem die Ursachen-/Wirkungsketten interessante Denkansätze fördern und die strategisch wichtigen Stoßrichtungen herauszuarbeiten gestatten. Es lohnt sich daher, eine aktive Auseinandersetzung mit den Verbindungen der strategischen Ziele in einem Kreis von kreativ denkenden Mitarbeitenden vorzunehmen.

8.6 Definition der Messgrößen

Ist man an dem Punkt angelangt, dass die strategischen Ziele definiert, überprüft und miteinander verknüpft sind, so stellt sich im nächsten Schritt die Frage, wie diese Ziele zu erreichen sind und wie darüber hinaus eine Messung der Zielerreichung erfolgen kann. Während die Frage nach den Maßnahmen zur Zielerreichung für ein Kapitel über die grundsätzliche Vorgehensweise zu weit führen würde und zudem ausführlich in den nachfolgenden Kapiteln behandelt wird, soll an dieser Stelle genauer auf die möglichen Messgrößen oder auch strategische Kennzahlen genannt, eingegangen werden. Aus unserer Philosophie heraus müssen zudem erst dann Maßnahmen generiert werden, wenn ein tatsächlicher Handlungsbedarf besteht. Und dafür braucht es zuerst einmal die Messung des Zustandes.

Bevor auf die differenzierte Betrachtung der erarbeiteten Messgrößen eingegangen wird, sollen an dieser Stelle zuerst noch einige Anmerkungen gemacht werden. Die Komplexität der BSC wird in der Phase der Messgrößendefinition rasch deutlich. Da das Herz- und Gefäßzentrum anfangs insgesamt 22 strategische Ziele definiert hat und diese auch gemessen werden sollen, kann man davon ausgehen, dass durch die Festlegung von durchschnittlich zwei Messgrößen pro Ziel schnell über vierzig Messgrößen gesamthaft entstehen. Dies war sicher weniger ein Problem bei der Erarbeitung der Messgrößen, aber umso mehr bei der kontinuierlichen Überwachung dieser Kennzahlen. Es soll hier also keinesfalls die Botschaft vermittelt werden, ebenso viele Messgrößen finden zu müssen wie das Beispiel aufzeigt, sondern jeweils individuell das richtige Maß zu finden.

Einige der gewählten Messgrößen sind im Rahmen von zuvor initiierten Projekten bereits gebildet worden und brauchten daher keine intensive Aufarbeitung. Da bereits seit zwei Jahren ein umfassendes Qualitätsmanagement mit einer Reihe von Q-Zirkeln und Zielsetzungen existierte, ergaben sich bestimmte Größen und Ansätze praktisch von selbst. Man kann sicher sogar so weit gehen zu sagen, dass die operative Steuerung durch das TQM hiermit um den strategischen Aspekt erweitert wurde und mehr einen übergeordneten Rahmen bekam. Hierzu erfolgt im Kapitel 10.1 eine ausführliche Darstellung.

Es kann also festgehalten werden, dass die Anzahl von Zielen und ihren Messgrößen sehr stark von der bereits geleisteten Vorarbeit und der Akzeptanz von Managementsystemen allgemein abhängt. Im Zweifelsfall sollte lieber auf die eine oder andere zweifelhafte Messgröße verzichtet werden, dafür aber das System in sich transparenter und nachvollziehbarer gemacht werden. Sicherlich ist eine Berücksichtigung von insgesamt zehn Messgrößen für einige Krankenhäuser ausreichend. Daher gilt, sich nicht von der Vielzahl der Messgrößen abschrecken zu lassen!

Es wird deshalb an dieser Stelle darauf verzichtet, die gesamte Menge von über vierzig Messgrößen zu beschreiben. Es soll statt dessen eine Auswahl von fünfzehn erarbeiteten Kennzahlen vorgestellt werden, die einen guten Überblick über die vielfältigen Möglichkeiten der BSC geben. Es wird dabei versucht, alle Perspektiven und wichtigen strategischen Ziele ausreichend zu berücksichtigen. Der Einfachheit halber

Praxisbezogener Teil

können die gewählten Messgrößen und die dazu gehörigen Beschreibungen der nachfolgenden Übersicht entnommen werden.

A. Patienten-Perspektive

Ziel: Optimale medizinische Versorgung ist rund um die Uhr garantiert

Messgröße 1: Zeit Spitaleintritt bis Behandlungsbeginn

Beschreibung: Ein immer wieder auftretendes Problem stellt die zeitliche Dauer zwischen der Aufnahme eines Patienten und dem Beginn der Behandlung dar, wobei der Begriff der Behandlung vielseitig verwendbar ist. Durch die Zusammensetzung der unterschiedlichen Einheiten kann dies der Zeitpunkt der Operation, des Eingriffs im Herzkatheterlabor, der ambulanten Untersuchung etc. sein. Im Sinne einer optimalen medizinischen Versorgung sollte es den Patienten ermöglicht werden, innerhalb einer absolut notwendigen Frist die Behandlung zu erhalten, die entsprechend angezeigt ist.

Erhebungsfrequenz: Die Dauer sollte mit den zur Verfügung stehenden EDV-Mitteln praktisch täglich errechenbar sein. Die Aktualisierung der Daten in ein BSC-Tool kann monatlich erfolgen.

Ziel: Optimale medizinische Versorgung ist rund um die Uhr garantiert

Messgröße 2: Rate der wiederaufgenommenen Patienten mit gleicher Diagnose

Beschreibung: Per Definition wird ein Patient, der innerhalb 14 Tage erneut in derselben Abteilung mit der gleichen Diagnose aufgenommen wird, als sog. Rehospitalisierung angesehen. Das bedeutet, dass es sich i. d. R. um einen Fall handelt, der nicht optimal behandelt wurde. Daher gilt es, eine möglichst niedrige Rate zu erreichen.

Erhebungsfrequenz: Die Daten werden von der zentralen Patientenaufnahme regelmäßig erhoben, da für diese Fälle keine erneute Abrechnung erfolgen darf. Somit liegen die Daten jeweils zuverlässig vor. Ein quartalsweises Update erscheint ausreichend für das Analysetool.

Ziel: Patientengerechte Behandlung und Betreuung sind gewährleistet

Messgröße: Bottom-up-Evaluation der Vorgesetzten durch die Mitarbeitenden

Beschreibung: In jährlichen Abständen werden die Vorgesetzten (Chef-, Leitende u. Oberärzte, Oberschwester, Med.-techn. Leitung etc.) von den Mitarbeitenden nach verschiedenen Kriterien anonym bewertet. Unter anderem wird auch der Umgang mit den Patienten abgefragt. Dies erscheint als eine sinnvolle Methode, um sich auch gegenseitig über die Bedeutung von Aufklärung, Freundlichkeit und Verbindlichkeit gegenüber den Patienten bewusst zu werden. Hierdurch kann das Ziel der patientengerechten Behandlung und Betreuung aktiv beeinflusst werden.

Erhebungsfrequenz: Die Befragung wird jährlich durchgeführt und kann als Kennzahl aus dem standardisierten Fragebogen einfließen.

B. Finanz-Perspektive

Ziel: Kosten- und Leistungstransparenz sind umgesetzt

Messgröße: Anzahl realisierter Kostenberechnungen

Beschreibung: Um auch in ökonomischer Hinsicht mehr Verantwortung übernehmen zu können, fordert insbesondere die ärztliche Berufsgruppe mehr Transparenz bezüglich der erbrachten Leistungen und deren Kosten. Dies wird als wesentliches Kriterium für einen besseren Dialog zwischen „Betriebswirtschaft" und den Leistungserbringern angesehen. Das Herz- und Gefäßzentrum arbeitet seit zwei Jahren an der flächendeckenden Kostenbewertung von Behandlungsabläufen i. S. einer Prozesskostenrechnung. Die Vervollständigung dieser Kostentransparenz ist erklärtes Ziel.

Erhebungsfrequenz: Da es sich nicht um tägliche Veränderungen handelt, erscheint eine quartalsweise Berücksichtigung neuester Daten ausreichend.

Ziel: Anteil finanziell interessanter Patienten ist erhöht

Messgröße: Anteil der Privatpatienten in % von der Gesamtzahl der Patienten

Beschreibung: Das schweizerische Gesundheitssystem sieht für die öffentlich finanzierten Krankenhäuser vor, dass alle Behandlungen von Patienten, die aus dem selben Kanton wie der des Standortes (Heimatkanton) kommen, nur zu max. 50 % der regulären Abrechnungspauschale den Krankenversicherungen in Rechnung gestellt werden dürfen. Daraus ergibt sich ein obligatorisches Defizit, das in einer pauschalierten Weise vom Kanton als Finanzier getragen wird. Diese Defizitdeckung ist allerdings nicht zwingend für eine vollständige

Abdeckung der Krankenhaus-internen Kosten ausreichend, so dass ein Interesse daran besteht, einen konstanten Anteil an kostendeckenden Privatpatienten zu erhalten. Dies ist keine einfache Zielsetzung, da die Prämien für Privatversicherungen seit Einführung des Krankenversicherungsgesetzes 1996 erheblich gestiegen sind und somit der Markt der Privatversicherten massiv zusammengebrochen ist.

Das Herz- und Gefäßzentrum hat sich daher zum Ziel gesetzt, den Anteil der behandelten Privatpatienten für die nächsten Jahre auf gleichem Niveau zu halten um nicht noch in größere finanzielle Abhängigkeiten zu geraten. Hierfür sind allerdings einige Anstrengungen im Bereich der Betreuung und Akquisition notwendig.

Erhebungsfrequenz: Die Statistik der prozentualen Anteile von Privatpatienten liegt im monatlichen Rhythmus vor. Die Arbeitsgruppe sprach sich in Anbetracht der Steuerungsmöglichkeiten von einer vierteljährlichen Erhebungsfrequenz aus.

Ziel: Neue Finanzierungsquellen sind erschlossen

Messgröße: Zahlungseingänge durch Spenden und Zuwendungen

Beschreibung: Aufgrund der knapper werdenden Finanzmittel der öffentlichen Hand ist es für ein medizinisches Kompetenzzentrum zunehmend wichtig, durch alternative Finanzierungsquellen ein angestrebtes Niveau halten zu können. Die Entwicklung des medizinisch-technischen Fortschrittes erfordert auch die Bereitschaft, sich mittels Kooperationen, Partnerschaften und Fundraising-Konzepte auf einem zugegebenermaßen neuen Umfeld zu bewegen. Das Herz- und Gefäßzentrum hat hier eine zurückhaltende, aber auf langfristige Partnerschaften ausgelegte Ausrichtung gewählt. Es versucht, durch das Angebot von Aufklärung und Transparenz, interessierte Personen an das Zentrum zu binden und so mittel- bis langfristig auch eine alternative Finanzquelle zu erhalten. Daher ist diese Messgröße eher im Hinblick auf eine zukünftige Entwicklung definiert worden und ist z. Zt. noch nicht aktiviert. Langfristig könnten hier aber Beträge definiert werden, die sich das Zentrum durch ein aktives Fundraising-Konzept erhofft.

Erhebungsfrequenzen: Da aktuell noch nicht angewandt, hat sich die Frage der Erhebungsfrequenz noch nicht abschließend gestellt. Es wird aber voraussichtlich eine vierteljährliche Erhebung durchgeführt werden.

C. Kunden-Perspektive

Ziel: Kundenzufriedenheit ist gesteigert

Messgröße: Patientenzufriedenheits-Index

Beschreibung: Einer der wichtigsten Informationsträger über die Qualität der Dienstleistung und die Patientenorientierung ist der Patient. Es stehen mittlerweile eine Reihe von professionellen Mitteln von Zufriedenheitsbefragungen auf dem Markt zur Verfügung. Das Inselspital wendet seit Beginn des Jahres 2001 die Erhebungsmethode des Picker-Institutes[22] an und erhält dadurch ein sehr differenziertes Informationssystem. Danach ist es möglich, gezielt die Eindrücke der Patienten zu Themen wie der Patientenaufklärung, des Umgangs von Ärzten und Pflegekräften mit den Patienten und der Hilfe und Unterstützung bei spezifischen Anliegen zu erhalten. Der Fragebogen ist klar strukturiert und lässt eine Umrechnung in Bewertungskennzahlen zu, die dann auch im jährlichen Verlauf verglichen werden können.

Erhebungsfrequenz: Die Auswertungen des Picker-Institutes erfolgen stichprobenartig in Abständen von einem halben Jahr. Danach können auch die jeweiligen Eingaben in das BSC-Tool erfolgen.

Ziel: Kundenzufriedenheit ist gesteigert

Messgröße: Zuweiserzufriedenheits-Index

Beschreibung: Neben den Patienten selber, sind die zuweisenden Ärzte die wichtigsten Kunden des Krankenhauses und erlangen für die Erhebung von Kundenzufriedenheitsaussagen eine bedeutende Rolle. Die Abteilung Kardiologie hat daher eine umfangreiche Befragung aller potenziell in Frage kommenden Zuweiser vorgenommen, die in regelmäßigen Abständen wiederholt werden soll. Hierbei wurden Stärken und Schwächen der Abteilung, Kundenorientierung, Qualität der Arztbriefe und das Weiterbildungsangebot abgefragt und in einem standardisierten Fragebogen ausgewertet. Alle Maßnahmen zur Verbesserung der Kundenzufriedenheit können somit direkt aus der Kundenbefragung abgeleitet werden.

Erhebungsfrequenz: Die Erhebungen werden in jährlichen Abständen vorgenommen und stehen dann entsprechend der BSC zur Verfügung.

---

[22] Das Picker-Institute Europe mit Hauptsitz in Oxford ist ein nicht-kommerzielles, als gemeinnützig anerkanntes wissenschaftliches Institut mit Anbindung an die Universität Oxford (Institute of Health Sciences).

Ziel: Marktanteil ist gezielt gesteigert

Messgröße: Marktanteil Kinderherzchirurgie-Eingriffe

Beschreibung: Als führendes Herz- und Gefäßzentrum ist es notwendig Leistungen anzubieten, die nicht von den regulären Zentren angeboten werden. Daraus ergeben sich auch Spezialisierungen in den Bereichen Transplantation oder Kinderherzchirurgie. Da für dieses Angebot nur eine sehr beschränkte Anzahl an universitären Zentren in Frage kommt, ist es wichtig, die Rolle des Kompetenzzentrums zu halten oder auszubauen.

Erhebungsfrequenz: Die Statistik der chirurgischen Eingriffe an Kindern wird im jährlichem Abstand erhoben und der BSC zugeführt.

D. Prozess-Perspektive

Ziel: Sämtliche Patientenprozesse sind definiert und umgesetzt

Messgröße: Anzahl Qualitätszirkel, welche ihr Ziel erreicht haben

Beschreibung: Die Bedeutung des Qualitätsmanagements und mit ihm die Qualitätszirkel werden durch diese Messgröße besonders hervor gehoben. Wie im Kapitel 10 noch näher beschrieben wird, existieren eine größere Anzahl von Qualitätszirkeln entlang des Patientenprozesses mit dem Ziel, Verbesserungspotenzial ausfindig zu machen und Lösungsvorschläge in das Führungsgremium einzubringen. Da in jedem Zirkel durchschnittlich fünf Mitarbeitende aus verschiedenen Berufsgruppen und Hierarchiestufen integriert sind, ist eine breite Abdeckung des Qualitätsgedankens in der täglichen Arbeit sichergestellt. Jeder Zirkel hat sich Ziele gesetzt, die in einem unterschiedlichen Zeit- und Aufwandsrahmen realisiert werden sollen.

Erhebungsfrequenz: Die Ergebnisse der Zirkel fließen laufend ein, so dass eine Erhebung pro Quartal ausreichend zeitnah ist.

Ziel: Unterstützende Prozesse sind optimal auf Behandlungsprozesse abgestimmt

Messgröße: Anzahl verschobene Operationen in prozentualem Anteil

Beschreibung: Die Bedeutung der optimalen Anpassung von unterstützenden Abläufen wird jeweils bei der Funktionsfähigkeit des Operationsablaufes sichtbar. Da hier keine klaren Weisungsbefugnisse für die im OP tätigen Berufsgruppen vorhanden sind und Bereiche wie Anästhesie, Intensivstation, Oberschwester und Chirurgen alle verschiedenen Departementen unterstehen, ist eine optimale Abstimmung der

Abläufe praktisch unmöglich. Aus diesem Grund besteht das Bedürfnis, mit den anderen Bereichen zu sinnvollen Lösungen in diesen Schnittstellenproblemen zu kommen. Hierfür müssen die genannten Abteilungen aktiv in das Qualitätsmanagement eingebunden werden und einen entsprechenden Nutzen für die Zusammenarbeit erkennen.

Solange dies nicht gelingt, wird der Anteil an regelmäßig verschobenen Operationen vergleichsweise hoch bleiben. Es gilt also, diese Prozesse besser abzustimmen und somit einen reibungsloseren Ablauf sicherzustellen.

Erhebungsfrequenz: Es wird in regelmäßigen Abständen eine handgefertigte Statistik über die verschobenen Operationen geführt. Auch hier ist eine Übernahme der Daten pro Quartal ausreichend.

Ziel: Lehre-, Ausbildungs- und Forschungsprozesse sind definiert und untereinander sowie mit Dienstleistungsprozessen abgestimmt

Messgröße: Befragung von Assistenzärzten und Pflegenden bezüglich Ausbildungsstätten

Beschreibung: Mit der Vision von einem führenden Zentrum auch in bezug auf die Lehre und Ausbildung rückt die Betreuung und Qualität der Ausbildungsstätte Herz- und Gefäßzentrum in den Mittelpunkt der Messwerte. Es existieren bereits seit mehreren Jahren Befragungen über die Zufriedenheit der Ärzte mit der Ausbildungsstätte Inselspital. Für die Ausbildung der Pflegenden (Auszubildende) gibt es bislang noch keine Erhebung. Diese Erhebung müsste somit individuell initiiert werden. Es ist Ziel, die Werte dieser Erhebungen für die Messgrößen zu verwenden und eingeleitete Verbesserungsansätze in der Betreuung auch nachvollziehbar zu machen. Diese Befragungen beziehen sich sowohl auf die zur Verfügung stehende Zeit für das Studium, als auch auf die direkte Betreuung durch Ober- und Leitende Ärzte.

Erhebungsfrequenz: Die Erhebung der Zufriedenheit mit der Aus- und Weiterbildungsstelle im ärztlichen Bereich erfolgt jährlich und kann somit auch nur in diesem Abstand einbezogen werden.

E. Potenzial-Perspektive

Ziel: Attraktive Arbeitsbedingungen sind geschaffen

Messgröße: Fluktuationsrate

Beschreibung: Die Erhebungen im Bereich der Potenzial-Perspektive erscheinen am schwierigsten greifbar, da es sich vergleichsweise eher um sogenannte „weiche" Faktoren handelt, also um Werte, die häufig nicht durch harte Fakten belegt werden können, sondern eher aufgrund von Rückschlüssen als Aussage dienen. Eine vergleichsweise akzeptierte und sinnvolle Kennzahl im Zusammenhang mit den Arbeitsbedingungen stellt die Fluktuationsrate dar. Diese Quote gibt die Häufigkeit der Kündigungen von Personal in einer bestimmten Abteilung an. Grundsätzlich kann davon ausgegangen werden, dass je höher die Fluktuationsrate ist, auch die Zufriedenheit der Mitarbeitenden sinkt. Diese Kennzahl wird gewöhnlich in jedem Betrieb von der Personalabteilung erhoben und sollte somit relativ sicher zur Verfügung stehen.

Erhebungsfrequenz: Die Erhebungen werden je nach Betrieb in unterschiedlichen Intervallen gemessen. Viele Betriebe erstellen diese Statistik noch in jährlichen Abständen, eine viertel- bis halbjährliche Erhebung wäre sicherlich wünschenswert, um zeitnah reagieren zu können.

Ziel: Der Qualitätsgedanke ist dauerhaft implementiert

Messgröße: Jährliche Selbstevaluation des Qualitätsgedankens

Beschreibung: Von einer akzeptierten und implementierten Qualitätsausrichtung kann nach Auffassung der Arbeitsgruppe erst dann ausgegangen werden, wenn das Qualitätsmanagement auch ohne dauernden Input der Projektleitung, und somit von außen gesteuert, gelebt wird. Eine Möglichkeit, diesem Anliegen näher zu kommen, sollte mit der Orientierung am EFQM-Modell gegeben sein. Es berücksichtigt insbesondere die Selbstevaluation durch die Verantwortlichen der Abläufe.

Auch wenn das Qualitätsmanagement z. Zt. auf eine ISO-Zertifizierung ausgerichtet ist, wurde durch die Ausrichtung auf Verbesserungsansätze und Lernschleifen der Weg zum EFQM-Modell offen gehalten. Daher ist die gewählte Messgröße nicht im ersten Schritt, sondern voraussichtlich erst im nächsten Jahr zu realisieren.

Erhebungsfrequenz: Da es sich um keine typische Kennzahl handelt, die mehrmals jährlich gemessen wird, kann es voraussichtlich nur zu einer jährlichen Erhebung kommen.

Ziel: Klinische Forschung bleibt auf hohem Niveau, Grundlagen- und Pflegeforschung sind verbessert

Messgröße: Anzahl von Publikationen in Journals mit hohem Impact-Faktor

Beschreibung: Ebenfalls schwierig erscheint die Messung einer Qualität der Klinischen Forschung und der Grundlagen- und Pflegeforschung. Im medizinischen Bereich gibt es allerdings eine interessante Kenngröße im Zusammenhang mit der Zeitschrift, die einen wissenschaftlichen Beitrag veröffentlicht. Es wird von dem sogenannten „Impactfaktor" gesprochen, der eine Gewichtung der Beiträge nach Menge und Anspruch vornimmt. Dieser Faktor ist international anerkannt und sorgt somit zudem für eine Vergleichsmöglichkeit mit anderen Zentren.

Erhebungsfrequenz: Die Erhebung ist sehr zeitaufwändig und hängt davon ab, wann entsprechende Beiträge eingegeben werden. Da dies im wissenschaftlichen Bereich nicht in regelmäßigen Abständen erfolgt, macht nur eine jährliche Erhebung Sinn.

Diese Beschreibungen können nur einen groben Einblick in die Entstehung der Messgrößen geben und haben teilweise auch Vorgeschichten und Vorarbeiten, die jetzt zu einer Übertragung in die Balanced Scorecard geführt haben. Erfahrungen anderer Betriebe zeigen zudem, dass es durchaus notwendig werden kann, am Anfang gewählte Messgrößen mit der Zeit aufzugeben und Neue zu implementieren. Dies entspricht auch der Logik einer lernenden Organisation, die selten vom Start weg alle differenzierten Ziele und Messgrößen exakt gewählt hat, dann aber in der Lage ist, auf Veränderungen und Erkenntnisse zu reagieren und das System entsprechend anzupassen.

8.7 Kommunikation der Ziele und Messgrößen

Mit der Definition der Messgrößen und der Festlegung der entsprechenden Erhebungsfrequenzen ist ein wichtiger Schritt auf dem Weg zur implementierten BSC gemacht. Ausgehend vom Leitbild und der Vision, sind die strategischen Ziele und die Möglichkeit der Ergebnismessung strukturiert abgeleitet: sicher ein Meilenstein im Projekt und doch nicht mehr. Nützen doch die besten Formulierungen nichts, wenn sie von den Mitarbeitenden nicht gekannt, und noch wichtiger, nicht bewusst nachvollzogen werden.

Somit ist die Einführungsphase an den Punkt gekommen, wo Ergebnisse veröffentlicht und Zusammenhänge kommuniziert werden müssen. In unserem Beispiel hat eine Arbeitsgruppe den Aufbau der BSC-Struktur vorgenommen und stand zuerst einmal vor der Aufgabe, das Einverständnis und die Änderungswünsche des Auftraggebers (in diesem Fall das Departementsdirektorium) zu erhalten. Hierzu wurden die Ziele und Messgrößen vorgestellt, diskutiert und im Bedarfsfall angepasst. Dadurch, dass mehrere Mitglieder des Direktoriums auch Teil der Arbeitsgruppe waren, konnten die Ideen und Zielvorstellungen größtenteils bereits berücksichtigt werden.

Nach der Freigabe durch das Direktorium ging es nun darum, die Mitarbeitenden zu informieren und ihnen die Zusammenhänge zwischen Vision und strategischen Zielen zu erklären. Wie bereits im Kapitel 7 ausgeführt, wurde bereits bei der Leitbilderstellung eine groß angelegte Informationsrunde innerhalb des Herz- und Gefäßzentrums vorgenommen. Die Frage stellte sich daher, ob nun wieder eine ähnliche Maßnahme erfolgen sollte oder ob ein anderer Weg für die Kommunikation besser geeignet erscheint. Die Antwort darauf fällt für jedes Haus sicherlich anders aus; den Verantwortlichen hier erschien es aber sinnvoller, die Ergebnisse gezielter in den Arbeitsprozess einfließen zu lassen. Daher beschränkte sich die allgemeine Information auf einige Erläuterungen und Berichte im monatlichen Informationsblatt und in der Qualitätsmanagement-Zeitung.

Eine ausführlichere Bearbeitung des Themas erfolgte mit den Prozesseignern der Qualitätszirkel, da diese selbst aktiv im Prozess der Zielfindung auf operativer Ebene und der Ergebnismessung involviert sind. In diesem Kreis konnte eine aktive Bereitschaft für die Auseinandersetzung mit dem Thema BSC erwartet werden, da diese Fragestellungen aktuell zu ihrem Aufgabengebiet gehören. Dagegen war es vergleichsweise schwierig, Mitarbeitenden, die selbst nicht an der Entwicklung der Unternehmensvision beteiligt waren, die Inhalte und Vorzüge einer BSC deutlich zu machen.

Eine besonders wichtige Rolle bei der Verbreitung des BSC-Gedankens nahmen die Verknüpfungen dieser Zielvorgaben zu den Jahreszielen der einzelnen Abteilungen und Teams ein. Das bedeutet, dass Vertreter der BSC-Arbeitsgruppe beispielsweise in den Workshops der Pflegeteams anwesend waren, um dort die strategischen Ziele vorzustellen und Zusammenhänge zu den Jahreszielen der Pflegenden zu diskutieren und festzulegen. Auf diesem Wege erhielt die BSC die Bedeutung, die ihr eigentlich zusteht, nämlich als Wegweiser für die gesamte operative Ebene zu fungieren. Der einzelne Mitarbeiter konnte dadurch erkennen, dass die hochgesteckten Ziele der Führung nicht grundlos entstanden sind, sondern dass die Anliegen durchaus ihre Berechtigung haben und den operativen Zielen entsprechen.

Der hier beschriebene Weg ist allerdings deutlich langwieriger und aufwendiger, da längst nicht alle Teams und Abteilungen über eine jährliche Zielplanung verfügen und somit zuerst die Bereitschaft für ein solches Vorgehen entwickelt werden muss. Somit kann eine flächendeckende Verbreitung in den seltensten Fällen innerhalb eines Jahres erfolgen. Doch die Erfahrung zeigt, dass ad hoc durchgeführte Informationsveranstaltungen zu diesen, für Mitarbeitende abstrakten Themen, zwar akustisch schneller an das Ohr, aber selten bis ins Bewusstsein vordringen. Daher sollte sich jedes ähnlich angesiedelte Projekt selbst den Druck der schnellen Einführung nehmen und dafür stärker auf die Akzeptanz bei den Betroffenen setzen. Dies ist eine der wichtigsten Erkenntnisse aus dem gesamten Prozess der Kulturveränderung.

Bezogen auf die Ausgestaltung der BSC werden anschließend die Kapitel 9 bis 12 detailliert auf die strategischen Ziele und der jeweiligen Triebfeder eingehen. Dabei wurde jeweils eines der strategischen Ziele als Schwerpunktthema ausgewählt und entsprechend vertieft.

9 Perspektive der Potenziale

9.1 Einleitung

Wenn wir die Philosophie der Balanced Scorecard betrachten, sehen wir eine gleichmäßige Orientierung auf die vier Aspekte Potenziale, Prozesse, Kunden und Markt und Finanzen. Dass dabei die Potenziale zuerst genannt werden ist kein Zufall. Dass wird spätestens beim Blick auf die Ursachen-/Wirkungsbeziehungen[23] deutlich, die bei der Zielerreichung zuerst einmal auf die Potenzialebene abstützen. Dabei wird in der Literatur und auch in der Umsetzung der Potenzialbegriff sehr unterschiedlich interpretiert. Es gibt BSC-Umsetzungen, die einen sehr technischen Zugang zu dem Begriff Potenziale gewählt haben. Beispiele hierfür können Technische Anlagen, Gebäude oder Innovationsförderung sein. Im Kontrast dazu gehen andere Autoren[24] stärker auf die Rolle des Humankapitals ein und sehen hier die Basis für eine erfolgreiche Organisation.

Die Frage, welche inhaltliche Gestaltung der Begriff Potenziale für eine Organisation erfahren sollte, kann also nicht unisono beantwortet werden, sondern hängt stark von Art und Struktur einer Organisation ab. Da der zweite Teil dieses Buches auf den Erfahrungen des Schweizer Herz- und Gefäßzentrums Bern basiert, erscheint es uns angebracht, zuerst einmal auf das dortige Verständnis des Begriffs Potenziale einzugehen, um die nachfolgenden Ziele zu diesem Aspekt besser

---

23) Vgl. hierzu auch Kapitel 8.5.
24) Vgl. hierzu auch *Horvath & Partner*: Balanced Scorecard umsetzen, Stuttgart 2000, S. 24.

beleuchten zu können. Es sei an dieser Stelle nochmals betont, dass hier kein allgemeingültiger Ansatz propagiert werden kann, sondern ein individuell angepasstes Vorgehen je nach Ausrichtung und Kultur gefragt ist.

Das Krankenhaus als Non-Profit-Organisation mit dem Ziel, Menschen von ihren gesundheitlichen Leiden zu befreien, sie zu behandeln und zu pflegen, hat zweifelsfrei einen ausgeprägten humanen Ansatz der dadurch verstärkt wird, dass die Dienstleistung am „Kunden" Patient grundsätzlich nicht „gelagert" werden kann und somit direkt am Menschen verrichtet wird (siehe auch Kapitel 2). Daraus kann gefolgert werden, dass der größte Anteil an Ressourcen im Personalbereich zu finden ist.

Medizinisch-technischer Fortschritt bedeutet im Gegensatz zum industriellen Begriff des technischen Fortschritts nicht, dass mit Anlagen und Maschinen menschliche Arbeit ersetzt werden kann, sondern besitzt hier fast ausschließlich unterstützenden Charakter. Ein betriebswirtschaftlicher Nutzen bei der Einführung von neuen Instrumenten und Sachmitteln bleibt weitestgehend aus, da die Produktion der Dienstleistung dadurch nicht günstiger wird und auch ein entsprechender Erlös für diese neue Technik selten zu erzielen ist.

Technischer Fortschritt hat in den meisten Fällen ausschließlich Auswirkungen auf die Qualität der Behandlung und kommt damit dem Patienten und somit allenfalls der Volkswirtschaft zu Gute. Er unterstützt, vorausgesetzt das Ziel einer Institution ist die optimale Behandlung und Betreuung, die Krankenhausziele auf diesem Weg.

Ein weiterer Aspekt bei der Frage des Fortschrittes ergibt sich speziell für die Universitätskliniken, die neben der Patientenversorgung auch den Auftrag von Lehre und Forschung verfolgen. Insbesondere für den Forschungsbereich erhält der Begriff Potenziale neben dem menschlichen Faktor durch die technische Unterstützung eine weitere wichtige Komponente.

Daraus kann abgeleitet werden, dass der Mitarbeiterorientierung und der Ausstattung für eine gute Grundlagenforschung eine große Rolle zugeordnet werden sollte. Diese Ausrichtungen finden sich auch in den nachfolgend dargestellten Zielen wieder.

Die Mitarbeiterorientierung wirft in diesem Kontext allerdings die Frage auf, was damit bezweckt wird und auf welchem Weg man die definierten Ziele erreichen will. Stellt man sich nämlich die Frage, was Mitarbeiterorientierung hier bedeutet, wird sehr schnell das Ziel einer hohen Zufriedenheit genannt werden. Doch ist die Mitarbeiterzufriedenheit kaum Selbstzweck, da die Organisation nicht dafür geschaffen wurde. Vielmehr erscheint die Mitarbeiterzufriedenheit, die sich an den Aufgaben und Herausforderungen des Betriebes festmacht zwingend notwendig, um die gesteckten Ziele zu erreichen. In diesem Sinne orientieren sich die Bemühungen der Führung insbesondere darauf, gute Arbeitsvoraussetzungen zu schaffen und die Gestaltung der Arbeit voranzubringen.

Aus dem zuvor Genannten ergeben sich im Rahmen der Balanced Scorecard Ziele, die beispielsweise auf attraktive Arbeitsbedingungen, einen aktiven Wissensaustausch, einen implementierten Qualitätsgedanken oder die Forschung auf hohem Niveau ausgerichtet sind. Die bereits angesprochene Mitarbeiterzufriedenheit ist dann auch Thema des Schwerpunktes in diesem Kapitel. Hierbei galt es in einer breit angelegten Befragung herauszufinden, welche Faktoren für die Zufriedenheit des Pflegepersonals ausschlaggebend sind und wie die Führung darauf reagieren kann.

Auch wenn die hier angesprochenen Ziele zum Teil bei weitem nicht erreicht sind, so kann doch bereits heute gesagt werden, dass der sicherlich nicht einfach zu steuernde Aspekt von Mitarbeiterorientierung zumindest in den Gedanken und Äußerungen vorhanden ist und damit ein erster Grundstein für eine erfolgreiche Personalpolitik gelegt ist.

9.2 Implementierung des Qualitätsgedankens

Bereits im Dezember 1996 wurde das Konzept „Qualitätsentwicklung am Inselspital" vom Verwaltungsrat genehmigt und in Kraft gesetzt. Damit war die Grundlage für eine im Krankenversicherungsgesetz (KVG) geforderte Qualitätssicherung geschaffen. Das Konzept legt die Basis für die Qualitätspolitik, die sich auf eine kontinuierliche Qualitätsverbesserung ausrichtet. Im Zentrum stehen dabei Qualitätsverbesserungen, die hauptsächlich auf die Patienten ausgerichtet sind und durch interdisziplinäre und interprofessionelle Projektteams erarbeitet und umgesetzt werden.

Die im Konzept formulierten Grundsätze haben ihre Gültigkeit bewahrt, aber die Strukturen mussten aus zwei Gründen überarbeitet und angepasst werden:

1. Die 1999 vollzogene Reorganisation des Gesamtunternehmens mit der Neugliederung der Betriebseinheiten in Departemente musste berücksichtigt werden.

Praxisbezogener Teil

2. Eine gründliche Evaluation hat gezeigt, dass gewisse Abläufe und auch Kompetenzen einzelner Gremien des Qualitätsmanagements neu überdacht werden müssen.

Die neu gewählte Qualitätsorganisation setzt sich aus folgenden Gremien zusammen:

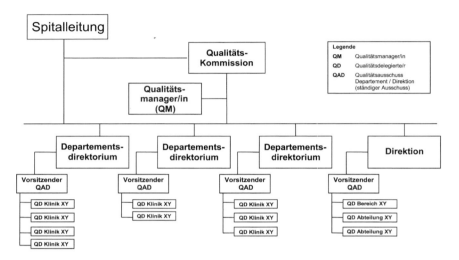

Abb. 9.1: Organigramm Qualitätsentwicklung Inselspital[25]

Die Spitalleitung trägt – gemeinsam mit der erweiterten Spitalleitung – die Führungsverantwortung für die Umsetzung des Konzeptes. Die bereichsspezifische Verantwortung liegt bei den Departementsdirektorien sowie den Direktionen.

In der Qualitäts-Kommission, welche sich einmal im Monat trifft, sind alle Departemente sowie alle Direktionen mit je einer Person vertreten. Der Vorsitz der Kommission wird durch ein Spitalleitungsmitglied besetzt.

Unter der Leitung der Qualitätsmanagerin des Inselspitals treffen sich viermal im Jahr alle Vorsitzenden der Qualitäts-Ausschüsse der Departemente und Direktionen.

Jedes Departement und jede Direktion hat einen eigenen Qualitäts-Ausschuss, in dem die Qualitäts-Delegierten der Einheiten bzw. Bereiche zusammengefasst sind. Der Ausschuss muss optimalerweise interprofessionell und interdisziplinär zusammengesetzt sein.

---

25) Quelle Inselspital Bern, Fachstelle für Qualitätsmanagement (http://www.insel.ch/qualitaet).

Perspektive der Potenziale

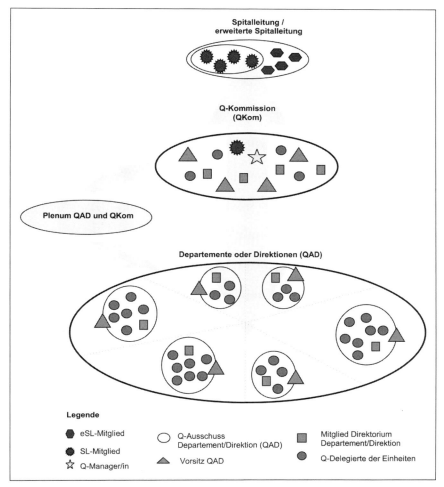

Abb. 9.2: Bilddiagramm der neuen Organisation[26]

Auf Grund des Konzeptes der Qualitätsentwicklung hat sich das Herz- und Gefäßzentrum entschlossen, Ende 1999 mit der Einführung des Qualitätsmanagements zu beginnen.

Nachdem das Direktorium den Projektantrag angenommen hatte, ging es darum, möglichst viele Mitarbeitende über die Idee der Einführung des umfassenden Qualitätsmanagements zu informieren. Innerhalb des

---

26) Quelle: Inselspital Bern, Fachstelle für Qualitätsmanagement (http://www.insel.ch/qualitaet).

Praxisbezogener Teil

Qualitäts-Ausschusses wurde rege diskutiert, welche Voraussetzungen geschaffen werden müssen, damit die größtmögliche Anzahl Mitarbeitender die Gelegenheit hat, an dieser Veranstaltung teilzunehmen. Von Seiten der Chefärzte erhielt der Qualitätsausschuss das Einverständnis, dass an einem Nachmittag der sogenannte „Sonntagsdienst" geplant wird. Dadurch konnte der Bedarf an Mitarbeitenden enorm verringert und die Voraussetzung geschaffen werden, dass viele Personen an der Startveranstaltung teilnehmen konnten.

Das Ziel der Auftaktveranstaltung war einerseits einen ersten Einblick in die Thematik „Qualitätsmanagement" zu erhalten und andererseits die Einbindung der obersten Führungskräfte spür- und sichtbar zu machen. In dieser Phase eines Projektes ist es von großer Bedeutung, dass die Führungskräfte klar Stellung dazu nehmen und die Notwendigkeit des zu bearbeitenden Themas aktiv unterstützen.

Die drei Chefärzte und die zwei Oberschwestern der beiden Bettenstationen, welche auch Mitglied des Direktoriums des Zentrums sind, erläuterten auf Grund eines Gegenstandes, was für sie persönlich Qualität bedeutet. Zwei von externen Unternehmen eingeladene Gäste referierten zu den Themen „Qualitätsentwicklung" sowie „Wie bringt man ein Qualitätsmanagement zum Laufen?". In anschließenden Workshops konnten die Anwesenden zu den zwei Referatsthemen sowie der Frage „Ist Qualität messbar?" diskutieren und offene Punkte sowie Erkenntnisse dazu auflisten. In einer abschließenden Runde wurden die Projektorganisation und die Personen des Qualitätsausschusses vorgestellt. Den Anwesenden wurden die Möglichkeiten aufgezeigt, wie sie aktiv im Projekt mitmachen können.

Mit der Auftaktveranstaltung ist es gelungen, den Begriff „Qualitätsmanagement" breit abzustützen. Es galt nun, das Projekt mit „Leben" zu füllen. In einem persönlichen Schreiben wurden alle Mitarbeitende des Zentrums zur Mithilfe und zum Engagement in diesem Projekt aufgefordert. Es ging darum, Mitglieder für die Qualitätszirkel zu gewinnen. Die Qualitätszirkel erhielten den Auftrag, die regelmäßigen Abläufe des Patientenprozesses, d. h. der täglichen Arbeit, zu analysieren, zu dokumentieren und Verbesserungsvorschläge zu entwickeln und umzusetzen. Ziel war es, die Qualitätszirkel in erster Linie aus Personen zusammenzusetzen, die diese Arbeit täglich machen und über den entsprechenden Überblick verfügen. Ein Qualitätszirkel setzt sich in der Regel aus vier bis sechs Personen zusammen und bildet die verschiedenen Aspekte der ärztlichen, pflegerischen, therapeutischen und administrativen Sichtweisen ab. Aus dem Kreis der Teilnehmenden des Zirkels wurde eine interessierte Person vom Qualitäts-Ausschuss vorgeschlagen, die als Prozesseignernominiert und entsprechend geschult wurde.

In kurzer Zeit meldeten ungefähr 80 Personen Interesse für die Mitarbeit in den 16 Qualitätszirkeln an. Somit ist es gelungen, ungefähr ein Fünftel der Mitarbeitenden des Herz- und Gefäßzentrums für das Projekt „Qualitätsmanagement" zu gewinnen und somit den Qualitätsgedanken zu fördern.

Mit der durch externe Trainer durchgeführten Schulung der Prozesseignerinnen und Prozesseigner begann für einen Teil der Mitarbeitenden die aktive Beteiligung. An fünf Halbtagen wurden einerseits Kenntnisse über Prozessmanagement/-entwicklung sowie Coaching und Prozessorientierung vermittelt. Nebst der Wissensvermittlung half die gemeinsame Schulung auch, die Prozesseignerinnen als Gruppe zusammenzubringen. Anlässlich des letzten Halbtages wurde entschieden, dass sich die Prozesseignerinnen einmal monatlich treffen. Dieses Gefäß wird seitdem genutzt, um Erfahrungen auszutauschen, auftretende Probleme zu diskutieren und das weitere Vorgehen gemeinsam festlegen zu können und dem Qualitätsausschuss entsprechend vorzulegen. Ein sehr wichtiger Punkt, der auf Grund dieser Treffen aktiv besprochen werden konnte, ist die Problematik der Schnittstellen. Viele der Qualitätszirkel bilden Nahtstellen zu anderen Zirkeln und mussten gemeinsame Übereinstimmungen treffen. Schnittstellen bestehen aber nicht nur innerhalb des Zentrums sondern auch außerdepartemental. Gespräche mit den entsprechenden Stellen wurden durch die Prozesseigner initiiert und durchgeführt. In den meisten Fällen verliefen diese sehr positiv und es wurden meist Lösungen im Konsens gefunden. Diese Erfahrungen ermunterten die anderen Qualitätszirkel, bei ähnlichen Problemen das Gespräch zu suchen und diese aktiv zu lösen.

Damit die erarbeiteten Lösungsvorschläge umgesetzt werden konnten, musste das Direktorium diese gutheißen. Anlässlich der monatlichen Direktoriumssitzungen wurden die Arbeiten der Qualitätszirkel von den Eignern präsentiert und zur Genehmigung vorgelegt. Dem Direktorium wurde bewusst, wie viele gute Veränderungsentwürfe in sehr kurzer Zeit durchdacht und erarbeitet wurden. In wenigen Fällen mussten die Mitglieder der Zirkel den Vorschlag noch einmal überarbeiten. Die meisten Anliegen wurden verdankt und in die Umsetzung geschickt. Bei den Präsentationen wurde allen Beteiligten klar, dass es sich nicht um einmalige Angelegenheiten handelt, sondern dass es darum geht, immer wieder die Prozesse zu überarbeiten und zu optimieren.

Man kann sagen, dass es fast zwei Jahre gedauert hat, bis der Qualitätsgedanke zu reifen begonnen hat. Es wäre ein großer Irrtum zu glauben, dass dies mit dem beschriebenen Vorgehen abgeschlossen wäre. Die weiteren Schritte sind die internen Audits und das Erstellen des Qualitätshandbuches. Diese beiden großen Vorhaben stehen noch bevor und werden die Implementierung des Qualitätsgedankens sicherlich weiter fördern. Ziel muss es sein, dass das Qualitätsmanagement in Zukunft auch ohne dauernden Input der Projektleitung weitergelebt und von außen gesteuert wird.

9.3 Die Mitarbeiterzufriedenheit ist verbessert (Schwerpunktthema)

9.3.1 Vorbemerkungen

Zunehmend werden in Unternehmen die Mitarbeitenden als ein wichtiger (der wichtigste?) Erfolgsfaktor begriffen. Angesichts dieser Tatsache ist die subjektive Bewertung der Arbeitszufriedenheit und der gesamten Arbeitssituation von zentraler Bedeutung, kann sie doch Hinweise darauf liefern, auf welche Weise dieser Erfolgsfaktor noch besser zur Geltung gebracht werden kann.

Im Herz- und Gefäßzentrum knüpft das Ziel der Verbesserung der Mitarbeiterzufriedenheit an das bestehende Leitbild an, in dem die Zufriedenheit der Mitarbeitenden ebenfalls als ein wesentlicher Schlüssel zum Erfolg des Unternehmens begriffen wird.

Konsequent wurde dies auch als wichtiges strategisches Ziel im Kontext der Potenzial-Perspektive festgeschrieben (vgl. Kapitel 8.4). Es wurde in diesem Zusammenhang darauf hingewiesen, dass die Mitarbeiterzufriedenheit von einer Reihe von Faktoren beeinflusst wird. Hier ist einerseits an Faktoren des Arbeitsinhaltes (z. B. Einflussmöglichkeiten auf die Arbeit, Anforderungen und Herausforderungscharakter der Arbeit) und andererseits an solche des Arbeitskontextes (z. B. Vorgesetztenverhalten, Lohn und Sozialleistungen, Aufstiegsmöglichkeiten) zu denken. In der Forschung hat sich diese prinzipielle Unterscheidung in dem Begriffspaar „intrinsische vs. extrinsische" Arbeitsaspekte weitgehend etabliert.

Zudem darf an dieser Stelle hinzugefügt werden, dass die Arbeitszufriedenheit ihrerseits wiederum Einfluss auf verschiedene Aspekte im näheren und weiteren Umfeld der Arbeit entwickelt (z. B. Krankenstand, Fluktuation, Leistung, Gesundheit und Wohlbefinden).

Die Wichtigkeit der Arbeitszufriedenheit ergibt sich gerade aus dieser Beeinflussung von Faktoren, die nicht zuletzt auch aus betriebswirtschaftlicher Perspektive relevant sind. Und schließlich stellt die Zufriedenheit mit der Arbeit natürlich einen, auch ethisch wichtigen, Wert in sich dar.

Im Herbst 2000 wurde vom Direktorium des Herz- und Gefäßzentrums die Durchführung einer umfassenden Befragung zur Arbeitszufriedenheit und zur Arbeitssituation im gesamten Pflegebereich beschlossen. Man hat sich zuerst einmal für die Beschränkung auf diesen Kreis von Mitarbeitenden entschieden, um dann später mit den gewonnenen Erkenntnissen aus dieser Befragung das Vorgehen auf die anderen Berufsgruppen des Zentrums zu übertragen.

Der Pflegebereich bot sich wegen der starken Unterstützung dieses Vorhabens durch die gesamte Pflegeleitung besonders an. Hinzu kam, gewissermaßen als politische Dimension, dass zu diesem Zeitpunkt Lohnfragen sowie die Verbesserung der Arbeitsbedingungen in der Pflege ganz grundsätzlich in der öffentlichen Diskussion gegenwärtig waren.

Mit der Entwicklung des Instrumentariums, der eigentlichen Durchführung der Befragung und deren Auswertung wurde das „Ressourcenzentrum" beauftragt. Diese Abteilung war im Inselspital Bern für die Personal- und Unternehmensentwicklung zuständig[27].

Im ersten Schritt wurde aus verschiedenen standardisierten Erhebungsinstrumenten ein Befragungsinstrument erstellt, welches den Verhältnissen im Herz- und Gefäßzentrum angepasst wurde.

Besonderer Wert wurde danach in der Vorbereitung der Befragung auf die breite Kommunikation des Vorhabens gelegt. Jeder der verschiedenen Pflegebereiche des Zentrums (stationäre Bereiche der Kliniken und Abteilungen, Operationsbereich etc.) wurde an separaten Informationsveranstaltungen über Anliegen und Inhalt der Befragung informiert und diese mit den betreffenden Personengruppen diskutiert. Dabei wurde häufig die Frage nach der Anonymität der Befragungsdaten aufgeworfen. Um Befürchtungen bezüglich aus der Befragung möglicherweise erwachsenden negativen Konsequenzen für Einzelne zu begegnen, wurde klar darauf hingewiesen, dass ausschließlich die mit der Befragung beauftragte unabhängige Spitalabteilung die Daten

---

27) Der Organisationsberatungsteil des Ressourcenzentrums wurde mit dessen Outsourcing in das cpmo (Centrum für PersonalManagement und Organisationsgestaltung) überführt und die Befragung ab Mai 2001 von dieser Firma weiter begleitet.

Praxisbezogener Teil

auswerten und derart aufbereiten wird, dass Rückschlüsse auf einzelne Personen nicht möglich sind.

Angesichts des hohen Rücklaufs der Fragebogen hat sich diese Investition sicher ausgezahlt.

Der nächste Schritt war die Durchführung der eigentlichen Befragung im Februar/März 2001; insgesamt wurde der Fragebogen an 231 Personen versandt und von 171 Personen in verwertbarer Qualität zurück geschickt. Dieser als hoch einzustufende Rücklauf (74 %) war in Anbetracht des sehr umfangreichen Fragebogens umso erfreulicher und garantiert die Repräsentativität der Ergebnisse für die gesamte Pflege im Herz- und Gefäßzentrum.

Mittels standardisiertem Fragebogen wurden folgende grundlegende Bereiche erfasst:

- Einschätzung der Arbeit (Vielfalt, Mitwirkungsmöglichkeiten, Belastungen usw.), der Zusammenarbeit (Sozialklima, Unterstützung durch Kolleg/innen, Vorgesetzte, Ärzt/innen) und des Arbeitsumfeldes (Lohn und Sozialleistungen, Mitbestimmungsmöglichkeiten im Inselspital usw.)
- Verschiedene Aspekte der Arbeitszufriedenheit
- Wohlbefinden (z. B. positive Lebenseinstellung, emotionale Erschöpfung[28], Patientenaversion[29]), Gesundheitsaspekte und Fluktuationsabsicht

Konzeptionell wurden verschiedene Formen der Arbeitszufriedenheit über einen Vergleich von Soll- und Ist-Zustand im Hinblick auf die reale Arbeitssituation erfasst; diese und die weiteren erhobenen Faktoren beruhen sämtlich auf Selbstbeschreibungen der befragten Personen.

---

28) Emotionale Erschöpfung gibt an, wie stark man sich durch die Arbeit gehetzt, erschöpft, gereizt, ausgebrannt usw. fühlt.
29) Patientenaversion gibt an, wie stark man Mühe bekundet, gegenüber den Patient/innen gleichbleibend freundlich oder geduldig zu sein und nicht ärgerlich oder grob zu werden.

9.3.2 Ergebnisse der Befragung der Pflege

A. Stichprobenbeschreibung

Von den insgesamt 171 Mitarbeitenden, die sich an der Befragung beteiligten (Durchschnittsalter 35.3 Jahre), haben 22% Führungsaufgaben[30] inne.

Etwas mehr als die Hälfte der Pflegenden des Zentrums üben ihren Beruf seit mehr als 10 Jahren aus. Rund ein Drittel weist eine Berufserfahrung von 5 bis 10 Jahren, 15% eine Berufserfahrung von weniger als 5 Jahren auf.

Etwa ein Viertel der Befragten arbeitet das erste Jahr am derzeitigen Arbeitsplatz. Je etwa ein Drittel befinden sich zwischen 1 und 5 Jahren (35%) oder seit mehr als 5 Jahren (30%) am derzeitigen Arbeitsplatz.

Von den Befragten sind 38% Vollzeitangestellte (100% Beschäftigungsgrad). Bei rund einem Drittel beträgt der Anstellungsgrad zwischen 50% und 90% und fast ein Viertel ist unter 50% beschäftigt.

Wenn in der nachfolgenden Ergebnisbeschreibung von Mitarbeitenden der Pflege die Rede ist, so bezieht sich dies auf solche mit und ohne Führungsaufgaben. Wo es Unterschiede zwischen Mitarbeitenden mit Führungsaufgaben und denjenigen ohne solche Aufgaben gibt, werden diese explizit erwähnt.

B. Einschätzung der Arbeit

Die Tätigkeiten der Mitarbeitenden der Pflege scheinen sich durch sehr hohe Verantwortung und hohe Aufgabenvielfalt auszuzeichnen. Demgegenüber scheinen Selbständigkeit und Ganzheitlichkeit[31] zu wenig ausgeprägt. Weiter werden die Weiterbildungsmöglichkeiten als gut eingeschätzt, wobei die Aufstiegsmöglichkeiten jedoch eher wenig ausgeprägt zu sein scheinen.

---

30) Dies betrifft jene, die sich als zu einer der folgenden Funktionen zugehörig beschrieben haben: Leitung Pflegedienst (Oberschwestern), Stellvertretung der Leitung Pflegedienst, Stationsschwestern/-pfleger, Stellvertretung Stationsschwestern/-pfleger sowie diplomierte Krankenschwestern/-pfleger mit Gruppenleiter/innenfunktion.

31) Ausmaß, in dem Aufgaben vorbereitende, planende, ausführende und kontrollierende Tätigkeiten beinhalten. Notwendige (nicht aber hinreichende) Voraussetzung zum Erleben von Sinnhaftigkeit der Arbeit und Entstehung von Arbeitsmotivation.

Ein Vergleich zwischen den Mitarbeitenden mit und denjenigen ohne Führungsaufgaben zeigt, dass die Führung ihre Tätigkeit als vielfältiger einschätzt.

Als Belastungen in der Arbeit werden folgende Aspekte als problematisch beurteilt:

- Arbeitsaufwand (zu viel zu tun)
- Zusatzaufwand (z. B. ungünstige Umstände machen Rücksprachen nötig, umständliches Abstimmen mit Kolleg/innen)
- Unterbrechungen durch Personen (z. B. wegen Telefonanrufen, neuen Anordnungen der Ärzt/innen, Aushelfen bei Kolleg/innen etc.)
- Zeitdruck durch Terminvorgaben und beschränkte Verfügbarkeiten (z. B. von Personen, Geräten und Räumlichkeiten)
- Widersprüchliche Aufgabenziele (z. B. muss man Aufgaben verrichten, für die man nicht zuständig ist oder die zu verrichtenden Aufgaben lassen sich nicht miteinander vereinbaren)
- Informationsdefizite (z. B. Unklarheit in der Beschaffung oder Weiterleitung von notwendigen Informationen)
- Notwendigkeit von riskantem Handeln (z. B. führen ungünstige Umstände zu häufigen Fehlern, müssen Risiken eingegangen werden, müssen Vorschriften verletzt werden)
- Probleme bei der Belegung der Station

Als entlastender Faktor wird die räumliche und materielle Ausstattung der Stationen als grundsätzlich ausreichend beurteilt.

C. Einschätzung der Zusammenarbeit und Unterstützung

Die Pflegenden schätzen die Kooperation und Kommunikation mit den verschiedenen Personen- oder Berufsgruppen (z. B. Kolleg/innen, Vorgesetzte, Patienten, Verwaltung, Labor) als gut ein. Zudem scheint das soziale Klima (Vertrauensverhältnis zu den verschiedenen Berufs- oder Personengruppen) einigermaßen gut ausgeprägt zu sein. Die Zusammenarbeit mit den Ärzt/innen wird jedoch nur teilweise als gut beurteilt.

Die Unterstützung am Arbeitsplatz ist eine wichtige Ressource. In der Forschung zeigte sich dabei, dass nicht die effektiv geleistete Unterstützung, sondern die wahrgenommene Möglichkeit, Unterstützung zu erhalten, zentral ist: Wichtig ist, zu wissen, dass in schwierigen Situationen jemand da ist, der zuhören und Hilfe bieten kann. Deshalb wurden die Pflegenden ebenfalls danach gefragt, wie sehr sie sich aus ihrer Sicht auf die Arbeitskolleg/innen, Vorgesetzten und Ärzt/innen verlassen können. Die Unterstützung durch die/den nächststehende/n Kolleg/in scheint gut zu sein, die Unterstützung durch die anderen Arbeitskolleg/innen und durch Vorgesetzte jedoch eher gering. So wird zum Beispiel auch die Rückmeldung der Leistungen durch die Vorgesetzten als eher gering eingeschätzt. Die Unterstützung durch Ärzt/innen wird als sehr gering eingeschätzt.

D. Einschätzung des Arbeitsumfeldes

Die Sicherheit des Arbeitsplatzes wird von den Pflegenden als hoch eingeschätzt. Zudem scheint man mit der Arbeitszeitregelung einigermaßen zufrieden zu sein, wobei die arbeitszeitlichen Bedingungen von der Führung als besser eingeschätzt werden als von den Mitarbeitenden ohne Führungsaufgaben.

Als ungenügend werden aber aus der Sicht der Pflegenden die Mitbestimmungsmöglichkeiten im Spital sowie der Lohn und die Sozialleistungen beurteilt. Wie einleitend beschrieben, hat sich gerade an letzterem die Unzufriedenheit des Pflegepersonals in der öffentlichen Diskussion festgemacht.

E. Aspekte der Arbeitszufriedenheit

Die in der Befragung erfasste allgemeine Arbeitszufriedenheit spiegelt ein generelles oder globales Urteil über die Arbeit wieder (z. B. wie sehr man sich freut, nach arbeitsfreien Tagen wieder zur Arbeit zu gehen). Im Vergleich zu anderen befragten Gruppen aus dem Spitalbereich deuten die Werte der Pflegenden des Herz- und Gefäßzentrums auf eine eher tiefe Zufriedenheit mit bereits erhöhten resignativen[32]) Tendenzen hin (siehe Abbildung 9.3).

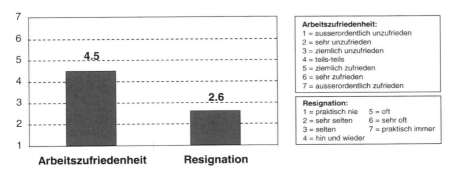

Abb. 9.3: Arbeitszufriedenheit und arbeitsbezogene Resignation

---

[32]) Resignation spiegelt folgende Haltung der Befragten wieder: „Als Arbeitnehmer/in kann man wirklich nicht viel erwarten„ oder „Eine Kündigung brächte mir noch mehr Nachteile, deshalb bleibe ich trotz allem hier" usw.

Praxisbezogener Teil

F. Wohlbefinden, Gesundheitsaspekte und Fluktuationsabsicht

Das allgemeine Wohlbefinden wird als hoch beurteilt: Die Pflegenden des Zentrums scheinen eine hohe positive Lebenseinstellung und einen hohen Selbstwert sowie kaum depressive Stimmungen aufzuweisen. Entsprechend beschreiben sich die Pflegenden auch als wenig gereizt/ belastet und scheinen eher wenig psychosomatische Beschwerden (z. B. empfindlicher Magen, Rückenschmerzen, Schlafstörungen) zu haben.

Ernst zu nehmen ist jedoch, dass sich fast ein Sechstel der Befragten als emotional erschöpft beschreibt und ebenso viele häufig Mühe haben, gleichbleibend freundlich zu den Patienten/Patientinnen zu sein (Patientenaversion; siehe Abbildung 9.4). Es gibt einige Hinweise, die die Wichtigkeit dieser Werte unterstreichen. So stellt z. B. emotionale Erschöpfung einen wichtigen Indikator für Burnout dar. Zudem sind in einem dienstleistungsorientierten Betrieb Probleme im Umgang mit den Patienten durchaus ernst zu nehmen.

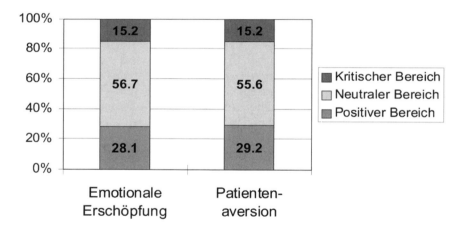

Abb. 9.4: Emotionale Erschöpfung und Patientenaversion

Bei den Pflegenden des Zentrums scheint die Fluktuationsabsicht (Absicht zur freiwilligen Kündigung) erhöht. So beschäftigen sich bereits 20 % der Pflegenden häufig mit einer möglichen Kündigung. Etwa ein Drittel denkt ab und zu über eine mögliche Kündigung nach. Diese Werte sind besonders in Anbetracht von auf dem Arbeitsmarkt derzeit knappem Pflegepersonal als problematisch einzustufen.

G. Vergleiche der Beurteilungen zwischen unterschiedlichen Beschäftigtengruppen

Beschäftigungsgrad
Die Tätigkeit der *Vollzeitbeschäftigten* scheint insgesamt „ganzheitlicher" zu sein und weniger Routineaufgaben aufzuweisen.

Die Pflegenden, die *50 % bis 90 % beschäftigt* sind, beurteilen die Belastungen durch Zeitdruck und widersprüchliche Aufgabenziele als höher. Sie schätzen zudem ihr Wohlbefinden niedriger ein: Sie scheinen mehr depressive Stimmungen aufzuweisen und fast ein Viertel von ihnen beschreibt sich als emotional erschöpft.

Die Pflegenden *unter 50 %* scheinen für ihre Arbeit weniger Qualifikationen zu benötigen und scheinen gleichzeitig auch weniger Qualifizierungsmöglichkeiten zu haben. Diese Beschäftigungsgruppe schätzt sich jedoch insgesamt am zufriedensten ein!

Berufserfahrung
Es ergeben sich zwischen den Pflegenden mit unterschiedlicher Berufserfahrung keine nennenswerten systematischen Unterschiede bezüglich Einschätzung der Arbeit, Aspekten der Arbeitszufriedenheit und dem Wohlbefinden.

Dauer der Anstellung am jetzigen Arbeitsplatz
Auch zwischen den Pflegenden mit unterschiedlicher Betriebszugehörigkeitsdauer ergeben sich keine systematischen Unterschiede.

H. Zusammenhänge zwischen Merkmalen der Arbeit, der Arbeitszufriedenheit, dem Wohlbefinden und der Fluktuationsabsicht

Für das Entwickeln von Maßnahmeempfehlungen ist es neben der Ausprägung der einzelnen Aspekte der Arbeit auch wichtig zu erfahren, wie die Merkmale der Arbeit, die Arbeitszufriedenheit und das Wohlbefinden beziehungsweise die Fluktuationsabsicht zusammen hängen. Wie unter 9.3.1 bereits einleitend erwähnt wurde, existieren in der Forschung verschiedene Annahmen und empirische Befunde, die vereinfachend das in Abbildung 9.5 dargestellte Bild der Zusammenhänge zwischen den Merkmalen der Arbeit, der Arbeitszufriedenheit und dem Wohlbefinden beziehungsweise der Fluktuationsabsicht unterstützen.

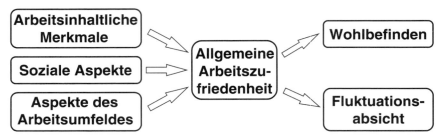

Abb. 9.5: Bedingungen und Auswirkungen der Arbeitszufriedenheit

In der Befragung der Pflegenden des Herz- und Gefäßzentrums wurde nun geprüft, inwieweit sich die entsprechenden Befunde auch in den gewonnenen Daten abbilden.

Es zeigte sich, dass ähnliche Zusammenhänge auch in der vorliegenden Untersuchung gefunden werden konnten: So erklären bereits wenige Merkmale des Arbeitsinhaltes, des sozialen Klimas und des Arbeitsumfeldes mehr als die Hälfte der Unterschiede (Varianz) in der allgemeinen Arbeitszufriedenheit (siehe Tabelle 9.1). In Anbetracht dessen, dass die Arbeitszufriedenheit von unzähligen Faktoren (z. B. auch Alter, Wohnsituation, Familienstand, Berufserfahrung, weiteren arbeitsbezogenen Aspekten) beeinflusst wird, ist dieses Ergebnis sehr beachtlich. Damit wird der Stellenwert der Arbeitszufriedenheit nachdrücklich hervorgehoben und es wird deutlich, dass das Ziel von deren Verbesserung ausgesprochen sinnvoll und wichtig für das Unternehmen ist.

In der Befragung der Pflegenden kann ebenfalls gezeigt werden, dass die allgemeine Arbeitszufriedenheit mit der emotionalen Erschöpfung, der Patientenaversion und der Fluktuationsabsicht in Zusammenhang steht. So kann zum Beispiel mehr als die Hälfte der Unterschiede in der Fluktuationsabsicht allein durch die Arbeitszufriedenheit erklärt werden.

Die Abbildungen 9.6 und 9.7 veranschaulichen exemplarisch die Zusammenhänge zwischen der Arbeitszufriedenheit und der emotionalen Erschöpfung sowie zwischen der Arbeitszufriedenheit und der Fluktuationsabsicht auf eindrückliche Weise: Das Risiko, emotional erschöpft zu sein, ist bei tiefer Arbeitszufriedenheit mehr als 5 mal höher als bei hoher Arbeitszufriedenheit (siehe Abbildung 9.6). Ähnliches zeigt sich auch bei der Fluktuationsabsicht: Die Wahrscheinlichkeit, sich häufig mit Kündigungsabsichten zu beschäftigen, ist bei tiefer Arbeitszufriedenheit fast 9 mal höher als bei hoher Arbeitszufriedenheit (siehe Abbildung 9.7)! Und wie in der Forschung gezeigt werden konnte, hat die Kündigungsabsicht einen sehr guten Vorhersagewert für die tatsächliche Kündigung.

Tab. 9.1: Merkmale, die Unterschiede in der allgemeinen Arbeitszufriedenheit erklären

Arbeitsinhaltliche Merkmale:
- Ganzheitlichkeit
- Mitbestimmungsmöglichkeit auf der Station
- Widersprüchliche Aufgabenziele
- Zeitdruck durch Terminvorgaben und beschränkte Verfügbarkeiten
- Informationsdefizite
- Unterbrechungen durch Personen
- Notwendigkeit von riskantem Handeln
- Zusatzaufwand nötig (z. B. Rückfragen)

Soziale Aspekte:
- Soziales Klima (vertrauensvolles Verhältnis zu Vorgesetzten, Kolleg/innen, Ärzt/innen usw.)
- Unterstützung durch Vorgesetzte
- Sozialer Stress (belastende Zusammenarbeit mit Vorgesetzten, Kolleg/innen, Ärzt/innen usw.)

Aspekte des Arbeitsumfeldes:
- Lohn und Sozialleistungen
- Mitbestimmungsmöglichkeit im Inselspital

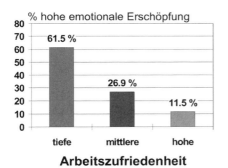
Abb. 9.6: Arbeitszufriedenheit und emotionale Erschöpfung

Abb. 9.7: Arbeitszufriedenheit und Fluktuationsabsicht

Im Pflegebereich können derzeit viele offene Stellen nicht besetzt werden und es bereitet für Pflegende kaum Mühe, eine neue Anstellung zu bekommen. So darf man annehmen, dass massive Kündigungsabsichten zum gegenwärtigen Zeitpunkt mit hoher Wahrscheinlichkeit in tatsächliche Kündigungen einmünden. Insofern ist es wichtig, durch eine frühe Intervention/Prävention die Fluktuationsabsicht zu verringern, um die beachtlichen wirtschaftlichen Kosten, die aus einer Kündigung erwachsen, zu senken und die Kontinuität in der Bewältigung der so wichtigen pflegerischen Aufgaben sicher zu stellen.

I. Fazit

Wie oben besprochen, wird die Arbeitszufriedenheit zu einem großen Teil durch verschiedene Merkmale der Arbeit beeinflusst. Die Arbeitszufriedenheit ihrerseits hat Auswirkungen auf Aspekte des Wohlbefindens und die Fluktuationsabsicht.

Zusammenfassend zeigt die Befragung, dass Gesundheit und Wohlbefinden der Pflegenden grundsätzlich gut zu sein scheinen. Dies kann ein Hinweis darauf sein, dass sich die negativen Seiten der Arbeit (z. B. Belastungen) noch nicht dramatisch ausgewirkt haben. Trotzdem ist Handlungsbedarf angezeigt, da die Fluktuationsabsicht beachtlich ist und die Beanspruchung (emotionale Erschöpfung und Patientenaversion) ernst zu nehmende Werte aufweist. Im Sinne einer Prävention ist es also wichtig, die verschiedenen Merkmale der Arbeit so zu beeinflussen, dass die Arbeitszufriedenheit der Mitarbeitenden erhöht wird. Damit müsste erreicht werden, dass Wohlbefinden und Gesundheit nicht beeinträchtigt bzw. vorhandene Beeinträchtigungen vermindert werden. Zudem sollten die Kündigungsabsichten abnehmen und damit die hohe Anzahl von Kündigungen im Pflegebereich verringert werden.

Wie sich in der Forschung zeigt, ist für eine Reduktion oder Einschränkung der negativen Auswirkungen der Arbeit (z. B. Stress) nicht nur der Abbau von Belastungen in der Arbeit, sondern auch der Aufbau von Ressourcen/entlastenden Faktoren von zentraler Bedeutung, wobei die soziale Unterstützung und das soziale Klima als wichtige Ressource gelten (vgl. C. Einschätzung der Zusammenarbeit und Unterstützung).

Im nächsten Abschnitt (J. Empfehlungen) werden auf den Ergebnissen der Befragung aufbauend Maßnahmenvorschläge unterbreitet, die im Herz- und Gefäßzentrum zur Belastungsreduktion und zum Ausbau der Ressourcen führen und damit eine Steigerung der Arbeitszufriedenheit nach sich ziehen sollen. Besonders wichtig erscheint es, dass mit diesen Veränderungen die bestehende hohe Fluktuationsrate reduziert werden kann, denn die Kontinuität des Pflegepersonals ist unerlässlich für Erhaltung und Erhöhung der Pflegequalität.

Perspektive der Potenziale

J. Empfehlungen

Aus den Ergebnissen der Befragung wurden zuerst einmal Empfehlungen abgeleitet, die für alle untersuchten Pflegebereiche zutreffen. Diese Maßnahmen zur Verbesserung der Arbeitsbedingungen der Pflege im Herz- und Gefäßzentrum können grundsätzlich vier verschiedenen Ansatzebenen zugeordnet werden (siehe Tabelle 9.2).

Tab. 9.2: Maßnahmenbereiche und abgeleitete Empfehlungen

Maßnahmenbereich	Konkrete Empfehlung
Arbeitsbezogene Maßnahmen	• Abbau von belastenden Arbeitsbedingungen: Abbau von Zusatzaufwand, Zeitdruck, riskantem Handeln, häufigen Unterbrechungen etc. • Gestaltung der Aufgaben im Sinne von mehr Ganzheitlichkeit (Planung, Ausführung und Kontrolle zusammenführen) • Verbesserung des Informationsflusses (effiziente Aufgabenerledigung)
Maßnahmen zur Verbesserung der Zusammenarbeit und von Unterstützungsmöglichkeiten	• Etablierung und Ausbau von geeigneten Gefäßen zur gegenseitigen Unterstützung (durch Kolleg/innen und Vorgesetzte) • Verbesserung der Zusammenarbeit mit Ärzt/innen
Führungsbezogene Maßnahmen	• Klare Definition von Aufgabenzielen • Stärkung der Mitarbeiterorientierung im Führungsverständnis der Vorgesetzten • Durchführung regelmäßiger Mitarbeiterbefragungen (wo noch nicht vorhanden)
Weiterführende Maßnahmen	• Einfluss auf verschiedene Aspekte des Arbeitsumfeldes erhöhen: • Klärung des Leistungsauftrages der Pflege (und wenn nötig Harmonisierung der Ausbildung mit der zu erwartenden Arbeitswirklichkeit im Spital) • Entlöhnung

Es zeigt sich, dass viele der primär aus der Befragung resultierenden Maßnahmenempfehlungen im Verantwortungsbereich und sicher auch in den Möglichkeiten des Zentrums selbst liegen. Der Abbau von Belastungen, die Verbesserung des Informationsflusses und klare Zielvorgaben etc. könnten einen positiven Effekt auf die Verbesserung der Arbeitszufriedenheit entwickeln.

Weitere Maßnahmen müssen mit den zuständigen Stellen in Angriff genommen werden. Lohnfragen z. B. sollten mit kantonalen Behörden diskutiert werden, wobei dem veränderten Aufgabenfeld im Pflegebereich und prinzipiellen Fairnessaspekten (Vergleich des Lohns mit

Pflegenden aus dem privaten Sektor, mit Berufskolleginnen und -kollegen aus anderen Landesteilen, mit anderen Berufsgruppen) Rechnung getragen werden muss. Diese Diskussionen sind im Gang; zugegebenermaßen sind diese in Zeiten knapper öffentlicher Finanzhaushalte schwierig zu führen.

Ein wichtiges Anliegen ist ebenfalls die Klärung des Leistungsauftrages der Pflege. Zum Teil scheinen in der Pflegeausbildung Erwartungen erzeugt zu werden, die dann in der beruflichen Realität nicht immer erfüllt werden können. In gemeinsamen Diskussionen zwischen Ausbildungsverantwortlichen und Berufspraktikern müsste hier eine größtmögliche Harmonisierung herbeigeführt werden.

9.3.3 Kommunikation der Ergebnisse und weiteres Vorgehen

Die Ergebnisse der Befragung wurden zuerst im Qualitätsausschuss des Zentrums diskutiert und dort wurde über die weitere Aufbereitung der Daten und deren Kommunikation entschieden.

Es wurde beschlossen, zuerst einmal eine mündliche Information der beteiligten Personen durchzuführen. Zu diesem Zweck wurden die Ergebnisse verständlich aufbereitet und in zwei Informationsveranstaltungen vorgestellt, an der auch Vertreter/innen der Spitalleitung teilnahmen. Diese Veranstaltungen wurden deshalb doppelt durchgeführt, um möglichst vielen Mitarbeitenden die Möglichkeit zu geben, die Ergebnisse aus erster Hand zu erfahren und ihre Meinung dazu abzugeben.

In den jeweiligen Diskussionen wurde deutlich, dass es eben doch nicht nur Lohnfragen sind (wie man mitunter meinen könnte, wenn man die öffentliche Diskussion verfolgt), die die Attraktivität der Pflegearbeit ausmachen (oder eben gerade nicht). Fragen der Mitbestimmung und der Kooperation im Team und Berufsgruppen-übergreifend wurden als in diesem Zusammenhang sehr bedeutsam bezeichnet und damit die Ergebnisse nochmals bestätigt.

Diskutiert wurde auch, wie jene Problembereiche bearbeitet werden können, die nicht vom Zentrum selbst beeinflusst werden können. Die Besorgnis war spürbar, dass es immer schwieriger werden dürfte, in ausreichendem Ausmaß geeigneten Nachwuchs zu erhalten.

Umso mehr wurden intern realisierbare Verbesserungen gefordert, um durch interessante und motivierende Arbeitsbedingungen Vorteile im

Wettbewerb um die knappen Pflegekräfte zu erzielen. Wie bereits angemerkt, sind solche Verbesserungen nicht zuletzt auch wichtig, um die Fluktuation des Pflegepersonals zu senken.

Darüber hinaus gaben die Pflegeleitungen des Herz- und Gefäßzentrums klare Statements darüber ab, wie die Erarbeitung notwendiger Verbesserungen in Angriff genommen werden soll.

Hier wurde mitgeteilt, dass im Anschluss an die mündliche Information schriftliche Aufbereitungen der Daten gesondert für die verschiedenen Pflegegruppen des Zentrums vorgenommen werden und dort gemeinsam nach konkreten Konsequenzen für die betreffenden Bereiche gesucht werden wird.

Des weiteren wurde das Direktorium über die Befragungsergebnisse informiert und dort ein griffiges Konzept für die Umsetzung der erforderlichen Maßnahmen in Auftrag gegeben, welches den bisherigen Stand der Information und Kommunikation mit einbezieht.

Auf allen Ebenen des Zentrums war man sich im Klaren darüber, dass eine schnelle Problembearbeitung unbedingt ratsam ist. Zu häufig wurden bisher Projekte initiiert, die in der Analyse der Bedingungen stecken geblieben sind und so nicht ganz zu Unrecht zu gewissen Vorbehalten Veränderungsvorhaben gegenüber geführt haben.

Die Kommunikation und Diskussion der Ergebnisse in den verschiedenen Pflegegruppen wurde gemeinsam von den jeweiligen Leitenden und der für die Personalentwicklung im Herz- und Gefäßzentrum zuständigen Fachstelle durchgeführt.

Eine Reihe spezifischer Probleme wurde bisher in den Pflegegruppen selbst angegangen; wo dies inhaltlich sinnvoll erschien, wurden weitere Problembereiche zur Bearbeitung in bestehende Qualitätszirkel hinein gegeben.

Für die Faktoren, die im Rahmen der Pflegebefragung erhoben wurden, existieren nun erstmals konkrete Zahlenangaben. Aus ähnlichen Untersuchungen liegen zudem Vergleichswerte (z. B. von Aspekten der Arbeitszufriedenheit) vor, die eine Einordnung der Werte ermöglichen. Daraus lassen sich konkrete Zielformulierungen ableiten, welche Werte in einer Nachbefragung erreicht werden sollen. Die entsprechenden Diskussionen sind in Gang und eine erneute Befragung mit einem auf die wesentlichen Aspekte reduzierten Instrumentarium ist für Mitte 2002 geplant.

Darüber hinaus soll das Instrumentarium für die anderen Berufsgruppen des Zentrums entsprechend angepasst werden. Geplant ist hier die jährliche Durchführung einer Befragung aller Mitarbeitenden des Herz- und Gefäßzentrums, um auf diesem Wege die entsprechenden Kennzahlen zu erhalten und abschätzen zu können, welche Verbesserungen umgesetzte Maßnahmen tatsächlich erbracht haben und worauf sich zukünftige Anstrengungen richten müssen.

9.4 Der Wissensaustausch ist sichergestellt

In den letzten Jahren hören und lesen wir häufig von der sog. „Lernenden Organisation„". Dies hat sich fast zu einem Modebegriff entwickelt und viele Unternehmen brüsten sich damit, lernende Organisationen zu sein. Doch was verbirgt sich nun eigentlich hinter diesem Begriff und was macht es so erstrebenswert, als lernende Organisation zu gelten?

Wenn wir von Lernen sprechen, meinen wir eigentlich häufig das Wissen und dessen Weitergabe.

Grundsätzlich kann man eine Unterscheidung des Wissens in sog. „Explizites Wissen" (im Kontext eines Universitätsspitals wäre dies z. B. das akademisch erworbene Wissen) und sog. „Implizites Wissen" vornehmen. Während das explizite Wissen vor allem durch Kommunikation übertragen und durch gemeinsames Lernen angeeignet und ausgetauscht wird, erfolgt die Aneignung des impliziten Betriebswissens besonders über praktisches Handeln in realen Arbeitszusammenhängen.

Solches Wissen entsteht also im Arbeitsprozess, wird dort eingesetzt und muss in gemeinsamen Aufgaben ausgetauscht werden.

Man ist sich mittlerweile einig darüber, dass die im Betrieb gemachten Erfahrungen und Kenntnisse der Mitarbeitenden für die Unternehmung von immenser Wichtigkeit sind.

Hier muss deshalb der Frage nachgegangen werden, wie man die Mitarbeitenden dazu bringt, sowohl ihr gelerntes als besonders auch ihr über Erfahrungen erworbenes Wissen auszutauschen.

Strukturell wurden mit der Zusammenführung inhaltlich verwandter Kliniken und Abteilungen in einem gemeinsamen Departement günstige Voraussetzungen für den Wissensaustausch geschaffen und entsprechende Barrieren abzubauen versucht („Kundenorientierung dank Wissens- und Kompetenzvernetzung"; vgl. Kapitel 6.1).

Um die Dienstleistungen integriert erbringen zu können, muss eben nicht nur viel akademisches Wissen, sondern müssen auch Erfahrungswissen und die Kompetenzen aller beteiligten Betreuungspersonen genutzt werden.

Die Departementsbildung hat dabei auch zu einer Institutionalisierung von Informationsflüssen über verschiedene Berufsgruppen und Einheiten hinweg geführt und zudem den informellen Austausch gefördert.

Auf einer tieferen Ebene werden in den Qualitätszirkeln des Herz- und Gefäßzentrums gemeinsam Probleme bearbeitet, die eine Integration unterschiedlicher Erfahrungen und verschiedener Perspektiven erfordern, um zu optimalen Lösungen zu gelangen. So konnte für die Beteiligten sichtbar werden, dass Arbeit Kooperationen erfordert, die zu einer Verbesserung der Arbeitswelt führen können.

Neben strukturellen Voraussetzungen bedarf es aber auch des individuellen Wollens, sich Erkenntnisse oder Erfahrungen anzueignen und diese zu verinnerlichen. Dazu reicht es kaum aus, Berichte von anderen zu studieren und daraufhin das Richtige zu tun. Umso weniger ist es damit getan, eine computergestützte Anwendung zur Verfügung zu stellen im Glauben, die Mitarbeitenden werden nun fleißig ihre Erfahrungen dokumentieren und andere werden diese aufnehmen und weiter entwickeln.

Das Bedürfnis, von anderen und mit anderen zu lernen, seine Handlungsweisen gemeinsam zu hinterfragen und von den Ansichten und Erfahrungen anderer zu profitieren, hat im deutschsprachigen Raum noch (zu) wenig Kultur. Offensichtlich müssen zuerst einmal Mangelzustände offen gelegt und die Gewissheit glaubhaft vermittelt werden, dass der Wissensaustausch auch individuelle Vorteile mit sich bringen kann. Erst dann erscheint es dem Menschen erstrebenswert, gezielt mit eigenen Fehlern, Erfahrungen und Erkenntnissen umzugehen und diese auszutauschen.

Hier versucht man im Herz- und Gefäßzentrum durch eine kreative und tolerante Kultur die Lust am Diskutieren, am Lernen (auch aus Fehlern) und am Weitergeben von Erfahrungen zu fördern.

Durch die Offenlegung von Machtstrukturen und transparente Entscheidungskriterien kann diese Lust auch gewissermaßen „politisch" positiv beeinflusst werden.

Allerdings muss angemerkt werden, dass die vorhandenen Plattformen des Wissensaustauschs zum einen noch nicht intensiv genug von den

Mitarbeitenden genutzt werden und zum anderen auch noch nicht ausreichend sind.

Im Hinblick auf diese Herausforderungen war den Beteiligten im BSC-Projekt klar, dass hier keine schnell zu realisierenden Ziele gefordert werden können. Vielmehr soll durch die Berücksichtigung dieses Zieles deutlich gemacht werden, dass Bestrebungen in dieser Richtung willkommen sind und dass die Auseinandersetzung mit dem Thema Wissenstransfer gewünscht ist.

So handelt es sich bei diesem strategischen Ziel um ein bisher wenig konkretes Thema. Zudem existieren noch keine wirklich geeigneten und fundiert erarbeiteten Messgrößen, um einen Fortschritt oder Erfolg in Bezug auf den Wissensaustausch sichtbar zu machen.

Die Aufnahme als strategisches Ziel in die Balanced Scorecard wurde aber wegen der langfristigen Perspektive der BSC und der Bedeutung dieser Zielstellung für den Unternehmenserfolg gewählt und muss nun noch mit den entsprechenden Inhalten gefüllt werden.

Kritiken, die sich auf die Idee der BSC als Instrument zur praktischen Umsetzung von definierten Zielen berufen und die hier vorgestellte Zielgröße als zu wenig handhabbar und strukturiert einstufen, haben also sicherlich ihre Berechtigung und sind grundsätzlich nicht von der Hand zu weisen. Die Frage ist, ob es zum Zeitpunkt der BSC-Implementierung sinnvoll war, ein noch nicht vollständig durchdachtes Ziel aufzunehmen oder ob es vorteilhafter gewesen wäre, erst zum Zeitpunkt der Konkretisierung eine Anpassung der strategischen Ziele vorzunehmen.

In den Augen der Autoren bedeutet dieses Ziel aber, dass dem Wissensaustausch im Herz- und Gefäßzentrum vermehrt Beachtung geschenkt und damit auch die bisherige Form der Aus-, Fort- und Weiterbildung in den verschiedenen Berufen beeinflusst werden wird. Dies sollte sich auch auf die Form der Zusammenarbeit zwischen den Mitarbeitenden des Krankenhauses positiv auswirken.

Es wird damit vor allem dort einer individuellen Auseinandersetzung mit eigenen Verhaltensweisen bedürfen, wo strukturell günstige Voraussetzungen allein nicht ausreichend sind.

Es ist uns ein Anliegen, hier deutlich zu machen, dass die Entwicklung der BSC und die gesamte Auseinandersetzung mit strategischen Fragen kein Routinegeschäft darstellt, dass nach klaren Vorgaben und Spielregeln funktioniert. Vielmehr bedeutet die Organisationsspezifische Auseinandersetzung, dass der gesamte Ablauf von der Formulierung einer Vision über die Gestaltung eines Leitbildes bis hin zur Ausformulierung von strategischen Zielen einen Lernprozess darstellt, der auch im fortgeschrittenen Stadium immer wieder Korrekturen und Anpassungen erfordert, da der Erkenntnisstand bei den Beteiligten ständig anwächst.

9.5 Attraktive Arbeitsbedingungen sind geschaffen

9.5.1 Vorbemerkungen

Damit ein Unternehmen für Mitarbeitende interessant ist und so die Beschäftigten an sich binden kann, müssen attraktive Arbeitsbedingungen geschaffen werden. Nur unter solchen Bedingungen werden vor allem gute Mitarbeitende im Unternehmen verbleiben oder auch neue hinzukommen, was nicht zuletzt zu einer höheren Effektivität führt.

Entsprechend soll im Folgenden aufgezeigt werden, wie attraktive Arbeitsbedingungen aussehen und welche Auswirkungen diese haben können.

Als attraktive Arbeitsbedingungen bezeichnen wir Aspekte der Arbeit und der Arbeitsumgebung, die auf die Mitarbeitenden motivierend wirken und entsprechend die Verbundenheit mit dem Unternehmen, die Zufriedenheit und die Leistung der Mitarbeitenden fördern. Es gibt mittlerweile eine Reihe von Theorien und Studien die aufzeigen, welche Faktoren eine entsprechende Wirkung entfalten. Eine zentrale Rolle wird dabei den arbeitsinhaltlichen Faktoren zugesprochen (vgl. auch Kapitel 9.3). Motivierende Tätigkeiten sind vielfältig und abwechslungsreich, die Aufgaben beinhalten vorbereitende, planende, ausführende und kontrollierende Tätigkeiten (Ganzheitlichkeit) und stellen einen sinnvollen und anerkannten Beitrag zur Bewältigung des Unternehmensauftrages dar.

Ebenfalls zentral sind eine hohe Autonomie bzw. die Möglichkeit, Verantwortung zu übernehmen und in wichtigen Bereichen über das mitentscheiden zu können, was die Arbeit betrifft. Nicht zuletzt stellen Rückmeldungen über die Arbeitsergebnisse motivierende Aspekte dar, da diese den Mitarbeitenden erst eine Einordnung ihrer Leistungen und somit gezielte Verbesserungen ermöglichen.

Es konnte zudem gezeigt werden, dass die oben genannten Aufgabenmerkmale zu niedrigem Krankenstand und geringer Fluktuation sowie zu hoher Qualität der Arbeitsleistung führen können.

Es gibt weitere Faktoren, die zwar nicht zwingend und dauerhaft zu mehr Zufriedenheit führen, die aber demotivierend wirken können, wenn sie fehlen oder ungenügend ausgeprägt sind. Dazu gehören eine gute und faire Entlöhnung und Sozialleistungen, die Sicherheit des Arbeitsplatzes oder eine ansprechende Firmenpolitik, klare Visionen und Ziele der Unternehmung sowie eine schlanke und handlungsfähige Verwaltung. Wie bereits angedeutet, führen solche äußeren Anreize allerdings selten allein zu nachhaltigen wünschenswerten Effekten der Zufriedenheit und Qualitätssteigerung; obwohl man dies häufig so erwartet. Dennoch müssen sie in genügender Weise ausgeprägt sein, um negative Auswirkungen zu vermeiden. Für die Attraktivität des Arbeitsplatzes spielen sie somit eine nicht zu unterschätzende Rolle.

Die Erfahrung zeigt aber (zu) häufig, dass das Motivationspotential, welches in attraktiven arbeitsinhaltlichen Bedingungen steckt, zu wenig ausgeschöpft wird. So beweist die betriebliche Praxis immer wieder, dass für die Mitarbeitenden die „intrinsischen" Arbeitsmerkmale (interessante Aufgabe, viel Verantwortung, Mitsprache- bzw. Mitbestimmungsmöglichkeiten, gute Kooperationsbedingungen, angemessene Rückmeldungen über die eigene Leistung, Aufstiegsmöglichkeiten usw.) am wichtigsten sind. „Extrinsische" oder äußere Merkmale wie der Lohn, das Image des Arbeitgebers, die Arbeitsplatzsicherheit oder die arbeitszeitlichen Bedingungen werden von den Mitarbeitenden vergleichsweise als weniger bedeutend bewertet. Gleichzeitig zeigen sich aber gerade bei der Ausprägung der intrinsischen Arbeitsmerkmale die größten Differenzen im Bezug darauf, wie wichtig (Anspruch) ihnen diese Merkmale sind und wie zufrieden (Wirklichkeit) sie damit sind. Damit werden also bei den arbeitsinhaltlichen Aspekten von den Mitarbeitenden häufig die größten Defizite erlebt. Die Verringerung dieser Defizite scheint besonders dort ratsam, wo vielfältige Abhängigkeiten existieren (wie z. B. in öffentlichen Spitälern) und z. B. Lohnfragen nicht völlig autonom bearbeitet werden können.

9.5.2 Schaffung attraktiver Arbeitsbedingungen: Ein „Nebenprodukt" der Unternehmensentwicklung

Im Herz- und Gefäßzentrum wurde im Rahmen der Potenzialperspektive die Schaffung von attraktiven Arbeitsbedingungen als wichtiges Ziel aufgenommen. In diesem Zusammenhang wurden allerdings noch keine konkreten Definitions- und Quantifizierungsvorhaben initiiert. Aus diesem Grunde wurde einleitend darzulegen versucht, was alles attraktive Arbeitsbedingungen sein können.

Allerdings ist es sicher nicht zu weit gegriffen, wenn man behauptet, dass die dynamische Unternehmensentwicklung im Zentrum ganz „nebenbei" auch zu einer Erhöhung der Attraktivität der Arbeitsbedingungen geführt hat.

Die eingeschlagene Entwicklung des Zentrums als Ganzes wurde in den vergangenen Jahren derart gestaltet, dass die Arbeitstätigkeiten der Mitarbeitenden quasi „en passant" aufgewertet worden sind. Im Folgenden soll dargestellt werden, in welchen Bereichen die Arbeitsbedingungen durch dieses Vorgehen an Attraktivität gewonnen haben.

Wie bereits im Kapitel 9.3 beschrieben, wurde im Herz- und Gefäßzentrum im Pflegebereich eine umfassende Befragung zur Arbeitssituation durchgeführt. Dabei wurden neben der Arbeitszufriedenheit auch diverse Aspekte des Arbeitsinhaltes und des Arbeitumfeldes erfasst. Aus der Auffassung heraus, dass die Mitarbeitenden die Experten sind, wenn es um ihrer eigene Arbeit geht, wurden alle im Zentrum beschäftigten Pflegenden befragt. Die durchgeführten Analysen erweisen sich als sehr ergiebige Grundlage, um Ziel gerichtet Verbesserungsvorschläge zu erarbeiten. Dies nicht zuletzt auch deshalb, weil die Informationen auf Aussagen von Personen basieren, die eben am Besten über den Sachverhalt Bescheid wissen. Durch ein solches Vorgehen erhalten die Mitarbeitenden eine Stimme und ein Instrument, ihre eigene Arbeit zu reflektieren und Rückmeldungen darüber an die Departementsleitung zu geben. Attraktive Arbeitsbedingungen zeichnen sich auch dadurch aus, dass man stetig erfasst, wo Probleme liegen und diese zu lösen versucht. Gleichzeitig ermöglicht ein solches Vorgehen, Widerstände gegenüber Veränderungen abbauen. Das Zentrum signalisiert damit den Mitarbeitenden, dass das Wissen und die Meinung jedes Einzelnen wichtig und gefragt sind. Dies weckt jedoch gleichzeitig große Erwartungen bei den Mitarbeitenden. Wichtig ist, dass diese erfüllt werden, da sonst Frustrationen ausgelöst und Unzufriedenheit hervorgerufen werden können.

Den eingeschlagenen Weg des Einbezuges der Mitarbeitenden hat das Herz- und Gefäßzentrum auch bei der Erarbeitung von Maßnahmen zur Verbesserung weiter geführt. Wie beschrieben, wurden im Rahmen von zwei Informationsveranstaltungen die in der Analyse erhobenen Daten allen Pflegenden zurück gemeldet und diskutiert. In diesen Veranstaltungen hat sich die Pflegeleitung klar dazu bekannt, dass die Probleme im gesamten Zentrum, aber auch in den einzelnen Abteilungen und Bereiche angegangen werden sollen.

Übergreifende Probleme, die nicht in jeder Abteilung einzeln zu lösen sind (z. B. Interdisziplinäre Zusammenarbeit im Zusammenhang mit Verordnungen, Austrittsplanung des Patienten, Durchführung von Studien), wurden zur Bearbeitung an die bestehenden Qualitätszirkel des Zentrums delegiert (wir haben unter 9.3.3 bereits darauf hingewiesen). Auch diese Qualitätszirkel, ja die gesamte Qualitätsentwicklung sind letztlich Ausdruck eines Verständnisses, die Bearbeitung von Problemen an den Ort der Problementstehung zu delegieren. Und dies nicht nur aus der Hoffnung heraus, dass die Lösungen dann besser akzeptiert werden. Klar verbindet sich seitens der Leitung auch die Erwartung von qualitativ hoch stehenden und tragfähigen Problemlösungen.

Gleichzeitig wurden die erhobenen Daten der Pflegebefragung auch auf die einzelnen Abteilungen/Bereiche herunter gebrochen. Die Pflegeleitung hat die abteilungsspezifischen Ergebnisse den jeweiligen Pflegeteams aufgezeigt und mit ihnen deren Konsequenzen besprochen. Die Mitarbeitenden haben in Zusammenarbeit mit der Pflegeleitung die verschiedenen Problembereiche nach ihrer Wichtigkeit geordnet und über die Form (z. B. Bearbeitung im ganzen Team, Bildung kleiner Arbeitsgruppen usw.) und den Zeitrahmen der Bearbeitung entschieden.

Dieser Einbezug der Mitarbeitenden in „Diagnose" und „Therapie" des Zentrums hat diverse Auswirkungen. So wird das in großem Maße vorhandene Wissen der Mitarbeitenden genutzt. Mögliche Widerstände und Schwierigkeiten bei der Umsetzung von Maßnahmen (z. B. wegen mangelndem Verständnis über das verfolgte Ziel) vermindern sich zusehends, wenn die Mitarbeitenden an den Lösungsvorschlägen beteiligt sind. Die nach der Einführung von Veränderungen nötigen Feinanpassungen können ebenfalls einfach und ohne großen administrativen und koordinativen Aufwand vorgenommen werden, da die Personen, die an der Erarbeitung der Maßnahmen beteiligt waren, auch jene sind, die diese umsetzen. So werden planerische und vorausschauende Fähigkeiten der Mitarbeitenden gefördert. Dies ermöglicht, allfällig später auftretende Probleme besser vorherzusehen und diesen entsprechend entgegen zu wirken („agieren statt reagieren"). Gerade nachträgliche Korrekturen sind ja mitunter enorm aufwendig und kostenintensiv und sollten möglichst selten erforderlich werden.

Nicht zuletzt widerspiegelt auch die Zusammensetzung des Direktoriums, dass alle im Zentrum beschäftigten Berufsgruppen über gewählte Vertreterinnen und Vertreter eine Stimme haben bei der Mitgestaltung des Unternehmens.

Die unter 9.3 beschriebene Mitarbeiterbefragung hat nicht nur auf Zufriedenheitsaspekte fokussiert, sondern auch Merkmale des Arbeitsinhaltes und der Arbeitsumgebung erfasst. Entsprechend hat man damit ein Instrument, welches die Ausprägung der Arbeitsbedingungen umfassend erhebt, um so die Attraktivität der Arbeit abschätzen zu können.

Es muss sich bei weiteren Erhebungen zeigen, ob der aktive und vielfältige Einbezug der Mitarbeitenden in die Unternehmensgestaltung sich positiv auswirkt im Hinblick auf die Beurteilung der Attraktivität der Arbeitsbedingungen im Herz- und Gefäßzentrum.

9.6 Forschung auf hohem Niveau

Wie bereits in der Vorstellung des Schweizer Herz- und Gefäßzentrums Bern erwähnt, ist die Forschung neben der Patientenbehandlung und -betreuung und der Lehre eine der drei wesentlichen Missionen, für die ein entsprechender Auftrag durch die Universität vorhanden ist. Demnach erhält der Forschungsaspekt bei der Definition der Visionen und strategischen Ziele einen hohen Stellenwert. Dabei strebt das Zentrum eine europäische Spitzenposition in Bezug auf Grundlagen- und klinische Forschung an und möchte zudem die Pflegeforschung etablieren.

Aus dem Vorgenannten leitet sich denn auch das strategische Ziel ab, wonach das Zentrum die Forschung auf einem hohen Niveau halten bzw. ausbauen will. Dabei wurde erkannt, dass sich die klinische Forschung bereits auf einem vergleichsweise hohen Niveau befindet, dass es auf Dauer zu halten und festigen gilt. Verbesserungsansätze werden insbesondere bei der Grundlagen- und bei der Pflegeforschung gesehen. Letztere hatte zum Zeitpunkt der Balanced Scorecard-Erstellung noch keinerlei Umsetzung erfahren.

In der Folgezeit erhielten die Pflegeverantwortlichen des Zentrums vom Direktorium den Auftrag, ein erstes Forschungsprojekt auf den Weg zu bringen. Durch dieses klare Commitment konnten die Pflegedienstleitungen mit entsprechender Rückendeckung ein größer angelegtes Projekt zur Wundpflege in die Wege leiten. Dieses Pflegeforschungsprojekt ist somit eines der ersten bedeutenden Maßnahmen, das sich aufgrund der zuvor definierten strategischen Ziele entwickelte.

Als Maßstab für die Erfüllung des Zieles einer hochstehenden Forschung wurden zudem die Anzahl an nationalen und internationalen

Praxisbezogener Teil

Pflegekongressen sowie für den medizinischen Bereich die Publikationen in Journals mit hohem Impact-Faktor definiert. Somit wird deutlich, dass es im Bereich der Pflegeforschung zuerst einmal auf die Etablierung (quantitative Messgröße) und bei der klinischen Forschung auf die möglichst hohe Qualität ankommt (Impact-Faktor[33]) als qualitative Messgröße).

Ein anderer wesentlicher Punkt bei der Betrachtung des Forschungsbereiches waren die häufig kritisierten fehlenden Abstimmungen zwischen den Abläufen der klassischen Patientenversorgung und der Forschungsperspektive. Diese Probleme entstanden überwiegend bei Patienten, die in eine Studie eingeschlossen werden. Diese Patienten hatten neben der regulären Informationsaufnahme von ärztlichem und pflegerischem Personal zusätzlich Aufklärungen und Untersuchungen durch das Forschungsteam zu akzeptieren. Diese Aufklärungsgespräche und die benötigten Untersuchungen waren aber häufig nicht ausreichend zwischen den Berufs- und Interessensgruppen abgestimmt, so dass ein Patient kaum in der Lage war, die verschiedenen Perspektiven für sich zu trennen. So fühlten sich die Patienten diesbezüglich mitunter etwas unsicher und überfordert.

Die Arbeitsgruppe nahm deshalb dieses Thema zum Anlass, um auf die notwendige Abstimmung zwischen klassischer Dienstleistung und dem Forschungssektor hinzuweisen. Auch wurde dabei klar, dass die Ausarbeitung dieser Zusammenarbeit innerhalb eines Qualitätszirkels erfolgen musste, da sich entsprechende Probleme schnell auf das tägliche Geschäft auswirken konnten. Bezüglich dieser Zusammenarbeit wurde dieses Thema unter der Perspektive Prozess aufgenommen, da die Umsetzung tatsächlich auf der Ebene der Prozessabläufe überprüft werden musste.

Abschließend kann gesagt werden, dass der Forschung im Rahmen der Potenzialperspektive eine hohe Bedeutung beigemessen wurde, da hier die Basis für die angebotene Spitzenmedizin gelegt wird. Das Direktorium ist sich dieser Bedeutung entsprechend bewusst.

---

[33] Der Impact Factor gibt eine Übersicht wie häufig der durchschnittliche Artikel einer Zeitschrift in einem bestimmten Zeitraum zitiert wurde. Die Auswertung erscheint jährlich im Journal Citation Report (JCR).

10 Perspektive der Prozesse
10.1 Einleitung

In der Gestaltung der BSC des Herz- und Gefäßzentrums stellt die Prozessperspektive eine wichtige Verbindung zum Qualitätsmanagement dar. Es ergeben sich hier eine Reihe von Verknüpfungen zwischen den strategischen und operativen Stoßrichtungen, die insbesondere auf die Behandlungs- und Unterstützungsprozesse ausgerichtet sind. Wir sind bereits im Kapitel 9.2 detaillierter auf den stark prozessorientierten Ansatz des TQM im Herz- und Gefäßzentrum eingegangen und werden dies im Kapitel 10.2 bezüglich Instrumenten und Ausgestaltung vertiefen.

Die Erfahrung zeigt, dass im Bemühen der Administration um Unterstützung der Health Professionals die meisten Erfolge bei der Gestaltung von Prozessabläufen erzielt werden. Das diese Erfolge aber heute eher die Ausnahme bilden, lässt sich bei der Analyse der Berufsauffassung der verschiedenen Berufsgruppen erkennen.

Aus der Sichtweise dieser Berufsgruppen, wir können dies auch als Mission bezeichnen, steht der reibungslose Behandlungsablauf an oberster Priorität. Die Erwartungen an die Berufsgruppen, die nicht direkt am Behandlungsgeschehen beteiligt sind, konzentrieren sich entsprechend auf die Unterstützung dieser Mission. Begründet wird dies mit dem eigentlichen Auftrag eines Krankenhauses, der eindeutig nicht in der Verwaltung der Institution zu sehen ist.

Betrachten wir dagegen die nicht-medizinischen Professionen, so hat sich sicherlich im Verlaufe des letzten Jahrhunderts ein völlig anderes Berufsverständnis und ein verändertes Umfeld entwickelt. So definieren die klassischen unterstützenden Berufe heute ihre Auffassung von Aufgaben nicht mehr zwingend unter der Vorgabe, die medizinischen und pflegerischen Berufe von jeglicher administrativer Arbeit frei zu halten, sondern haben ihre eigene, häufig unabhängige Berufszielsetzung gefunden.

Aus dem zuvor Genannten ergibt sich aktuell im Krankenhaussektor häufig eine Diskrepanz im Verständnis und den gegenseitigen Erwartungen. Die neuen Gesetzesreformen und Vorgaben fördern dieses Konfliktpotenzial noch dadurch, dass Budgetverhandlungen und Leistungsmeldungen kaum noch ohne ärztlichen Einsatz in administrativen Belangen erledigt werden können. Ähnliches erleben wir auch im Verhältnis „Ärzte und Pflegende". Auch die Pflege entwickelt in zunehmendem Maße eine eigenständige Rolle, die nicht mehr in gleicher Weise wie früher auf die Zuarbeit zur ärztlichen Leistung zugeschnitten ist. Dies mag in einem gewissen Grad eine logische Konsequenz aus der allgemeinen gesellschaftlichen Tendenz zu mehr Eigenständigkeit und Selbstverwirklichung sein und lässt sich kaum mehr rückgängig machen.

Im Sinne einer interdisziplinären und interprofessionellen Zusammenarbeit bedarf es trotzdem eines möglichst einheitlichen Vorgehens und gemeinsamer Ziele, um letztlich auf Dauer nicht als gespaltene Institution in Grabenkämpfen zu versinken. Gesucht ist also der gemeinsame Nenner, ein Anliegen oder ein Ziel, dass von allen gleichermaßen verfolgt wird.

Die beste Chance für einen gemeinsamen Ansatz sehen wir bei der Gestaltung der Prozessabläufe. Dies ergibt sich aus der Frage nach einem Nutzen für die beteiligten Berufsgruppen. Dieser Nutzen lässt sich erfahrungsgemäß durch die Verbesserung der Abläufe inklusive ihrer Schnittstellen am wirkungsvollsten herstellen. Folgerichtig konzentrieren sich die Prozessbezogenen Ziele der BSC zum einen auf die Kern- und unterstützenden Prozesse und zum anderen auf die Gestaltung der Führungsprozesse.

Bei der Definition des Zieles „Patientenprozesse sind definiert und umgesetzt" wird direkt auf die Verbindung zum Qualitätsmanagement gesetzt. Diese Verbindung wird am ehesten bei der Betrachtung der definierten Messgrößen deutlich. Während eine Messgröße im strategischen Bereich den Zeitpunkt des Eintritts des Patienten bis zur Behandlung definiert, verfeinert der Qualitätszirkel im TQM diese Größe (z. B. bezüglich Eintrittsablauf oder den Transportdienst). Auf diesem Weg lassen sich die Zusammenhänge zwischen strategischen Überlegungen und operativer Umsetzung sinnvoll herstellen.

Am Ende dieser Überlegungen steht das Ziel, die Kräfte auf einen optimierten Behandlungsablauf zu konzentrieren und die o. g. Berufsgruppen entsprechend einander näher zu bringen. Diese Zielsetzung kann realisiert werden, wenn die Zusammenhänge und Abhängigkeiten zwischen Primärprozess, unterstützenden Prozessen und Führungsprozessen aufgezeigt und im Rahmen des Qualitätsmanagement-Aufbaus berücksichtigt werden.

10.2 Patientenprozesse sind definiert und umgesetzt (Schwerpunktthema)

Aufgrund des dargestellten Bedürfnisses der Projektgruppe, ein transparentes Bild über das vollständige Leistungsangebot des Herz- und Gefäßzentrums zu erhalten (siehe dazu auch Kapitel 11.4), wurde ein

Ziel betreffend der vollständigen Dokumentation der Patientenprozesse definiert. Als geeignete Möglichkeit für diese Aufgabe wurde im weiteren Verlauf das Qualitätsmanagement gesehen. Wie im Kapitel 9.2 beschrieben, stützt sich das Qualitätsmanagement auf die speziell eingerichteten Qualitätszirkel. Diese wiederum haben die Aufgabe, alle Patientenprozesse (und darüber hinaus auch die unterstützenden Prozesse) zu dokumentieren und Verbesserungsvorschläge einzubringen. Da hierfür eine einheitliche Methodik der Dokumentation eingesetzt wird, kann auf dieser Basis auch eine Übersicht über die angebotenen Leistungen erstellt werden. Diese angesprochene Methode wird häufig auch als Prozessmanagement bezeichnet.

Der nachfolgende Abschnitt geht daher gezielt auf dieses Instrument ein und gibt außerdem einen Überblick über die eingeleiteten Schritte zur Vervollständigung der Ablaufdokumentation.

Ein strukturiertes Prozessmanagement kann grundsätzlich in vier Phasen eingeteilt werden:

a) Erhebungsphase
b) Analysephase
c) Veränderungsphase
d) Kontrollphase

Zu a):
In der Erhebungsphase kommt es darauf an, alle für die Beurteilung eines Ablaufes notwendigen Informationen zuverlässig zusammenzutragen und zu strukturieren. Zuverlässig bedeutet in diesem Zusammenhang, dass die Informationen entweder von Experten (z. B. Oberärzte oder erfahrene Assistenzärzte, Pflegedienstleitungen oder Stationsleitungen) eingebracht oder durch Auswertung vorhandener Leistungserfassungen (z. B. Operations-Programm) einfließen. Im Idealfall können wir auf beide Informationsarten zurückgreifen, um so die persönliche Einschätzung durch harte Daten zu überprüfen. Hierdurch lässt sich noch ein weiterer Vorteil ausnutzen, denn immer dort, wo es um die Darstellung von Problemen im Ablauf (Schnittstellen) geht, ist die Einschätzung und Erläuterung von Beteiligten notwendig, während eine Erhebung von Aufwandszeiten zur Kalkulation von Kosten sich sinnvoller auf eine Datenerfassung (wenn vorhanden) abstützen sollte.

Erheben lassen sich im Krankenhaus weitestgehend alle Arten von Abläufen; Einschränkungen ergeben sich aus der Praxis heraus insbesondere bei den Pflegeprozessen auf der Bettenstation. Diese Einschränkungen beziehen sich dabei auf klassische Ablaufdarstellungen, die durch die gleichzeitige Betreuung mehrerer Patienten kaum möglich sind. Nichtsdestotrotz können auch hier Behandlungs- und Betreuungsprozesse geschildert und auch bewertet werden.

Zu b):
Auf Basis der erhobenen Abläufe lässt sich anschließend eine Analyse über die Effizienz der Arbeitsschritte machen, Problemdarstellungen werden betrachtet und erste Lösungsvorschläge eingebracht. In der Praxis kommt es dabei häufig vor, dass Erhebung und Analyse in einem Arbeitsgang durchgeführt werden. Beispielhaft können hier Qualitätszirkel genannt werden, die sich bei dem Zusammentragen der Informationen und Probleme gleichzeitig über mögliche Ursachen unterhalten.
Die besten Erfahrungen in diesem Zusammenhang wurden mit interdisziplinär zusammengesetzten Gruppen gemacht. Durch die Diskussion der an einem Prozess beteiligten Personen und Berufsgruppen gelingt es eher ein ausgewogenes und umfassendes Bild zu erhalten. Zusätzlich kann häufig auch ein besseres Verständnis für die Tätigkeiten der anderen Berufsgruppen entwickelt werden.

Zu c):
Sind Verbesserungsvorschläge eingebracht oder besteht Konsens über die zukünftige Ablaufgestaltung zwischen den Teilnehmenden der Erhebungs- und Analysephase, sollte der neue Prozess unbedingt von einer vorgesetzten Instanz (z. B. Klinikdirektorium, Krankenhausleitung) genehmigt und somit offizialisiert werden. Es besteht ansonsten die Gefahr, dass sich Mitarbeitende wegen fehlender Informationen oder intransparenter Vorgehensweise nicht an den vereinbarten Ablauf halten und somit die Veränderung blockieren. Hier gilt sicher: Transparenz und Informationsfluss können kaum genug sein!

Zu d):
Die Kontrollphase ist ein extrem wichtiger Faktor für die Akzeptanz des Werkzeugs Prozessmanagement. Ohne Kontrolle wird es je nach Sichtweise der Beteiligten nur subjektive Einschätzungen über die erzielten Verbesserungen und Ergebnisse geben. Um aber den Beteiligten, die Zeit und Gedanken in das Projekt investiert haben, die Gewissheit zu geben, dass ihre Arbeit zu etwas Besserem geführt hat, braucht es hier die Kontrolle.
Hierbei erscheint es wichtig, nicht input-, sondern outputorientiert zu denken. Idealerweise legen die Arbeitsgruppen bereits in der ersten Phase der Erhebung Messgrößen fest. Diese Messgrößen korrespondieren dabei mit dem Ziel einer Gruppe. Beispielsweise könnte sich die Wartezeit des Patienten bei Eintritt auf die Station als Messgröße für

Perspektive der Prozesse

eine Arbeitsgruppe eignen, die sich mit dem Einbestellungs- und Eintrittsablauf von Patienten beschäftigt.

Die Erhebung der Daten für eine Messgröße erfolgt dann schon zum Zeitpunkt der Erhebungs- und Analysephase. Diese kann eher als zeitlich begrenzte oder als Stichprobenerhebung angesehen werden. Dahinter steckt der Gedanke, dass zum Zeitpunkt der Erhebungs- und Analysephase der Ablauf noch nicht optimiert und verändert wurde. So lassen sich also Daten definieren, die dann nach Abschluss der Veränderungsphase erneut erfasst und miteinander verglichen werden.

Aufgrund dieser Vorgehensweise lassen sich output-orientierte Aussagen über den Grad der Verbesserung erzielen. Diese sind für alle Mitarbeiter nachvollziehbar und sorgen somit für mehr Akzeptanz.

Konzentrierten sich die vorgängigen Bemerkungen auf die Frage, in welchen Phasen ein Prozessmanagement durchgeführt werden kann, geht es nachfolgend um die Problematik der Darstellungsmöglichkeiten von Abläufen und entsprechende Kosten.

Wenn wir mit der Darstellung von Prozessen beginnen, muss zunächst einmal ein einzelner Prozessschritt definiert werden können. Hierzu kennen wir die folgenden fünf Merkmale:

- Ereignis/Prozesszustand
- Aktivität
- Ressource
- Auftrag
- Ergebnis

Mit der Definition dieser fünf Merkmale lässt sich ein Prozess mit quasi allen wichtigen Informationen abbilden. Auslöser von Tätigkeiten, wie z. B. der Eintritt des Patienten, lassen sich mit dem Merkmal Ereignis/Prozesszustand darstellen. Die eigentlichen Tätigkeiten, z. B. die Begrüßung durch die Pflegekraft, wird als Aktivität bezeichnet. Diese Aktivität ist gleichzeitig auch ein wichtiger Informationsträger für die Bewertung der Kosten. Hierauf werden wir später noch zurückkommen.

Für die Ausführung einer Tätigkeit braucht es noch die entsprechenden Ressourcen, in vorliegendem Beispiel jene der Pflegekraft und zum anderen den Auftrag, der hier durch die Tagesplanung der Station ausgelöst wird. Abschließend führen die so erfassten Tätigkeiten zu einem Ergebnis (z. B. „Der Patient liegt im Bett").

Eine kontinuierliche Darstellung dieser Tätigkeiten mit den verbundenen Informationen sorgt letztlich für die Darstellung eines Behandlungsablaufes. Die nachfolgende Abbildung 10.1 soll dies nochmals verdeutlichen.

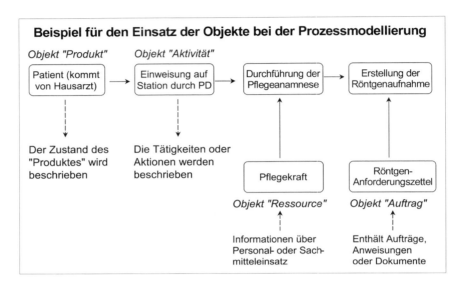

Abb. 10.1: Darstellung der Objekte

Im Allgemeinen lassen sich Abläufe nicht in Form von Tätigkeit zu Tätigkeit durch eine Personalressource darstellen (und insbesondere nicht im Krankenhaus). Diese Abläufe werden häufig in Abhängigkeit von vor- und nachgelagerten Bereichen und anderen Berufsgruppen erbracht und benötigen für die Darstellung der Prozesse in ihrer Komplexität noch Flusssymbole, die die verschiedenen Wege und Abläufe transparent machen.

Hierfür kennen wir folgende Symbole:

- Kontrollfluss (direkte Verbindung)
- Fallunterscheidung
- Parallele Tätigkeiten
- Zusammenführung

Durch den normalen Kontrollfluss wird tatsächlich eine Tätigkeit mit der nächsten verbunden. Durch die regelmäßig entstehenden Varianten von Untersuchungs- und Behandlungsabläufen wird für deren Unterscheidung das Symbol Fallunterscheidung verwendet. Um parallele Tätigkeiten abzubilden, braucht es ebenfalls ein eigenes Symbol. Diese parallelen Tätigkeiten können sich beispielsweise im Zusammenspiel zwischen Ärzten und Pflegekräften bei einem bestimmten Ablauf ergeben. Als klassisches Beispiel dient hier die Vorbereitung auf eine Operation. Funktionsdienst und ärztlicher Dienst bereiten sich auf verschiedenen Wegen auf eine gemeinsame Operation vor. Letztlich bedarf es an bestimmten Punkten immer einer Zusammenführung der unterschiedlichen Wege.

Mit diesen Objekten und Symbolen ist es nun möglich, die dargestellte Erhebungs- und Analysephase zu unterstützen. Werden zu den dort definierten Prozessen auf visueller Basis noch die Problembereiche zugeordnet, ergibt sich letztlich ein kompletter Behandlungspfad, der dann im Bedarfsfall umgestaltet werden kann.

Im Zusammenhang mit der Visualisierung von Prozessabläufen existieren zwei grundsätzliche Sichtweisen, die sich sowohl auf die Darstellung als auch auf die später zu beschreibende Prozess-orientierte Kostenrechnung erheblich auswirken. Hierbei handelt es sich um die Objekt-orientierte und um die Ereignis-orientierte Sichtweise. Die Unterscheidung ist sicher gerade im Krankenhaussektor von markanter Bedeutung und beide Systeme haben je nach Problemstellung ihre Vor- und Nachteile. Die Merkmale dieser beiden Systeme sollen nachfolgend kurz erläutert werden.

a) Objektorientiertes Prozessmanagement

Die Objektorientierung geht vereinfacht gesagt davon aus, dass ein Prozess vorab benannt wurde und es darauf ankommt, diesen gesamten definierten Ablauf zu visualisieren und zu bewerten. D. h.: Bevor die Erhebung des Prozesses erfolgt, weiß man, um welchen konkreten Fall es sich handelt.

Ein Beispiel könnte sein, dass eine Behandlung, der ein festes Entgelt zugeordnet wurde (Fallpauschale oder DRG), mit den notwendigen Tätigkeiten, den Schnittstellen und dem Ressourcenverbrauch dargestellt wird. Die an der Erhebung Beteiligten haben dabei eine bestimmte medizinische Prozedur vor Augen. Dies bedeutet allerdings nicht, dass hierzu nur ein standardisierter Ablauf festgelegt wird, sondern dass je nach Ausprägung der Erkrankung und den Rahmenbedingungen eines Patienten verschiedene Varianten erfasst werden.

Ein wesentlicher Vorteil liegt in der Übersichtlichkeit der Abläufe und vor allem in der klareren Zuordnung und Bewertung der Kosten. Prozessinformationen sind klar zugeordnet und finden in der späteren Kostenbewertung eine eindeutige Benennung (siehe hierzu auch Kapitel 12.3).

Die folgende Abbildung 10.2 soll dies verdeutlichen.

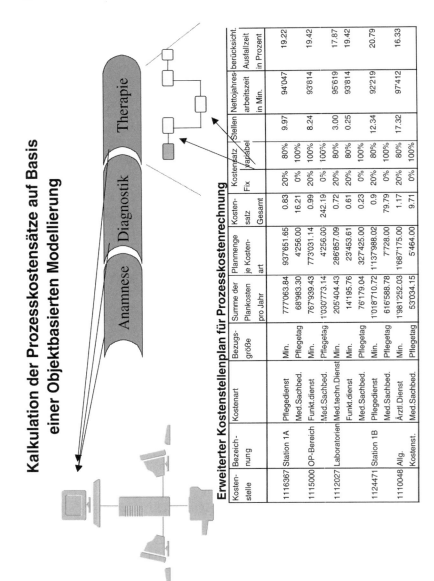

Abb. 10.2: Objektorientierte Visualisierung

Nachteilig könnte sich die starre Fokussierung auf definierte Abläufe im Zusammenhang mit Arbeitsplatzanalysen erweisen. Die Komplexität eines Ablaufes im Notfall lässt sich beispielsweise somit kaum darstellen.

b) Ereignisorientiertes Prozessmanagement

Wie der Name schon sagt, macht sich die Erhebung der Abläufe an den möglichen Ereignissen innerhalb eines Arbeitsgebietes fest. Als Beispiel könnte man sich eine Ambulanz vorstellen, die ihre Patienten je nach Erkrankung und organisatorischen Rahmenbedingungen auf die verschiedenen Leistungsstellen verteilt. Dieser Entscheidungsbaum wird bei der Ereignisorientierung mit berücksichtigt. Die Betrachtung erfolgt also stärker aus der Sicht des Verteilers, der je nach Ereignis individuell handeln muss.

Große Vorteile bietet diese Vorgehensweise insbesondere bei organisatorischen Fragestellungen, z. B. bei der Umgestaltung eines ambulanten Bereiches. Hier können dann auch je nach Software Simulationen über die Belastung des analysierten Bereichs erfolgen.

Der Nachteil liegt deutlich bei der Zuordnung von Kosten zu einem Gesamtprozess. Da dieser nicht klar definiert ist, sondern alle möglichen Optionen dargestellt werden, können auch keine Zuordnungen getroffen werden. Dies ist insbesondere bei der hier angesprochenen Herausforderung DRG von erheblicher Bedeutung.

Die Entscheidung zu Gunsten der Objekt- oder Ereignisorientierung sollte also nicht als „Glaubensfrage" behandelt werden, sondern ist vielmehr von der Aufgabenstellung und der Leistungsfähigkeit von Softwaretools zur Visualisierung abhängig. Prinzipiell kann gesagt werden, dass je detaillierter Kostenberechnungen für Fallpauschalen benötigt werden, die Objektorientierte Vorgehensweise gewählt werden sollte, wogegen bei Fragestellungen im Bereich Organisation und medizinische Entscheidungsbäume dem Ereignisorientierten Ansatz der Vorzug zu geben ist.

Wie bereits oben angedeutet, sollte moderne Software für das Prozessmanagement in der Lage sein, beide Bedürfnisse abzudecken. D. h., die Verwendung der Objekte sollte sowohl Objekt- als auch Ereignisorientierte Darstellungen abbilden können.

Neben dieser Grundanforderung braucht ein zukunftsgerichtetes Softwaretool sicherlich eine gute Anbindung an die moderne IT-Umgebung. Hierzu zählen z. B. Generierung von HTML-Files für die Darstellung im Intranet, Verknüpfung von Aufbau- und Ablauforganisation, Unterstützung für das Qualitätsmanagement, Simulationen und natürlich Kostenberechnungen.

Auch an dieser Stelle sei erwähnt, dass es eine ganze Reihe von Produkten auf dem Markt gibt, die hier nicht alle aufgeführt werden können. Exemplarisch für diese Prozess-Tools soll hier nur ein Produkt beschrieben werden, dass die genannten wesentlichen Anforderungen gut erfüllt. Interessant hierbei ist, dass die zwei Institutionen in der Schweiz, die sich am intensivsten mit der Thematik beschäftigen, trotz unterschiedlicher Ansätze mit der Ereignisorientierung (Kantonsspital Aarau) und der Objektorientierung (Inselspital Bern), das gleiche Softwaretool mit Namen „Corporate Modeler" verwenden. Die Hauptunterschied beim Einsatz findet sich neben der Darstellung der Abläufe insbesondere bei der Kostenbewertung und den dafür eingesetzten Tools im Kostenrechnungsbereich.

Für die Visualisierung stehen die weiter oben beschriebenen Objekte und Symbole (und darüber hinaus noch einige mehr) zur Verfügung.

Bevor die Abbildung der Abläufe beginnt, bietet es sich an, zuerst in einem speziellen Programmteil die zu Grunde liegende Aufbauorganisation darzustellen. Dies bedeutet beispielsweise eine Klinikstruktur vom Chefarzt bis zum Assistenzarzt, der Krankenpflege und der medizin-technischen und medizin-therapeutischen Berufe.

Auf die dort definierten Ressourcen lässt sich nun in einen anderen Programmteil bei der Modellierung von Prozessen durch Drag & Drop zugreifen. Diese Ressourcen werden somit den identifizierten Tätigkeiten zugeordnet. Daraus entsteht dann eine Matrix-Sicht, die Aufbau- und Ablauforganisation miteinander verknüpft.

Modellierung der Prozesse bedeutet, dass aufgrund der Expertengespräche und anderer Informationen der Ablauf mit den zur Verfügung stehenden Objekten und Symbolen im Tool dargestellt wird. Hierzu verwendet man die Objekte Ereignis, Auftrag, Tätigkeit, Problemstellung und Ergebnis.

Die oben beschriebenen Ressourcen werden wie in einer Art Schwimmbahn als farbiger Untergrund den korrespondierenden Abläufen unterlegt.

Folgendes Beispiel soll dies verdeutlichen (siehe Abbildung 10.3).

Perspektive der Prozesse

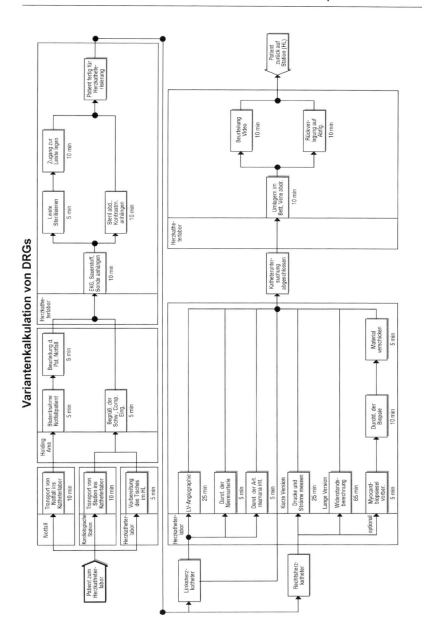

Abb. 10.3: Beispiel aus CASEwise

Für den Beginn des Ablaufes wird ein sog. Ereignis-Objekt gesetzt, für den Abschluss entsprechend ein Ergebnis-Objekt. Zur Vervollständigung der Prozessabbildung werden zusätzlich die Aufträge definiert, die eine bestimmte Tätigkeit auslösen. Diese hier beschriebenen Objekte reichen grundsätzlich aus, um einen kompletten Behandlungsprozess darzustellen. Darüber hinaus besteht allerdings auch die Möglichkeit, Problemstellungen bei den einzelnen Objekten zu definieren und dort zu hinterlegen. Dies ist insbesondere für die Phase der Optimierung von Abläufen sehr wichtig.

Neben der graphischen Anordnung der Objekte gibt es darüber hinaus noch die Möglichkeit, den Objekten bestimmte Informationen zuzuordnen. Dies kann beispielsweise die Angabe der Tätigkeitszeiten, der verantwortlichen Berufsgruppe oder der Anzahl der täglich zu behandelnden Patienten sein. Aufgrund dieser Informationen besteht die Möglichkeit, Simulationen über die Kapazitätsengpässe und die geeigneten Behandlungsintervalle durchzuführen.

Insbesondere für die Kostenbewertung sind die o. g. Angaben sehr wichtig. Die Tätigkeiten erhalten als Merkmal die Kostenstelle der eingesetzten Ressource zugeordnet. So lässt sich dann eine Verbindung zu der Prozessorientierten Kostenrechnung herstellen.

10.3 Unterstützende Prozesse sind optimal abgestimmt

Die unterstützenden Prozesse eines Krankenhauses haben häufig eine Schmieröl-Funktion im eigentlichen Behandlungsprozess. Viele Beispiele zeigen deutlich, dass durch das Zusammenspiel unterschiedlicher Leistungsbereiche und die Notwendigkeit, dem behandelnden Personal Materialien und Informationen zum Zeitpunkt der Leistungserbringung zur Verfügung zu stellen, hohe Anforderungen an Logistik und Informatik entstehen. Fällt ein Glied in dieser Kette aus, hat dies zumeist unmittelbare Auswirkungen auf den Kernprozess.

In diesem Sinn legte die Projektgruppe Wert auf eine Berücksichtigung dieses Aspektes im Rahmen der Zielformulierung. Wie bereits auch im Rahmen der Beschreibung der Patientenprozesse erwähnt, wurde der Verknüpfung zu den operativen Qualitätszirkeln hiermit Rechnung getragen. Um dem Begriff „Unterstützender Prozess" eine klarere Bedeutung zu geben, sollen die Inhalte noch etwas präzisiert werden.

Die Bedürfnisse des Herz- u. Gefäßzentrums bezüglich einer sinnvollen Unterstützung beziehen sich konkret auf den Transportdienst, die

Materialbewirtschaftung, die Leistungserfassung, Arztbrieferstellung und Informatik. Eine gewisse Abgrenzung zu dieser Art unterstützender Prozesse stellen die Personalbezogenen Aspekte dar. Diese haben zwar keinen direkten Bezug zu den Patientenprozessen, sind aber im Sinne der Pflege von Potenzialen (klassischerweise auch als Ressource bezeichnet) für den gesamten Ablauf wichtig. Als Beispiel diesbezüglich können die Eintrittsprozesse gelten. Abhängig von der investierten Einführungszeit werden neue Mitarbeitende des ärztlichen und pflegerischen Bereiches entsprechend schneller oder langsamer in ihr neue Arbeitsumfeld eingewiesen und mit den Besonderheiten der neuen Arbeitsstelle vertraut.

Eine andere bedeutende Rolle spielt auch der o. g. Transportdienst. Hier schlagen sich die Auswirkungen einer optimalen Zusammenarbeit unmittelbar auf die Dauer der Behandlungsphasen nieder. Wartezeiten können deutlich reduziert und die Patientenorientierung durch bessere Kommunikation erhöht werden. Bei der Materialbewirtschaftung wiederum werden unkomplizierte Abläufe im Bestellvorgang und verbesserte Abstimmungen zwischen dem Bestellverantwortlichen und dem zentralen Einkauf angestrebt.

Die Leistungserfassung bildet einen der bedeutendsten Aspekte im Zusammenhang mit der Informatik. Von einer flächendeckenden Leistungserfassung hängt im Universitätsspital Bern der Deckungsgrad bei der Erfolgsrechnung ab. Auch wird in einzelnen Bereichen die Fakturierung nach Außen tangiert. Dementsprechend gehören Leistungsmeldungen in Form von Erfassungsbögen zum Alltag von Ärzten und Pflegekräften. Es ist erklärtes Ziel des Herz- und Gefäßzentrums, die komplette Leistungserfassung auf einen möglichst einfachen und gleichzeitig vollständigen Standard zu bringen. Hierzu bedarf es allerdings einer Informatiklösung, die die Leistungsmeldung quasi in den Behandlungsfluss integriert und keinen zusätzlichen Aufwand verursacht.

Um dieses Ziel zu erreichen, wird an einer Browserbasierten Intranetlösung gearbeitet, die den Zugriff von jedem Arbeitsplatz aus ermöglicht. Diese Lösung soll dabei in ein Informationssystem eingebunden sein, das Auskunft über den aktuellen Behandlungsstatus gibt und mittels Leistungsprofilen eine Dokumentation vereinfacht. Letztlich können dann Bild- und anderes Informationsmaterial eingebunden werden und somit eine echte Unterstützung für die Ärzte und Pflegekräfte bieten.

Anhand der genannten Beispiele soll aufgezeigt werden, welche Rolle die unterstützenden Prozesse einnehmen. Im Zusammenhang mit der

Diskussion um noch vorhandene Reserven und Optimierungsmöglichkeiten wird hier noch eine Reihe von diesbezüglichen Möglichkeiten gesehen. Zudem besteht die Chance, das vorhandene Misstrauen und bestehende Vorbehalte gegenüber dem administrativen Personal abzubauen.

10.4 Führungsprozesse sind effizient gestaltet

Wenn es darum geht, Arbeitsprozesse zu optimieren und ein umfassendes Qualitätsmanagement einzuführen, so benötigen die organisatorischen Strukturen auch eine Analyse der vorhandenen Führungsabläufe.

In einem Organisationsgebilde, welches aus zuvor eher eigenständig arbeitenden Bereichen einen Verbund bildet, stoßen selbstverständlich verschiedene Auffassungen von Führung und damit verbundene Rituale aufeinander. Damit stellt sich zwangsläufig die Frage, ob und in welcher Form eine Anpassung der Führungsstrukturen erfolgen sollte. Hierbei ergeben sich zwei relevante Aspekte, die wir nachfolgend vertiefen wollen.

Zuerst einmal ist hier der Führungsstil zu nennen, der beim Blick auf das Thema am meisten Beachtung erhält. Die Art, Führung wahrzunehmen, sei es in einem Verständnis von weitreichender Delegation und Übertragung von Aufgaben und Verantwortung oder von einem eher klassisch hierarchisch geprägten Denken ist sehr vielfältig und hängt eng mit der Lebenseinstellung und individuellen (Berufs-)Erfahrungen zusammen.

Gleich welcher Führungsstil angewandt wird, hat dies zuerst einmal sehr viel mit der Authentizität der Führungspersönlichkeit zu tun, mit der die betroffenen Mitarbeitenden konfrontiert werden. Der Stil, den ein Führungsverantwortlicher für den Umgang mit seinen Mitarbeitenden wählt, muss ihm auch abgenommen und verstanden werden.

In diesem Sinne wäre es eine Fehlannahme zu glauben, dass innerhalb dieser gewachsenen Strukturen eine Angleichung der Führungsstile kurzfristig umsetzbar ist. Ein entsprechender Versuch könnte sich unter Umständen sogar als kontraproduktiv erweisen, wenn eben diese gelebten Muster durch ein gleichgeschaltetes, aber nicht akzeptiertes und wenig verinnerlichtes System ersetzt werden sollen.

Es soll dabei nicht unerwähnt bleiben, dass die moderne Arbeitswelt über kurz oder lang auch an den eher hierarchisch orientierten Führungsstilen, die insbesondere im ärztlichen Bereich noch ausgeprägt vorhanden sind, kratzen wird, doch lassen sich solche tiefgreifenden Veränderungen nicht einfach bestimmen. Das Denken weg vom Vorgesetzten und hin zum Vorgenetzten[34] mit einem hohen Anteil an Coaching-Funktionen ist dabei auch in dieser Berufsgruppe sicher nur noch eine Frage der Zeit, da Eigenverantwortung, Selbständigkeit und Selbstverwirklichung so tief in der Gesellschaft verankert sind, dass sie auch vor dem Arbeitsleben nicht halt machen werden. Es ist aber aus dem heutigen Stand heraus nicht realistisch, diese Umgestaltung künstlich zu beschleunigen.

Wenn aber eine gleichgeschaltete Führung nicht geplant ist, stellt sich die Frage, wie eine sinnvolle Anpassung der Führungsprozesse erfolgen kann. Dieser Herausforderung kann in der jetzigen Situation nur auf der Ebene der Bereitstellung von Instrumenten und Methoden sowie bestimmter vereinbarter Grundregeln begegnet werden. Mit Instrumenten meinen wir die Anwendung des Mitarbeitergespräches in strukturierter Form, dem Angebot von Moderatoren-Training oder der Visualisierung[35] als Instrument, um Ideen und Visionen einfacher zu vermitteln. Die Grundregeln sind notwendig, um die im Leitbild andeutungsweise definierten Grundwerte der Führung entsprechend zu vermitteln, die Anerkennung der Mitarbeitenden auszudrücken oder den Prozess der stetigen Verbesserung zu unterstützen.[36]

Um als Basis für diese Diskussion zuerst einmal einen Überblick über das Bild von Führung im Schweizer Herz- und Gefäßzentrum Bern zu erhalten, wurde im November 2001 eine Beurteilung der Vorgesetzten durch ihre Mitarbeitenden in Form eines anonymen Fragebogens vorgenommen. Diese Befragung richtet sich im Grundsatz an den Kriterien, die auch im Mitarbeitergespräch im umgekehrten Beurteilungsverhältnis angewandt werden. Allerdings erhält der Führungsaspekt im erstgenannten Fall mehr Bedeutung. Die Ergebnisse, die in gewisser Weise standardisiert sind, werden ergänzt mit persönlichen Kommentaren an die jeweils beurteilten Vorgesetzten weitergeleitet. Somit ist zumindest der Grundstein für eine weitere und tiefer gehende Bearbeitung dieses Themas gewährleistet.

Diese Ansätze basieren also eher auf der Ebene der Prozesse, da sie vor allem als vorgelebte Rolle der Führung im Rahmen des dort initi-

---

34) Vgl. hierzu auch *Hilb, M.:* Integriertes Personal-Management, Neuwied – Kriftel 2000.
35) Vgl. hierzu auch *Graf-Götz, F./Glatz, H.:* Organisation gestalten, Weinheim, Basel 1999, S. 119–138.
36) Vgl. hierzu auch *Paeger, A.,* in: *Braun, G. (Hrsg.):* Handbuch Krankenhausmanagement Stuttgart 1999, S. 699–723.

ierten Qualitätsmanagements und der BSC zu verstehen sind und der erzeugten Aufbruchstimmung Rechnung tragen sollen. Es wird auf Dauer nicht machbar sein, die Mitarbeitenden zu einer aktiven Rolle im Gestaltungsprozess zu bewegen, wenn die dafür verantwortliche Führung dieses Denken nicht vorlebt.

10.5 Zeitgemäße Behandlung und Betreuung sind gewährleistet

Im Kapitel 9.1 sind wir bereits schon auf die Frage eingegangen, welche Bedeutung der medizinisch-technische Fortschritt in der Aufgabenstellung eines Krankenhauses und insbesondere eines Universitätsspitals hat und zukünftig erhalten wird. Die Diskussion um die Bezahlbarkeit der Gesundheitssysteme und die laufenden Ausgabensteigerungen im stationären Sektor führen dazu, dass die finanziellen Auswirkungen durch die vielfältigen Innovationen im Bezug auf Medikamente und Material immer mehr in den Mittelpunkt des Interesses gelangen. Die Medizin verzeichnet dabei in den letzten Jahren immer wieder neue Erfolge, die die Lebenserwartungen der Menschen weiterhin steigen lässt.

Als Zentrum für Spitzenmedizin stehen die Universitätskliniken dabei immer mehr im Brennpunkt zwischen Spardruck und Aufrechterhaltung des innovativen Charakters. Aus Sicht der Verantwortlichen sollte es langfristig möglich sein, erwiesenermaßen wirkungsvollere Therapien anwenden zu dürfen und diese nicht aus Kostengründen den Patienten vorzuenthalten. Wohlverstanden geht es hierbei um einen verantwortungsvollen Umgang mit Ressourcen und Therapieentscheidungen, der sicherlich vorausgesetzt werden kann.

Neben dieser schwierigen Herausforderung besteht in unserem Beispiel das Bedürfnis, neueste Erkenntnisse der Medizin und Pflege in den Behandlungsprozess einfließen zu lassen. Das bedeutet, dass alle am Behandlungsverlauf beteiligten Personen aufgefordert sind, sich aktiv mit den Ergebnissen aus anerkannten Studien auseinander zu setzen, diese Erkenntnisse anzuwenden und auch den anderen Beteiligten und den in Ausbildung befindlichen Berufen dieses Wissen zu vermitteln. Somit soll sichergestellt werden, dass das oberste Ziel des Zentrums, nämlich die optimale Behandlung und Betreuung von Patienten auf Dauer gewährleistet wird.

Die Arbeitsgruppe zur Erstellung der Balanced Scorecard hat sich bezüglich geeigneter Messgrößen darauf geeinigt, Auswirkungen auf die Aufenthaltsdauer von spezifischen Krankheitsbildern als ein Faktor für die Zielerreichung zu überprüfen. Hierbei sollen Behandlungsmethoden definiert werden, die regelmäßig neue Erkenntnisse der Wissenschaft aufnehmen, die es dann zu überprüfen gilt.

Als weiterer Aspekt innerhalb dieses strategischen Zieles wurden die Anzahl der Herzoperationen ohne Anwendung der Herz-Lungen-Maschine und die Eingriffe mit Minimal-Invasiver-Chirurgie ausgewählt. In diesem Bereich werden eine Reihe von Erleichterungen für den Patienten und die am Eingriff beteiligten Personen erwartet, die nun kontinuierlich etabliert werden sollen.

Ein völlig anderer Aspekt, der eher mit den Erwartungen der Patienten und deren Zufriedenheit zu tun hat, bezieht sich auf möglichst kurze Wartezeiten bei Verlegungen in andere Einrichtungen oder Abteilungen. Eine zeitgemäße Behandlung und Betreuung kann heute nicht mehr ausschließlich an der Qualität von Diagnose und Therapie festgemacht werden, sondern muss auch die gestiegenen Bedürfnisse der Patienten hinsichtlich kurzen Warte- und Liegezeiten und einer guten Betreuung berücksichtigen. Neben den Patienten- und Angehörigenerwartungen können längere Wartezeiten im Hinblick auf den Heilungsverlauf und die Mobilität des Patienten natürlich auch direkt Auswirkungen haben, wenn beispielsweise ein Rehabilitationsaufenthalt im Anschluss an die akut-stationäre Behandlung notwendig wird.

Als Auswirkung dieser Zielsetzung laufen nun mit dem Kooperationspartner auf Rehabilitationsseite Bemühungen, eine optimal strukturierte Behandlungskette zu definieren und anschließend zu implementieren. Durch diese Art des Prozessmanagements erhofft man sich deutliche Verkürzungen der stationären Liegezeit und für den Patienten einen optimalen Übergang zwischen den Institutionen.

Letztlich kann an dieser Stelle nochmals auf die schwerpunktmäßigen Bemühungen des Herz- und Gefäßzentrums in den letzten Jahren bezüglich Prozessqualität hingewiesen werden, die sich größtenteils im Rahmen des Qualitätsmanagements, wie in Kapitel 10.2 beschrieben, abspielen. Entsprechende Verknüpfungen zu den dort installierten Qualitätszirkeln sind erstellt und werden entsprechend genutzt.

10.6 Lehre, Ausbildung und Forschungsprozesse sind definiert sowie untereinander und mit den Patientenprozessen abgestimmt

Wenn wir in Kapitel 9.6 die Bedeutung der Forschung als Auftrag für das Universitätsspital herausgestellt haben, so gilt dies hier für den Bereich Lehre in gleichem Maße. Der Aus-, Weiter- und Fortbildung kommt ein großer Stellenwert zu, sind doch im Inselspital insgesamt sehr viele Auszubildende in ganz unterschiedlichen Berufen tätig. Dementsprechend wurde bereits bei der Verfeinerung der Vision eines führenden Zentrums für die Herz-Kreislaufmedizin auch der Fokus auf die Lehrtätigkeit gelegt. Das Herz- und Gefäßzentrum macht es sich deshalb zum Auftrag, ein attraktives und innovatives Programm für alle Berufsgruppen anzubieten.

Doch richtet sich die Zielsetzung im Rahmen der Balanced Scorecard an dieser Stelle nicht darauf, die Lehraktivitäten sicherzustellen oder grundsätzlich zu verbessern[37], sondern vielmehr darauf, die vielfältigen Aufträge für Patientenversorgung, Forschung und Lehre in Form von abgestimmten Prozessen zu koordinieren und diese nicht hemmend oder einschränkend wirken zu lassen.

Dies ist ein großes Anliegen, dass immer wieder von den am Patientenprozess beteiligten Berufsgruppen oder auch im Einzelfall von Patienten direkt gefordert wird. Beim genaueren Blick auf die Abhängigkeiten wird dies auch schnell nachvollziehbar: Die Forschung richtet sich häufig in Form von Studien direkt an den Patienten, der im Falle seiner Einwilligung spezielle Untersuchungen oder Verabreichungen erhält. Bei der Aus-, Weiter und Fortbildung werden angehende Ärzte in den Behandlungsprozess involviert, Staatsexamen abgenommen oder junge und weniger erfahrene Ärzte und Pflegende gefördert. Diese vielfältigen Aufgaben haben häufig starken Einfluss auf die Effizienz des Behandlungsablaufes.

Um ein möglichst umfassendes Bild über die Zufriedenheit und die Bedürfnisse der Beteiligten, also z. B. Patienten, Auszubildende oder zuweisende Ärzte zu erhalten, wurden zuerst einmal Messgrößen definiert, die sich auf Umfragen beziehen, die mit diesem Thema in Verbindung stehen. Dabei kann sich auf die periodisch durchgeführten Patientenbefragungen bezogen werden, die die Eindrücke der Patienten

---

[37] Die Optimierung des Lehrangebotes ist Aufgabe eines Qualitätszirkels im Rahmen des TQM.

zum Zusammenspiel der Berufsgruppen, zum Umgang mit Informationen oder zum Einbezug in Studien abfragen.

An anderer Stelle erfolgt eine jährliche Evaluation der Zufriedenheit mit der Ausbildungsstätte, die sich an Ärzte wendet. Diese wird nun auch mit der Berufsgruppe Pflege ergänzt und ergibt somit ein transparentes Bild über die entsprechenden Erwartungen und Beurteilungen.

Mit diesen Befragungen erhofft man sich zuerst einmal ein grundsätzliches Bild zu erhalten, bevor dann je nach Bedürfnis gezielte Maßnahmen in die Wege geleitet werden können.

11 Perspektive von Kunden und Markt
11.1 Einleitung
Perspektive von Kunden und Markt

Aufgrund des dichten Netzes von öffentlichen und privaten Krankenhäusern in der Region Bern und der Tatsache, dass auf engem Raum in der Schweiz fünf Universitätskliniken existieren, stehen die kardiovaskulären Zentren seit längerer Zeit unter einem deutlichen Konkurrenzdruck. Daher hat sich das Schweizer Herz- und Gefäßzentrum Bern schon seit seiner Gründung im Frühjahr 1999 aktiv mit dem Marketing, oder allgemeiner ausgedrückt, mit der internen und externen Kommunikation beschäftigt. Auch davor gab es bereits erste Maßnahmen, die allerdings nicht auf einem klaren Konzept beruhten, sondern eher auf Aktualitäten Bezug nahmen. Beispielsweise führten einzelne Einheiten des Zentrums interne Befragungen bei den Mitarbeitenden zu deren Zufriedenheit mit ihren Vorgesetzten (siehe auch Kapitel 10.4) oder externe Zufriedenheitsbefragungen bei den zuweisenden Ärzten durch. Auch gab es bereits vor einigen Jahren Fernsehübertragungen, die das Inselspital während eines ganzen Tages von innen zeigte.

Mit dem Start der Departementalisierung wurde es auch für das neue Herz- und Gefäßzentrum notwendig, sich klar zu positionieren und eine gezielte Präsenz in der Öffentlichkeit herzustellen. Doch auch hier waren die Maßnahmen anfangs eher spontan, wenn auch in der Durchführung sehr zufriedenstellend. Hierzu gehörte gleich zu Anfang ein Tag der offenen Tür, der mit entsprechender Medienpräsenz um die 6000 Interessierte anzog, sowie die parallel dazu publizierten Auftritte mittels Broschüren und Internet[38].

---

38) Auftritt des Schweizer Herz- und Gefäßzentrums Bern unter *www.insel.ch/heartcenter*.

So wurde im Laufe der Zeit evident, dass auf diesem Wege die Öffentlichkeit zwar Kenntnis vom Zentrum nimmt, aber eine gezielte Planung und Steuerung auf diesem Wege nicht möglich ist. Die Rolle der Kantone als Finanzier wurde z. B. in diesem Kontext nicht berücksichtigt, hat aber auf Grund des Krankenversicherungsgesetzes (KVG) in der Schweiz eine große Rolle in Bezug auf die Patientenströme. Auch konnte noch nicht ausreichend auf die individuellen Bedürfnisse der zuweisenden Ärzte eingegangen werden, was als einer der wichtigsten Faktoren in einer aktiven Kundenorientierung anzusehen wäre. Alleine schon bei der Frage nach dem Leistungsangebot innerhalb des Herz- und Gefäßzentrums gab es Unklarheiten, so dass sich letztlich das Direktorium dazu entschloss, ein Kommunikationskonzept mit dem Ziel einer Bündelung der Maßnahmen und einer Definition der Ausrichtung zu erarbeiten. Dieses Konzept wird inhaltlich im nächsten Kapitel detailliert vorgestellt.

An dieser Darstellung wird aber schon deutlich, dass bezogen auf die strategischen Ziele der Kunden-Perspektive eine Reihe von klaren Vorstellungen und ein fertiges Konzept zur künftigen Ausrichtung vorlagen und entsprechend in die Vertiefung der Balanced Scorecard einflossen. Hier wäre es ohne weiteres möglich gewesen, eine Reihe weiterer Ziele und Messgrößen zu definieren, da diese durch die vielen Vorarbeiten schon vorhanden waren. Aber auch hier muss gesagt werden, dass der Name Balanced Scorecard bewusst auf die Ausgewogenheit der Ziele hinweist und es keinen Sinn gemacht hätte, ein Übergewicht zugunsten der Kundenperspektive entstehen zu lassen. Vielmehr wurde es notwendig zu entscheiden, welche Ziele und Ausrichtungen am wichtigsten erschienen und diese stellvertretend für die weiteren Punkte einzusetzen.

So entstanden die folgenden strategischen Ziele:
- Marketing ist ausgebaut
- Kundenzufriedenheit ist gesteigert
- Management der Dienstleistungsprodukte ist eingeführt
- Spezifische Marktanteile sind gesteigert
- Institutionsübergreifende Kooperationen sind gefördert

Die nachfolgenden Ausführungen werden sich mit den Hintergründen und Zielsetzungen dieser strategischen Ziele genauer befassen, wobei wiederum einem Ziel, in diesem Fall dem ausgebauten Marketing, als Schwerpunktthema mehr Platz eingeräumt wird.

11.2 Marketing ist ausgebaut (Schwerpunktthema)

Wie bereits in der Einleitung erwähnt, hat sich das Herz- und Gefäßzentrum in den letzten drei Jahren intensiv mit den Marketingaspekten auseinander gesetzt. Bevor letztlich ein offizielles Marketingkonzept in Auftrag gegeben wurde, wurde bereits eine Reihe von Einzelmaßnahmen initiiert, die es dann galt, in das Konzept zu integrieren. Dazu gehörten folgende kurzfristige Maßnahmen:

- Aufbau einer Internet-Präsentation für alle Einheiten des Zentrums in verschiedenen Sprachen
- Erstellung von Informationsbroschüren für die Einheiten Angiologie, Herz- u. Gefäßchirurgie und Kardiologie
- Publikumsvorträge für die interessierte Bevölkerung
- Sponsoring-Vereinbarungen mit einer großen Schweizer Krankenversicherung
- Tag der offenen Tür

Andere eher mittelfristig angelegte Maßnahmen befanden sich in Planung oder in Bearbeitung und sind größtenteils eher dem übergeordneten Thema Kommunikation zuzuordnen. Hierzu zählten:

- Aufbau eines Disease Managements „Akuter Myokardinfarkt" mit dem Ziel einer besseren Verknüpfung zu anderen Abteilungen des Inselspitals, wie z. B. dem Notfallzentrum
- Aufbau einer Research Unit für die Kardiologie, um als Forschungsbereich professioneller nach außen auftreten zu können
- Verbesserung der Zusammenarbeit mit den zuweisenden Ärzten, Aufbau eines individuellen Profils pro Zuweiser
- Fundraising-Konzept

Durch die Beauftragung eines externen Unternehmens, dass sich auf Fragen der Kommunikation in Non-Profit-Bereichen spezialisiert hat, sollten die verschiedenen Einzelmaßnahmen in ein umfassendes Kommunikationskonzept einfließen und eine klare Ausrichtung festgelegt werden. Da das Inselspital als gesamtes Unternehmen bereits zuvor ein Marketing-Handbuch erstellt hatte, bestand die Idee, dieses Kommunikationskonzept als Referenz für weitere Anliegen anderer Departemente zu nutzen. Somit könnte auch eine Anbindung an die Interessen des Gesamtspitals sichergestellt werden.

Zu Beginn der Erarbeitung des Kommunikationskonzeptes ging es darum, eine Situationsanalyse durchzuführen. Diese enthielt neben den Erkenntnissen aus den zuvor durchgeführten Einzelmaßnahmen eine Stärken/Schwächen- und Chancen/Risiken- Analyse, sowie den Auftrag, verschiedene Analyseinstrumente im Rahmen des Qualitätsmanagements zu prüfen und dauerhaft zu implementieren. Zu letzterem gehörten Instrumente wie die Zuweiserbefragung, eine Analyse der relevanten Märkte, eine Patientenbefragung, die Zufriedenheitsbefragung der Mitarbeitenden und ein Produkteportfolio.

Im Rahmen der Stärken/Schwächen-Analyse wurden die aus der Sicht von Mitgliedern der Arbeitsgruppe genannten Ansichten geäußert. Diese Zusammenstellung erfolgte in einer Art Brainstorming-Runde.

Dabei wurden folgende Stärken und Chancen genannt:

- Patienteninformation funktioniert gut trotz Zeitmangel
- Keine Wartezeiten für die Zuweisung von Patienten (wichtiger Aspekt für zuweisende Ärzte)
- Mehrsprachigkeit
- Hohe Kompetenz in Lehre und Forschung
- Menschliche und professionelle Pflege
- Interessanter Arbeitgeber für Pflegeberufe
- Eine intern geistig offene Haltung
- Eine vergleichsweise gute Datenbasis für die Beschaffung von relevanten Kundeninformationen
- Gute Akzeptanz der Publikumsvorträge in der Bevölkerung

Aus diesen Stichworten heraus ergaben sich einige wichtige Aspekte und auch entsprechender Handlungsbedarf. Insbesondere erscheinen die Kundenorientierung bei den zuweisenden Ärzten und Patienten auf hohem Niveau zu sein. Auch ist es wichtig, sich als attraktiver Arbeitgeber in der Öffentlichkeit zu präsentieren, da der Arbeitsmarkt weitgehend „ausgetrocknet" ist. Die Akzeptanz in der Bevölkerung ist nicht nur im Zusammenhang mit der Sicherung der Patientenzahlen sondern auch aus politischen Gründen wichtig und muss aktiv gefördert werden. Bedeutsam erscheint dabei eine gezielte Abfrage der interessierten Personen anlässlich der Publikumsvorträge bezüglich Stammkunden und Wünschen zu sein. Zuletzt bietet eine gute Datenbasis interessante Möglichkeiten zur gezielten Abfrage des Kundenverhaltens. Z. Zt. wird diesbezüglich ein Data Warehouse entwickelt, dass beispielsweise auch Aussagen über die Herkunft der Patienten und die Entwicklung von Krankheitsbildern geben kann.

Im nächsten Schritt ging es darum, Schwächen und Risiken für das Herz- und Gefäßzentrum zu erkennen und in die weiteren Diskussionen einfließen zu lassen. Nach gleicher Vorgehensweise wurden auch hierzu gezielte Aussagen gemacht:

- Der Patientenkomfort ist im Vergleich zu Privatkrankenhäusern eher rückständig
- Patienten, die den Wunsch haben im Inselspital behandelt zu werden, können durch zuweisende Ärzte in andere Institutionen eingewiesen werden
- Der externe Name „Schweizer Herz- und Gefäßzentrum Bern" wird nicht von allen einheitlich verwendet, so dass es nach außen schnell zu Verwirrungen kommen kann
- Vorhandene Engpässe in der Personalrekrutierung
- Ansprechpartnersituation ist für Patienten und ihre Ärzte nicht einheitlich und häufig dem Zufall überlassen (ein Problem, das häufig akademische Kliniken durch die wechselnden Assistenten haben)
- Fehlende Plattform für wichtige Patientenfeedbacks, die direkt den Pflegenden und Ärzten mitgeteilt werden

Daraus lässt sich ableiten, dass es insbesondere dort Nachteile gegenüber den Privatkrankenhäusern gibt, wo Luxus und Komfort gefragt sind. Hier muss es gelingen, die hohe Fachkompetenz und das ganzheitliche Behandlungs- und Betreuungsangebot besser zu kommunizieren. Eine große Herausforderung stellt zudem die noch unzureichende Kontinuität in der Zuständigkeit für Patienten dar. Dies verwirrt die nachfragenden Ärzte und sicherlich auch die Patienten. Das Problem lässt sich sicher nicht auf einfache Weise lösen, da die Aus- und Weiterbildungsfunktion des Universitätsspitals immer Einschränkungen in diesem Bereich mit sich bringen wird. Die Bedeutung der Rolle des Arbeitgebers wurde bereits bei den Stärken erwähnt und muss daher im Auge behalten werden.

Auf Basis der gemachten Überlegungen setzte sich die Gruppe zuerst einmal mit der Frage nach den Zielen eines umfassenden Kommunikationskonzeptes auseinander. Dies diente sowohl einem besseren Verständnis für die Notwendigkeit eines Kommunikationskonzeptes innerhalb der Gruppe selbst als auch zur späteren Darstellung bei den Empfängern der sich aus dem Konzept ergebenden Aktivitäten. Es erlaubte zudem die Auseinandersetzung darüber, welche Zielgruppen überhaupt angesprochen werden sollten. So wurde beispielsweise die Anbindung an die im Leitbild formulierten Aussagen definiert, die Funktion als Unterstützungsinstrument bei der Zusammenarbeit mit zuweisenden Ärzten, anderen Spitälern und dem Kanton betont und die gewünschten Auswirkungen auf die Krankenhausinterne Kommunikation beschrieben.

Nach diesen eher allgemein gehaltenen Aussagen bestand die nächste Aufgabe in der Festlegung der konkreten Dialogpartner auf den ver-

Praxisbezogener Teil

schiedenen Ebenen, sei es innerhalb des Zentrums, zwischen den einzelnen Departementen oder gegen extern. Die interne Kommunikation wurde dabei für die Zielgruppen Patienten, Besucher und Mitarbeitende festgelegt. Für die interdepartementale Ausrichtung war es wichtig zu überlegen, mit welchen Departementen eine besonders enge Verknüpfung besteht. Dies konnte sowohl Prozessrelevante, als auch strategische Hintergründe haben. Im äußersten Kreis wurden abschließend die externen Partner definiert, zu denen eine aktive Kommunikation besonders notwendig ist. Diese Liste reichte von den zuweisenden Ärzten über die Medien bis hin zur Bevölkerung. Abbildung 11.1 versucht diese Beziehungen der drei Kreise darzustellen.

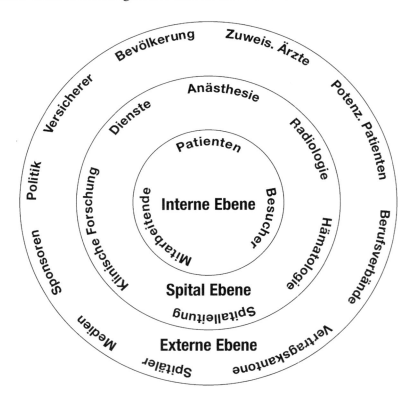

Abb. 11.1: Ebenen der Dialogpartner

Im Zusammenhang mit der Erhebung der Rahmenbedingungen für das Kommunikationskonzept wurden im weiteren Verlauf die wesentlichen Aussagen aus dem Leitbild des Inselspitals und des Herz- und Gefäßzentrums herausgefiltert und als Grundlage für das Kommunikationskonzept bereitgestellt. Auf der Ebene des Gesamtspitals handelte es sich um folgende Aussagen:

- Im Mittelpunkt aller Bemühungen steht der Patient
- Das Inselspital betreut seine Patientinnen und Patienten umfassend und berücksichtigt dabei ihre Selbstverantwortung und ihr Bedürfnis nach Information
- Die Ärztinnen und Ärzte des Inselspitals verstehen sich als Partner der zuweisenden Ärztinnen und Ärzte
- Das Inselspital betreibt eine offene und umfassende Informationspolitik
- Als wesentliche Führungsinstrumente stehen eine umfassende Unternehmensplanung, ein System zur Steuerung und Kontrolle des Vollzugs und eine den Bedürfnissen und Führungsstufen angepasste Information zur Verfügung.

Weitere relevante Grundsätze ergaben sich zudem aus der Unternehmensstrategie des Inselspitals, die in Beispielen ebenfalls dargestellt wird:

- Führung und Organisation basieren auf Dialog und Partnerschaft, gegenseitigem Vertrauen und Konfliktfähigkeit. Information und Kommunikation nach innen und außen sind wesentliche Elemente der Aufgabenerfüllung gegenüber den Patientinnen und Patienten, aber auch zwischen den Mitarbeitenden, den im Inselspital Lernenden und gegenüber der Öffentlichkeit.
- Wir verfolgen gegenüber unseren Tarifpartnern eine offene Abrechnungs- und Informationspolitik.
- Wir stellen unsere Leistungen in der Öffentlichkeit aktiv und offen dar.
- Die aktive Zusammenarbeit mit externen Ärztinnen und Ärzten, Spitälern und Universitätsinstituten, Ausbildungspartnern, Personalverbänden und anderen Partnern fördert die Leistungen zugunsten der Patientinnen und Patienten, der Auszubildenden und der Forschung. Wir suchen nach strategischen Allianzen.

Abschließend erfolgte noch die Abstimmung mit den Leitsätzen des Herz- und Gefäßzentrums, die in einem eigenen Leitbild zusammengefasst werden.

Durch diese Abstimmung wurde es möglich zu erkennen, ob die in dem ca. elf Jahre alten Leitbild des Inselspitals enthaltenen Zielgruppen mit den im Rahmen des Kommunikationskonzeptes genannten übereinstimmen und ob deren Bedeutung sich grundlegend verändert hat. Eine solche Veränderung konnte dabei nicht festgestellt werden, im Gegenteil, die Bedeutung hatte im Laufe der Jahre noch weiter zugenommen.

Im nächsten Schritt ging es um die Positionierung des Herz- und Gefäßzentrums in der Öffentlichkeit. Die Frage stellte sich, als wen oder was die Dialogpartner das Zentrum wahrnehmen sollen? Hierzu wurden zuerst einmal Name und Logo definiert bzw. aus früheren Überlegungen übernommen. Weiterhin wurde im Rahmen des Erscheinungsbildes nach den primären Identitätsmerkmalen gefragt. Mit anderen Worten, an welchen Eigenschaften kann man das Herz- und Gefäßzentrum klar erkennen?

Hier wird also der direkte Bezug zur Corporate Identity gesucht und in folgenden Stichworten beschrieben:

- Patientenorientierung
- Verfügbarkeit rund um die Uhr
- Universitär
- Integrierte Spezialisierung, Lehre und Forschung
- Kostenführerschaft
- Interdisziplinäre Zusammenarbeit

An diesen Aussagen gilt es sich also zukünftig zu orientieren und dies auch nach außen zu betonen. Letztlich sind diese Äußerungen auch konform mit den strategischen Zielen und den Visionen des Zentrums und unterstützen somit die Ausrichtung des Direktoriums klar. An dieser Stelle wird deutlich, welche Rolle ein Kommunikationskonzept für die interne Unterstützung der Anliegen des strategischen Managements haben kann. Hier finden sich auch Antworten auf die Frage, wie die in der Balanced Scorecard festgelegten Ziele bis hin zum einzelnen Mitarbeiter transportiert werden und von diesem auch aufgenommen und weitergetragen werden können.

Ebenfalls ging es in diesem Kontext auch darum, die strategischen Erfolgspositionen zusammenzutragen und zusätzlich die einzigartigen Leistungen im Sinne eines Kompetenzzentrums herauszuarbeiten. Die Liste dieser strategisch wichtigen Erfolgspositionen umfasst Leistungen der invasiven Kardiologie über die minimal invasive Chirurgie bis hin zur kardiovaskulären Prävention und Rehabilitation. Als einzigartige Leistungen im gesamten Einzugsgebiet wurden die kardiologischen Schirmverschlüsse, die Herztransplantation und die Herzchirurgie bei Kindern genannt.

In diesem Zusammenhang musste sich natürlich auch überlegt werden, welche der genannten Merkmale und Eigenschaften dafür sorgen, dass man sich klar von den Konkurrenten abgrenzt und dies auch nach außen aufzeigen kann. Konkurrenten in diesem Sinne können dabei sowohl aus dem direkten Einzugsgebiet, als auch aus der gesamten Schweiz stammen (entsprechend der jeweiligen Spezialisierung).

Um die Abgrenzung von den Konkurrenten in der Öffentlichkeit vornehmen zu können und dies zielgerecht zu vermitteln, braucht es letztlich klare Botschaften, die auf Basis der aufgeführten Überlegungen abschließend gebildet wurden. Dabei wurden bewusst die Stärken, die Bedürfnisse der Kunden und die einzigartigen Merkmale zu klaren Aussagen verknüpft, die dann auch im Rahmen eines Marketings im engeren Sinne in Broschüren und Auftritte einfließen können und an denen man sich letztlich messen lassen will. Anhand einer dieser Botschaften soll das zuvor Genannte in Abbildung 11.2 nochmals zusammengefasst werden:

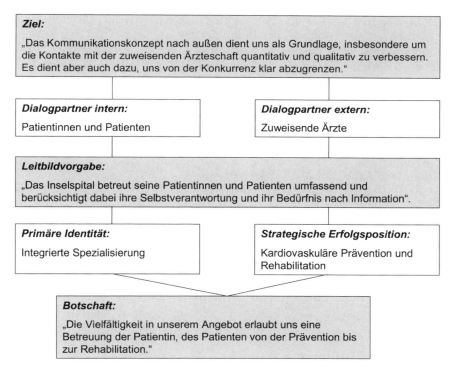

Abb. 11.2: Elemente eines Kommunikationskonzeptes von der Zielsetzung bis zur Botschaft

Mit der Erarbeitung dieser Botschaften konnte der erste und eher allgemeine Teil des Kommunikationskonzeptes abgeschlossen werden. Der zweite Teil richtete sich dagegen konkret auf den daraus resultierenden Handlungsbedarf, der danach in Form von Teilkonzepten konkretisiert werden musste. Hierbei ging es aber nicht um die konkrete Ausformulierung dieser Teilkonzepte sondern lediglich um deren prinzipielle Definition. Mit Verabschiedung des ganzen Kommunikationskonzeptes wäre somit für die Führungsebene der Handlungsbedarf aufgezeigt und könnte im Rahmen einer Priorisierung der Teilkonzepte berücksichtigt werden.

Diese Teilkonzepte griffen also bewusst die Aussagen und Erkenntnisse aus dem ersten Teil des Konzeptes auf und versuchten sie in klare Richtungen zu lenken. Als ein Beispiel kann die Zusammenarbeit und die Kundenorientierung zu den zuweisenden Ärzten genannt werden. Auf Grund der klar geäußerten Bedeutung, der bereits initiierten Befragung und der zukunftsgerichteten Botschaft zur Partnerschaft ergab sich zwangsläufig eine Fokussierung auf den Kreis der zuweisenden Ärzte. Hier bestand u. a. das Ziel, eine Übereinstimmung zwischen Identität und Image des Zentrums bei den Ärzten herzustellen. Somit wurden in diesem Teilkonzept Maßnahmen festgelegt, die sich auf eine regelmäßige Kontaktaufnahme mit den Zuweisern konzentrierte. Diese beinhaltete sowohl telefonische und persönliche Besuche als auch gemeinsame Anlässe und eine entsprechende Zugewandtheit. Darauf aufbauend wurden auch zeitliche Frequenzen und Rahmenbedingungen für diese Kontakte festgelegt und eine Priorisierung im Sinne von ABC-Kunden vorgeschlagen.

Somit wurden für die verschiedenen Teilkonzepte, die sich ansonsten mit Themen wie Qualitätsmanagement, Fundraising, Mitarbeitende und Öffentlichkeitsarbeit beschäftigen, entsprechende Ziele, Zielgruppen, Maßnahmen und Zeitrahmen festgelegt und müssen nun jeweils verfeinert und umgesetzt werden. Letztlich sehen diese Teilkonzepte auch vor, dass Zielsetzungen messbar gemacht werden können und somit in ihrer Ergebnisbetrachtung die Balanced Scorecard aktiv unterstützen.

11.3 Die Kundenzufriedenheit ist gesteigert

Bei dem Ziel „Die Kundenzufriedenheit ist gesteigert" stellt sich zuerst einmal die Frage, welche Gruppen eigentlich als Kunden identifiziert werden und noch enger gefasst, für welche Gruppen die Zufriedenheit gesteigert werden soll. Hier zeigt sich häufig der Aktionismus vieler

Perspektive von Kunden und Markt

Krankenhäuser, die abseits der Frage nach Ziel und Nutzen, eine Befragung von Patienten und anderen Partnern durchführen. Darüber hinaus werden dann mitunter Fragen gestellt, deren Beantwortung eigentlich keine Rückschlüsse auf konkret Erlebtes zulassen. Wenn sich beispielsweise eine Frage auf die Zufriedenheit der Behandlung richtet, dann wird ein „sehr zufrieden" oder ein „unzufrieden" auf alles oder auch nichts zu beziehen sein. Allein schon die Definition des Begriffs „Behandlung" ist äußerst individuell und wird von vielen Patienten mit ganz unterschiedlichen Aspekten in Verbindung gebracht.

Auf Grund dieser selbst gemachten Erfahrungen in früheren Jahren hat sich das Inselspital im letzten Jahr dazu entschlossen, ein professionelles Institut namens Picker mit der Erhebung der Patientenzufriedenheit zu beauftragen. Ziel war es, neben der Verfeinerung und Professionalität bei den Fragestellungen, auch ein Tool zu Zwecken des Benchmarking mit anderen Institutionen zu erhalten. So war die breite Verankerung in einer Reihe von Krankenhäusern in deutschsprachigen Ländern sicher kein Nachteil. Der Fragebogen, der größtenteils Ablaufbezogen aufgebaut ist und die wesentlichen Aspekte von der Aufklärung über die Infrastruktur bis zum Austrittsgespräch enthält, wird also seit diesem Jahr in verschiedenen Auswertungszeiträumen eingesetzt.

Bezogen auf die Balanced Scorecard profitiert das Herz- und Gefäßzentrum von dieser Entscheidung dadurch, dass detaillierte Fragestellungen und Messgrößen aus den Ergebnissen des Fragebogens abgeleitet werden können. Zurückblickend auf die Messgrößen der BSC können damit konkrete Ausprägungen des Patientenzufriedenheits-Index geortet und entsprechend aufgenommen werden. Die regelmäßigen Auswertungen erlauben nun die Übernahme von Kennzahlen bezogen auf die verschiedensten Aspekte des Patientenaufenthaltes. Diese sind in sogenannte Dimensionen gegliedert und können somit sowohl verdichtet auch auf den Einzelwert bezogen erfasst werden.

Die nachfolgende Tabelle 11.1 gibt einen Überblick über einzelne Fragestellungen und deren Zuordnung zu Dimensionen.

Tab. 11.1: Beispielhafte Dimensionen, Fragestellungen und Werte aus Patientenzufriedenheitsbefragung[39]

Beispiel Dimension	Beispiel Fragestellung	Aussage
Emotionale Unterstützung und Minderung von Angst	Hatten Sie Vertrauen in die Sie behandelnden Ärzte?	☐ Ja, immer ☐ Ja, manchmal ☐ Nein
Respektierung der individuellen Bedürfnisse	Konnten Sie bei Ihrer Behandlung genügend mitbestimmen?	☐ Ja, völlig ☐ Ja, einigermaßen ☐ Nein
Information und Aufklärung	Wenn Sie wichtige Fragen an den Arzt oder an eine Ärztin stellten, bekamen Sie Antworten, die Sie verstehen konnten?	☐ Ja, immer ☐ Ja, manchmal ☐ Nein
Behandlungsspezifische Informationen	Hat Ihnen ein Arzt oder eine Schwester genau gesagt, wie Sie sich nach der Operation fühlen würden?	☐ Ja, völlig ☐ Ja, einigermaßen ☐ Nein

Neben der differenzierten Bewertung der Zufriedenheit wurde die Einführung dieses neuen Erhebungssystems vom Ansatz begleitet, dass die beteiligten Kliniken des Inselspitals sich die Dimensionen heraussuchten, die insbesondere schlechte Werte auswiesen und sich zum Zwecke der Verbesserung ein geeignetes Projekt überlegten und dies mit Unterstützung von externer Seite entsprechend aufbauten. Somit konnten auf breiterer Basis Verbesserungsansätze im Sinne von Qualitätszirkeln auch bei jenen Kliniken installiert werden, die kein grundsätzliches Qualitätsmanagement durchführten.

Dieser Aspekt darf wohl nicht unterschätzt werden. Das Problem der fehlenden Zusammenarbeit zwischen Ärzten und Ökonomen liegt sicher nicht daran, dass man sich prinzipiell unsympathisch ist, sondern dass die Wertevorstellungen und Zielsetzungen an völlig unterschiedlichen Punkten ansetzen. So konnten gerade dort die besten Maßnahmen gemeinsam umgesetzt werden, wo der praktische Nutzen für den Arzt im Hinblick auf seinen Auftrag sichtbar wurde. Dies waren regelmäßig Themen, die etwas Konkretes mit der Qualität der Behandlung und den Abläufen an sich zu tun hatten. Dementsprechend erscheint der Ansatz auch logisch, dort Elemente von Ökonomie und Organisationsentwicklung einfließen zu lassen, wo eine entsprechende Akzeptanz realistisch erscheint.

---

[39] Auszug aus der Fragebogensystematik des Picker Institute Europe.

Eine weitere, bereits im Kapitel 8 über den Aufbau der BSC angesprochene Zielgruppe, sind die zuweisenden Ärzte als direkt Patientenströme beeinflussende Seite. Auch hier muss sicherlich die Frage nach der Zufriedenheit und der Kundennähe gestellt werden. Erstaunlich erscheint auf den ersten Blick, dass gerade bei der unbestrittenen Kundengruppe Nummer 1 nur in den seltensten Fällen Zufriedenheitsmessungen gemacht werden, während fast jedes Haus mittlerweile eine Patientenbefragung durchführt. Dies ist umso überraschender, als der Begriff Kunde bei den Patienten alles andere als akzeptiert ist. So gesehen müssten sich eigentlich alle Krankenhäuser auf den Weg machen, um möglichst viel Input der Ärztekollegen von außerhalb zu bekommen um so die Patientenströme langfristig besser steuern zu können.

Es steht zu vermuten, dass dies insbesondere am unzureichenden Kontakt zwischen Verwaltung und Zuweisern liegt. Aus der Erfahrung der Zusammenarbeit in diesem Bereich heraus soll aber an dieser Stelle dazu ermuntert werden, sich intensiv mit den Bedürfnissen und Erwartungen der niedergelassenen Ärzte zu beschäftigen.

Im konkreten Fallbeispiel wurde ausgehend vom Herz- und Gefäßzentrum eine umfangreiche Befragung der potenziellen Einweiser vorgenommen, die auf Grund ihres großen Umfanges allerdings nicht für eine regelmäßige jährliche Befragung geeignet wäre. Da dies aber die erste Befragung dieser Art war, hat man sich dazu entschieden, sehr individuell auf die einzelnen Funktionsbereiche der Kardiologie einzugehen und die Meinungen einzeln abzufragen. Daraus entstand letztlich ein Fragebogen von ca. 10 Seiten Umfang, der von den potenziellen Zuweisern anonym auszufüllen war. Auf Grund dieser Situation entsprach der Rücklauf von 25 % den Erwartungen. Da allerdings 800 niedergelassene Ärzte angeschrieben und um ihre Teilnahme an der Befragung gebeten wurden, erhielt man dennoch eine zufrieden stellende Anzahl auswertbarer Informationen.

Obwohl die Antworten teilweise wenig überraschten, lösten sie dennoch Problembearbeitungen aus, deren Lösung den zuweisenden Ärzten ein großes Anliegen ist. Hier sind Bedürfnisse nach einer mehr individuellen Betreuung zu nennen und Erwartungen, dass das Spital über die Ansprüche der Zuweisenden in der Regel im Bilde ist. Dies ist insbesondere bei der Kommunikation nach erfolgter Diagnose oder im Zusammenhang mit der Arztbrieferstellung äußerst relevant. Aus diesem Grunde wurden in einer zweiten persönlichen (und sehr kurz gehaltenen) Befragung die Bedürfnisse bezüglich Übermittlung von Arztberichten mittels Fax, eMail oder Post sowie Aspekte zum gewünschten Umfang der Abklärung abgefragt und in ein Kundenprofil eingetragen. Somit kann der behandelnde Arzt im Spital heute sehen, was sein Kollege vor Ort von ihm im Bezug auf die gemeinsame Zusammenarbeit erwartet.

11.4 Management der Dienstleistungsprodukte ist eingeführt

Im Gegensatz zur Industrie und anderen Dienstleistungszweigen zeigt sich im Krankenhaus und insbesondere in Universitätskliniken weitgehend ein Bild von fehlender Transparenz bezüglich Angeboten an Behandlungsarten und weiteren Leistungsangeboten. Sicherlich sind diese im Groben definiert und eine Jahresstatistik gibt Auskunft über die häufigsten Eingriffe und diagnostischen Untersuchungen. Doch in bezug auf die Anpassung des Angebotes an die zukünftige Nachfrage und die sich verändernden Rahmenbedingungen (z. B. Konkurrenz, medizinisch- technischer Fortschritt, und gesetzliche Entwicklungen) gibt es nur selten ein strukturiertes Management des Leistungsangebotes.

Die Einführung von Leistungen ist dabei häufig eine Reaktion auf das Angebot von anderen Wettbewerbern und hinterfragt in der Regel nicht die tatsächliche Nachfrage. So kommt es gelegentlich vor, dass Leistungen mit teilweise hohem Aufwand eingeführt werden, die im Jahr max. 2–3 Mal zur Anwendung kommen. Unbestritten ist bei dieser Aussage das Vorgehen im Falle von wirklichen Monopolleistungen, d. h. von Leistungen, die nicht in einer zumutbaren Distanz an einem anderen Platz erbracht werden. Doch in Fällen der vorhandenen Konkurrenzsituation sollte nicht ausschließlich auf die Argumentation von Prestige gesetzt werden.

Auch spielt die zunehmende Dynamik bei der Entwicklung des medizinisch-technischen Fortschritts eine bedeutende Rolle in diesem Umfeld. Ein bekanntes Problem aus ökonomischer Sicht stellt die kumulierende Funktion von Innovationen im Bereich des Gesundheitswesens dar. Im Gegensatz zu der Situation in industriellen Betrieben, findet hier häufig keine Ablösung älterer Methoden statt, so dass die Innovationskosten letztlich als zusätzliche Kosten zu verbuchen sind und damit nicht zu einer langfristigen Kosteneinsparung beitragen.

Aus diesen Fragestellungen heraus ergibt sich zwangsläufig die Notwendigkeit, ein Management über das Leistungsangebot aufzubauen und als Entscheidungsinstrument zu nutzen. Management in diesem

Zusammenhang bedeutet, dass Angebot und Nachfrage auf Grund von Gegenwarts- und Zukunftserwartungen hinterfragt werden und eine Anpassung erfolgen kann. Zur besseren Übersicht über das Leistungsangebot kann ein Produktportfolio Klarheit schaffen. Hierzu werden alle angebotenen Leistungen auf einem Raster horizontal entsprechend der Entwicklung der Nachfrage und vertikal entsprechend der medizinischen Bedeutung abgetragen. Daraus entsteht eine Vier-Felder-Matrix, die sich in die Begriffe „Nachwuchs", „Stars", „Cash cows" und „Auslauf" bzw. „Poor dogs" aufteilt. Die vier Begriffe sind wie folgt zu interpretieren:

1. Nachwuchs: Die Nachfrage dieser Leistungen ist aktuell noch nicht hoch, aber es wird ihr eine zukünftig hohe medizinische Bedeutung zugesprochen. Dementsprechend sind die Kosten für diese Leistungserbringung zumeist höher als die möglichen Erträge.
2. Stars: Diese Gruppe verfügt sowohl über eine hohe Nachfrage als auch über eine entsprechende medizinische Bedeutung. Dies sind in der Regel auch die Kernleistungen eines Spitals. Hier besteht häufig ein recht ausgeglichenes Verhältnis zwischen Einnahmen und Ausgaben.
3. Cash cows: Diese Leistungen haben ihren eigentlichen Höhepunkt schon erreicht und können entsprechend kostengünstig angeboten werden. Da auch die Leistungsmenge noch ausreichend vorhanden ist, werden unter finanziellen Gesichtspunkten häufig Überschüsse generiert.
4. Poor dogs: Diese Leistungen haben ihren Zenit schon überschritten und stehen somit sowohl bezüglich Nachfrage als auch medizinischer Bedeutung am Ende der Skala. Häufig sind das die Leistungen, die mittelfristig auch aus dem Angebot eliminiert werden.

Die nachfolgende Abbildung 11.3 zeigt anhand eines Beispiels eine mögliche Einteilung der angebotenen Leistungen in einem Portfolio.

Aus der Sicht eines Profit-orientierten Betriebes lassen sich so Entscheidungen für das Produktemanagement ableiten. Aus der Situation heraus, in der sich ein Universitätsspital als Non-Profit-Betrieb befindet, muss dies sicherlich anders beurteilt werden. So entscheiden letztlich nicht die Absatzmöglichkeiten über das angebotene Spektrum, da sich ein Zentrum der Spitzenmedizin genauso auch mit den schwierigen Einzelfällen beschäftigen und seine Bereitschaft darauf abstimmen muss. Auch gibt es im Gesundheitssystem der Schweiz größtenteils im Segment der Allgemeinversicherten keine Möglichkeit, Kostendeckend zu arbeiten, geschweige denn, Überschüsse zu erwirtschaften[40].

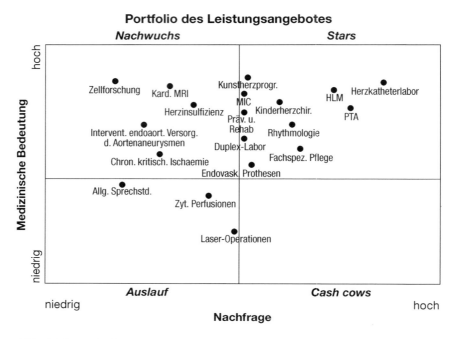

Abb. 11.3: Beispiel eines Produkte-Portfolio

Doch kann die Erarbeitung eines Produkte-Portfolios zumindest grundsätzliche Hinweise auf die Schwerpunktsetzung und die gezielte Finanzierung von Innovationen liefern und einen Beitrag zur kritischen Überprüfung des Leistungsangebotes leisten.

11.5 Spezifische Marktanteile sind gesteigert

Die Konzentration von hoch spezialisierten Leistungen auf wenige Zentren in der Schweiz muss auch in der Strategie berücksichtigt werden, insbesondere wenn Leistungen wie die Herztransplantationen und Herzchirurgische Eingriffe bei Kindern davon betroffen sind, die zum Angebot eines universitären Kompetenzzentrums gehören. Doch nicht

---

[40] Für einen Patienten, dessen Wohnkanton dem Standort des Spitals entspricht, dürfen Leistungen in der stationären Akutversorgung nur mit 50% der kostendeckenden Tarife abgerechnet werden. Bei einem durchschnittlichen Anteil von 75% dieser Patienten ist ein Defizit praktisch vorgegeben.

nur unter diesem Aspekt besteht Handlungsbedarf. Auch die lokale Konkurrenzsituation sorgt dafür, dass ein früher unbestrittenes Angebot nicht mehr als selbstverständlich angesehen wird. Es geht also um die konkrete Frage, wie mit den veränderten Rahmenbedingungen umgegangen werden muss.

Dass es sich bei diesem Thema nicht einfach um eine Reaktion aus Prestigedenken handelt, macht die Situation bei den eingangs erwähnten Spezialitäten deutlich. Im Herz- und Gefäßzentrum werden schwer Herzkranke Kandidaten für eine Transplantation über Jahre hinweg betreut. Die Betreuung lässt sich nicht ausschließlich mit dem klassischen Angebot an Diagnostik und Therapie beschreiben. Vielmehr entstehen aus der akut lebensbedrohenden Krankheit und der Ungewissheit über eine erfolgreiche Transplantation Beziehungen und Kontakte zwischen Patienten und Mitarbeitenden, die eine extrem hohe psychische Komponente beinhalten. Hoffnung und Verzweiflung werden dort miteinander ausgetauscht und verarbeitet.

Aus dem Blickwinkel der Betriebswirtschaft muss also gefragt werden, welche strategische Ausrichtung für ein spezialisiertes Universitätsspital sinnvoll ist. Allen Beteiligten ist dabei klar, dass es nicht um die Auflösung der Spezialisierung zugunsten der Allgemeinversorgung gehen kann, da diese sicherlich in den peripheren Zentren kostengünstiger erbracht werden kann. Folglich geht es in der strategischen Zielrichtung um die Festigung und Stärkung der Spitzenmedizin, die selbstverständlich auch die Aufgaben von Forschung und Lehre tangiert.

Aus der Festlegung der strategischen Ausrichtung muss im nächsten Schritt auch die Konzentration der Kräfte auf das Bereitstellen von Ressourcen und die Optimierung der Prozesse erfolgen. An dieser Stelle taucht die Problematik des Verteilkampfes quasi in allen größeren Zentren auf, da jeder Verantwortliche nur ungern auf Mittel und Ressourcen zugunsten Anderer verzichtet. Hier wird der Unterschied zwischen Industrie und einer Expertenorganisation wie dem Krankenhaus auch aus betriebswirtschaftlicher Sicht evident. Auch wenn bis zu einem gewissen Grad ökonomische und rationale Entscheidungsprozesse auf allen Ebenen stattfinden, so endet im zweiten Fall dieses Denken gewöhnlich vor der eigenen Haustür[41]. Vertreter aller Disziplinen werden jederzeit auf die Bedeutung ihres Faches im gesundheitspolitischen Kontext hinweisen und eine angedachte Reduzierung ihrer Ressourcen nur allzu oft mit einer Erweiterungsforderung entgegnen.

---

41) Vgl. auch: *Grossmann, R. (Hrsg.):* a. a. O..

Grundsätzlich bleibt aber festzuhalten, dass der Ausweis dieser strategischen Zielsetzung auch ein entsprechendes Zeichen für die Mitarbeitenden darstellt. Es gilt also, sich für die Erhaltung und Förderung dieser spezialisierten Bereiche einzusetzen.

11.6 Institutionsübergreifende Kooperationen sind gefördert

Das Gesundheitswesen in den deutschsprachigen Ländern befindet sich z. Zt. in einer größeren Veränderungsphase, die beispielsweise das Aufweichen der starren Trennung zwischen dem ambulanten und stationären Sektor und eine gemeinsame Patientenbetreuung in Koordination und Abstimmung propagiert. Die in diesem Zusammenhang am häufigsten genannten Instrumente stammen überwiegend aus dem angelsächsischen Raum und werden unter dem Begriff Managed Care subsumiert[42]. Hierunter fällt auch das Institutionsübergreifende Behandlungskonzept des Disease Management, dass auf Vereinbarungen über akzeptierte Behandlungspfade zwischen verschiedenen Leistungserbringern (zuweisender Arzt, Spital, Rehabilitation, häusliche Pflege etc.) setzt.

Wie die Erfahrungen in Deutschland zeigen, lassen sich vom Gesetzgeber oder den Krankenkassen verordnete Disease Management-Projekte nur schwer realisieren, da sie häufig nicht von der Ärzteschaft akzeptiert werden und damit als Bevormundung erscheinen können. Dabei ist die Notwendigkeit über besser abgestimmte Behandlungsketten mit einer evidenzbasierten Medizin vielfach unbestritten. So zeigt sich in der derzeitigen Entwicklung, dass in den Ländern Disease Management-Projekte am erfolgreichsten sind, wo die Verantwortung und Initiative klar den Leistungserbringern zuzuordnen ist, oder wie im Falle der USA, das Gesundheitssystem auf Grund von Auflagen im Bereich Pharmaindustrie und durch den marktwirtschaftlichen Ansatz private Institutionen auf den Plan ruft.

Das Inselspital Bern hat bereits 1998 erste Erfahrungen mit dem Disease Management machen können[43]. Es handelte sich um ein Projekt, dass sich mit dem Behandlungsverlauf des akuten Myokardinfarktes beschäftigt hat. Um das Projekt nicht zu sehr zu belasten oder aufgrund der gegebenen Rahmenbedingungen vorab scheitern zu lassen,

---

42) Siehe auch *Greulich, A. et al.:* Disease Management – Patient und Prozess im Mittelpunkt, Heidelberg 2000.
43) Ebenda.

wurde neben den verschiedenen Leistungserbringern innerhalb des Inselspitals (Notfall, Kardiologie, Intensivstation, Pflege, Rehabilitation) nur eine Krankenversicherung mit integriert. Externe Leistungsanbieter wurden aufgrund der zeitaufwändigen Überzeugungsarbeit im Vorfeld nicht berücksichtigt. Somit konnten erste Erfahrungen im Zusammenhang mit der Auswertung von relevanter Literatur (Evidence Based Medicine) und der Vereinbarung zwischen den verschiedenen Interessenvertretern gesammelt werden. Auch wurde die Festlegung der bevorzugten Behandlungspfade gemeinsam mit der Krankenversicherung durchgeführt.

Die Ergebnisse waren insbesondere dadurch verheißungsvoll, dass durch die gemeinsame Gestaltung des Ablaufes einige nennenswerte Verbesserungen im täglichen Zusammenspiel zwischen den beteiligten Abteilungen erreicht wurden. Darüber hinaus konnte der Grundstock für eine wissenschaftliche Erhebung über die qualitativen Auswirkungen auf den Gesundheitszustand der Patienten gelegt werden. Hierbei ging es sowohl um die zeitlichen Einsparungen vom Augenblick des Herzinfarktes bis zum Zeitpunkt der Intervention, als auch um die Frage der sinnvolleren Therapie mittels Lyse oder Katheterisierung. Abschließend wurde dieses Projekt als sehr positiv von den Beteiligten wahrgenommen.

Auf Grund dieser Erfahrungen waren weitere Projekte nur eine Frage der Zeit und so konnte im Jahre 2000 ein neues Disease Management-Projekt begonnen werden. In diesem Fall handelte es sich um die Behandlung und Betreuung von Patienten mit Herzinsuffizienz. Der Unterschied zum ersten Projekt lag insbesondere darin, dass diesmal der aktive Einbezug der zuweisenden Ärzte zwingende Voraussetzung war. Dieser Aspekt wurde umso interessanter, da es sich um eine HMO[44] handelte, die ihrerseits bestimmte Maßstäbe und Erwartungen an einen Kooperationspartner hat. Durch diese Konstellation ergab sich quasi automatisch auch eine Verbindung zur Krankenversicherung. Diese übernahm insofern eine aktive Rolle, da sie in ihrem Mitgliederheft für die Teilnahme an diesem Projekt warb.

---

44) HMO (Health Maintenance Organization) ist ein Krankenversicherungs-Modell. Der Versicherte verpflichtet sich im Krankheitsfalle immer zuerst einen ganz bestimmten Arzt aufzusuchen. Dieser Arzt wird als „Gatekeeper„ bezeichnet.

12 Perspektive der Finanzen

12.1 Einleitung

Aus der Sicht der klassischen Balanced Scorecard-Lehre befinden wir uns mit der Finanz-Perspektive bei der übergeordneten Dimension, die selbstverständlich für Industrie und andere Dienstleistungsbetriebe der Wirtschaft das wichtigste Ziel und den Sinn des Unternehmens darstellt. Aus diesem Blickwinkel heraus bilden die zuvor dargestellten Perspektiven Potenziale, Prozesse und Kunden die Basis oder die Voraussetzung, damit letztlich das finanzielle Ziel des Unternehmens erreicht werden kann. Dementsprechend stehen in einem Wirtschaftsbetrieb Messgrößen wie Return on Investment oder hohe Gewinnquoten an prominenter Stelle.

Wie wir eingangs der theoretischen Ausführungen zur BSC feststellten, haben wir es im Sektor der Non-Profit-Organisationen prinzipiell mit speziellen Voraussetzungen zu tun. Alle freigemeinnützigen Organisationen und Einrichtungen werden zwar ebenfalls permanent mit der finanziellen Perspektive konfrontiert, doch stehen hier andere, übergeordnete Ziele im Vordergrund. Dies verhält sich genauso in unserem Beispiel des Herz- und Gefäßzentrums und des gesamten Universitätsspitals. So definierten wir in unserer Vision die optimale Patientenbehandlung und -betreuung rund um die Uhr als das oberste und wichtigste Ziel, dass es zu erreichen gilt.

An diesem Punkt werden wieder die scheinbar unterschiedlichen Sichtweisen und Mentalitäten deutlich, die häufig in kontroverse Diskussionen zwischen verantwortlichen Managern und Chefärzten münden. Die zunehmende Bedeutung der ökonomischen Fragestellungen mit den damit verbundenen Anforderungen an zusätzliche administrative Aufgaben für Ärzte sorgen sicherlich für steigenden Unmut in der Ärzteschaft. Es wird hier eine aktive Mitarbeit oder zumindest ein hohes Engagement von den Ärzten gefordert, da von ihrem Verhalten mittlerweile direkt die Sicherung der Erträge für ein Krankenhaus abhängen kann. Diese Entwicklung können wir aktuell in der deutschen Gesetzgebung feststellen, wo sich die Qualität der Leistungsdokumentation unmittelbar auf die Abrechnung mit den Krankenversicherungen auswirkt und durch die Einführung der DRGs noch weiter verknüpft wird[45].

---

45) Vgl. hierzu auch *Düllings, J. et al.:* Praxishandbuch Einführung der DRGs in Deutschland, Heidelberg 2001.

Es ist nahezu unbestritten, dass sich diese Entwicklung auf absehbare Zeit nicht mehr grundlegend verändern und auch in den anderen deutschsprachigen Ländern zu entsprechenden Mehrbelastungen für die Ärzteschaft führen wird. Somit ergibt sich die Situation, dass einerseits Maßnahmen zur Entlastung der Ärzte von Behandlungsfremden Tätigkeiten erforderlich werden (im Sinne von elektronischen Patientendossiers etc.) und andererseits das Verständnis für die Notwendigkeit einer grundsätzlich ökonomischen Haltung dieser Berufsgruppe gefördert werden muss. Die Balanced Scorecard kann in zweierlei Hinsicht diesen Gesichtspunkten Rechnung tragen. Zum einen trägt die gemeinsame Diskussion und Vereinbarung über die strategischen Ziele und ihre Messgrößen dazu bei, dass das Verständnis für die Zusammenhänge zwischen öffentlichem Auftrag und finanzieller Absicherung gesteigert wird und zum anderen können in diesem Kontext auch Maßnahmen definiert werden, die eine organisiertere Berücksichtigung der Ökonomie in der Aus- und Weiterbildung der Ärzte fördern.

Wie in den folgenden Beispielen deutlich wird, gab es im Rahmen der Zieldefinitionen durchaus eine Reihe von Erwartungen des ärztlichen und pflegerischen Personals an die finanziellen Aspekte der Betriebsführung. Die Diskussion stand dabei insbesondere unter dem Eindruck des Spardrucks, der durch den Kanton Bern als Finanzier ausgelöst wurde. Dieser Spardruck konnte insbesondere anhand des politischen Prozesses im Zusammenhang mit der Schließung von Spitälern und dem steigenden Druck auf die Kooperationsbereitschaft zwischen verschiedenen Spitälern transparent nachvollzogen werden. Auch das Universitätsspital ist diesem Druck seit mehreren Jahren in zunehmendem Maße ausgesetzt. Dies erfordert weiterführende Maßnahmen, die sich beispielsweise in einer verstärkten Auseinandersetzung über die Schließung oder Reduzierung von Abteilungen bzw. des Leistungsangebots bemerkbar machen.

Eine auf übergeordneter politischer Ebene geführte Diskussion über die Reduzierung der Transplantationszentren in der Schweiz (vgl. Kapitel 11.5) sorgte ebenfalls für eine zusätzliche Sensibilisierung für das Thema Ökonomie im Gesundheitswesen. Auch werden die Auswirkungen des medizinischen Fortschrittes gerade im Bereich der Kardiologie und Herzchirurgie deutlich spürbar und sorgen für einen raschen Anstieg der Ausgaben im Bereich des medizinischen Sachbedarfs. Doch wer möchte heute schon als Betroffener auf die Errungenschaften verzichten, die z. B. die interventionelle Kardiologie in Form von implantierbaren Defibrillatoren oder medikamentbeschichteten

Stents und z. B. die Herzchirurgie durch minimal invasive Eingriffe oder Kunstherzen für Transplantationspatienten bereithält?

Letztlich geht es hier um eine große Anzahl geretteter Leben und die deutliche Steigerung der Lebenserwartung vieler Patientinnen und Patienten.

Ohne vom Thema der Zielsetzungen innerhalb der BSC abschweifen zu wollen, werden doch an dieser Stelle Fragen aufgeworfen, die die Sozialsysteme in Deutschland, Österreich und der Schweiz für sich in naher Zukunft beantworten müssen. Es braucht sicherlich eine verstärkte Diskussion darüber, ob sich die Bevölkerung auf Dauer diese Entwicklung im medizinischen Bereich leisten will und kann. Welche Prioritäten sollen gesetzt werden? Bislang ergibt sich aus der in der Öffentlichkeit geführten Diskussion der Eindruck, dass die Erwartungen an das Gesundheitssystem teilweise grenzenlos, aber die Bereitschaft zu entsprechenden finanziellen Opfern dagegen sehr gering ist. Das Bewusstsein fehlt, dass auf einem finanziell gegebenen Niveau zukünftige medizinische Entwicklungen nicht mehr finanziert werden können. Die Zielsetzung, für alle Bedürfnisse an medizinischen und pflegerischen Leistungen eine grenzenlose Aufnahmebereitschaft anzubieten, verträgt sich somit in steigendem Maße nicht mehr mit den dafür zur Verfügung stehenden Mitteln.

Die Szenarien für die Zukunft sind aus dieser Perspektive heraus gegeben. Sie zielen auf folgende Alternativen:

- Das Leistungsvermögen eines Gesundheitssystems wird auf den zur Verfügung stehenden finanziellen Rahmen eingegrenzt. Hieraus ergeben sich im normalen Verlauf Einbußen bei der Qualität insbesondere in den Bereichen kurzfristige Zugangsmöglichkeiten, Alterbegrenzungen für bestimmte Eingriffe und stärkerer Einbezug der familiären Unterstützung beispielsweise bei der Pflege. Wir sprechen hier auch von Rationierung.
- Aufrechterhaltung des Leistungsangebotes und weiterhin Berücksichtigung des medizinischen Fortschrittes. Dies verlangt fast automatisch eine erhöhte finanzielle Bereitschaft der Bevölkerung, diese Entwicklung mitzutragen. Parallel dazu wäre es denkbar, dass von bestimmten Teilen des öffentlichen Lebens (Großkonzerne, Prominente etc.) eine zusätzliche Unterstützung durch Spenden, Fonds und Stiftungen in ein Gesundheitssystem einfließt. Dieses Modell ist insbesondere in den USA realisiert und auch entsprechend akzeptiert.

- Der permanente Versuch, Unwirtschaftlichkeiten und Synergien im System herauszufinden und somit Einsparungen zu erzielen. Doch zeigt sich in der Entwicklung der letzten Jahre, dass es in fortschreitendem Maße schwieriger wird, noch Effizienzsteigerungen und Kosteneinsparungen zu bewirken, ohne nicht doch erheblich an der Qualitätsschraube zu drehen.

Auch wenn wir hier von übergeordneten politischen Herausforderungen sprechen, so färbte sich das Bewusstsein für die zunehmend schwierige Situation auch auf das Verhalten und die Erkenntnisse der im Projekt beteiligten Leistungserbringer ab und führte zu den nachfolgenden Zielformulierungen.

12.2 Neue Finanzierungsquellen sind erschlossen

Es scheint, als würden die auf Ausgewogenheit zwischen Staat und Markt ausgerichteten Gesundheitssysteme auf Grund der stetig wachsenden Kostenspirale und des hohen Qualitätsanspruchs mittelfristig in Bedrängnis geraten. Dies vor allem bedingt durch die fehlende Bereitschaft zu Qualitätseinbußen, wie sie beispielsweise aus den rein staatswirtschaftlichen Gesundheitssystemen (z. B. England, Italien) bekannt sind oder in umgekehrter Sicht zu höheren Prämien oder Mitgliedsbeiträgen führen, wie wir sie aus den marktwirtschaftlich orientierten Systemen kennen (z. B. USA).

Dies deutet darauf hin, dass es in der Bevölkerung allgemein wegen dieses Kompromisses zwischen Staat und Markt keine historisch gewachsene Bereitschaft für eine der beiden Extreme gibt. Das erschwert die Situation für die verantwortlichen Politiker ungemein, da man es letztlich niemanden Recht machen kann und je nach Entscheidung für Kosteneinsparungen oder Prämiensteigerungen bei einem bedeutenden Teil der Wählerschaft massive Proteste auslösen wird.

In diesem Spannungsfeld stehen die Leistungserbringer allgemein und die Ärzte im speziellen in einem entsprechenden Dilemma. Mit dem Wissen um die medizinischen Möglichkeiten neuer Apparate und Materialien und die damit verbundenen Kosten wird das Abwägen zwischen Kosten und Nutzen in zunehmendem Maße zur ständig wiederkehrenden Herausforderung. Unter diesem Eindruck stellte sich für die Beteiligten im BSC-Projekt die Frage, wie zumindest mittelfristig eine qualitativ hochstehende Behandlung und Betreuung aufrecht erhalten werden kann. Vorausgesetzt, dass die Abgeltungen der Krankenversicherungen für erbrachte Leistungen nicht grundsätzlich höher ausfallen und dass die Beiträge des Kantons als Finanzier auch nicht vergrößert werden, ergibt sich somit die Frage, auf welchem Weg die Sicherstellung einer hohen Behandlungsqualität erfolgen kann. Neben den bereits früher beschriebenen internen Optimierungen, ging es dabei um die Frage von möglichen alternativen Finanzierungsquellen.

Unter alternativen Finanzierungsquellen können eine ganze Reihe von Geldzuwendungen verstanden werden. Hierzu gehören Spenden von Privatpersonen und Firmen, Erbschaften und Stiftungen. Diese können zudem Zweckgebunden (für ein bestimmtes Forschungsprojekt, Anstellung etc.) oder frei verfügbar sein. Diese zusätzlichen Einnahmen lassen sich gewöhnlich nicht planen und hängen scheinbar häufig von Zufällen ab. Grundsätzlich kann aber davon ausgegangen werden, dass es in jedem finanzstarken Land eine gewisse Spendenbereitschaft gibt, um die sich eine ganze Reihe von gemeinnützigen Organisationen bemühen. Viele dieser Organisationen verfügen zudem über ein Konzept, um den Anteil dieser potentiellen Geldsummen möglichst groß zu halten. Hier geht es um das klassische Fundraising.

In einem Fundraisingkonzept werden gewöhnlich Marktanalysen über das grundsätzliche Potenzial an Spendern in einer gewissen Region vorgenommen und Fragen über die zu verbreitenden Botschaften und die anzusprechenden Zielgruppen gestellt. In der Regel sieht es so aus, dass einzelne Spitäler eher selten über gezielte Fundraisingkonzepte verfügen und dies eher in der Kompetenz der Krankheitsbezogenen Interessengruppen liegt. In diesem Sinne war es für die Projektgruppe nicht sinnvoll, verknüpfte Strukturen intern zu konkurrenzieren, sondern sich eher auf die nicht abgedeckten Finanzierungsquellen zu konzentrieren. Diese richten sich beispielsweise auf die aus Amerika bekannten Stiftungen größerer Konzerne.

Problematisch erscheinen hierbei die aus dem deutschsprachigen Raum bekannten Vorbehalte der Gesellschaft gegenüber Sponsoring seitens der Wirtschaft. Diese Voraussetzung erleichtert kaum die Planung solcher Bemühungen. Es gilt sicherzustellen, dass durch Industrie-Sponsoring keinerlei Abhängigkeiten entstehen. Doch selbst wenn dieser Vorsatz eingehalten wird, bleibt aus der derzeitigen sozialen Einstellung heraus sicherlich ein gewisser negativer Beigeschmack bestehen. Dementsprechend gilt es, sich diesem Ansatz behutsam und sensibel zu nähern.

Erste Erfahrungen werden derzeit in einer anderen Klinik bei der Finanzierung eines Lehrstuhles durch ein pharmazeutisches Unternehmen gesammelt; interessanterweise in einem Fachgebiet, dass die ganzheitliche Medizin und den kritischen Umgang mit Pharmaka und altbewehrten Methoden propagiert.

Im Bereich der privaten Spenden scheint die Bereitschaft zu einem Engagement häufig von einer direkten oder indirekten Konfrontation mit einer bestimmten Krankheit abzuhängen. Länger währende oder chronische Erkrankungen von Personen selbst oder in deren Familienkreis sorgen zumeist für eine intensivere Auseinandersetzung mit der Thematik. So entsteht bei der Verarbeitung dieses Ereignisses im Anschluss an die Genesung oder auch dem Tod bei Angehörigen zuweilen das Bedürfnis, die Forschung und Entwicklung von heilenden Therapien oder die behandelnde Institution direkt zu unterstützen.

Dementsprechend ist bei der Betrachtung der Verteilung von Spendengeldern zu beobachten, dass Krankheiten der Onkologie (Tumore) ein besonders hohes Volumen generieren. Dies entspricht dem breiten Auftreten der Krankheit in der Bevölkerung über alle Gesellschaftsschichten und Geschlechter hinweg. Dagegen scheint die Beachtung von Initiativen gegen Krankheiten, die eher Randgruppen betreffen, entsprechend niedriger zu sein.

Aus diesen Erkenntnissen heraus scheinen zwei Aspekte bemerkenswert zu sein. Zum einen, dass nur eine offene und transparente Aufklärung und die Darstellung der Zusammenhänge für die betroffenen Menschen zur notwendigen Akzeptanz und Interesse führen kann. Zum anderen, dass die benötigten Finanzmittel nicht auf einem aggressiven Wege eingefordert werden können. Vielmehr muss zuerst einmal viel Zeit und Engagement in die Öffentlichkeitsarbeit investiert werden und die Geduld für eine langfristige Zielerreichung vorhanden sein. Andernfalls erscheint ein Fundraisingkonzept kaum realisierbar.

Unter Berücksichtigung dieser Aspekte wurde im Schweizer Herz- und Gefäßzentrum Bern ein behutsames Vorgehen entwickelt, dass zuerst einmal auf Transparenz und Vertrauen aufbaut. Der gewählte Ansatz verfolgt das Ziel, möglichst viele Menschen innerhalb der Region mit Interesse an der Thematik über eine partnerschaftliche Beziehung zu binden. Hierbei spielen finanzielle Elemente keine Rolle. Wer Interesse hat, kann kostenlos Mitglied in einem entsprechenden Freundeskreis werden. Die Mitglieder genießen den Vorteil von persönlichen Einladungen zu Publikumsvorträgen, erhalten Broschüren und Informationsmaterial rund um die Kreislaufmedizin und werden im Rahmen von Tagen der offenen Tür und anderen Events entsprechend betreut.

Zusätzlich sind in der Zukunft Benefizkonzerte und Wettbewerbe angedacht. Auf diese Weise wird eine freundschaftliche und teilweise intensive Kommunikation entwickelt, die bereits einige hundert Personen umfasst. Ein Fernziel besteht darin, dass die über längere Zeit betreuten Menschen sich vielleicht eines Tages aus eigener Motivation für „ihr" Zentrum engagieren. Wenn eine genügend große Zahl an Einwohnern zu klaren Bekenntnissen für das Herz- und Gefäßzentrum bewegt werden kann, ist die politische Bedeutung nicht zu unterschätzen.

Ein wichtiges Medium für diese Kontakte wurde bereits weiter oben kurz erwähnt. Es handelt sich um die regelmäßig stattfindenden Publikumsvorträge. Zu diesen Vorträgen, die Ärzte des Zentrums auf einfache und verständliche Art dem interessierten Publikum anbieten, werden alle Aspekte der Medizin bezogen auf das Herz und die Gefäße behandelt. Diese Vortragsreihe, die bereits im vierten Jahr läuft, zieht jeweils zwischen 300–400 Personen an. Es besteht neben dem Konsum der angebotenen Vorträge die Möglichkeit, den Ärzten gezielte Fragen im Hörsaal oder bei einem anschließend offerierten Apéro zu stellen. Diese Veranstaltungsreihe ist Kern der vertrauensbildenden Maßnahmen und für einige Besucher nur noch schwer wegzudenken.

Abschließend sei hier noch einmal deutlich gemacht, dass Gönner und Förderer selten mit Hauruckmaßnahmen zu aktivieren sind. Vielmehr ist der Fokus auf den langfristigen Erfolg zu richten. Dementsprechend bedeutet ein Engagement in diesem Themenkreis zuerst einmal Arbeit und Hoffnung auf Erfolg. Vielleicht auch ein Grund, warum viele Institutionen bislang noch keine Planungen diesbezüglich vorgenommen haben.

12.3 Kosten- und Leistungstransparenz sind umgesetzt (Schwerpunktthema)

Einer der Hauptkritikpunkte an der Kommunikation zwischen Betriebswirtschaft und Health Professionals liegt in der mangelnden Transparenz, wie die Informationen zur Kostenentwicklung einer Abteilung aufbereitet sind. In der Regel fühlen sich Ärzte und Pflegekräfte nicht besonders angesprochen, wenn alle entstandenen Kosten eines Bereiches pro Kostenart zusammengefasst werden. Die Unterstützung endet häufig bei der Frage, wo und durch wen Kosten verursacht werden. Auf die Frage, für was Kosten verursacht wurden, gibt es allerdings selten eine differenzierte Antwort. Aus diesem Grund erhält die Kostenträgerrechnung in der letzten Zeit stärkere Beachtung.

Perspektive der Finanzen

Hat die Kostenträgerrechnung sicherlich den Vorteil, dass sie auf die Zuordnung aller Leistungen und Kosten zu einem bestimmten Patienten ausgerichtet ist, so bleibt doch eine tiefergehende Analyse über die Prozesszusammenhänge und mögliche Handlungsalternativen bei zu teuren Leistungen aus. Deshalb wurde in den letzten Jahren eine Alternative zu diesem System, die sogenannte Prozessorientierte Kostenrechnung[46] entwickelt. Hinter dem Begriff der Prozessorientierten Kostenrechnung verbirgt sich ein klares Konzept der Bewertung von Prozessen, das aber mit dem geläufigen Begriff der Prozesskostenrechnung von Horvath[47] nicht viel gemein hat. Vielmehr sind hier eher Anlehnungen an die Plaut'sche Plankostenrechnung[48] offensichtlich. Lediglich die Herausforderung, den hohen Anteil an Gemeinkosten möglichst verursachungsgerecht den einzelnen Prozessen zuzuordnen, verbindet diese Systeme.

Die Gemeinsamkeiten mit der Plankostenrechnung von Plaut sind dagegen vielfältig. Zum einen handelt es sich bei den zugrunde liegenden Werten der Prozessorientierten Kostenrechnung eher um Planwerte auf Basis von standardisierten Interviews und zum anderen versucht der darzustellende Ansatz, Kosten in fixe und variable Anteile zu splitten. Dies geschieht als Voraussetzung für eine Deckungsbeitragsrechnung.

Doch betrachten wir den Aufbau der Prozessorientierten Kostenrechnung der Reihe nach.

Im ersten Schritt ist es erforderlich, den vorhandenen Kostenstellenplan des Krankenhauses zu überarbeiten. Hierzu gehören folgende Schritte:

1. Festlegung/Aufteilung in Vor- und Hauptkostenstellen
2. Erarbeitung von Umlageschlüsseln und Verrechnungssätzen für die Vorkostenstellen
3. Ermittlung der Nettojahresarbeitszeit
4. Planung der Hauptkostenstellen

Zu 1.:
In einem ersten Schritt werden alle Kostenstellen daraufhin überprüft, ob es sich um Hauptkostenstellen (z. B. Bettenstation oder Ambulatorium) handelt oder als Vorkostenstellen (z. B. Wäscherei, Finanzbuchhaltung) einer späteren Umlage zugeordnet werden.

---

[46] Vgl. auch *Greulich, A./Thiele, G./Thiex-Kreye, M.:* Prozessmanagement im Krankenhaus, Heidelberg 1997.
[47] *Horvath, P./Mayer, R.:* Prozeßkostenrechnung – Der neue Weg zu mehr Kostentransparenz und wirkungsvolleren Unternehmensstrategien; Controlling, 1. Jg. 4/1989.
[48] *Plaut, H. G.:* Grenzplankosten- und Deckungsbeitragsrechnung als modernes Kostenrechnungssystem. In: Handbuch Kostenrechnung 1992, S. 202–225.

Zu 2.:
Analog einer in der Regel vorhandenen Umlagerechnung (z. B. für die Erfolgsrechnung) müssen in einem ersten Schritt die Vorkostenstellen umgelegt werden. Hierbei wird zwischen klassischen Umlagen für z. B. Miete und Strom und Verrechnungen für Vorkliniken unterschieden. Da es sich um eine Vollkostenrechnung handelt, ist dieser Schritt zwingend erforderlich. Hierzu werden klassische Umlageschlüssel wie z. B. qm^2, Anzahl PC's oder Pflegetage verwendet.

Zu 3.:
Für die spätere Planung der Kapazitäten von Hauptkostenstellen (Arbeitszeit) ist es notwendig, die Nettojahresarbeitszeit pro Vollkraft zu ermitteln. Dies geschieht im Idealfall für jede Kostenstelle individuell. Dies bedeutet, dass Ausfallzeiten nicht pauschal, sondern je nach Gegebenheit pro Kostenstelle ermittelt und berücksichtigt werden.
Im Bereich des ärztlichen Dienstes kann es zudem sinnvoll sein, nicht-patientenbezogene Arbeitszeiten (z. B. für Weiterbildung oder Forschung) ebenfalls abzuziehen.

Zu 4.:
Bei der Planung der Hauptkostenstellen geht es in erster Linie darum festzustellen, wie viele Ressourcen eine einzelne Kostenstelle im Jahr zur Verfügung hat. Dies bezieht sich schwergewichtig auf die Arbeitszeiten der einzelnen Berufsgruppen, aber auch auf die zeitliche Nutzung von Untersuchungsräumen und die Anzahl Pflege- oder Behandlungstage. Die Notwendigkeit der Arbeitszeitberechnung ergibt sich aus der Methodik der Interviewtechnik bzw. der Prozessdokumentation. Wie bereits erwähnt, werden die Informationen zu den Tätigkeiten, wie zeitlicher Aufwand und tätige Berufsgruppen, in einem Tool dokumentiert und für die Kostenberechnungen herangezogen.

Die Berechnung der zeitlichen Nutzung von Untersuchungsräumen hat ebenfalls den Aspekt, Untersuchungszeiten auf Grund des hohen Ressourcenverbrauches (z. B. Strom, Abschreibung von Ausstattung etc.) zuordnen zu können.

Die Planung von Pflegetagen erhält wegen der Tatsache, dass Materialverbrauch von weniger teuren Einzelmaterialien ebenfalls zugeordnet werden sollte, seine Bedeutung. Hier bietet es sich an, Pauschalen pro Tag für Medikamente, Energiekosten etc. zu berechnen. Je nach Liegedauer werden diese Pauschalen den einzelnen Fallgruppen zugeordnet.

Die Planung der Hauptkostenstellen geschieht zusammengefasst folgendermaßen:

Perspektive der Finanzen

Zuerst wird festgelegt, welche sog. Bezugsgrößen (oder auch Unterkostenstellen) für die einzelnen Kostenstellen in Frage kommen. Erfahrungsgemäß sind dies in der Regel 2–3 Bezugsgrößen. Für eine Bettenstation könnten beispielsweise die Bezugsgrößen Arbeitsminute des Pflegedienstes und des Sekretariates sowie ein Pauschalsatz pro Pflegetag für Kleinmaterialien in Frage kommen. Soweit es sich um Tätigkeitszeiten handelt, wird über die Soll-Besetzung die Anzahl Vollkräfte pro Berufsgruppe ermittelt und die unter 3. beschriebene Nettojahresarbeitszeit gewichtet.

Für die Zuordnung von Kosten kann man nun auf die budgetierten Kosten (bei Berücksichtigung von Soll-Stellen) oder die ausgewiesenen Kosten einer Erfolgsrechnung (bei Berücksichtigung von Ist-Stellen) pro Jahr zugreifen.

Diesen Kosten pro Berufsgruppe und Kostenstelle werden im weiteren Verlauf noch die relevanten Umlagekosten zugeordnet und abschließend durch die jährlichen Tätigkeitszeiten dividiert. Die nachfolgende Abbildung 12.1 soll das beschriebene Verfahren beispielhaft illustrieren.

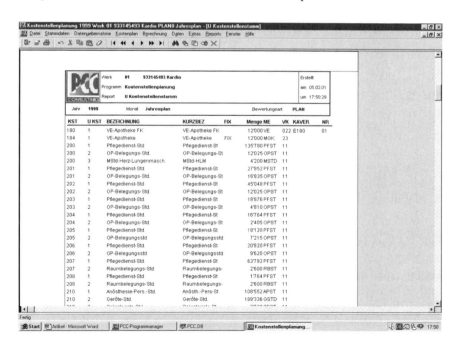

Abb. 12.1: Basis für Kostenberechnungen
(Screenshot der Kalkulationssoftware PCC)

Bei der Beschreibung der Vorgehensweise wird deutlich, dass es sich letztlich um ein aufwändiges Rechenverfahren handelt. Es ist notwendig, neben den Kosten einer Erfolgsrechnung auch die Ressourcenmenge zu definieren. Diese Daten müssen zumeist erst über die Personalabteilung beschafft und gewichtet werden.

Daneben ist es notwendig, eine Materialstammliste zu erstellen. Diese Liste sollte alle Materialkosten für Beiträge über beispielsweise A 50,– enthalten. Diese Materialien werden den später dokumentierten Tätigkeiten entsprechend zugeordnet. Für die restlichen Materialien werden dann anschließend Pauschalen pro Tag und Kostenstelle definiert. Hierin sind dann alle billigen Medikamente enthalten.

Dieser Aufbau der erweiterten Kostenstellen muss jährlich einmal vorgenommen werden, so dass die Kosten und die zeitliche Ressourcenplanung jeweils auf den neusten Stand gebracht werden. Nur so ist es möglich, die gewünschte Kostengenauigkeit auch auf Dauer zu gewährleisten. In diesem Kapitel wird es nun darum gehen, wie auf der eben geschilderten Basis des Prozessmanagements konkret Abläufe dargestellt und auch kostenrechnerisch bewertet werden können.

Für die Erhebung der Prozessabläufe bieten sich die bereits erwähnten zwei Möglichkeiten über die Interviewtechnik oder über Qualitätszirkel an. Um an dieser Stelle ein möglichst einfaches und schnell einsetzbares Vorgehen anzubieten, wird im Folgenden die Interviewtechnik dargestellt.

Die Interviewtechnik lässt sich in drei grundlegende Phasen unterteilen:

1. Vorbereitungsphase
2. Durchführungsphase
3. Nachbearbeitungsphase

Zu 1.:
Die Vorbereitungsphase hat insofern eine bedeutende Rolle, da davon stark die Akzeptanz und die Effizienz in der Durchführungsphase abhängt. Beispielsweise müssen sich Controller, die sich zu den Ärzten und Pflegekräften in die Kliniken begeben, bewusst sein, dass derartige Erhebungen nicht tagtäglich stattfinden und häufig eine gewisse Skepsis hervorrufen. Hinzu kommt, dass häufig bei den Ärzten und Pflegenden ein permanenter Mangel an Zeit vorhanden ist. Die Vorbereitungsphase kann also Sinnvollerweise dazu genutzt werden, einen klar strukturierten Fragebogen zu entwerfen, alternative Datenquellen

zu recherchieren oder bereits früher erhobene Informationen ausfindig zu machen und auch einzubringen.

Auf den o. g. klar strukturierten Fragebogen soll nachfolgend nochmals eingegangen werden. Es hat sich in der Praxis gezeigt, dass die Interviewführung insbesondere dort schwierig ist, wo ein systematischer Ablauf vom Eintritt des Patienten bis zu dessen Entlassung beschrieben werden soll. Sachverhalte, die mit einer bestimmten Situation assoziiert werden, fließen dabei häufig in die Diskussionen ein. Beispielsweise wird die Darstellung eines Problems oder Ablaufs in der Poliklinik unter Umständen mit einer ähnlichen Situation im OP verglichen. Die Folge ist, dass so Lücken im dokumentierten Ablauf entstehen können, die nachträglich wieder „gestopft" werden müssen. Es erfolgt also ein Springen innerhalb des Interviews an verschiedene Stellen, was sich nachteilig auf das strukturierte Vorgehen auswirken kann.

Ein zweiter Aspekt ist der, dass die Informationen aus dem Interview so deutlich den jeweiligen Phasen zugeordnet werden müssen, dass diese später noch korrekt dargestellt werden können.

Auf Basis dieser Erfahrungen sollte ein Interviewfragebogen folgende Aspekte berücksichtigen:

a) Phase des Ablaufs (Aufnahme, Anamnese, Diagnostik, Therapie, Entlassung)
b) Definition der Tätigkeiten (z. B. Zugang zur Leiste für Katheter legen)
c) Dauer der Tätigkeiten (in Minuten)
d) Varianten der Behandlungsart (Achtung: Wichtig im Zusammenhang mit Nebendiagnosen)
e) Wer erbringt Tätigkeiten? (z. B. Oberarzt, Assistenzarzt, Pflegedienst, Med.-tech. Dienst)
f) Betroffene Kostenstelle (wichtig für die Kostenkalkulation)
g) Einbindung in den Prozess (z. B. Tätigkeit läuft parallel zu Tätigkeiten anderer Berufsgruppen)

Die Abbildung 12.2 stellt exemplarisch einen ausgefüllten Fragebogen dar.

Idealerweise wird man sich in der Vorbereitungsphase zuerst mit dem Interviewpartner in Verbindung setzen und das Vorgehen beispielhaft erklären. Im Einzelfall waren Ärzte jeweils sehr dankbar, den Interviewbogen vorgängig zu erhalten, um sich in Ruhe erste Gedanken zu den angesprochenen Themen machen zu können.

	Klinik: Kardiologie, Herzkatheterlabor	Aufgabenträger:		
Kennzeichen bei parallel ausgeführten Prozessen		LA=Leitender Arzt	OSr=Oberschwester	
	Teilprozess: Austritt	OA=Oberarzt	Sr=Schwester	
		AA=Assistenzarzt	Ph=Pflegehilfspersonal	
	Leistung: Herzkatheter	TA=Technischer Assistent	KS=Kliniksekretariat/Adm.	

	Tätigkeit	Aufgabenträger	Menge/Häufigkeit		Ort/KST
			Zeit/Anzahl	Variante(%)	
x	Telefon an zuw. Arzt, mit Pat. sprechen, mit AA Bilder anschauen	OA	15		621
x	Film überspielen, Bericht schreiben	AA	15		621
x	Computer abschließen, ausdrucken, Tisch abräumen, Pat. in Bett legen	Sr	20		321
x	Schleuse ziehen, abdrücken	AA	20		621
	Patienten auf Station bringen				
	Leiste und Puls kontrollieren, einrichten	Sr	20		402
	Post Interventions Visite	AA, OA	15		621
	Bericht schreiben	AA	30	90	621
		AA	60	10	621
	Bericht visieren	OA	5		621
	Visite nächster Tag	OA, AA	10		621
	Bericht schreiben, Medi-Liste erstellen, Pat. instruieren, Zuweiser anrufen	AA	45	90	621
			90	10	621
	Material: großes Paket, 2 Schleusen, 3 Katheter Kontrastmittel 150 ml Hexabrix, Obdiray, Liquemin				

Abb. 12.2: Beispiel Interviewbogen

Hierbei können Zusammenfassungen in Fallgruppen vorgenommen werden. Der Arzt kann dann im Regelfall die Leistungen so bündeln, dass gleiche oder ähnliche Abläufe in einer Interviewsequenz besprochen werden können. Dies erleichtert die Arbeit enorm und führt zu deutlichen Zeitersparnissen.

So bliebe noch die Frage offen, mit welchen Personen aus dem Leistungsbereich die Interviews geführt werden sollten. Entscheidend ist dabei, welche Berufsgruppen und Abteilungen Kontakt zum Patienten oder zumindest Support-Funktionen haben.

Üblicherweise sind dies die folgenden Bereiche:

- Ambulatorium
- Bettenstation
- Diagnostische Einheiten
- OP-Bereich
- Patientenadministration (optional, kann später auch als Umlage zugeordnet werden)

Je nach Organigramm der Klinik sollten aus diesem Bereich kompetente Ansprechpartner ausgewählt werden. In der einen Klinik kann es durchaus sein, dass ein erfahrener Oberarzt in der Lage ist, alle ärztlichen Leistungen in der Poliklinik, auf der Bettenstation oder im OP abzuschätzen. In einer anderen kann es dagegen notwendig sein, die jeweils zuständigen Oberärzte der verschiedenen Bereiche einzeln zu befragen.

Daneben werden eine erfahrene Pflegekraft der Bettenstation sowie (falls erforderlich) auch der Funktionsdienst im OP und eine Vertretung des medizinisch-technischen Dienstes für die Interviews benötigt. In der Praxis gibt es eine Reihe von Abläufen, die jeweils nur mit zwei Personen besprochen wurden sowie andere, für die vier Ansprechpartner notwendig waren.

Zu 2.:
In der Durchführungsphase kommen dann die zuvor geschilderten Vorkehrungen und Maßnahmen zum tragen. Diese wirken sich auf eine goldene Regel ausgesprochen positiv aus: Die Einhaltung einer Interviewdauer von rund 1,5 Stunden. Zumeist sind beide Interviewpartner sehr froh, diese Zeit einzuhalten, da die Konzentration danach zumeist deutlich nachlässt und die Ergebnisse nicht mehr die Genauigkeit aufweisen wie in der ersten Phase.

Falls es nicht gelingt, alle Informationen im Rahmen dieser 1,5 Stunden zu erhalten, ist es sehr ratsam, einen weiteren Termin zu vereinbaren. Dies kommt nicht zuletzt den Ärzten und anderen medizinischen Berufsgruppen entgegen, da eine langfristige Absenz vom Dienstleistungsbetrieb häufig nicht möglich ist. Doch dies muss sicher individuell betrachtet werden.

Einen weiteren Aspekt stellt die „Qualitätssicherung" der erhobenen Daten und Informationen dar. Neben der Nutzung der oben erwähnten alternativen Datenquellen spielt sicher auch die Überprüfung von Aussagen einzelner Interviewpartner durch andere Gesprächspartner eine wichtige Rolle. So kann es durchaus vernünftig sein, beispielsweise die angegebenen Tätigkeitszeiten des Arztes für die Anamnese von den Pflegekräften bestätigen bzw. bewerten zu lassen. Dabei geht es nicht um das „Infragestellen" von Informationen oder gar von Personen sondern um die Erhöhung der „Trefferquote" bei der zeitlichen- und damit auch der Kostenerhebung.

Die bereits in der Vorbereitungsphase angesprochene Bündelung von ähnlichen Fallgruppen kommt nun innerhalb des Interviews zum tragen. Um am Beispiel des Katheterlabors in der Kardiologie zu bleiben, würde es keinen Sinn machen, Linksherz- oder Rechtsherzuntersuchungen, Ballon- oder Laserinterventionen getrennt voneinander zu besprechen. Hier unterscheiden sich die Abläufe nur an ein oder zwei

Stellen, was allerdings dennoch zu völlig unterschiedlichen Kostenberechnungen führen kann.

Explizit soll hier nochmals darauf hingewiesen werden, dass für eine möglichst exakte Darstellung der Abläufe definiert werden muss, welche Leistungen parallel zu anderen Berufsgruppen am Patienten (oder darum herum) erbracht werden oder welche Unterscheidungen innerhalb einer Fallgruppe bekannt sind (z. B. Lokalanästhesie oder Vollnarkose).

Diese Informationen haben neben dem Bezug zu möglichen Kosten, vor allem Bedeutung für die visuelle Abbildung der Abläufe. Dies wiederum ist bei einer späteren Analyse von Schwachstellen und Optimierungsansätzen relevant.

Zu 3.:
Bei der Nachbearbeitungsphase kommt es zuerst einmal darauf an, möglichst schnell die Informationen aus den Gesprächen zu überprüfen und so zu dokumentieren (idealerweise am PC), so dass andere Personen die Angaben verstehen können. Diese Erfassung erfolgt in der Regel in Office-Anwendungen wie z. B. Excel oder Access. Die dv-technische Ablage hat insbesondere dann Vorteile, wenn andere Personen an der Erhebung beteiligt sind oder auf Grund dieser Vorlage den Behandlungsablauf visualisieren müssen (sog. Modellieren).

Die visuelle Abbildung mit der Zuordnung von Informationen zu den Tätigkeiten bildet dann auch das Herzstück der hier vorgestellten Methodik des Kostenorientierten Prozessmanagements (siehe hierzu auch Kapitel 10.2). An dieser Stelle soll daher auf die konkrete Verknüpfung zwischen Visualisierung und Kostenkalkulation eingegangen werden. Weiter oben wurde in groben Zügen die Basis der Prozessorientierten Kostenrechnung skizziert und herausgestellt, dass die Tätigkeitsminute neben der Raumnutzung und der Materialpauschale pro Pflegetag eine Basis für die Berechnung des Ressourcenverbrauchs darstellt. Dieser Ressourcenverbrauch wird überwiegend auf Grund von Tätigkeiten des Personals ausgelöst. Neben den Kosten für Implantate oder teure Medikamente spielt der von dem Personal erbrachte Einsatz in Zeiteinheiten den größten Kostenblock und bedarf daher einer eingehenden Analyse.

Um die Verknüpfung zwischen Tätigkeitsinformation und Kostenrechnung herzustellen, bedarf es einer Synchronisation dieser beiden Aspekte. Die Verknüpfung wurde in unserem Beispiel über eine Standardschnittstelle eingerichtet.

Perspektive der Finanzen

Nach Durchführung des zuvor beschriebenen Aufbaus der Prozessorientierten Kostenrechnung erhält man als fertiges Ergebnis einen differenzierten Kostenstellenplan, der die sog. Unterkostenstellen (oder auch Bezugsgrößen genannt) ausweist. Folgende Abbildung 12.3 soll dies beispielhaft darstellen.

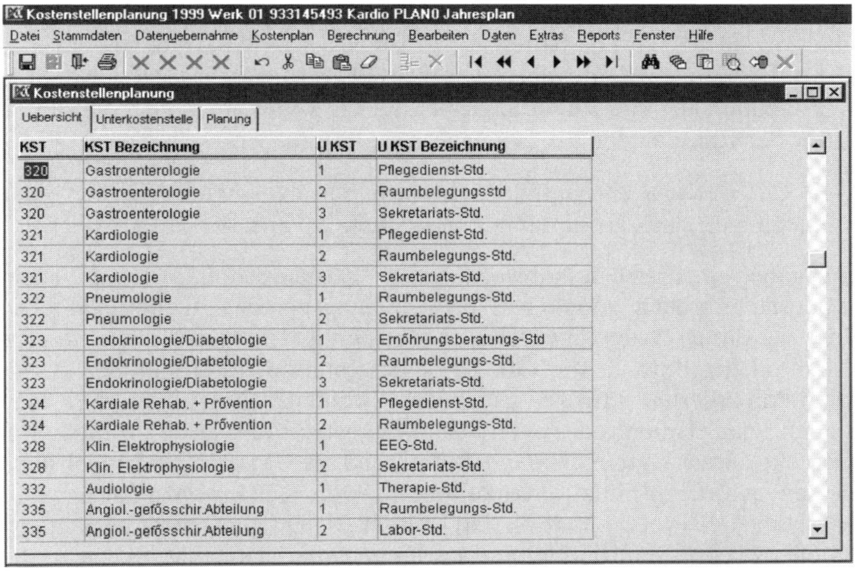

Abb. 12.3: Auszug Unterkostenstellen
(Screenshot der Kalkulationssoftware PCC)

Durch diese Vertiefung der Kostenstellenstruktur werden nun nicht mehr die Kosten pro Berufsgruppe und Kostenstelle als tiefste Ebene, sondern Kosten pro Minute bezogen auf Chefarzt, Oberarzt oder Assistenzarzt bewertet. Das gleiche gilt für die anderen Berufsgruppen, die mit dem Patientenfluss unmittelbar zu tun haben, wie z. B. Pflegedienst, Funktionsdienst, medizinisch-technischer Dienst etc.

Jede dieser Unterkostenstellen hat also eine eindeutige Zuordnung und kann über eine feste Nummernbezeichnung angesprochen werden. Diese Verknüpfung geschieht konkret bei der Modellierung der zuvor erhobenen Behandlungsprozesse. Als tragendes Objekt wird hierfür die eigentliche Tätigkeit verwendet. Wie wir bereits festgestellt haben, besteht ein visualisierter Ablauf aus den Objekten internes Ereignis, Ergebnis, Tätigkeit verknüpft mit den entsprechenden Ressourcen (wer hat die Tätigkeit erbracht?) und Auftrag (was hat die Tätigkeit ausgelöst?). Die beispielhaft dargestellte Modellierung benutzt gelbe Kästchen mit der Definition der Arbeitsschritte (z. B. Verband wechseln). Da es sich um ein Datenbank-gestütztes Modellierungstool handelt, wird jedes Objekt des Typs Tätigkeit mit zusätzlichen Informationen in entsprechenden Registerblättern versehen. Diese Informationen beziehen sich genau auf die Erkenntnisse aus den Interviews und beinhalten die o. g. Unterkostenstelle, die Bezeichnung der Tätigkeit und den zeitlichen Einsatz. Zusätzlich können zum Zwecke der Simulation von Abläufen die Anzahl der zu bearbeitenden Aufträge (z. B. Anzahl Patienten pro Tag) definiert werden. Neben dem zeitlichen Einsatz lassen sich selbstverständlich auch die zuvor angesprochenen weiteren Unterkostenstellen (Zeit der Raumnutzung, Pflegetage etc.) ansprechen.

Auf die Berücksichtigung des Materialeinsatzes wurde bereits kurz eingegangen, was an dieser Stelle nochmals vertieft werden soll.

Aufgabe einer behandlungsbezogenen Kostenrechnung ist es auch, Materialverbrauch möglichst verursachungsgerecht zuzuordnen. Die hier gewählte Vorgehensweise berücksichtigt in erster Linie teurere Materialeinzelkosten, die auf Basis der Interviewinformationen direkt dem kalkulierten Prozess zugeordnet werden. Hierzu definiert man zuerst eine Untergrenze von Materialkosten, die als Einzelmaterial berücksichtigt werden sollen. Auf Grund der Materialverbrauchsliste lassen sich daraufhin alle Artikel oberhalb der Untergrenze der gewählten Höhe des Preises multipliziert mit der Menge als Gesamtkosten ausgliedern. Zum Schluss bleibt eine Summe für Kleinmaterial übrig, die dann durch die Anzahl der Pflegetage oder der Fälle dividiert werden kann. Hieraus entsteht eine weitere Unterkostenstelle, die dem Prozess pro durchschnittliche Pflegetage oder pro Fall zugeordnet wird.

Die Kalkulation der Fallgruppen wird nach Abschluss der modellierten Prozesse automatisch angestoßen. Als Ergebnis liegen anschließend auf allen Verdichtungsstufen Kalkulationen vor. Als Verdichtungsstufe sind hier die einzelnen Tätigkeiten, aber auch Teil- oder Gesamtprozesse gemeint. Abbildung 12.4 enthält einige Beispiele für diese Kalkulationen.

Die Anlehnung an die Plautsche Plankostenrechnung ermöglicht im Zusammenhang mit einem flächendeckenden Fallvergütungssystem noch weitere Vorteile. Diese beziehen sich auf die bereits angedeutete Deckungsbeitragsrechnung. Das als dv-Tool eingesetzte Kostenrechnungssystem PCC bietet die Funktion (basierend auf der Untergliederung in Materialkosten, Tätigkeiten und Zuschlagsrechung), eine Gegenüberstellung dieser Kosten und der Vergütung (Preis) in einer Deckungsbeitragsrechnung vorzunehmen. Somit entstehen weitere

Perspektive der Finanzen

Aussagen zur Kostenstruktur, die im Rahmen von einzuleitenden Maßnahmen bei Überschreitung des Kostendaches hilfreich sein können. Tabelle 12.1 zeigt eine mögliche Deckungsbeitragsrechnung.

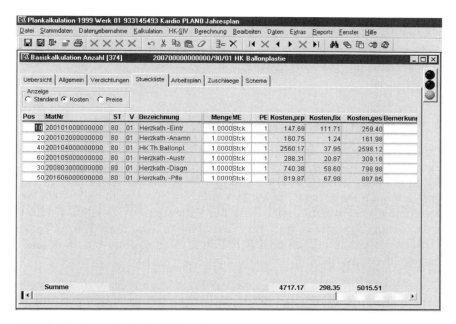

Abb. 12.4: Beispiel Kalkulation Prozesskosten
(Screenshot der Kalkulationssoftware PCC)

Tab. 12.1: Beispiel Deckungsbeitragsrechnung

Bezeichnung	%	prop.	fix	ges.
Material direkt	–	2.421,60	–	2.421,60
MGK Zuschlag	–	48,44	–	48,44
Vorleistungen	2 %	2.295,57	298,34	2.593,91
Leistungskosten	–	4.765,61	298,34	5.063,95
Zuschlag für Verwaltungs- und Betriebs-GK		244,94	112,74	357,68
Selbstkosten		5.010,55	411,08	5.421,63
Vergütung				5.800,00
DB-Selbstkosten				378,37
DB-Leistungskosten				736,05
DB-Grenzkosten				789,45

Auch wenn Kritiker anmerken werden, dass die Methodik der Prozessorientierten Kostenrechnung auf Basis der Interviewtechnik niemals eine 100-prozentige Genauigkeit erbringen wird, so erscheint es doch wichtig zu erwähnen, dass eine vermutlich 90-prozentige Genauigkeit dieser Methode bei reduziertem Aufwand und vor allem hoher Transparenz der Ablaufstrukturen einer vollständigen Erfassung aller theoretisch vorkommenden Sachverhalte mit einem langfristig aufwändigem Verfahren ohne Ablauftransparenz (siehe Kostenträgerrechnung) vorzuziehen ist.

12.4 Anteil bestimmter Patientengruppen ist erhöht

Das schweizerische Gesundheitssystem kennt bei der Abgeltung von akutstationären Fällen eine Unterscheidung in Inner- und Außerkantonale Patienten. Diese Unterscheidung erfolgt aus der Sicht des jeweiligen Krankenhauses und bedeutet konkret, dass ausgehend von einer Kostendeckenden Pauschale, diese bei Patienten des gleichen Kantons nur zu maximal 50 % und für Patienten aus anderen Kantonen zu 100 % verrechnet werden darf. Abbildung 12.5 soll die innerkantonale Entschädigungsregelung verdeutlichen.

Diese Regelung ist Teil eines dualen Finanzierungssystems, dass der kantonalen Ausrichtung bei der Finanzierung Rechnung trägt. So übernimmt der jeweilige Kanton des Standortes vom Krankenhaus das sich jeweils ergebende „Defizit". Somit trägt der Standortkanton einen Teil der Ausgaben für die Behandlung seiner Bevölkerung. Diese komplizierte Abrechnungsmethodik tangiert vor allem die Krankenhäuser mit spezialisierten Leistungen (sog. Spitzenmedizin), da sie eine Reihe von Patienten aus anderen Kantonen ohne entsprechende Einrichtungen zugewiesen bekommen. Da aktuell fünf Universitätsspitäler (klassische Einrichtungen für spezialisierte Leistungen) in der Schweiz existieren, benötigen die Kantone, die über kein hochspezialisiertes Spital verfügen, einen Vertrag mit einer dieser Spitäler, damit deren Bevölkerung Zugang zu den angebotenen Leistungen erhält.

Aufgrund dieser Konstellation bedeuten diese Verträge mit anderen Kantonen eine wichtige Einnahmequelle, um das o. g. Defizit nicht zu groß werden zu lassen. Aus einer rein theoretisch-betriebswirtschaftlichen Betrachtung, die allerdings aus verschiedenen Gründen nicht ausschließlich angewendet werden kann, ergäbe sich somit der Rückschluss, dass bei einer vollständig von außerkantonalen Patienten getragenen Versorgung der Grad der Kostendeckung und damit die Unabhängigkeit gegenüber dem Standortkanton am höchsten wäre.

Oder im umgekehrten Schluss würde die finanzielle Abhängigkeit mit jedem Patienten aus der eigenen Region steigen. Auf eine Diskussion über Sinn und Unsinn dieser Regelungen im KVG soll aber an dieser Stelle verzichtet werden.

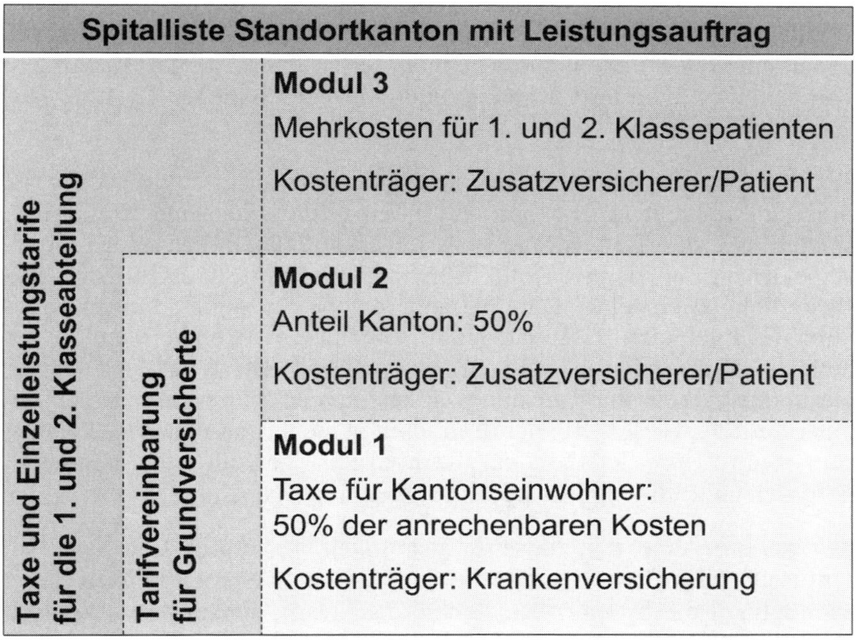

Spitalliste Standortkanton mit Leistungsauftrag		
Taxe und Einzelleistungstarife für die 1. und 2. Klasseabteilung		**Modul 3** Mehrkosten für 1. und 2. Klassepatienten Kostenträger: Zusatzversicherer/Patient
	Tarifvereinbarung für Grundversicherte	**Modul 2** Anteil Kanton: 50% Kostenträger: Zusatzversicherer/Patient
		Modul 1 Taxe für Kantonseinwohner: 50% der anrechenbaren Kosten Kostenträger: Krankenversicherung

Abb. 12.5: Innerkantonale Hospitalisation (KVG Art 49 Abs 1)[49]

Zur Vervollständigung der Abgeltungsregeln seien noch die Privatpatienten, die neben der vollen Abdeckung auch Einzelleistungen im vertraglichen Verhältnis zu den liquidationsberechtigten Ärzten bezahlen, und die ausländischen Patienten erwähnt, denen über die volle Kostendeckung hinaus zusätzliche Aufschläge verrechnet werden können.

Da es also weder erstrebenswert erscheint, nur Patienten der eigenen Region zu behandeln (wegen der finanziellen Abhängigkeit vom Kanton), noch ausschließlich den Blick auf außerkantonale, ausländische oder Privatpatienten zu werfen (dies entspräche nicht dem Auftrag an ein Universitäts- und Zentrumsspital) wird versucht, einen möglichst stabilen Mix bezüglich der genannten Patientengruppen zu erreichen

---

49) Schematische Darstellung der Tax- und Entschädigungsstruktur (Quelle: *Frey, M.,* in: Lehrgang Gesundheitswesen Schweiz, Kapitel 3.4, Seite 7).

bzw. zu erhalten. In der Vergangenheit dominierte eine relativ konstante Verteilung, die erst in der letzten Zeit einer stärkeren Dynamik unterliegt.

Zum einen nimmt der Anteil an Privatpatienten stetig ab. Der Grund hierfür liegt insbesondere in den steigenden Prämien, die diese Zusatzversicherung teilweise unerschwinglich machen. Zum anderen sind die außerkantonalen Patienten zu nennen, deren Zuweisung insbesondere von den Verträgen ihrer Kantone und dem vorgehaltenen Leistungsangebot abhängig ist.

Während die Bemühungen um Privatpatienten dazu führen, dass die Spitäler weitgehend flexibel und uneingeschränkt handeln können, spielen bei der Behandlung von außerkantonalen Patienten andere Aspekte eine wichtige Rolle. Ein starker Einfluss ergibt sich aus Bestrebungen einzelner Kantone, eine eigene Spezialisierung in populären Fachgebieten aufzubauen, um die Patienten nicht mehr in ein anderes Krankenhaus schicken zu müssen. Diese aus Sicht der Gesundheitsökonomie unsinnig erscheinende Maßnahme wird bei einer betriebswirtschaftlichen Betrachtung sicherlich nachzuvollziehen sein. Somit wird letztlich der Kantonsgeist gewollt oder ungewollt gefördert und unnötige Doppelspurigkeiten aufgebaut.

Der andere Aspekt in diesem Zusammenhang ergibt sich aus dem kulturellen Einfluss. Durch die vorhandenen Sprachgrenzen kann sehr schnell die Situation entstehen, dass französisch oder italienisch sprechende Patienten zur Behandlung in den deutschsprachigen Teil der Schweiz reisen müssen. Auch wenn der überwiegende Teil des medizinischen und administrativen Personals dieser Sprachen mächtig ist, bleibt dennoch eine gewisse Unsicherheit für die Patienten bestehen.

Dem gilt es im täglichen Spitalbetrieb Rechnung zu tragen.

Die gesamten Rahmenbedingungen sorgen letztlich für eine gewisse Dynamik im Patientenfluss. So kann es durchaus vorkommen, dass ein benachbarter Kanton eine eigene spezialisierte Abteilung in einem Kantonsspital aufbaut und daher von einem auf den anderen Tag 10–20 % weniger Patienten ins Universitätsspital überwiesen werden. Dementsprechend gilt es, neue Kontakte und Verträge mit anderen Kantonen zu schließen, um den Patientenbestand und auch den zuvor angesprochenen Mix aufrechterhalten zu können. Dies erfordert eine permanente Marktbeobachtung und darüber hinaus die Pflege von Kontakten auf (zwischen-)kantonaler Ebene.

Perspektive der Finanzen

In die Bemühungen um eine kontinuierliche Zuweisung außerkantonaler Patienten können auch Auftritte in den jeweiligen Vertragskantonen subsummiert werden. So besteht die Idee des Herz- und Gefäßzentrums, das Konzept der Publikumsvorträge (siehe Kapitel 12.2) auch in andere Regionen zu transferieren und dort interessierte Personen direkter anzusprechen.

Eine andere, noch wichtigere Maßnahme ist sicherlich die gute und enge Zusammenarbeit mit den zuweisenden Ärzten und Spitälern dieser Vertragskantone. Es wird sehr viel Rücksicht auf deren Kundenbedürfnisse genommen und ein rascher und reibungsloser Ein- und Austritt des Patienten angestrebt.

12.5 Finanzielles Anreizsystem zur Ergebniserreichung

Durch die Entscheidung zur umfassenden Dezentralisierung im Inselspital Bern tauchen nach einer ersten Einführungsphase auch berechtigte Fragen nach der Handlungsfreiheit und der Verantwortung für ein erzieltes Ergebnis im Zusammenhang mit der Dezentralisierung auf. Dies ist ein logischer Schluss, den man in allen Organisationen, die sich für Profit-Center-Strukturen[50] entscheiden, beobachten kann. Dieser Effekt ist zwingend festzustellen, wenn für teilautonome Einheiten entsprechende Ergebnisrechnungen vorliegen, die eine individuelle Gegenüberstellung der Einnahmen zu den Ausgaben vornehmen. D.h., dass ein verantwortungsvoller Umgang mit Ressourcen eingefordert wird, der sich auf den ersten Blick in Form eines finanziellen Ergebnisses widerspiegeln sollte.

Betrachtet man nun die klassischen Strukturen in größeren Krankenhäusern, so wird es je nach Fachgebiet und Länderspezifischen Entgelten Bereiche geben, die mit ihrer Leistung höhere oder niedrigere Erlöse generieren können und die zudem eine unterschiedliche Struktur ihrer Kostenzusammensetzung aufweisen[51]. Je nach Konstellation

---

50) Mit Profit-Center-Struktur wird hier die separate Kostenrechnung für teilautonome Einheiten angesprochen, auch wenn diese Einheiten nicht im klassischen Sinn Profit erwirtschaften. Es existieren eine Reihe von verschiedenen Ansätzen (Cost-Center, Erlös-Kosteneinheiten, Revenuecenter etc.), die für sich gemeinsam haben, die Eigenständigkeit und das Verantwortungsbewusstsein der Führung in diesen Einheiten zu stärken.

51) Das Verhältnis von Personal- und Sachkosten kann zwischen medizinischen Einheiten extrem schwanken. Als Beispiel für einen hohen Anteil an Personalkosten im Verhältnis zu den Sachkosten dient die Psychiatrie. Umgekehrt weißt die Strahlentherapie oder die Nuklearmedizin einen besonders hohen Anteil an Sachkosten auf.

kommt es dabei zu sehr unterschiedlichen Deckungsbeiträgen im Vergleich Aufwand und Ertrag. Diese Unterschiede spielten in früheren Jahren bei einer fehlenden Profit-Center-Ergebnisrechnung keine Rolle und wurden als strukturelle Merkmale akzeptiert. Diese Herausstellung der Unterschiede kann bei einem fehlenden Bewusstsein der Hintergründe und betriebswirtschaftlicher Kenntnisse schnell zu Fehlinterpretationen führen.

Unterstützung in dieser Dynamik erhält die Frage nach der Verrechenbarkeit von Leistungen, die innerhalb einer Organisation erbracht werden. Hier wirkt die Erstellung einer Ergebnisrechnung ebenfalls dahingehend stimulierend, dass vormals erbrachte Leistungen, wie z. B. Konsilien, neu auch zu einer Rechnungsstellung führen sollen.

Mit Blick auf die gemachten Erfahrungen in verschiedenen Organisationen fällt es schwer, eine klare Beurteilung über dieses betriebswirtschaftliche Instrument vorzunehmen. Die praktischen Beispiele von entsprechend gestalteten Organisationen im Gesundheitswesen datieren maximal sechs Jahre zurück, was eine abschließende Einschätzung kaum zulässt. Positiv kann sicherlich vermerkt werden, dass durch die Einrichtung von Profit-Center-Strukturen ein stärkeres Bewusstsein für ökonomisches Handeln bei den verschiedenen Berufsgruppen geweckt wurde. Dieses Bewusstsein erscheint aber heute dringend notwendig, wenn der Blick auf die in Frage gestellte Bezahlbarkeit der Gesundheitssysteme gerichtet wird.

Auf der negativen Seite ist aus Sicht einer Non-Profit-Organisation mit einem zutiefst humanitären Auftrag zu verbuchen, dass die Frage der Rentabilität von Leistungen die Bereitschaft zur Leistungserbringung stark beeinflusst und diejenigen Angebote in Frage stellt, die eine weitgehende Kostendeckung nicht erreichen können. Für die Organisation an sich bringt die Dezentralisierung zumeist eine gewisse Abkopplung vom Gesamtbetrieb und den benachbarten Einheiten. Dies ist logisch damit zu erklären, dass nun mehr Zeit dafür aufgewendet wird, sich innerhalb der neuen Konstruktion zu formieren und eine handlungsfähige Einheit zu bilden. Hier ist dann das Krankenhausmanagement gefragt, entsprechende Akzente für ein sinnvolles und effizientes Zusammenspiel der verschiedenen Einheiten zu setzen.

Daraus ergibt sich die Frage, inwieweit eine Ergebnisverantwortung einen rein finanziellen Charakter haben sollte. Bislang richten sich die diskutierten Bonus-Malus-Regelungen regelmäßig auf einen monetären Effekt, der sich durch steigende Erträge oder sinkende Kosten ergeben soll. Ist daran auch ökonomisch gesehen grundsätzlich nichts auszusetzen, so stellt sich aber doch die Frage, ob mit dieser einseitigen Betrachtung letztlich nicht Verhaltensweisen provoziert werden, die dem eigentlichen Sinn der Organisation entgegen stehen.

In diesem Kontext kann uns die Philosophie der Balanced Scorecard einen Schritt weiter bringen. Als strategisches Steuerungsinstrument verstanden, fokussiert die BSC nicht ausschließlich auf den finanziellen Aspekt, sondern berücksichtigt gleichermaßen auch die Kundensicht, das Managen der Prozesse und den Umgang mit allen vorhandenen Ressourcen. Wenn wir diesen Gedanken weiter verfolgen, so kommen wir schließlich zur Erkenntnis, dass sich die Verantwortung für ein Ergebnis nicht nur auf Deckungsbeitrag und finanzielles Verhalten reduzieren lassen, sondern die anderen Aspekte, die beispielhaft in diesem Buch beschrieben wurden, gleichfalls berücksichtigen sollte. Damit wäre es möglich, beispielsweise die Fluktuation, die Reduzierung von Liegezeiten, die Zufriedenheit von Patienten oder Mitarbeitenden oder ein installiertes Qualitätsmanagement als Ergebnis zu formulieren und der Organisation eine klarere Richtung zu geben.

Bei der Definition dieses strategischen Ziels im Schweizer Herz- und Gefäßzentrum Bern steht also der Gedanke im Vordergrund, einen eingeschlagenen Weg (den der Dezentralisierung) in der Form weiter zu beschreiten, dass die Ganzheitlichkeit des Managements unterstützt wird und die gemachten Vorarbeiten in ein gesamtes System der Eigenverantwortung übernommen werden können. In diesem Sinne versteht sich der Aufbau der BSC in einem Teil des Universitätsspitals Bern als Pilotprojekt, dessen Erfahrungen in ein konsequent verfolgtes Führungssystem einfließen soll.

13 Implementierung der Balanced Scorecard in den Arbeitsalltag

13.1 Einleitung

Jede Organisation, die bereits eine Balanced Scorecard eingeführt hat, wird bestätigen können, dass es noch lange nicht mit der Definition von strategischen Zielen und entsprechender Messgrößen getan ist. Der bis hierhin beschriebene Weg kann zusammengefasst als Aufbauphase beschrieben werden, die insbesondere durch eine dafür installierte Arbeitsgruppe mit Abstützung durch die Führungsebene erarbeitet werden konnte. Diese Erarbeitung sorgt sicherlich auch für einigen Diskussionsstoff und Austausch von Gedanken und Meinungen. Auch besteht damit eine aktive Unterstützung für die Kommunikation der Visionen und Ziele bei den Mitarbeitenden. Es wäre aber fatal anzunehmen, dass mit dem erreichten Zustand eine Balanced Scorecard für den täglichen Umgang zur Verfügung stünde. Vielmehr muss in einem weiteren Schritt dafür gesorgt werden, dass die definierten Messgrößen in regelmäßigen Abständen zur Verfügung stehen, dass die Verantwortlichen die vorhandenen Werte nutzen und im Bedarfsfall Analysen über Ursachen und Wirkungen der Abweichungen vornehmen und schlussendlich auch Maßnahmen initiieren, um eine festgestellte Abweichung zu korrigieren und aus den gemachten Erfahrungen Lerneffekte zu erzielen.

Um also an diesen Punkt zu kommen, müssen weitere Phasen im gesamten BSC-Prozess eingeleitet werden, die wir in diesem abschließenden Kapitel beschreiben wollen. Wenn wir einmal von dem zuvor Genannten ausgehen, braucht es im Regelfall für die gleichmäßige Verbreitung und einen einheitlichen Wissenstand eine Computergestützte Lösung für die Darstellung der Messgrößen im Vergleich Soll/Ist. Darüber hinaus muss sichergestellt werden, dass die Zahlen aus den definierten Messgrößen regelmäßig in das genannte System einfließen, was Konsequenzen sowohl auf personeller Seite als auch bei der Planung der Bereitstellung von Zahlen mit sich bringt. Der dritte wesentliche Aspekt dreht sich um die Akzeptanz dieses Informationssystems bei den Führungskräften und die Bereitschaft, sich mit festgestellten Abweichungen auseinander zu setzen.

13.2 Computergestützte Anwendung für Informationen und Analysen

In dem Augenblick, wo die Balanced Scorecard einen Umfang von zwanzig Zielen erhält und mehrere Führungskräfte die Analyse der Messgrößenentwicklung vornehmen sollen, bedarf es bald einmal einer Computergestützten Anwendung. Es ist bei einem größeren Aufkommen von Daten und Informationen nicht mehr sinnvoll, diese auf Papier zu sammeln und entsprechend zu verwenden.

Der Markt bietet heute eine Reihe von fertigen Anwendungen an, die jeweils mit den individuellen Zahlen und Informationen zu füllen sind. Entscheidende Faktoren sind dabei vor allem die Netzwerkfähigkeit, vorhandene Analysefunktionen, Schnittstellen zu vorhandenen Systemen und letztlich auch die Preisfrage. Es ist nicht Ziel dieses Kapitels, eine Einschätzung über die auf dem Markt befindlichen Systeme zu geben, sondern vielmehr einen kurzen Überblick anzubieten, wie ein

Implementierung der Balanced Scorecard in den Arbeitsalltag

solches System nach dem Füllen mit Daten aussehen kann und was die EDV hier leisten sollte. Da wir uns nach wie vor auf das Schweizer Herz- und Gefäßzentrum Bern beziehen, enthalten die hier abgebildeten Screenshots Auszüge aus dem Tool ScoreIt!, welches von der Firma Horvath & Partner entwickelt wurde, die auch den Einführungsprozess der BSC in dem beschriebenen Zentrum begleitet hat. Keinesfalls möchten wir hier Empfehlungen für oder gegen dieses oder andere Tools aussprechen; es dient lediglich als ein Beispiel.

Bevor wir konkret an die Frage der Funktionen einer Softwarelösung gehen, möchten wir zuerst einmal skizzieren, auf welchem Weg letztlich Daten an die BSC-Verantwortlichen gelangen können. Wie wir in den vorgestellten Messgrößen im Kapitel 8.6 gesehen haben, kann es sich um vielfältigste Informationen handeln, die im Falle von finanziellen Kennzahlen häufig aus vorhandenen Finanzsystemen entnommen werden können oder im Falle von Mitarbeiterbefragungen und dem aktuellen Impactfaktor für wissenschaftliche Veröffentlichungen eher als Einzelzahlen „von Hand" vorliegen. Im Falle des hier beschriebenen BSC-Beispieles ist der Anteil der nicht standardisierten Datenerfassungen eher als hoch einzuschätzen. Die standardisierte Datenerfassung bezieht sich dabei eben auf die bereits genannte Finanzbuchhaltung und Kostenrechnung, sowie den Patientenzufriedenheitsindex, Daten über Aufenthaltsdauern oder die Vorgesetztenbeurteilung. Diese Daten lassen sich zumeist aus verschiedenen offenen oder auch geschlossenen Datenbanksystemen entnehmen.

Neben der Frage nach der Schnittstellenfähigkeit, die im Hinblick auf möglichst zu vereinfachende Prozesse auf der Hand liegt, taucht darüber hinaus auch der Aspekt der Datenverdichtung auf. Im Sinne von Kennzahlen des BSC-Systems ist es wenig sinnvoll, Einzeldaten in das System aufzunehmen, sondern vielmehr aussagekräftige Tendenzen zu erhalten. Falls die angeschlossenen Standardsysteme dazu nicht in der Lage sind und eine BSC-Anwendung vor allem auf das Füllen und Abbilden der Daten ausgerichtet ist, bietet es sich an, sämtliche definierte Daten zuerst einmal in ein Data Warehouse zu überführen und dort entsprechende Verdichtungen vorzunehmen. Die so vorbereiteten Daten können dann wiederum in die BSC-Anwendung übertragen werden. Diese Variante hätte im weiteren Verlauf den Vorteil, dass notwendige Analysen sehr effektiv vorgenommen werden können, da einerseits die Stufe der Verdichtung verändert werden kann, was ein Zurückführen auf Einzeldaten ermöglicht, und andererseits zuvor aufgebaute Beziehungen zwischen verschiedenen Datentypen (z. B. Diagnoseinformationen kombiniert mit Leistungs- oder Aufenthaltsdaten) die Auswirkungen und Verbindungen besser deutlich machen. Die Nachteile dieser Data Warehouse-Lösungen liegen insbesondere im oftmals fehlenden Know-how des Betriebes, da der Aufbau äußerst anspruchsvoll und komplex ist. Relevant sind auch die Kosten, die schnell einen sechs- bis siebenstelligen Betrag erreichen können. Aus dieser Erfahrung heraus sind es zumeist große Unternehmen, die ihre BSC-Lösung mit einem Data Warehouse koppeln.

Nach dieser Sicht auf die Rahmenbedingungen soll nun die Ausgestaltung einer BSC-Anwendung kurz skizziert werden. Dabei sei hier betont, dass es wohl auch ohne größere finanzielle Aufwendungen möglich wäre, eine einfache Anwendung mittels üblicher Datenbankanwendungen zu erstellen. Diese wird wahrscheinlich nicht den Komfort und die Funktionalität einer professionellen Lösung aufweisen, allerdings sollte ein BSC-Projekt nicht am fehlenden Geld für eine Software scheitern.

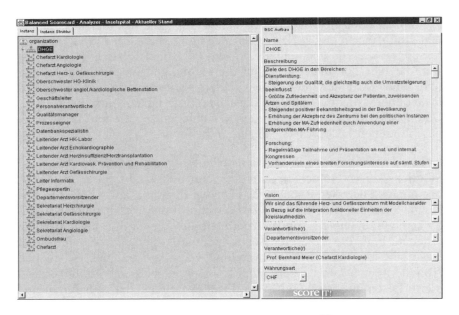

Abb. 13.1: BSC-Informationsmaske aus SCORE IT![52)]

Wenn wir davon ausgehen, dass wir mit der Erarbeitung der Visionen, strategischen Ziele und Messgrößen ein möglichst transparentes Bild der Unternehmensführung liefern möchten, könnte die BSC-Anwen-

---

[52)] SCORE IT! ist eine Datenbankgestützte Anwendung der Firma Horvath & Partner zur Abbildung und Bearbeitung der Balanced Scorecard.

dung zuerst einmal alle relevanten Informationen zur Führungsstruktur und den ausgearbeiteten Leitsätzen enthalten. Alle Zugriffsberechtigten, die eventuell auch nur Lesezugriff erhalten, hätten dann die Möglichkeit, auf einen Blick die Verantwortlichen der Organisation und vor allem der Umsetzung von BSC-Zielen zu identifizieren. Auch könnten die dazu ausformulierten Gedanken im Zusammenhang mit dem jeweiligen strategischen Ziel aufgezeigt werden. Die nachfolgende Abbildung 13.1 stellt eine mögliche Informationsmaske dar.

Nachdem diese grundsätzlichen Informationen hinterlegt sind, geht es im nächsten Schritt darum, alle definierten strategischen Ziele mit den festgelegten Messgrößen zu erfassen. Dabei werden neben den formulierten Zielen, die im Sinne von Stammdaten nur einmal erfasst werden, auch die Ziel- und Istwerte der zugeordneten Messgrößen fortlaufend erfasst und aktualisiert. Die Abbildung 13.2 zeigt eine einfache Erfassungsmaske für die Istwerte der Messgröße „Anteil Privatpatienten in %".

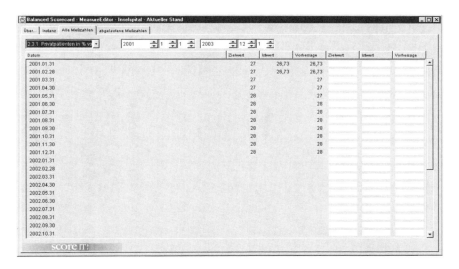

Abb. 13.2: Erfassungsmaske für die Eingabe von Ziel- und Istwerten einer Messgrößen[53]

Wie man an dieser Abbildung 13.2 erkennt, müssen also die laufenden Istwerte regelmäßig erfasst werden. Dies erfordert einerseits die Benennung eines Verantwortlichen für die Erhebung und regelmäßige Lieferung der Daten und andererseits eines Verantwortlichen für die

---

53) Vgl. Fußnote 52 zu Abbildung 13.1.

Praxisbezogener Teil

Dateneingabe in das Softwaretool. Hier wird dann auch deutlich, dass ausgereifte Systeme mit verknüpftem Data Warehouse einigen Komfort für die Datenpflege bieten können.

Neben diesem Erfassungsteil stellt die BSC-Anwendung ein Analyseteil zur Verfügung, dass die Vorgesetzten für die Steuerung und Überprüfung der strategischen Ziele benötigen. Dabei kann es durchaus sein, dass die Linienverantwortlichen mit der Erfassung und Pflege des Systems nichts zu tun haben und sich ausschließlich auf den Part der Überprüfung und Steuerung konzentrieren. Um mit einem solchen Tool letztlich auch Akzeptanz zu erfahren und eine wirkliche Unterstützung für die Führungskräfte zu liefern, sollte die Anwendung dabei möglichst einfach und visuell ansprechend aufgebaut sein. Die Abbildungen 13.3 und 13.4 zeigen Ausschnitte aus dem Bereich der Analyse. Dabei sind auf der linken Seite jeweils die strategischen Ziele mit den zugeordneten Messgrößen sichtbar, während auf der rechten Seite zur markierten Messgröße verschiedene Grafiken über die Abweichungen von Ziel- und Istwert dargestellt werden.

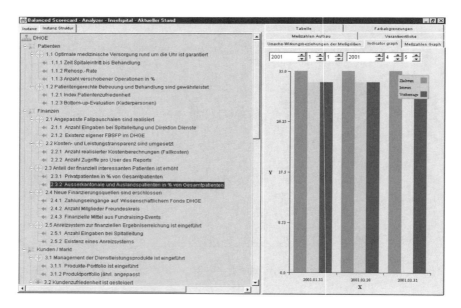

Abb. 13.3: Balkendiagramm für die Analyse von Messgrößen in einer BSC-Anwendung[54]

---

54) Vgl. Fußnote 52 zu Abbildung 13.1.

Implementierung der Balanced Scorecard in den Arbeitsalltag

Während die Abbildung 13.3 eine Analyse mittels Balkendiagramm zeigt, werden in der nachfolgenden Abbildung 13.4 Liniendiagramme verwendet.

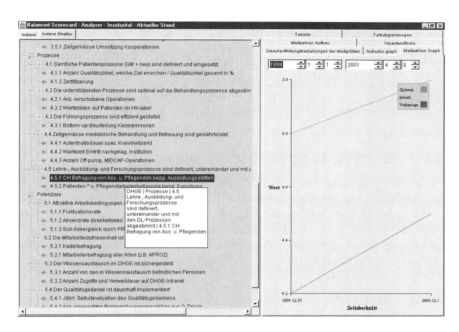

Abb. 13.4: Liniendiagramm für die Analyse von Messgrößen in einer BSC-Anwendung[55]

Wenn wir bei den letzten zwei Abbildungen nochmals den linken Bereich ansehen, fällt neben der Baumstruktur der Ebenen BSC-Aspekte, Strategische Ziele und Messgrößen die farblich differenzierte Zuordnung ins Auge. BSC-Anwendungen bieten häufig in irgendeiner Weise eine farbliche Unterstützung im Sinne eines Ampelsystems an: Befinden sich alle zu einem strategischen Ziel definierten Messgrößen innerhalb einer zugeordneten Bandbreite, erhält das Ziel die Farbe grün. Weicht eine Messgröße mit ihrem Wert vom Vorgaberahmen ab, so erhält das entsprechende strategische Ziel die Farbe gelb. Weichen mehrere Messgrößen entsprechend ab, wird die Farbe rot angezeigt. Auf diesem Weg kann der Anwender ohne ständige Abgleichung der Zahlen auf einen Blick sehen, wenn gravierende Veränderungen im Betrieb erfolgen. Er hat dann je nach Datenlage und zur Verfügung stehender Tools die Möglichkeit, gezielte Analysen auf verschiedenen

---
[55] Vgl. Fußnote 52 zu Abbildung 13.1.

Verdichtungsstufen vorzunehmen und damit auch Handlungsbedarf zu erkennen.

Damit wird nochmals deutlich, welche Rolle eine EDV-Anwendung für die Balanced Scorecard spielt. Zuerst einmal geht es bei der Implementierung der BSC ausschließlich um die inhaltliche Gestaltung und das notwendige Commitment der Führungskräfte einer Organisation. Ist dieses erreicht und stehen die Definitionen und Werte zur Verfügung, erhält die EDV-Anwendung eine wichtige Bedeutung für die Übermittlung der aktuellen Daten und versteht sich somit als klassische Unterstützung bei eigentlichen Führungsaufgaben.

13.3 Bereitstellung der Messgrößen

Im letzten Abschnitt ist bereits angeklungen, dass es nicht damit getan ist, Messgrößen für die unterschiedlichen Ziele zu definieren. Vielmehr bedeutet die Definition lediglich einen Hinweis, welche Daten zu verwenden wären. Es bedarf dann aber im nächsten Schritt der aufwändigen Arbeit, die benötigten Datenquellen zu identifizieren, die vorhandenen Daten bereitzustellen und daraus auch geeignete Zielwerte zu formulieren.

Diese Arbeit sollte also keinesfalls unterschätzt werden. Zum einen geht es dabei um die eventuell nur einmalig durchzuführende Aufgabe, die vorhandenen Quellen der benötigten Daten zu definieren, bzw. festzustellen, für welche Messgrößen bislang noch keine Daten vorliegen. In diesem Zusammenhang sollte überlegt werden, wie die häufig nicht automatisierten Datensätze mit möglichst wenig Aufwand in die BSC-Anwendung einfließen können. Je mehr Zeit man sich im Vorfeld lässt, um entsprechende Schnittstellen zu schaffen, umso weniger Zeit wird später im operativen Geschäft für das regelmäßige Zusammentragen verwendet werden müssen. Wie diese Schnittstellen aussehen, hängt von der Definition der Messgrößen und von den vorhandenen Systemen in der Organisation ab und kann an dieser Stelle nicht pauschal beantwortet werden. Es könnte sich je nach dv-technischem Know-how anbieten, hierzu externe Berater beizuziehen, die eine weitgehend automatisierte Lösung erarbeiten sollten.

Die Erfahrung zeigt, dass es bei der erstmaligen Erhebung durchaus sinnvoll sein kann, auf Studenten zurückzugreifen, die eine Praxisarbeit oder ihre Diplomarbeit erstellen möchten[56]. Sie erhalten hierdurch

---

56) Unter der Internetadresse *http://www.scorecard.de* finden sich Hinweise und Links zu Dissertationen und Praktikumsanfragen.

einen raschen Überblick über die Strukturen der Organisation und den Aufbau der BSC und unterstützen gleichzeitig die rasche Implementierung im realen Betrieb.

13.4 Auswirkung auf das Führungsverhalten

Es ist uns ein Anliegen, zum Abschluss dieses Buches nochmals auf die Bedeutung des Verhaltens und der Akzeptanz von und bei den Führungskräften im Rahmen der Balanced Scorecard hinzuweisen. Um es vorwegzunehmen: Wenn Sie, liebe Leserin und lieber Leser als Einzelperson das Interesse haben, in Ihrer Institution eine Balanced Scorecard einzuführen und wissen, dass ansonsten die Verantwortlichen dem Thema gleichgültig oder ablehnend gegenüberstehen und kein echtes Interesse zu wecken ist, so raten wir Ihnen eindeutig von einem solchen Vorhaben ab. Sie werden viele Energien und Ressourcen verbrauchen, ohne letztlich die Idee in die Praxis übertragen zu können.

Diese sicherlich etwas ernüchternden Worte an Organisationen, die kein einheitliches oder auf Konsens basierendes Führungsverständnis haben, sind aber notwendig, um umgekehrt nicht in allzu große Euphorie zu verfallen. Die Balanced Scorecard hat das Potenzial dazu, bereits in Ansätzen vorhandenes Bemühen im Management für ein strukturiertes und ausgeglichenes Zielsystem und eine langfristige Ausrichtung zu einer Gesamtlösung zu formen, die den Mitarbeitenden und den Vorgesetzten hilft, einen gemeinsam definierten Weg zu gehen. Sie verträgt sich dabei auch sehr gut mit eher operativen Ansätzen des Qualitätsmanagements und kann sogar dem Ganzen ein hervorragendes Dach bieten. Sie steht und fällt aber mit dem Willen und der Bereitschaft des Managements für einen disziplinierten und einheitlichen Führungsweg. Projekte, die im stillen Kämmerlein versuchen, strategische Ziele und Messgrößen zu definieren, scheitern spätestens bei der fehlenden Akzeptanz der Führungskräfte. Diese sind nämlich gefragt, die vorhandenen und selbst definierten Messgrößen auch regelmäßig zu analysieren und auf Grund von Abweichungen auch Maßnahmen für eine Kurskorrektur einzuleiten.

Die Philosophie der BSC beruht darauf, dass im Bezug auf festgestellte Abweichungen im Zielverhalten hinterfragt wird, warum eine bestimmte Abweichung entsteht. Die Ursachen dafür können vielfältig sein und es wird auch nicht immer einfach sein, die abweichenden Stellen und Bereiche genau zu identifizieren. Doch wenn die Ursache für Abweichungen gefunden ist, bedarf es darüber hinaus der Einschätzung, ob sich das Verhalten des definierten Umfeldes (Kunden, Markt,

Mitarbeitende etc.) ändern oder das anvisierte Ziel selbst angepasst werden muss. So kann es sein, dass sich die Zielwerte für Messgrößen als unrealistisch erweisen und eine Korrektur vorgenommen werden muss. All dies sind Fragen, die zuerst einmal an die verantwortlichen Führungskräfte gerichtet sind und über die diese sich Gedanken machen müssten.

Die zuvor angesprochene Softwarelösung kann sicherlich bis zu einem gewissen Punkt Unterstützung bieten, doch wenn es um einzuleitende Maßnahmen geht, die dann auch zusätzlich von anderen Verantwortlichen gut geheißen werden müssen, zeigt sich die Stärke des Fundamentes, auf dem die Balanced Scorecard aufgebaut ist. Fehlt das Commitment der Gesamtführung für die konsequente Umsetzung der individuell erarbeiteten Balanced Scorecard, wird das Thema innerhalb eines Jahres wieder verschwunden sein. Was dann bleibt, sind unter Umständen Mitarbeitende, die sich darauf verlassen haben, dass die zuvor gesprochenen Willensbekundungen auch umgesetzt werden. Dies kann im schlimmsten Fall zu einem starken Misstrauen und schwindender Akzeptanz der Vorgesetzten bei den Mitarbeitenden führen.

Gelingt es umgekehrt, alle betroffenen Führungskräfte aktiv in die Realisierung zu integrieren und sogar etwas Spaß an der Herausforderung zu vermitteln, kann die Balanced Scorecard für Ihr Krankenhaus zu einer einmaligen Chance werden. In diesem Sinne wünschen wir allen Umsetzungswilligen viel Spaß und Erfolg bei Ihrer Balanced Scorecard!

14 Weiterentwicklung und Ausblick

Das nachfolgende Kapitel möchte den zuvor geschilderten Prozess der BSC-Umsetzung aus einer Retrospektive mit fünf Jahren Erfahrung betrachten. Seit der damaligen Einführung im Jahre 2000 haben in dem beschriebenen Krankenhaus auf den verschiedensten Ebenen Veränderungen stattgefunden, die in unterschiedlichem Masse Auswirkungen auf den Balanced Scorecard-Ansatz hatten. Wir werden daher in diesem Rückblick einerseits eine kritische Auseinandersetzung mit den Umsetzungsmöglichkeiten der BSC im Schweizer Herz- und Gefäßzentrum Bern führen, aber auch eine Darstellung der zentral stattgefundenen Strategie-Bemühungen des Gesamtspitals liefern. Durch diesen Rückblick lässt sich die Fallstudie so abschliessen, dass die Frage der Umsetzbarkeit in der Praxis mit dem oftmals genannten strategischen Horizont von fünf Jahren in diesem Beispiel beantwortet werden kann.

14.1 Entwicklung der BSC im Schweizer Herz- und Gefäßzentrum

Bislang wurde in dem Buch geschildert, wie es zu der Vision, der strategischen Ausrichtung und den 22 Zielen kam. Auch konnte dokumentiert werden, welche Massnahmen zur Zielerreichung bereits eingeleitet, welche nur angedacht und welche nicht mehr weiter verfolgt wurden.

Etwas, was sich bereits in den vorangegangenen Kapiteln abzeichnete ist die kritische Frage, ob es tatsächlich rund 20 Ziele benötigt. Aus einer kritischen Betrachtung heraus ist festzustellen, dass die Vielzahl der Ziele schnell zu einer Unübersichtlichkeit beim Steuern dieser Ziele führen kann. Es wurde bereits herausgearbeitet, dass für die Steuerung der Ziele neben den Massnahmen auch Messgrössen für die Zielerreichung notwendig sind und damit ein Überblick über rd. 40 Messgrössen zu einem enormen Aufwand führt.

Aus der heutigen Sicht muss diese kritische Betrachtung untermauert werden. Es hat sich im langfristigen Umgang mit der BSC bestätigt, dass die aktive Steuerung auf dem Niveau von 22 Zielen nicht umsetzbar ist. Es kann an dieser Stelle schon vorweg genommen werden, dass sich relativ rasch eine Konzentration auf etwa die Hälfte der Ziele abzeichnete.

Dieser kritischen Betrachtung steht allerdings auch eine andere Entwicklung gegenüber: Die 22 Ziele sind heute eher als weitere Meilensteine in einer langfristigen Organisationsentwicklung anzusehen. D. h., es bestehen neben den vorzeitig aufgegriffenen Zielen noch weitere, für deren Umsetzung im Zeitraum 2000–2002 keine Möglichkeit bestand. Diese konnten aber z. T. zu einem späteren Zeitpunkt neu aufgegriffen werden. So ergeben sich für die BSC neue Aspekte: Sie kann mit ihrem umfassenden Zielsystem auch auf längere Sicht richtungsweisend sein. Es ist dabei wichtig zu betonen, dass die hier definierten Ziele nicht falsch oder unangebracht waren und sind, sondern eher aus einer Dringlichkeit und Notwendigkeit heraus, unterschiedliche Prioritäten im zeitlichen Ablauf inne haben.

Nachfolgend soll es nun darum gehen, die Weiterentwicklung der einzelnen Ziele in den letzten drei Jahren zu skizzieren. Dazu bietet es sich an, wieder entlang der vier Perspektiven vorzugehen. Die fünfte (oberste) Zielebene versteht sich ja nach wie vor mehr als Verknüpfung zur Vision als wie eine konkrete Zieldefinition.

14.1.1 Finanzperspektive

Das erste Ziel der Finanzperspektive ist ein gutes Beispiel dafür, dass gewünschte Entwicklungen auch ohne aktives Zutun der Beteiligten stattfinden können. Das *Ziel der leistungsgerechten Pauschalen* wird ab dem Jahr 2005 durch die Einführung der DRGs im gesamten Spital realisiert. Hierzu konnte das Herz- und Gefäßzentrum tatsächlich nichts aktiv beitragen. Neben dieser, die stationären Patienten betreffenden Entgeltregelung, wurde bereits im Jahre 2004 eine transparente und prozessbezogene Vergütung für den ambulanten Bereich eingeführt. Hier kann man also von einer guten Zielerreichung durchaus sprechen.

Das zweite Ziel, die *angestrebte Kosten- und Leistungstransparenz* hat ebenfalls grosse Fortschritte gemacht. Dies ist den Anstrengungen der Abteilung Informatik zu verdanken, die ein Online-Leistungserfassungssystem auf Intranetbasis entwickelten. Durch die direkt bei der Leistungserbringung durchgeführte Erfassung von Leistungen, Materialien und Medikamenten können jederzeit aktuelle Auswertungen über Leistungen und Verbräuche gemacht werden. Auch wurde die Prozesskostenrechnung mittlerweile ausgebaut, so dass durch den transparenten Nachweis der Kostenentstehung neue (höhere) Entgelte verhandelt werden konnten.

Die weiteren drei Ziele der Finanzperspektive haben leider keine neuen Impulse erhalten. Die Bemühungen um die gezielte Steuerung *finanziell interessanter Patienten* konnte bislang nicht in konkrete Ergebnisse umgesetzt werden. Einzig der Anteil der ausserkantonalen Patienten, für die zumindest eine kostendeckende Pauschale abgerechnet werden kann, konnte bislang gesteigert werden. Dagegen ist der Anteil an Privatpatienten, wie auch in der gesamten Schweiz, eher rückläufig, wenn auch nicht in dem gleichen Umfang. Auch konnten keine Erfolge bei der *Suche nach neuen bzw. alternativen Finanzierungsquellen* erzielt werden. Hier ist sicher auch die konjunkturelle Lage mit verantwortlich, da z. B. viele Produkthersteller sehr zurückhaltend mit einem Sponsoring umgehen. Letztlich bleibt das *Ziel des Anreizes zur Ergebnisverantwortung* auch hinter den Erwartungen zurück. Da hier die Initiative von der Gesamtorganisation ausgehen müsste, besteht eine starke Abhängigkeit zu schwer beeinflussbaren Bereichen. Wir werden dieses Thema im nächsten Kapitel noch vertieft betrachten.

14.1.2 Kundenperspektive

Auch bei dieser Perspektive waren die Ziele in den ersten Jahren der BSC-Umsetzung unterschiedlich weit vorangebracht worden. Das *Ziel eines Produktmanagements* wird zwar nach wie vor als wichtig erachtet, doch fehlte letztlich das Engagement der Leistungsverantwortlichen, dieses Thema anzugehen. Allerdings laufen auf Seiten des Medizin-Controllings aktuell Bestrebungen, die Vielzahl der Leistungen flächendeckend zu erheben, letztlich auch im Hinblick auf die DRG-Einführung. Das zweite Ziel, nämlich die *Steigerung der Kundenzufriedenheit* ist mittlerweile sehr weit fortgeschritten. Es handelt sich allerdings auch um eines der wenigen Ziele, die zuverlässige und regelmässige Messergebnisse generieren. Aus der Patientenzufriedenheitsbefragung, die im Abstand von zwei Jahren durchgeführt wird, kommt das Herz- und Gefäßzentrum mit seinen Ergebnissen regelmässig sehr positiv heraus. Sicher ein Verdient des breit angelegten Qualitätsmanagements!

Bzgl. des dritten Zieles, der *Marketingaktivitäten* gab es in den letzten Jahren keine neuen Entwicklungen. Dies hat zwei Gründe: zum einen liegen die Patientenzahlen der letzten Jahre am Rande dessen, was mit den vorhandenen Ressourcen geleistet werden kann. Es ist derzeit aus finanzpolitischen Gründen nicht realistisch, Kapazitätsaufstockungen vorzunehmen, so dass es eher darum geht, den jetzigen Patientenzulauf zu managen. Zum anderen ist es Tatsache, dass sich das Herz- und Gefäßzentrum Bern, getreu der definierten Vision, zu einem der führenden Zentren für Herz- und Gefässkrankheiten in der Schweiz entwickelt hat. Durch die damit erlangte Stellung sind aufwändige Marketingaktivitäten mit Blick auf den Nutzen und die Machbarkeit nicht angezeigt.

Mit dem zuvor genannten hat sich sicher auch die Zielerreichung im vierten Ziel, der *Erhöhung von spezifischen Marktanteilen* deutlich erhöht. Sichtbar wird dies, wie bereits beschrieben, bei den Anteilen an ausserkantonalen Patienten. Doch muss hinzu gefügt werden, dass hier eine aktive Forcierung dieses Zieles nicht notwendig war, da die Patientenflüsse durch die Stellung des Zentrums in der Schweiz praktisch automatisch in unsere Richtung steuerten.

Das abschliessende Ziel, die *Kooperation mit anderen Institutionen* gestaltet sich nach wie vor schwierig. Deutlich wird, dass die Vernetzung mit anderen Organisationen stark eine Frage des Vertrauens ist. Vor allem lässt sich eine Kooperation nur schwerlich aus der Stellung eines von mehreren Zentren im Universitätsspital realisieren. Hier ist eher die Gesamtorganisation gefragt, Auf diese Entwicklung kommen wir dann im nächsten Kapitel zu sprechen.

14.1.3 Prozessperspektive

Nach wie vor bildet die Prozessperspektive die am stärksten ausgeprägte (Management-) Kompetenz des Zentrums. Das umfassende Qualitätsmanagement hat hier massgeblich dazu beigetragen. Insbesondere die zwei ersten Ziele, der *Fokus auf Behandlungs- und Supportprozesse* wurde sehr ausführlich bearbeitet. Allerdings gab es mit der Zielerreichung der Qualitätszirkel auch gleichzeitig eine Stagnation in den vorher so motivierten Arbeitsgruppen. Im Laufe der Zeit wurde deutlich, dass ein sauberer Abschluss dieser Zirkelarbeit notwendig wurde, um die Unsicherheiten bei den Mitarbeitenden aufzulösen. Als dieser Schritt im Jahre 2003 erfolgt war, konnte auch wieder unbelastet überlegt werden, auf welcher Ebene die Qualitätsarbeit nun Sinn machen würde. Durch die starke Inanspruchnahme der Mitarbeitenden in der Qualitätsarbeit der Jahre zuvor, entstand jetzt der Wunsch, eher punktuell an einzelnen Verbesserungsmassnahmen anstatt an einer flächendeckenden Entwicklung zu arbeiten.

Beim dritten *Ziel der effizienten Führungsprozesse* konnten keine Fortschritte erzielt werden. Dies hängt vermutlich mit der weitgehenden Autonomie der einzelnen Kliniken und Bereiche innerhalb der Zentren (Departemente) zusammen. Dies erschwert die Bereitschaft, auf freiwilliger Basis sich einer einheitlichen Führungsstruktur zu verschreiben. Es ist deutlich zu spüren, dass die Zeit dafür noch nicht reif ist. Doch ist genau dieses Ziel ein Beispiel dafür, dass Themen nicht alle gleichzeitig, sondern durchaus über einen längeren Zeitraum verteilt aufgegriffen werden können.

Das Bestreben nach *zeitgemässen Behandlungsprozessen* ist sicherlich ein Ziel, das auch ohne BSC in diesem Zentrum seine Bedeutung hätte. Aus betriebswirtschaftlicher Sicht müsste heute eher die Frage nach dem medizinischen Controlling dieser Dienstleistung auf dem neuesten Level gestellt werden. Der Einsatz neuester Technologien und Materialien hinterlässt jedenfalls deutliche Spuren beim Verbrauch des medizinischen Sachbedarfs. Dies wird beim Verhältnis Personal- zu Sachkosten deutlich. Während noch vor ein paar Jahren des Verhältnis 60/40 zu Lasten der Personalkosten lag, ist das Verhältnis heute bei annähernd 50/50 angelangt.

Auch bei dem letzten Ziel, dem *Abgleich zwischen Lehre- und Forschungsprozessen und den Dienstleistungsprozessen* sind nach der

Arbeit der Qualitätszirkel keine neuen Entwicklungen mehr zu verzeichnen. Allerdings wurden seinerzeit eine Reihe von Verbesserungen erzielt, die weitere Aktivitäten heute nicht zwingend notwendig machen.

14.1.4 Lernen- und Wachstums-Perspektive

Die Ziele dieser Perspektive sind in ihrer Umsetzbarkeit vermutlich am anspruchsvollsten. Im Unterschied zu den Zielen der anderen Perspektiven handelt es sich hier um die sog. weichen Faktoren, deren notwendige Massnahmen wenig klar ableitbar sind. Als Basis einer Weiterbearbeitung kann eine unternehmensweite Befragung zur Mitarbeiterzufriedenheit im Jahre 2003 angesehen werden. Ziele, die *attraktive Arbeitsbedingungen* oder die *Verbesserung der Mitarbeiterzufriedenheit* definieren, benötigen zuerst Anhaltspunkte, an welchen Stellen konkret an Verbesserungen gearbeitet werden sollte. Die vorliegenden Ergebnisse der Befragung lassen sich diesbezüglich sinnvoll nutzen und ermöglichen zudem einen zeitlichen Vergleich zu der bereits früher stattgefundenen Befragung. Einer der wichtigen Erkenntnisse betraf das administrative Personal in den Kliniken. Während bei den Health Professionals die Zufriedenheit relativ hoch zu sein schien, sah dies bei dem schlecht bezahlten und schwach integrierten Sekretariatspersonal ganz anders aus. Durch die Auswertungen wurde deutlich, dass insb. die Weiterbildungen und Schulungen fehlten, die eine gewünschte Motivation erzeugen könnten. In der Folge wurde eine verantwortliche Person benannt, die für die Zusammenstellung eines jährlichen Fortbildungsangebotes zuständig ist. Hierzu gehören medizinische, informatikspezifische, aber auch kommunikationsrelevante Themen, die durch andere Berufsgruppen des Zentrums angeboten werden. Dies hat neben dem wissensbezogenen auch einen wertschätzenden Aspekt, da nun z. B. Ärzte sich für diese Aufgabe Zeit nehmen und andere am Wissen teilhaben lassen.

Somit kommen wir auch schon zum dritten Ziel dieser Perspektive, dem *Knowledge Management*. Dieses Ziel war bei den damaligen Definitionen sehr schwer konkretisierbar und erfuhr in den ersten Jahren auch keine Erarbeitung. Erst durch die Vergabe einer Diplomarbeit zu diesem Thema konnten neue Erkenntnisse zu der Bearbeitung des Wissensmanagements generiert werden. Besonders auffallend ist die Enttäuschung mit dem IT-unterstützten Ansatz von Wissensmanagement, da es bislang nicht gelungen ist, die Mitarbeiter über eine EDV-Plattform zum Wissensaustausch zu bewegen. Interessant ist die Feststellung, dass über die im Buch ausführlich beschriebenen Qualitätszirkel enorm viel Wissen zwischen den Berufsgruppen und Abteilungen transferiert wurde, obwohl dies ursprünglich nicht im Fokus der Aufgaben stand.

Das vierte Ziel, die *dauerhafte Implementierung des Qualitätsgedankens* wurde sehr deutlich erreicht, obwohl eine wirkliche Messung des Ergebnisses nicht möglich ist. Es ist aber in der Kultur deutlich spürbar, dass die Erfolge des damaligen Qualitätsmanagements sehr hoch geschätzt werden und immer wieder die Frage gestellt wird, ob und wie die Qualitätsarbeit weiter gelebt werden könnte. Besonders auffallend ist, dass der Gedanke auch immer wieder bei den Führungskräften spürbar wird.

Auch das letzte Ziel, der Fokus auf eine *hochstehende klinische Forschung*, ist sehr weit vorangeschritten, auch wenn dies relativ unabhängig von der Balanced Scorecard geschah. Diese Entwicklung hängt eher mit dem grundsätzlichen Bestreben für ein führendes wissenschaftliches Zentrum zusammen, wie dies auch bei anderen Zielen dieser BSC zutrifft.

14.1.5 Fazit

Zusammengefasst kann gesagt werden, dass von den 22 Zielen etwa die Hälfte aufgrund der Zieldefinition weiterverfolgt wurden. Von der anderen Hälfte wurden bestimmte Ziele auch unabhängig von der BSC angestrebt, während der Rest bislang keine Berücksichtigung fand. Kritisch betrachtet, werden die einzelnen Bausteine wie Messgrössen, Ursache-/Wirkungsketten und Informatik nicht benötigt, während die Zieldefinition und das gemeinsame Zusammentragen der Ziele doch einen sehr wichtigen Führungsaspekt bedeuten.

Ein Blick auf die Kosten des Pilotprojektes darf an dieser Stelle sicherlich nicht fehlen. Der Aufwand war in dem hier vorgestellten Projekt insb. auf der Seite der indirekten Personalkosten zu verbuchen. Eine Arbeitsgruppe von 5 Personen hat hierfür ca. 20 Stunden pro Person investiert zzgl. ca. 100 Stunden für den Geschäftsleiter, der dieses Projekt inhaltlich betreute. Da auch externe Beratung benötigt wurde, mussten Beraterkosten für die 4 Workshops plus Vor- und Nachbereitung veranschlagt werden. Ein ansonsten sehr teurer Aspekt kam bei der Pilotanwendung nicht zum tragen, nämlich die Software für ein Data Warehouse und die eigentliche BSC-Anwendung. Diese Kosten können je nach Hersteller zwischen 70 000 – 700 000 € liegen. Dieser

Ansatz hängt sehr stark auch davon ab, ob ein vollständiges Data Warehouse installiert werden muss, oder ob die benötigten Daten für die Messgrössenüberwachung anderweitig zur Verfügung stehen. Die hier genannten Kosten enthalten zudem beim höheren Betrag auch schon mehrere Lizenzen für 2–3 Jahre. Dies hängt, wie gesagt, sehr stark vom Anbieter ab und kann hier nur eine ungefähre Grösse darstellen.

Wenn wir diese Entwicklung in einem Fazit zusammenfassen, kann gesagt werden, dass die Entscheidung vor 5 Jahren zu Gunsten der BSC grundsätzlich keine schlechte war. Aus heutiger Sicht bildeten die Visionsgebung und das Auseinandersetzen mit den strategischen Zielen eine gute Grundlage für die Entwicklung des Herz- und Gefäßzentrums. Dagegen war es zu keiner Zeit wirklich möglich, eine permanente Steuerung durch die Klinikverantwortlichen anhand der BSC zu erreichen. Hier steht der Fokus auf die Entwicklungen der Kliniken aus medizinischer Sicht deutlich im Vordergrund. Dieses Problem bleibt auch weiterhin ungelöst. Nach exakt 5 Jahren BSC ist auch der Punkt erreicht, dass die Vision des führenden Herz- und Gefäßzentrums in der Schweiz umgesetzt ist. Gleichzeitig stehen inhaltliche Neuausrichtungen bei den Leistungsverantwortlichen bevor, die es nötig machen, die Vision und Strategie neu zu definieren. Hierzu ist es aus den gemachten Erfahrungen heraus sinnvoll, sich stärker an die strategischen Vorgaben des Gesamtspitals zu orientieren. Dies war zum damaligen Zeitpunkt nicht möglich, da erst eine Art Pilotsystem erstellt wurde. Dass die Voraussetzungen heute andere sind, wird das nachfolgende Kapitel aufzeigen, das sich mit der BSC-Entwicklung im Gesamtspital beschäftigt.

14.2 Die Entwicklung der BSC im Gesamtspital

Der Prozess der Strategieentwicklung im Inselspital hat mittlerweile einen langen Weg hinter sich. Bereits kurz nach Einführung der BSC im Herz- und Gefäßzentrum wurde eine Arbeitsgruppe gebildet, die sich mit dem Aufbau einer BSC beschäftigen sollte. Diese Arbeitsgruppe, die sich aus Mitgliedern der Spitalleitung und Vertretern der Departemente und Direktionen zusammensetzte, erarbeitete im Verlauf von rd. 12 Monaten entsprechend der Literatur Ziele, Messgrössen und die Ursachen-/Wirkungskette. Die fertige Version dieser BSC wurde dann zu einem Zeitpunkt dem breiteren Publikum zur Stellungnahme und zum Beschluss vorgelegt, als gerade der Wechsel an der Führungsspitze des Spitals bevorstand. Aus heutiger Sicht ist es nachvollziehbar, dass sich die Organisation zu diesem Zeitpunkt der Unklarheit, schwer auf eine verbindliche Version festlegen konnte und wollte, da einige Grundsatzentscheidungen erst durch den Nachfolger geregelt werden sollten.

Die Arbeiten an der Unternehmensstrategie wurden dann im Jahre 2003 wieder aufgenommen, diesmal unter dem Vorsitz des neuen Direktionspräsidenten. In der Folgezeit entstand auf der Basis des ersten Entwurfes eine Neufassung, die ebenfalls vom Aufbau her an die BSC angelehnt ist. Letztlich wurde auch hier auf die Definition von Messgrössen verzichtet.

Neben den strategischen Zielen wurde auch eine grundsätzliche Angebotsstrategie definiert. Hierbei geht es darum, die Frage des zukünftigen Wachstums tiefer zu beleuchten und zwar aus dem Blickwinkel der stark begrenzten Geldmittel, die die öffentliche Hand für den Betrieb eines Universitätsspitals aufwenden kann. Als Ergebnis wurde u. a. festgelegt, dass einer der Strategien den Abbau von klassischen Grundversorgungsleistungen zugunsten der universitären Spitzenmedizin vorsieht. Weiterhin wurden Akzente in Richtung gezielter Produktentwicklungen definiert, die über ein entsprechendes Produktmanagement begleitet werden sollen.

Im Weiteren wird zwischen strategischen Haupt- und Teilzielen unterschieden. Die zwei Hauptziele sind zu der Vision des Herz- und Gefäßzentrums stark kompatibel. Hierin wird der Anspruch auf den Status eines der führenden Zentren in der Schweiz mit internationaler Ausstrahlung bekundet, oder die hochspezialisierte Leistungserbringung in den Vordergrund gehoben.

Der Aufbau der Teilziele entspricht den klassischen BSC-Perspektiven Kunden, Finanzen, Prozesse und Potenziale. Interessanterweise wird die Kundenperspektive vor der Finanzperspektive genannt. Inhaltlich entsprechen die dort definierten Ziele weitestgehend denen des Herz- und Gefäßzentrums. Etwas stärkere Bedeutung erhält die Unternehmensstrategie bei der Thematik der Kooperations- und Allianzbestrebungen, was tatsächlich zuerst auf dieser Ebene festgelegt sein muss, bevor ein einzelnes Departement Aktivitäten in Richtung einer Strategieentwicklung starten kann.

Auch bei der Finanzperspektive wird die übergeordnete, oder auch politische Sichtweise der Gesamtorganisation deutlich. Der Blick ist dabei stark auf die Behörden als Finanzierer und dem Quervergleich zu den anderen Universitätsspitälern gerichtet. Bei der Frage der Kompatibilität zum Herz- und Gefäßzentrum wird deutlich, dass es bei der

Weiterentwicklung und Ausblick

Finanzperspektive am meisten Unterschiede gibt, wobei die Ziele nicht unbedingt gegensätzlich sondern eher unterschiedlich im Fokus sind.

Die Prozessperspektive zeigt dagegen wieder deutlich Parallelen zur Pilot-BSC auf. Auch hier geht es um optimierte Abläufe, Schnittstellen, Innovationen und Qualitätsentwicklung. Hinzu kommen allerdings noch Ziele, die sich mit einer vollständigen Leistungserfassung oder der Leistungsvereinbarung zwischen Gesamtspital und seinen Departementen beschäftigen.

Vergleichsweise stark ausgebaut ist die Potenzialperspektive mit 8 Zielen. Neben den uns schon bekannten Ausrichtungen bzgl. Attraktivität für Mitarbeitende oder der Unterstützung für den Lehre- und Forschungsauftrag kommen zusätzlich eine Reihe von interessanten Ausrichtungen hinzu. So wird der Blick z. B. auf die Besetzung von Schlüsselpositionen im Unternehmen und die universitären Nachfolgeregelungen gelegt, oder die Entwicklung eines Angebotportfoliomanagements oder die Einführung eines Klinikinformationssystems definiert.

Diese im Sommer verabschiedeten Zieldefinitionen werden als sog. Dachstrategie im Inselspital gültig sein. Damit ist ein erster wichtiger Schritt getan. Doch stellt sich auch hier die Frage, wie im Anschluss diese Strategie von den Direktionen und Departementen umgesetzt werden soll. Dazu wurde ein Vorgehen ausgearbeitet, in dem in einem ersten Schritt alle Direktionen (Verwaltung, Logistik etc.) daraus funktionale Strategien ableiten. Damit sollen die als Dachstrategie definierten Ziele von den dafür vorgesehenen Supportstellen vertieft ausgearbeitet werden, um dann in einem nächsten Schritt den Departementen zu ermöglichen, ihre strategischen Ziele entsprechend der Rahmenbedingungen festzulegen. So könnte sich der Direktionsbereich Personal beispielsweise zu dem strategischen Unternehmensziel „Planung und Besetzung von Schlüsselpositionen" überlegen, wie dies aus deren strategischer Sicht bearbeitet werden kann.

Es zeichnet sich ab, dass die Definition der funktionalen Strategien als verbindliche Aufgabe an die Direktionen gehen wird, so dass vermutlich im Sommer 2005 erste konkrete Aussagen vorliegen werden. D.h., dass die medizinischen Zentren frühestens im Herbst 2005 an die Erstellung einer eigenen (Teil-)BSC gehen können.

Dieses von der Spitalleitung gewählte Vorgehen hat sowohl eine unterstützende, als auch eine hemmende Wirkung: Durch die differenzierte Ausarbeitung der funktionalen Strategien bekommen die Departemente sehr strukturierte und verbindliche Rahmenbedingungen gesetzt, was eine unternehmenskonforme Ableitung ihrer BSC ermöglicht. Hemmende Wirkung könnte dagegen die von zentralen Bereichen gemachten Vorgaben auf die Kultur der Teilautonomie haben und damit Widerstand auslösen. Auch hier ist nun ein gut geführter Kommunikationsprozess für eine erfolgreiche Einführung sehr wichtig.

14.3 Fazit

Die damals gewählte Vorgehensweise mit der Initiierung eines Pilot-Projektes zum Aufbau einer BSC muss aus heutiger Sicht kritisch betrachtet werden. Natürlich konnten im Herz- und Gefäßzentrum enorm viele Erfahrungen gesammelt werden, die später in die Unternehmensstrategie eingeflossen sind, doch bleibt das wesentliche Problem, dass die damals fehlende Dach-Strategie und die BSC für das Gesamtspital eine Verbindlichkeit für dieses Pilotprojekt nicht zuliess. Dieser Mangel wird jetzt in 2005 behoben werden.

Positiv zu bewerten ist die Tatsache, dass das Modell der BSC seit annähernd fünf Jahren im Spital bekannt ist und dass es neben dem Pilotprojekt noch weitere Bereiche gibt, die erste Erfahrungen mit diesem Ansatz gemacht haben. Zu diesen gehört die Klinik für Anästhesie und die Pflegedirektion inkl. Ausbildungsbereich. Dadurch, dass die Spitalleitung bereits seit vier Jahren auch Jahresziele in der Struktur der BSC-Perspektiven vorgibt, besteht auch durch den damit verknüpften Budgetprozess eine relativ weite Verbreitung dieses Ansatzes im Spital. Es sollte also möglich sein, bei einer jetzt stattfindenden Implementierung der BSC im Gesamtunternehmen einige „Sponsoren" zu finden, die es gewohnt sind, in diesem Ansatz zu denken und damit zur Verbreitung in der Organisation beizutragen.

Es stellt sich letztlich die Frage, wie viel Verbindlichkeit bei der Zielerreichung im Spital besteht, wenn der Ansatz ohne die normalerweise verknüpften Elemente wie Messgrössendefinition und -überwachung stattfindet. Gerade in der jetzigen Struktur der Dezentralisierung braucht es stärkere Ergebnisverantwortung, die sich theoretisch mit der BSC besser durchführen liesse. Andererseits ist im Jahr 2005 die Durchführung einer Evaluation über die Ergebnisse der Dezentralisierung vorgesehen, bei der die Optimierung der Strukturen einen Schwerpunkt bilden wird. Es ist durchaus denkbar, dass aus den resultierenden Ergebnissen die Erkenntnis wachsen wird, dass diese Ergebnisverantwortung eingeführt werden muss. Was sicherlich deutlich wurde wenn man den Verlauf dieses Buches betrachtet ist, dass die Einführung der BSC zwar relativ rasch erfolgen kann, aber die Manifestierung und Arretierung in der Organisation einiges mehr an Zeit benötigt. So besteht aber auch die Möglichkeit, und das soll auch die letzte Bemerkung sein, dass der Ansatz Fuss fassen kann in der Organisation und damit auch gelebt wird. Hierin liegt die grosse Chance für das Universitätsspital Bern.

Glossar

Angiologie
Die Lehre der nicht-chirurgischen Gefäßmedizin (Angio = Gefäß).

Austrittsplanung
Die Vorbereitung der Entlassung eines stationären Patienten, unabhängig ob dieser nach Hause entlassen werden kann, in ein anderes Krankenhaus oder in eine Rehabilitationsinstitution verlegt werden muss.

Benchmarking
Benchmarking ist ein zielgerichteter, kontinuierlicher Prozess, bei dem die Vergleichsobjekte möglichst branchenunabhängig verglichen werden. Dabei werden Unterschiede, deren Ursachen und Möglichkeiten zur Verbesserung ermittelt. Die Vergleichsobjekte sind Produkte, Geschäftsprozesse, Dienstleistungen, Methoden, Unternehmen sowie die Unternehmensumwelt.[1]

Browserbasierte Intranetlösung
Programm zum Betrachten von HTML-Seiten und anderen Ressourcen. Durch den standardisierten Zugriff mittels ausgereiften Softwareanwendungen (z. B. Internet-Explorer, Netscape) können Informationen in großen Betrieben ohne Installation von zusätzlicher Software ausgetauscht werden.

Burnout
Zustand körperlicher, emotionaler und geistiger Erschöpfung. Es handelt sich nicht um eine gewöhnliche Arbeitsmüdigkeit, sondern um einen Zustand, der mit wechselhaften Gefühlen der Erschöpfung und Anspannung verbunden ist. Burnout ist vor allem in der Krankenpflege zu einem Begriff geworden.

Change Management
= „Management von Veränderungen". Gesellschaftliche Veränderungen sowie der technische Fortschritt stellen ständig neue Anforderungen an ein Unternehmen. Um am Markt erfolgreich bestehen zu können, muss sich ein Unternehmen ständig anpassen. Diesen Unterneh-

---

[1] *Mertins, K./Siebert, G./Kempf, S.:* Benchmarking – Praxis in deutschen Unternehmen, Heidelberg 1995.

Glossar

menswandel bewusst zu gestalten hat sich Change Management zur Aufgabe gemacht.

Coach
Coaching ist eine Beratungsform für Personen mit Managementaufgaben (Führungskräfte, Freiberufler). In einer Kombination aus individueller, unterstützender Problembewältigung und persönlicher Beratung hilft der Coach als unabhängiger Feedbackgeber. Der Coach nimmt dem Klienten jedoch keine Arbeit ab, sondern berät ihn auf der Prozessebene. Grundlage dafür ist eine freiwillig gewünschte und tragfähige Beratungsbeziehung.

Cost-Center
Die Cost-Center dienen der Erbringung interner, im Prinzip nicht marktfähiger Leistungen. Hier ist das Ziel die Kostenminimierung.

Data Warehouse
Eine physische Datenbank, die eine integrierte Sicht auf beliebige Daten ermöglicht. Das Multidimensionale Datenmodell stellt im Gegensatz zu anderen Datenmodellen besondere Strukturen und Auswertungsmöglichkeiten zur Verfügung.[2]

Deckungsbeitragsrechnung
Überschuss der Erlöse über die Produktkosten hinaus = Deckungsbeitrag. Die Deckungsbeitragsrechnung ist ein Management-Informationssystem zur Planung und Steuerung der Unternehmung zum Gewinnziel.

Defibrillatoren
Medizinisches Gerät zur Vermeidung des plötzlichen Herztodes. Durch Abgabe von elektrischen Stößen wird bei Kammerflimmern die normale Taktfrequenz des Herzens wieder hergestellt.

Departemente
Insbesondere in der Schweiz ein gebräuchlicher Begriff für eine Organisationseinheit, in der mehrere Unterabteilungen (z. B. Kliniken) vereint sind.

Disease Management
Ein Instrument zur Steuerung der Behandlung und Betreuung von Patienten mit definierten Gesundheitsstörungen.

---

[2] *Günzel, H./Bauer, A.:* Data-Warehouse-Systeme. Architektur, Entwicklung, Anwendung, Heidelberg 2001.

Glossar

double loop learning
Hier stehen im Gegensatz zum Einkreislernen (single loop learning) die Führungsgrößen und Prämissen der kollektiven Handlungstheorien selbst zur Disposition.

EFQM
Ein aus neun Kriterien bestehendes Managementmodell, dass zur Kategorie der Qualitätsmanagementsysteme gerechnet werden kann. Es wird herangezogen, um den Reifegrad einer Organisation auf dem Weg zur Excellence und ihre Verbesserungspotentiale festzustellen sowie ihren kontinuierlichen Verbesserungsprozess zu begleiten.

Economic Value Added (EVA)™
Der in einer Periode erwirtschaftete EVA errechnet sich aus dem Produkt des gesamten ins Unternehmen investierten Kapitals (Eigenkapital und verzinsliches Fremdkapital) und der „Überrendite" (jener Teil der Unternehmensrendite, der den gewogenen Durchschnitt aus Eigen- und Fremdkapitalkosten übersteigt). Ein positiver EVA bedeutet eine Steigerung des Marktwerts des Eigenkapitals, ein negativer EVA zeigt Wertvernichtung an.

Evidence Based Medicine
Die gewissenhafte, explizite und vernünftige Anwendung der besten medizinischen Informationen in der täglichen Entscheidungsfindung.[3]

Fallpauschalen
Für jeden definierten Krankheitsfall (abgegrenzt nach Diagnosegruppe und nach zeitlichen Kriterien) wird pro Patient eine Pauschale an den Leistungserbringer gezahlt, unabhängig vom individuellen aufzuwendenden Arbeitsumfang ärztlicher Leistungen. Diese Pauschale enthält i. d. R. alle Behandlungs- und Hotelleriekosten.

Fee-for-service
Für jede definierte und für einen Patienten erbrachte Leistung wird eine festgelegte Vergütung bezahlt. Die vergütbaren Leistungen sind in einem Katalog (Gebührenordnung – Tarif) festgelegt.

Foederation Medicorum Helveticorum (FMH)
Verbindung der Schweizer Ärzte

Freigemeinnützige Organisationen
In Deutschland verwendeter Begriff für Organisationen, die aus einer nicht-kommerziellen Mission heraus Dienstleistungen im Sozialsektor

---

[3] *Sackett, D. L./Richardson, W. S./Rosenberg, W. M./Haynes, R. B.:* Evidence-Based Medicine: How to Practice and Teach EBM, London 1997.

anbieten und finanzieren. Sie stellen neben der öffentlichen und der privaten Ebene eine dritte Säule dar.

Hämodynamik
Lehre von der Bewegung des Blutes im Gefäßsystem. Die H. befasst sich mit Faktoren wie Blutdruck und -volumen, Fließeigenschaft des Blutes (Viskosität), Gefäßwandelastizität und Strömungswiderstand. Sie umfasst auch die mathematische und strömungsphysikalische Betrachtung und Beurteilung des Herz-Kreislauf-Systems.

Hausarztmodell
Von Versicherungen konzipiertes Modell, in welchem der Hausarzt als Gatekeeper für die Überweisungen zum Facharzt verantwortlich ist und als Case- oder Fallmanager das Leistungsgeschehen steuert.

Health Professionals
Englischer Begriff für die Berufe, die direkt mit der Patientenbehandlung und -betreuung befasst sind (Ärzte, Pflege, Med.-techn. Berufe etc.).

Herz-Lungen-Maschine
Für die Eingriffe am Herzen oder grossen Gefäßen werden das Herz und die Lungen aus dem normalen Kreislauf ausgeschaltet und stillgelegt. Ihre Funktion übernimmt eine externe Herz-Lungen-Maschine. Dieser Vorgang wird als extrakorporale Zirkulation (EKZ) oder cardiopulmonaler Bypass bezeichnet.

Health Maintenance Organisation (HMO)
Managed-Care-Organisation, welche die Bereitstellung und Finanzierung einer umfassenden medizinischen Versorgung übernimmt.

HR-Fachkraft
Human Resources-Fachkraft = Verantwortlich für das Personalwesen.

Humankapital
Gesamtheit der Fähigkeiten, Fertigkeiten und Potenziale der Mitarbeitenden in einem Unternehmen.

Impactfaktor
Der Impactfaktor gibt Auskunft über die Qualität der Fachzeitschrift, in dem ein wissenschaftlicher Artikel veröffentlicht wird. Je höher der Impactfaktor, umso bedeutender die wissenschaftliche Fachzeitschrift.

Indikation, medizinische
Die Feststellung des Befundes durch den Arzt. Löst den entsprechenden Behandlungsprozess aus.

Glossar

Integrierte Spezialisierung
Dieser Begriff taucht in der Strategie des Inselspitals auf und bedeutet, dass Wert darauf gelegt wird, die Konzentration auf Spezialgebiete möglichst in einem abgestimmten Prozess zwischen den Spezialgebieten stattfinden zu lassen.

Interne Audits
Mit internen Audits (Prüfungen) wird die Wirksamkeit des gesamten QM-Systems überwacht. Die Auditierung hat zum Ziel, die Anwendung des Systems und seine Weiterentwicklung zu unterstützen.

ISO 9000 ff.
Die Norm EN ISO 9001 (Europäische Norm International Organization for Standardization) ist ein Qualitätsmanagementsystem und überprüft die Qualität aller Arbeitsabläufe.

Kardiologie
Kardiologie ist der fachsprachliche Ausdruck für die Lehre vom Herzen, seinen Erkrankungen und seinen Funktionsstörungen einschließlich der Herz-Kreislauf-Erkrankungen.

Krankenanstalten
Österreichischer Begriff für Krankenhaus oder Spital.

Krankenversicherungsgesetz (KVG)
Gesetzliche Regelung für das Gesundheitswesen der Schweiz (zu vergleichen mit dem SGB V in Deutschland).

KTQ
= Kooperation für Transparenz und Qualität im Krankenhaus, ein Verfahren zur Zertifizierung von Krankenhäusern in Deutschland.

Lernende Organisation
Unter einer Lernenden Organisation ist eine Organisation zu verstehen, die fähig ist, die für die Wertschöpfung bedeutend(st)e Ressource Wissen zu generieren, zu sammeln und zu vermitteln, und die ihr Verhalten auf der Grundlage gewonnener Einsichten verändern kann.

Lithotriphsie
Eine medizinische Methode zur Beseitigung von Nierensteinen, bei der die Steine mit gepulsten Schallwellen zertrümmert werden.

Lyse
Substanz, die in der Lage ist, frische Blutverklumpungen (Thromben, thrombotische Verschlüsse) wieder aufzulösen.

Glossar

Managed Care
Sammelbegriff für Instrumente, Prozesse und Strukturen, die der Steuerung der Gesundheitsversorgung dienen.

Mediator
Mediation ist ein prozess- und lösungsorientierter Vorgang zur Beilegung von Konflikten. Im Gegensatz zum Richter oder Schiedsrichter ist der Mediator aufgrund einer qualifizierten psychologischen Ausbildung befähigt, mit den Streitparteien Lösungen zu erarbeiten, wobei er jedoch keine inhaltlichen Beiträge beisteuert.

Minimal-Invasive-Chirurgie
Operationen, welche bisher nur durch einen Bauchschnitt möglich waren, können nun einfacher und für die Patienten weniger belastend via Laparoskopie („minimal invasiv") durchgeführt werden.

Non-Profit-Organisationen (NPO)
Sind nicht primär auf Gewinnerzielung, sondern auf die Erreichung ideeller Ziele ausgerichtet. Sie nehmen zahlreiche wichtige Funktionen in unserer Gesellschaft wahr. Überwiegend als Verein, Stiftung oder gemeinnützige GmbH werden sie unter anderem in den Bereichen Soziales, Gesundheit, Sport, Kultur und Politik tätig.

Outsourcing
Ressourcen, die in die Verantwortung Dritter übergeben werden, um Unternehmensstrukturen o. ä. wirtschaftlich zu optimieren. Die Optimierung erfolgt durch die Nutzung externer Dienstleistungen oder Produktionen anstelle der bisherigen Erledigung im eigenen Betrieb.

Prozesseigner
Eine Person, die die Verantwortung für die Gestaltung, Qualität und Verbesserung eines Prozesses übernimmt. Dieser Prozesseigner (process owner) muss die notwendige Kompetenz für den Prozess mitbringen.

Q-Zirkel
Ein Qualitätszirkel (Q-Zirkel) stellt eine Gruppe von Mitarbeitenden dar, die sich freiwillig zusammen findet. Der Arbeitsbereich der Teilnehmer sollte nicht zu heterogen sein. Geleitet durch einen Moderator analysiert diese Gruppe in regelmäßigen Sitzungen selbstgewählte Probleme und Schwachstellen aus ihrem Arbeitsbereich, um Problemlösungen zu erarbeiten und Verbesserungsvorschläge zu verwirklichen. Die erzielten Ergebnisse werden dabei selbst kontrolliert. Ziel der Q-Zirkel ist die effektivere Erfüllung der Arbeit.

Glossar

Reengineering
Vorhandene Geschäftsprozesse werden immer wieder in Frage gestellt und, wenn nötig, grundlegend neugestaltet. Auf diese Weise lassen sich einzelne Tätigkeiten prozess- und wertschöpfungsorientiert organisieren, was dem Unternehmen zu einer Wiederbelebung der Wettbewerbsstärke (Revitalisierung) verhelfen soll.

Regierungsrat
Der Regierungsrat ist die leitende und oberste vollziehende Behörde eines Kantons in der Schweiz. Er besteht aus fünf Mitgliedern, die vom Volk nach dem Mehrheitswahlverfahren für eine Amtszeit von vier Jahren gewählt werden.

Rehospitalisierung
Begriff, der in der Schweiz verwendet wird für die Aufnahme von Patienten, die wegen der gleichen Erkrankung ein weiteres Mal behandelt werden müssen. Die Höhe des Prozentsatzes von Rehospitalisierungen sagt somit auch etwas über die Qualität der erbrachten Leistung aus.

Research Unit
Eine Abteilung oder Einheit, die sich auf die Untersuchungen an Patienten aus dem Interesse der wissenschaftlichen Studien heraus spezialisiert.

Return on Investment (ROI)
Der ROI stellt die Erträge, die aus einer Investition resultieren, ins Verhältnis zu dieser Investition und stellt damit ein Rentabilitätsmaß dar, welches zur Entscheidungsfindung bei Auswahl unterschiedlicher Projekte (Investitionen) Verwendung findet.

Return on Equity (ROE)
Ergibt sich aus dem Verhältnis Gewinn durch Eigenkapital. Diese Formel lässt sich weiter aufgliedern in die Umsatzrentabilität (Gewinn in Relation zum Umsatz), in die Umschlagshäufigkeit (Umsatz in Relation zum Vermögen) und in den Verschuldungsgrad (Leverage, Vermögen in Relation zum Eigenkapital).

Selbstverwaltungsebene
Prinzip, nach dem Tätigkeiten vom Staat geschaffener Einrichtungen von ihren Mitgliedern im Rahmen autonomer Rechtsetzung selbst gestaltet werden.

single loop learning
Das Einkreislernen basiert auf der Vorstellung eines sozialen Regelkreises. Innerhalb eines festgelegten Bezugsrahmens werden allfällige Abweichungen registriert und korrigiert.

Glossar

Spital
Entspricht dem deutschen Begriff Krankenhaus bzw. den österreichischen Krankenanstalten.

stakeholder
Verschiedene, mit der Institution kooperierende Gruppen wie Kunden, Lieferanten, Kapitalgeber, Mitarbeiter und Finanzverwaltung. Sie halten dem Unternehmen „den Stab", den Stake.

Stents
Ein Stent ist eine Gefäßstütze. Er dient der Aufdehnung von Gefäßverengungen der Herzkranzgefäße.

Total Quality Management (TQM)
Ein umfassendes Qualitätsmanagementsystem.

Zentrumsspital
Definiert ein Spital, dass für ein größeres Einzugsgebiet medizinische Leistungen (sog. Spitzenmedizin) anbietet. Es handelt sich um einen schweizerischen Begriff, der insbesondere die Universitätsspitäler, aber auch andere Großkrankenhäuser berücksichtigt.

Literaturverzeichnis

Abell, D. F., Defining the Business Strategy: Starting Point of Strategic Planning, Prentice-Hall, Englewood Cliffs NY 1980.

Anheier, H. K.: An Elaborate Network: Profiling the Third Sector in Germany, in: *Gidron, B./Kramer, R. M./Salomon, L. M.:* Government and the Third Sector. Emerging Relationships in Welfare States, San Francisco 1992.

Anheier, A.K./Rudney, G./Salamon, L.: The Nonprofit Sector in the United Nations System of National Accounts: Definition, Treatment, and Practice, Working Paper of the Johns Hopkins Comparative Nonprofit Sector Project, No. 4, Johns Hopkins Institute for Policy Studies, Baltimore 1992.

Anheier, H. K./Seibel, W.: Defining the Nonprofit Sector: Germany, Working Paper of the Johns Hopkins Comparative Nonprofit Sector Project, n. 6, Johns Hopkins Institute for Policy Studies, Baltimore 1992.

Ansoff, H. I.: Corporate Strategy, McGraw-Hill, New York 1965.

ders.: Implementing Strategic Management, Prentice-Hall 1984.

Argyris, C./Schon, D. A., Organizational learning. Theory, method, and practice, Addison-Wesley, Redding Mass. 1996.

Arrow, K.: Uncertainty and the Welfare Economics of Medical Care, in American Economic Review, No. 53(5), 1963, S. 941-973.

Auxilia, F./Bergamaschi, M./Castaldi, S.: Strategie e gestione delle reti di aziende sanitarie, Egea, Milano 1996.

Bellabarba, J.: Zum Konzept der Unternehmenskultur in Krankenhäuser. In: Führung und Management im Krankenhaus, hrsg. v. Hoefert Hans-Wolfgang, Göttingen/Stuttgart 1997, S. 99–108.

Berger, P. L./Luckmann, T.: Die gesellschaftliche Konstruktion der Wirklichkeit: eine Theorie der Wissenssoziologie, 6. Aufl., Frankfurt 1996.

Birkigt, K./Stadler, M. M./Funk, H. J.: Corporate Identity: Grundlagen, Funktionen, Fallbeispiele, 9., überarb. Aufl., Landberg am Lech 1998.

Bleicher, K.: Strukturen und Kulturen der Organisation im Umbruch. Herausforderung für den Organisator. In: ZfO, 55. Jg. (2/1986), S. 100.

Literaturverzeichnis

Bleicher, K.: Organisation: Strategien – Strukturen – Kulturen, 2. Aufl., Wiesbaden 1991.
Bleicher, K.: Das Konzept integriertes Management, 4., rev. und erw. Aufl., Frankfurt/New York 1996.
Botschen, G./Stoss, K.: Strategische Geschäftseinheiten: Marktorientierung im Unternehmen organisieren, Wiesbaden 1994.
Buchholz, E. H.: Unser Gesundheitswesen, Springer-Verlag, Berlin-Heidelberg 1988.
Christensen, C.: The Innovator's Dilemma, Harvard Business School Press, Boston MA 1997.
Christensen, C.M./Bohmer, R./Kenagy, J.: Will Disruptive Innovations Cure Health care?, in Harvard Business Review, September-October 2000, S. 102-112.
Chromy, B./Stork, A.: Die Veränderung der Unternehmenskultur als Grundlage einer erfolgreichen Fusion, in: *Henkel von Donnersmarck, M./Schatz, G. (Hrsg.):* Fusionen: Gestalten und Kommunizieren, 2., überarb. Aufl., Bonn u. a. 1999, S. 129–143.
Collis, D.J./Montgomery, C.A.: Corporate Strategy, McGraw-Hill 1999.
Connor, K.: A Historical Comparison of Resource-Based Theory and Five Schools of Thought within Industrial Organization Economics: Do We Have a New Theory of the Firm?, in: Journal of Management, No. 1, 1991, S. 121-154.
Deal, T. E./Kennedy, A. A.: How to create an outstanding hospital culture, in: Hospital Forum, Jan.–Febr. 1983, S. 21–34.
Dill, P.: Unternehmenskultur. Grundlagen und Anknüpfungspunkte für ein Kulturmanagement, Bonn 1986.
Dill, P./Hügler, G.: Unternehmenskultur und Führung betriebswirtschaftlicher Organisationen – Ansatzpunkte für ein kulturbewusstes Management, in: *Heinen, E./Fank, M. (Hrsg.):* Unternehmenskultur, 2., bearb. und erw. Aufl. München/Wien 1997, S. 141–209.
Doppler, K./Lauterburg, C.: Change Management: den Unternehmenswandel gestalten, Frankfurt/New York 1994.
Dülfer, E. (Hrsg.): Organisationskultur: Phänomen – Philosophie – Technologie, 2., erw. Aufl., Stuttgart 1991.
Düllings, J. et al., Praxishandbuch Einführungs der DRGs in Deutschland, Heidelberg 2001.
DZ Corporate Finance, Empirische Studie auf dem Akutklinikenmarkt – Wertsteigerungmöglichkeiten durch Mergers & Acquisitions, DKM Krankenhauskonferenz, Osnabrück, 13. Mai 2003.
Ebers, M.: Organisationskultur: ein neues Forschungsprogramm?, Wiesbaden 1985.

Economist Intelligence Unit – Arthur Andersen: New Direction in Finance, Strategic Outsourcing, London 1995.

Eiglier, P./Langeard, E.: Servuction – Le marketing des services, McGraw-Hill, Paris 1987.

Ellsworth, R.R.: Capital Markets and Competitive Decline, Harvard Business Review, September-October 1985, S. 171-183.

Etienne, M.: Total Quality Management im Spital erfolgreich gestalten, Bern/Stuttgart/Wien 2000.

Feldstein, P.: The emergence of market competition in the US health care system. Its causes, likely structure, and implications, in: Health Policy, 6/1986, S. 1–20.

Fontana, F./Lorenzoni, G.: L'architettura strategica delle aziende ospedaliere: un'analisi empirica, Franco Angeli, Milano 2002.

Frey, M.: Lehrgang Gesundheitswesen Schweiz, Kapitel 3.4, Tarife und Verträge mit Kostenträgern.

Fuchs, M.: Projektmanagement für Kooperationen: eine integrative Methodik, Bern/Stuttgart/Wien 1999.

Gift, T.L./Arnould, R./DuBrock, L.: „Is Healthy Competition Healthy? New Evidence of the Impact of Hospital Competition", in: Inquiry; No. 1, Vol. 39, Spring 2002, S. 45-55.

Gödecke, J.: Wie werden Kultur und Kommerz vermittelt?, in: *Henkel von Donnersmarck, M./Schatz, R. (Hrsg.):* Fusionen: Gestalten und Kommunizieren, 2., überarb. Aufl., Bonn u. a. 1999, S. 59–81.

Goeken, M.: Interorganisationale Unternehmensnetzwerke als Alternative zur Fusion, in: *Henkel von Donnersmarck, M./Schatz, R. (Hrsg.):* Fusionen: Gestalten und Kommunizieren, 2., überarb. Aufl., Bonn u. a. 1999, S. 189–207.

Goll, E.: Die freie Wohlfahrtspflege als eigener Wirtschaftssektor. Theorie und Empirie ihrer Verbände und Einrichtungen, Nomos, Baden-Baden 1991.

Goold, M./Campbell, A./Alexander, M.: Corporate-Level Strategy: Creating Value in the Multibusiness Company, John Wiley & Sons, New York 1994.

Graf-Götz, F./Glatz, H.: Organisation gestalten, Weinheim/Basel, 1999, S. 119–138.

Grant, R. M.: Contemporary Strategy Analysis. Concepts, Techniques, Applications, Blackwell, Oxford, 1998.

Greulich, A. et al.: Disease Management – Patient und Prozess im Mittelpunkt, Heidelberg 2000.

Greulich, A./Thiele, G./Thiex-Kreye, M.: Prozessmanagement im Krankenhaus, Heidelberg 1997.

Literaturverzeichnis

Grossmann, R. (Hrsg.): Besser Billiger Mehr. Zur Reform der Expertenorganisationen Krankenhaus, Schule, Universität, Iff-texte, Bd. 2., Wien/New York 1997.

Grundsätze zur Unternehmensstrategie des Inselspitals, Inselspital Bern 1993.

Grüter, H.: Unternehmensakquisitionen – Bausteine eines Integrationsmanagements, Bern/Stuttgart 1991.

Gussmann, B./Breit, C.: Ansatzpunkte für eine Theorie der Unternehmenskultur. In: *Heinen, E./Fank, M. (Hrsg.):* Unternehmenskultur: Perspektiven für Wissenschaft und Praxis, 2., bearb. und erw. Aufl., München/Wien 1997, S. 107–139.

Gut-Villa, C.: Human Resource Management bei Mergers & Acquisitions, Bern/Stuttgart/Wien 1997.

Hamel, G.: Strategy as Revolution, in: Harvard Business Review, July-August 1996, S. 69-82.

Hamel, G./Prahald, C. K.: The Core Competence of the Corporation, Harvard Business Review, No. 1, 1990, S. 79-91.

dies.: Competing for the Future: Breakthrough Strategies for Seizing Control of Your Industry and Creating the Markets of Tomorrow, Harvard Business Review Press, Boston MA, 1994, S. 84, 100.

Hardt, P.: Organisation dienstleistungsorientierter Unternehmen, Wiesbaden 1996.

Herzberg, F.: Work and the Nature fo Man, Cleveland 1966.

Herzlinger, R.E.: Effective Oversight: A Guide for Nonprofit Directors, in: Harvard Business Review, July-August 1994, S. 52-60.

ders.: Market driver health care: who wins, who loses in the transformation of America's largest service industry, Irwin, Homewood 1998.

ders.: Let's put the Consumers in Charge of Health Care, in: Harvard Business Review, July 2002, S. 44-55.

Hilb, M.: Integriertes Personal-Management, Neuwied – Kriftel 2000.

Hillig, A.: Die Kooperation als Lernarena in Prozessen fundamentalen Wandels. Ein Ansatz zum Management von Kooperationsprozessen, Bern/Stuttgart/Wien 1997.

Hinterhuber, H. H.: Strategische Unternehmungsführung, Band 1 und Band 2, 7. Aufl., Walter de Gruyter, Berlin-New York 2001.

Hinterhuber, H./Stuhec, U.: Competenze distintive e outsourcing strategico, in Finanza Marketing e Produzione, No. 4, 1996.

Hoefert, H.-W. v.: Berufliche Sozialisation und Zusammenarbeit im Krankenhaus. In: *Hoefert, H.-W. v. (Hrsg.):* Führung und Management im Krankenhaus, Göttingen/Stuttgart 1997, S. 49–74.

Horváth & Partner: Balanced Scorecard umsetzen, Stuttgart 2000, S. 61.

House, C.H./Price, R.L.: The Return Map: Tracking Product Teams, in: Harvard Business Review, January-February 1991, S. 92-101.

Hutton, W.: The State We're In, Revised Edition, Vintage, London 1996.

ders.: The State to Come, Vintage, London 1997

International Centre for Studies and Research in Biomedicine: Health Systems in Industrialized Countries, Cacucci, Bari 2000.

Jacobsen, N.: Unternehmenskultur: Entwicklung und Gestaltung aus interaktionistischer Sicht, Berlin u. a. 1996.

Kaplan, R. S./Norton, D. P.: Having Trouble with your Strategy? Then Map It, in: Harvard Business Review, Sept./Oct. 2000, S. 161-176.

dies.: The Balanced Scorecard: Translating Strategy into Action, Harvard Business School Press, Boston MA 1996.

dies.: The Strategy-Focused Organization: How Balanced Scorecard Companies Thrive in the New Business Environment, Harvard Business Review Press, Boston MA 2001.

Keller, A.: Die Rolle der Unternehmenskultur im Rahmen der Differenzierung und Integration der Unternehmung, Bern/Stuttgart 1990.

Kobi, J.-M./Wüthrich, H. A.: Unternehmenskultur verstehen, erfassen und gestalten, Landberg am Lech 1986.

Konzept für zentralen/departementalen Personaleinsatz, Inselspital Bern, 1998.

Kotler, P./Clarke, R. N.: Marketing for Health Care Organisations, Prentice Hall, Engelwood Cliffs 1987.

Levitt, T.: Exploit the Product Life Cycle, in: Harvard Business Review, Nov.-Dec. 1965, S. 81-94.

Luft, H.S.: Should Operations Be Regionalized? The Empirical Relation Between Surgical Volume and Mortality, in: The New England Journal of Medicine, Vol. 301, 1979, S. 1364-1369.

Maccarini, M. E./Onetti, A.: Health Expenditure and Organisational Models, in: International Centre for Studies and Research in Biomedicine: Health Systems in Industrialized Countries, Bari 2000.

Mahoney, J. T./Pandian, J. R.: The Resource-Based View within the Conversation on Strategic Management, in: Strategic Management Journal, No. 13, 1993, S. 363-380.

Meliones, J.: Saving Money, Saving Lives, in: Harvard Business Review, November-December 2000, S. 57-64.

Mintzberg, H.: Of Strategies, Deliberate and Emergent, in: Strategic Management Journal, No. 3, 1985, S. 257–272.

Mintzberg, H./Raisinghani, D./Theoret, A.: The Structure of Unstructured Decision Process, in: Administrative Science Quarterly, vol. XXI, June 1976, S. 246–274.

Moore, R.: The Problem of Short-Termism in British Industry, Economic Notes, No. 81, Libertarian Alliance, London 1998.

ders.: Short-Termism in British Industry: the State of the Debate, Economics Notes, No. 88, Libertarian Alliance London 2000.

Normann, R.: Management for Growth, John Wiley & Sons, 1977.

Olmsted Teisberg, E./Porter, M.E./ Brown, G.B.: Making Competition in Health Care Work, in: Harvard Business Review, July-August 1994, S. 131-141.

Onetti, A.: Aligning Business Strategy with Social Responsibility. The Balanced Scorecard in Hospitals, in: The European Union Review, Vol. 9, No. 1, 2004, S. 29-44.

ders.: Health System Organisational Models, in: International Centre for Studies and Research in Biomedicine: Health Systems in Industrialized Countries, Cacucci, Bari 2000, S. 44–60.

ders.: Subsidiarity as an organisational principle. The non-profit experience in Germany, in: The European Union Review, Vol. 6, No. 1–2, 2001, S. 47–76.

Osterloh, M.: Methodische Probleme einer empirischen Erforschung von Organisationskulturen. In: *Dülfer, E. (Hrsg.):* Organisationskultur: Phänomen – Philosophie – Technologie, 2., erw. Aufl., Stuttgart 1991, S. 173–185.

Ottnad A./Wahl S./Miegel M.: Zwischen Markt und Mildtätigkeit, Olzog Verlag, München 2000.

Ouchi, W. G.: Theory Z: How American Business can Meet the Japanese Challenge, Reading/Mass. 1981.

Paeger, A.: In: *Braun, G.* (Hrsg.): Handbuch Krankenhausmanagement, Stuttgart 1999, S. 699–723.

Pascale, R. T./Athos, A. G.: The Art of Japanese Management. Applications for American Executives, New York 1981.

Pausenberger, E.: Unternehmenszusammenschlüsse. In: *Wittmann, W. (Hrsg.):* Handwörterbuch der Betriebswirtschaft, 5., völlig neu gestaltete Aufl., Stuttgart 1993, Sp. 4436–4448.

Porter, M.E.: Capital Disadvantage: America's Failing Capital Investment System, in: Harvard Business Review, September-October 1992, S. 65-82.

ders.: Competitive Advantage: Creating and Sustaining Superior Performance, Free Press, New York 1985.

ders.: Competitive Strategy: Techniques for Analyzing Industries and Competitors, Free Press, New York 1980.

Reichard, C.: Der Dritte Sektor. Entstehung, Funktion und Problematik von „Nonprofit" Organisationen aus Verwaltungswissenschaftlicher Sicht, in: Die Öffentliche Verwaltung, No. 9, 1988, S. 363–369.

Robinson, J./ Luft, H.: „Competition and the Cost of Hospital Care, 1972 to 1982", in: Journal of the American Medical Association, No. 257(23), 1987, S. 3241-3245.

dies.:„Competition, Regulations, and Hospital Costs, 1982 to 1986", in: Journal of the American Medical Association, No. 260(18), S. 2676-2681, 1988.

dies.:„The Impact of Hospital Market Structure on Patient Volume, Average Lenght of Stay, and the Cost of Care", in: Journal of Health Economics, No. 4(4), 1985, S. 333-356.

Rosenborg, N.: Perspectives on Technology, Cambridge University Press, Cambridge 1976.

Salamon, L./Anheier, H. K.: In Search of the Nonprofit Sector II: The Problem of Classifications, Working Paper of the Johns Hopkins Comparative Nonprofit Sector Project, No. 3, Johns Hopkins Institute for Policy Studies, Baltimore 1992.

dies.: The Emerging Sector: The Nonprofit Sector in Comparative Perspective – An Overview, Johns Hopkins Institute for Policy Studies, Baltimore 1994.

Schein, E. H.: Organizational Culture and Leadership, San Francisco u. a. 1985.

Schein, E. H.: Unternehmenskultur: ein Handbuch für Führungskräfte, Frankfurt/New York 1995.

Schnyder, A. B.: Unternehmenskultur, Bern u. a. 1989.

Schreyögg, G.: Kann und darf man Unternehmenskultur ändern?, in: *Dülfer, E.* (Hrsg.): Organisationskultur: Phänomen – Philosophie – Technologie, 2., erw. Aufl., Stuttgart 1991, S. 201–214.

Selznick, P.: Leadership in Administration, Harper & Row, 1957.

Sidamgrotzki, E.: Kompendium des integrierten Krankenhaus-Managements, Lengwil 1994.

Stein, J.C.: Efficient Capital Markets, Inefficient Firms: a Model if Myopic Behaviour and Competitive Decline, Quarterly Journal of Economics, Vol. 104, 1989, S. 655-669.

Stelzner, W.-D.: Ein psychologischer Zugang zum Verständnis eines chancen- und zukunftsorientierten Personalmanagements, in: Report Psychologie Nr. 5, 1992, S. 10–17.

Ulrich, P.: Systemsteuerung und Kulturentwicklung, DU, 1984, S. 303–325.

Velo, D.: Toward a „Federal" Organizational Model for the Firm: Outsourcing and the Search for Firm Models other than the American Large Integrated Enterprise, in: The European Union Review, Vol. 4, No. 2, 1999, S. 59–72.

Literaturverzeichnis

Velo, D./Pelissero, G. (Verlag): Competition in Health Systems. In Italy, in the European Union, in the World, AIOP, Roma 2002.

Wernerfelt, B.: The Resource Based View of the Firm: Ten years after, in: Strategic Management Journal, No. 16, 1995, S. 171–174.

Wessel, D./Bogdanich, W.: Closet Market: Laws of Economics Often Don't apply in Health Care Field, in: Wall Street Journal, January 22, 1992, S. A1.

Weston, F. J.: The Payoff in Mergers and Akquisitions, in: The Mergers and Akquisitions Handbook, New York 1987, S. 31–47.

Wever, U. A.: Unternehmenskultur in der Praxis: Erfahrungen eines Insiders bei 2 Spitzenunternehmen, Frankfurt/New York 1989.

Wiedman, K.-P./Jugel, S.: Corporate-Identity-Stategie – Anforderungen an die Entwicklung und Implementierung, Die Unternehmung, 3, 1987, S. 186–204.

Zelle, B.: Kooperationen von Krankenhäusern im Bereich der Patientenversorgung, Bayreuth Verlag P. C. O. 1998.

Zerr, M.: Der Faktor Unternehmenskultur in Grossfusionen. In: Dokumentation des Complex Change Management Forums vom 25. – 27. Februar 1999 in Zürich, (hrsg. v. Complex Change AG), S. 21–23.

Zwanziger, J./ Melnick, G.: Effects of Competition on the Hospital Industry: Evidence from California, in *Arnould, R./ Rich, R./ White, W.:* Competitive approaches to Health Care Reform, Urban Institute Press, Washington D.C. 1988.

Stichwortverzeichnis

Akzeptanz 285
Allgemeinversorgung 251
Allianz, strategische 109
Arbeitsplätze 167
Audits, interne 194
Aus-, Fort- und Weiterbildung 210
Ausbildungsstätte 183

Befragung der Pflegenden 202
Behandlungskette 10
Benchmarking 245
Betriebswirtschaft 260
Bottom-up-Evaluation 178

Chancen und Risiken 150
Change Agents 140
Coaching-Funktionen 231
Computergestützte Lösung 278
Corporate Identity 242

Data Warehouse 238
Datenbanksysteme 279
Deckungsbeitragsrechnung 261
Dezentralisierung 131, 275
Differenzierungsstrategie 26, 54
Disease Management 237
Diversifizierungsstrategie 52
DRG-Preissystem 159

EFQM-Modell 184
Einzugsgebiet 41, 47
Erfolgsfaktoren, kritische 172
Erfolgskriterien 157
Ergebnismessung 185
Erschöpfung, emotionale 203
Evidence Based Medicine 253
Expertenorganisation 156

Finanzierung von Innovationen 250
Finanzierungssystem, dual 272
Fluktuation des Pflegepersonals 207
Forschung, Klinische 184
Forschungsperspektive 216
Forschungsprojekt 215

Fortschritt, Medizinisch-technischer 188
freigemeinnützig 7, 27, 35, 56, 75, 77, 78, 79, 254
Fundraising-Konzept 180
Fusion 102, 104, 107, 108, 111

Gemeinkosten 261
Gesprächsplattform 147
Gesundheitsökonomie 274
Gesundheitspolitik 10

HMO 253

Implementierung 156
Informationspolitik 146
Innovationsförderung 187
Innovationsprozesse 67, 68
Integrationsprozess 111, 112, 113, 116
ISO-Zertifizierung 184

Kalkulation der Fallgruppen 270
Kennzahlen, strategische 176
Kommunikationskonzept 165
Kompetenzordnung 137
Kooperation 50, 102, 104, 107, 109, 111
Kooperationserfordernisse 143
Kostenexplosion 128
Kostenrechnung, Prozessorientierte 228
Kostensenkung 40, 64
Kostenträgerrechnung 260
Krankenhaus 3
Krankenhausplanung 74
Krankenhausstrategie 54
Krankenhausstruktur 33
Krankenkasse 20, 23, 35, 36
Krankenversicherung 25, 35, 89
Krankenversicherungsgesetz 180
Kultur 92, 94, 96, 99, 102, 105, 111, 112, 114, 115, 116, 120, 121, 122
Kundenbedürfnis 66, 69
Kundenzufriedenheit 67

Stichwortverzeichnis

Lebenszyklus 63, 64
Lernenden Organisation 208

Managed Care 252
Managementsystem 3
Marketing 165
Marketingkonzept 237
Marktanalyse 68
Marktpositionierung 63
Mission 58, 62, 77
Mitarbeitergespräch 231
Mitarbeiterzufriedenheit 71

Non-Profit-Organisation 129, 188

Ökonomie im Gesundheitswesen 255
Optimierung von Abläufen 228
Organisation, prozessorientierte 162
Organisationsentwicklung 5, 122, 246
Organisationskultur 92
Organisationsstruktur 117, 118
Organisationsveränderung 4
Outsourcingstrategie 51

Patientenbetreuung 161
Patientenzufriedenheit 181
Philosophie der BSC 164, 285
Plankostenrechnung 261
Portfolioanalyse 134
Positionierung 7, 8, 11, 15, 16, 43, 47, 54, 81, 242
Privatkrankenhäuser 239
Produkteportfolio 166
Profit-Center-Strukturen 275
Prozessabbildung 8
Prozesse, unterstützende 218
Prozesseigner 186, 193
Prozesskostenrechnung 179
Prozessmanagement 219
Prozessmanagement, Ereignisorientiertes 225
Prozessmanagement, Objektorientiertes 223
Prozessqualität 233

Qualitätsentwicklung 191
Qualitätsmanagement 153
Qualitätssicherung 162
Qualitätszirkel 155, 182

Rahmenbedingungen, gesetzliche 74
Reorganisation des Gesamtunternehmens 189

Return on Investment 254

schweizerisches Gesundheitssystem 128
Sektor, öffentlicher 7, 37, 77, 83
Shareholder 77
Sozialsysteme 256
Spezialisierung 15, 42, 45, 48, 49, 52, 54, 182
Spezialisierungsstrategie 50, 86
Stakeholder 77
Stärken und Schwächen 150
Strategie 8, 15, 19, 23, 26, 33, 40, 43, 48, 49, 53, 54, 55, 58, 59, 60, 64, 67, 72, 74, 81, 82, 84, 103, 111, 112, 113, 114, 116, 118, 120
Strategie, integrale 149
Strategieentwicklung 4, 127
Strategiefindung 7
Strategieimplementierung 22, 58, 59, 73, 80
Strategieplanung 54, 55, 56
Strategieprozess 75
Strategieumsetzung 103
Struktur 40, 41, 63, 71, 85, 103, 111, 112, 113, 115, 116, 117, 118
Strukturen, organisatorische 230
Strukturprozess 9, 50

Teilautonomie 5
TQM 218
Trägerschaft 75, 105

Universitätsklinik 14
Unternehmensgrundsätze 156
Unternehmenskultur 5, 91, 92, 94, 96, 97, 98, 99, 101, 110, 112, 113, 114, 115, 116, 120, 123, 149
Unternehmensstrategie 61, 71
Unternehmensziel 7, 8, 68, 95
Ursachen-/Wirkungsbeziehung 168
Ursache-Wirkungskette 62, 72

Veränderungsmanagement 136
Vergütung, leistungsbezogene 16, 36
Verhandlungsmacht 22, 27, 33, 36, 37, 66
Versorgungsauftrag 48, 50
Vision 7, 54
Visualisierung 223

Wertkette 8, 13, 14, 44, 49, 51, 57, 60, 68, 69, 84, 127

Stichwortverzeichnis

Wertschöpfung 57, 68, 70
Wettbewerbsfaktor 40, 43, 45, 58
Wettbewerbspositionierung 18, 33
Wettbewerbsvorteil 18, 27, 81
Wissensmanagement 168

Ziele, gemeinsame 147
Zusammenarbeit, Interdisziplinäre 214
Zusammenschluss 106, 108, 113, 114, 116
Zuweiserzufriedenheit 181

Autoren

Gabriela Greiner

geboren 1973 verbrachte Ihre Kindheit in Baden. Im Alter von 15 Jahren zog sie mit ihrer Familie nach Bern. Dort besuchte sie am städtischen Gymnasium Bern die Fachrichtung Wirtschaft. Im Herbst 1996 begann sie das Studium der Wirtschafts- und Sozialwissenschaften an der Universität Bern, dieses schloss sie im Jahr 2001 erfolgreich mit dem lic. rer. pol. ab. Ihre Studienschwerpunkte waren die Fächer der Betriebs- und Volkswirtschaft. Die Lizentiatsarbeit, welche im theoretischen Teil des vorliegenden Buchs verwendet wird, schrieb sie am Institut für Personal und Organisation unter der Leitung von Herrn Jürg Lutz und Prof. Dr. Norbert Thom und in Zusammenarbeit mit dem Inselspital Bern. Heute arbeitet Gabriela Greiner in einer Assistenzstelle bei KPMG, einem international tätigen Unternehmen der Wirtschaftsprüfung und -beratung.

Andreas Greulich

MSc, Jahrgang 1964, absolvierte ein Nachdiplomstudium in Organisationsentwicklung an der Universität Klagenfurt. Zuvor studierte er Krankenhausbetriebswirtschaft (VKD) in Ingolstadt. Er ist Mitglied der Österreichischen Gesellschaft für Gruppendynamik und Organisationsberatung und absolviert z. Zt. einen universitären Lehrgang für Supervision und Coaching. Seit dem Frühjahr 1999 ist er als Geschäftsführer des Schweizer Herz- und Gefäßzentrums Bern am Universitätsspital Bern (Inselspital) tätig. Er baute dort ein strategisches Management mit Hilfe der Balanced

Scorecard und ein Prozessorientiertes Qualitätsmanagement auf. Zuvor war er vier Jahre als stellvertretender Dezernent Controlling im Klinikum der Johann-Wolfgang-Goethe-Universität Frankfurt/M. tätig. Weitere Stationen in seiner zwanzigjährigen Tätigkeit im Gesundheitswesen waren die Kreiskliniken Langen/Seligenstadt und die Kaufmännische Krankenkasse.

Er ist Mitglied des Wissenschaftlichen Komitees des Forschungszentrums für Gesundheitsmanagement und -Innovation (CrESIT) der Universität Insubria von Varese (I), Lehrbeauftragter der Universität Salzburg (A), der Universitäten Pavia und Varese (I), der Katholischen Fachhochschule für Sozialwesen in Freiburg/Brsg., der Fachhochschule Osnabrück (D) und der Fachhochschule Bern (CH). Herr Greulich hat bereits mehrere Fachbücher zu betriebswirtschaftlichen Themen im Krankenhausbereich (u. a. Balanced Scorecard im Krankenhaus, Einführung der DRG's in Deutschland, Disease Management, Prozessmanagement im Krankenhaus, Fallstudien der Krankenhaus-BWL) und Buchbeiträge (u. a. „OP-Management" im Handbuch Krankenhausmanagement von Prof. G. Braun) veröffentlicht. Sein neuestes Buch, dass im Frühjahr 2005 erschienen ist, beschäftigt sich mit dem Wissensmanagement im Gesundheitswesen. Er ist Mitherausgeber der Loseblattsammlung Management Handbuch Krankenhaus und des Management Handbuchs DRG.

Prof. Dr. Alberto Onetti

Jahrgang 1970, 1994 Dipl. Betriebswirt an der Universität Pavia (I). Er erlangte den Phd (Doktorat) 2001 an der Parthenope Universität von Neapel (I) und im Jahre 1997 den Titel des Master in Finance an der Universität Pavia (I). Seit 1999 ist er Professor für Betriebsstrategie („Corporate Strategy") an der Universität Insubria von Varese (I). Er ist außerdem Dozent mehrerer internationaler Nachdiplomlehrkurse.

Seine Forschungsschwerpunkte liegen in den Bereichen strategisches und finanzielles Management von Krankenhäusern und freigemeinnützigen Organisationen.

Er hat bereits mehrere Bücher und Artikel zu betriebswirtschaftlichen Themen in der Gesundheitsökonomiebranche veröffentlicht.

Seit 2005 ist er Direktor des Forschungszentrums für Gesundheitsmanagement und -innovation (CrESIT) der Universität Insubria von Varese (I).

Alessia Pisoni

Jahrgang 1977, Dipl. Betriebswirtin an der Universität Insubria von Varese (I) seit 2003.

Seit 2004 ist sie Phd-Studentin (Doktorat) an der Universität Insubria von Varese (I).

Ihre Forschungsschwerpunkte liegen in den Bereichen des Managements und der Corporate Governance von Krankenhäusern.

Sie arbeitet daneben am Forschungszentrum für Gesundheitsmanagement und -Innovation (CrESIT) der Universität Insubria von Varese (I).

Dr. Volker Schade

Jahrgang 1961. Studium der Arbeits- und Betriebspsychologie an der Technischen Universität Dresden von 1982 bis 1987. Nach dem Studium arbeitspsychologische Tätigkeiten in der Wirtschaft und im Spitalbereich. Von 1991 bis 1997 Assistent am Lehrstuhl für Arbeits-, Organisations- und Persönlichkeitspsychologie der Universität Bern/Schweiz. Dissertation 1996 im Bereich Arbeit und Gesundheit. Seit 1992 Durchführung verschiedener Beratungsprojekte in der Wirtschaft und im Gesundheitsbereich. Dozent an der Hochschule für Technik und Architektur in Bern im Nachdiplomstudium Betriebswirtschaft für das Fach Arbeitspsychologie.

1998 bis 2001 Leitung der Abteilung für Personal- und Organisationsentwicklung am Inselspital – Universitätsspital Bern. Nach der Verselbständigung des Organisationsberatungsteils dieser Abteilung im Mai 2001 Gründung und Leitung der Firma cpmo – Centrum für PersonalManagement und Organisationsgestaltung.

Hauptschwerpunkte der praktischen und wissenschaftlichen Arbeit (Publikationen) von Volker Schade sind die Bereiche Arbeitsgestaltung und Personalmanagement.

Barbara Zaugg

Jahrgang 1962, absolviert zur Zeit den universitären Lehrgang „Organisationsentwicklung in Dienstleistungsunternehmen" am Institut für interdisziplinäre Forschung und Fortbildung (IFF) der Universitäten Wien, Klagenfurt, Innsbruck und Graz (Abschluss Juni 2002). Seit 2001 ist Barbara Zaugg für die Personal- und Organisationsentwicklung am Schweizer Herz- und Gefäßzentrum Bern zuständig. In den ersten zwei Jahren ihrer Tätigkeit war sie Personalverantwortliche.

Vor ihrer Arbeitsaufnahme am Schweizer Herz- und Gefäßzentrum Bern war sie während 15 Jahren im Tourismus und in der Hotellerie in den Bereichen Personal, Buchhaltung und Marketing tätig, in den letzten drei Jahren als Mitunternehmerin eines Seminarhotels.

Der neue Gesundheitsmarkt:

Chancen erkennen, erfolgreich handeln!

Zahlen, Daten, Fakten, die Sie kennen müssen:
Kompass Gesundheitsmarkt

Umfassend und aktuell: Zahlen, Daten, Fakten für alle Teile des Gesundheitsmarktes. Dazu: Verflechtungen und Beziehungen zu den ausländischen Gesundheitsmärkten – insbesondere innerhalb der Eurpäischen Union. Die perfekte Ergänzung zum Lexikon Gesundheitsmarkt.

Aus dem Inhalt:
- Gesundheitsmarkt – eine Skizze
- Volkswirtschaftliche Rahmendaten und der Stellenwert des Gesundheitsmarktes als Sektor der Volkswirtschaft
- Gesundheitsmarkt Deutschland – Gesundheitsmarkt Europa
- Kenndaten zu den Märkten Akut-Krankenhaus, Reha, ambulante ärztliche Versorgung, ambulante zahnärztliche Versorgung, Arzneimittel, Heil- und Hilfsmittel, Medizintechnik

Kompass Gesundheitsmarkt

Zahlen, Daten, Fakten
Herausgegeben von Dr. Uwe K. Preusker. 2005.
Ca. 200 Seiten. Kartoniert. € 24,-
ISBN 3-87081-428-5
Neu im August

Economica, Verlagsgruppe Hüthig Jehle Rehm GmbH, Im Weiher 10, 69121 Heidelberg
Kundenbetreuung München: Bestell-Tel. 089/54852-8178
Fax 089/54852-8137. E-Mail: kundenbetreuung@hjr-verlag.de

Der neue Gesundheitsmarkt:
Chancen erkennen, erfolgreich handeln!

Vom Gesundheitswesen zum Gesundheitsmarkt

Das solidarische Gesundheitswesen stößt an seine Fininanzierungsgrenzen. Immer neue Regelungen führen kaum noch zu Lösungen, sondern verstärken eher die Verunsicherung bei allen Beteiligten: Patienten, Ärzte, Krankenhäuser, Einrichtungen im Gesundheitswesen.

Neue Erfolgschancen durch aktives Handeln!

Voraussetzung ist eine neue Sichtweise des Gesundheitswesens als Markt, in dem Produkte und Dienstleistungen angeboten und genutzt werden. So bekommen Ärzte, Krankenhäuser und alle anderen Einrichtungen neue Möglichkeiten, wirtschaftlich erfolgreich zu handeln. Und Patienten haben wieder die Wahl …

Zusätzliche Kompetenzen sind gefragt!

Erfolgreiches Agieren im Gesundheitsmarkt setzt genaue Marktkenntnisse voraus.

Die folgenden Aspekte sind wichtig:

Grundsätzliche Marktmechanismen muss man kennen, um Erfolgschancen zu erkennen.

Partner und Wettbewerber: Wer Anbieter und Angebote kennt, kann seine eigene Angebotsstruktur gezielt entwickeln und permanent optimieren.

Patientenbedürfnisse: Im Gesundheitsmarkt sind Patienten Kunden, deren Bedürfnisse man aktuell kennen und trendorientiert vorgehen muss.

Aktuelle Daten und Fakten: Märkte sind in ständiger Bewegung. Wer stets aktuell informiert, wird Erfolg haben.

Lexikon Gesundheitsmarkt

**Die Gesundheitsbranche –
Stichworte und Hintergrundbeiträge**

Herausgegeben von Dr. Uwe K. Preusker.

Loseblattwerk im Ordner. Ca. 500 Seiten. € 119,-*
ISBN 3-87081-429-2
Neu im September 2005

CD-ROM mit Booklet.
€ 119,-*
ISBN 3-87081-465-9

Kombi-Ausgabe Loseblattwerk und CD-ROM.
€ 157,-*
ISBN 3-87081-429-2

* zzgl. Aktualisierungslieferungen/Updates

Economica, Verlagsgruppe Hüthig Jehle Rehm GmbH, Im Weiher 10, 69121 Heidelberg
Kundenbetreuung München: Bestell-Tel. 089/54852-8178
Fax 089/54852-8137. E-Mail: kundenbetreuung@hjr-verlag.de